『대순전경』 초판 연구

김
탁 金鐸, Kim Tak

1963년에 경상북도 의성군에서 태어났으며, 대구 영남고등학교(30기)를 거쳐 1985년에 한양대학교 경제학과를 졸업하였다. 1985년부터 한국정신문화연구원(현 한국학중앙연구원) 부설 한국학대학원에서 한국사상과 종교를 연구하여, 1995년에 「증산 강일순의 공사사상」이라는 논문으로 철학박사 학위를 취득하였다.
현재까지 60여 편의 논문을 썼으며, 주요저서로는 『증산교學』(1992), 『한국종교사에서의 동학과 증산교의 만남』(2000), 『한국의 관제신앙』(2004), 『정감록』(2005), 『증산 강일순』(2006), 『역주 송광사 사고 - 인물편 - 』(2007, 공역), 『한국의 보물, 해인』(2009), 『대종교원전자료집 - 대종교신원경 - 』(2011, 공저), 『조선의 예언사상』 상 · 하(2016), 『일제강점기의 예언사상』(2019), 『정감록과 격암유록』(2021), 『증산사상과 한국종교』(2022), 『시루와 배』(2023), 『한국신종교를 관통하는 이념, 인간중심주의』(2023) 등이 있다.

『대순전경』 초판 연구

초판1쇄 발행 2024년 4월 30일

지은이 김탁
펴낸이 홍종화

주간 조승연
편집 · 디자인 오경희 · 조정화 · 오성현 · 신나래
박선주 · 정성희
관리 박정대

펴낸곳 민속원
창업 홍기원
출판등록 제1990-000045호
주소 서울 마포구 토정로 25길 41(대흥동 337-25)
전화 02) 804-3320, 805-3320, 806-3320(代)
팩스 02) 802-3346
이메일 minsok1@chollian.net, minsokwon@naver.com
홈페이지 www.minsokwon.com

ISBN 978-89-285-1979-8 93290

ⓒ 김탁, 2024
ⓒ 민속원, 2024, Printed in Seoul, Korea

이 책은 저작권법에 따라 보호를 받는 저작물이므로 무단전재와 복제를 금지하며,
이 책의 전부 또는 일부를 이용하려면 반드시 저작권자와 출판사의 서면동의를 받아야 합니다.

大巡典經

『대순전경』 초판 연구

김탁

민속원

서문

특정 종교의 성립과 전개, 그리고 발전과 확산에 있어서 이른바 '경전經典'의 중요성은 아무리 강조해도 지나치지 않다. 특정한 종교의 교조敎祖 혹은 창시자創始者의 '말씀'과 '행적'을 기록한 '경전'은 세월의 무게와 한계를 넘어서 당대인과 후대인의 가슴과 삶에 감동을 주어 지향점을 제시하거나 일정한 가치척도의 기준으로 기능하여 그들의 마음가짐과 행동의 방향을 바꾸기도 한다. 그러므로 '경전'의 간행과 증보增補에 따른 체계화와 다양한 해석서와 주석서의 편집은 물론 이전 시대 경전의 핵심을 집대성하려는 시도들이 종교의 역사에는 반드시 있었다.

'경전'은 교조나 창시자가 직접 기록한 경우는 매우 드물고, 대부분 후대의 인물 특히 신앙인에 의해 조금씩 기록되기 시작한다. 교조나 창시자의 언행을 수집하여 기록하는 형태로 최초의 자료집이 간행되기 시작하고, 그 후 일정한 시간이 지난 다음 교조나 창시자의 언행을 특정한 '종교적 관점으로 분류하고 정리'하여 이른바 '경전'으로 성립되어 정착된다. 이어서 '경전'은 각자의 시각과 신행信行에 따라 여러 '경전들'로 분립하기 시작하며, 오랜 세월에 걸쳐 이들 '경전들'의 내용을 나름의 입장에서 다양하게 해석하고 주석을 단 책들이 발행된다. 그리고 다시 일정한 시간이 지난 후에 특별한 인물이 출현하여 이들 '경전들'의 핵심 내용을 집대성한 형태의 서적이 나타나기도 한다.

『대순전경』 초판(1929)의 발행은 증산교단甑山敎團 성립의 결정적 계기를 마련하였다. 모든 증산신앙과 증산사상의 연원淵源이 바로 『대순전경』 초판이다. 『증산천사공사기』(1926)는 증산의 언행과 관련된 기록들을 모은 일종의 자료집 성격이었지만, 『대순전경』 초판은 '경전'으로 탄생하였다. 그러므로 증산신앙과 증산사상의 여러 다양한 물줄기를 이루는 도도한 강물의 첫 출발이 되는 한 잔의 물에 해당하는 책이 바로 『대순전경』 초판(1929)이다. 『대순전경』 초판이 간행된 이후 다양한 증산신앙이 성립되고 전개되며, 나아가 발전적으로 확대된 것이다. 지금까지 무려 130여 개의 증산교파가 난립하여 이른바 '증산교단'을 이루었는데, 그 남상濫觴이 바로 『대순전경』 초판이 간행된 역사적 사건이다.

『대순전경』 초판이 발행됨으로써 역사적 인물인 증산甑山 강일순姜一淳(1871~1909)은 상제上帝 또는 하느님이라는 지존至尊의 종교적 인물로서 비로소 불멸의 삶을 얻어 영원한 새 생명을 지닌 성聖스러운 존재로 재평가되고 재탄생되었다. 이제 '인간 증산'이 아니라 '증산상제甑山上帝' 또는 '증산 하느님'으로 받들어지고 믿어지는 새로운 '믿음의 역사'가 『대순전경』 초판(1929)으로부터 비롯되었다.

필자는 천학비재淺學非才로서 나름의 시각에서 백여 년 만에 『대순전경』 초판에 대한 연구서를 세상에 내놓는다. 앞으로 이 연구서를 토대로 삼아 진정한 의미에서의 '증산신학甑山神學의 수립과 본격적인 정립'이 하루빨리 이루어지기를 기원하면서 글을 맺는다.

2024년 1월 어느 날

대덕산 아래 백산초당白山草堂에서

필자 삼가 쓰다.

차례

서문 4

제1부 『대순전경』 연구

Ⅰ. 서문 _11

Ⅱ. 『대순전경』 초판의 체제와 내용 _13

1. 제목의 의미 ……… 13
2. 『대순전경』 초판의 체제 ……… 15
3. 『대순전경』 초판의 구성 ……… 17
4. 『대순전경』 초판의 간행 과정 ……… 18

Ⅲ. 『대순전경』 초판의 주요 내용 _20

1. 대순전경大巡典經 「서序」 ……… 20
2. 대순전경大巡典經 「찬贊」 ……… 23
3. 증산甑山에 대한 호칭 ……… 26
4. 『대순전경』 초판에 나오는 당대의 주요 인물 ……… 35
5. 『대순전경』 초판에 나오는 전설상의 주요 인물 ……… 49
6. 의통醫統 ……… 83
7. 현무경玄武經 ……… 85
8. 주문呪文에 대한 강조 ……… 86
9. 기타 ……… 94

IV. 『증산천사공사기』와 『대순전경』 초판의 비교 _100

1. 단주丹朱 …… 100
2. 진묵震默 …… 104
3. 최수운崔水雲과 전명숙全明淑 …… 106
4. 의통醫統 …… 107
5. 고부인高夫人 …… 108
6. 이마두利瑪竇 …… 110
7. 증산의 탄생과정 …… 111
8. 증산의 학업 …… 112
9. 증산의 호號와 성장과정 …… 113
10. 증산의 결혼 …… 113
11. 동학농민혁명에 대한 평가 …… 114
12. 증산의 천하유력天下遊歷과 김일부金一夫와의 만남 …… 115
13. 증산의 성도成道 …… 116
14. 천지공사天地公事의 시작 …… 117
15. 증산의 탄강誕降에 대한 설명 …… 118
16. 호생好生과 '남 살리기' …… 120
17. 인존시대人尊時代 …… 121
18. 제자들에 대한 인물평 …… 122
19. 이등방문二等方文 …… 122
20. 율곡 이이와 이순신에 관한 이야기 …… 123
21. 기정진奇正鎭의 시 …… 124
22. 백호白虎 기운 …… 124
23. 광서제光緖帝 …… 125
24. 치천하오십년공부治天下五十年工夫 …… 126
25. 태을주太乙呪와 운장주雲長呪 …… 126
26. 백의군왕白衣君王 백의장상白衣將相의 도수度數 …… 127
27. 문공신文公信 …… 127
28. 화둔火遁 …… 128
29. 마패馬牌 …… 129
30. 기타 …… 130

V. 『대순전경』 초판의 위상과 의의 _132

1. 『대순전경』 초판의 위상 ············ 132
2. 『대순전경』 초판의 의의 ············ 135

VI. 맺음말 _139

제2부

『대순전경』 초판 현대어본 ············ 141
『대순전경』 초판 영인본 ············ 305

『대순전경』 초판 연구

서문

I

증산교단 최초로 발행된 증산甑山 강일순姜一淳(1871~1909)에 관한 언행록인 『증산천사공사기甑山天師公事記』가 1926년에 세상에 선을 보인 이후, 불과 3년 만인 1929년에 『대순전경大巡典經』 초판이 종교적 경전의 형태로 간행되어 이른바 '경전시대經典時代'를 활짝 열었다. 이후 여러 증산교단이 각자 독창적인 믿음을 바탕으로 삼아 분립 · 분파되기 시작했지만, 자파의 경전을 마련하기 이전에는 공통적으로 이 『대순전경』 초판을 신앙의 기준이자 시금석으로 삼았다. 따라서 상당히 오랜 시간 동안 『대순전경』 초판은 증산신앙의 기초와 토대가 되었고, 새로운 내용을 증보增補하여 판版을 거듭하여 간행되어 증산사상과 증산신앙이 정립되고 체계화되는 일에 결정적인 잣대가 되었으며 그 모범적 전거典據로서 적극적으로 활용되었다. 따라서 『대순전경』 초판이 갖는 증산교단사와 증산사상사의 성립과 전개 그리고 발전에 공헌한 기여도는 실로 엄청난 것이며, 『대순전경』 초판이 후대에 끼친 영향력은 매우 크다.

이 책에서는 그동안 일부 신앙인과 학자들에게만 공개된 채 그 실체가 제대로 밝혀지지 않았던 『대순전경』 초판에 대하여 그 체제와 주요 내용, 서술상의 특성, 『증산천사공사기』와 내용 비교와 의미, 위상과 의의, 후대에 끼친 영향 등의 항목을 중심으로 일목요연하게 서술하겠다. 이러한 작업을 통해 동학과 함께 한국신종교의 거대한 두 흐름 가운데 하나인 증산교단의 경전에 관한 체계적 연구의 첫 마중물을 제공하여 향후 지속적인 연구를 유도하여 한국근대사상사를 제대로 구명할 수 있는 기초연구가 되도록 노력하겠다.

『대순전경』 초판의 체제와 내용

II

1. 제목의 의미

대순大巡이라는 용어는 원래 『서경書經』에서 사용한 말인데, 그 원문은 다음과 같다.

> … 때는 그 다음 날, 왕은 육군六軍을 돌아보시고 그들에게 훈시하셨다. …
>
> … 시궐명時厥明, 왕王, 내대순육사乃大巡六師, 명서중사明誓衆士. …
>
> 「태서泰誓 하下」

위의 기록은 무왕武王이 은殷나라의 주왕紂王을 물리치기 위해 맹진孟津 땅에 모인 여러 군사에게 고한 격문의 내용에 포함된 것이다. 즉 이때의 상황을 설명한 부분에서 "대순大巡"이라는 용어가 보인다. 그러나 여기서는 "돌아보았다."라는 뜻 이외의 의미는 전혀 보이지 않는다. 이러한 『서경書經』의 용어를 증산甑山은, 최고最高 신격神格을 지닌 인물인 자신이 지상을 두루 살펴보았다는 뜻으로, 그 의미를 확대하여 사용하였다.

대순大巡은 "크게 돌다. 크게 돌아보다. 크게 돈다."라는 뜻이다. 흔히 임금이 나라의 영토 안을 순수巡狩하는 일이나 벼슬아치가 자신이 맡은 관할구역 안을 두루 살핀다는 뜻을 담고 있는 말이다. 따라서 대순의 일반적 의미는 "크고 넓게 돌아보며 살피다."라는 뜻이다. 대순大巡이라는 말은 『상서尙書』「태서하泰誓下」에서 "무오일戊午日의 다음 날이 되자 주周 무왕武王이 육사六師를[1] 크게 대순大巡하고 감찰하였으며, 군사들에게 분명히 맹세하였다. 시궐명時厥明, 왕王, 내대순육사乃大巡六師, 명서중사明誓衆士."라는 구절에 나온다. 이후 다른 기록들에도 대순을 "천하를 돌아보셨다."라는 뜻으로 쓰였다. 일반적으로 대순이라는 단어는 영수領袖들이 그 휘하 부대의 활동을 감독하고 감찰하는 일을 의미했다.

한편 순巡에는 "고대로부터 천자天子가 그 제후국을 돌아본다."라는 의미가 있다. 이를 순수巡狩, 순수巡守, 순행巡行 등으로 표현하는데, 『서경書經』「순전舜傳」에는 순수巡守라는 말이 여러 번 나온다. 이 순수는 천자가 천하를 돌아다니며 산천에 제사를 지내고 각지의 정치와 민심의 동향을 살피던 고대 중국의 풍습이다. 천자는 이 순수 활동을 통해서 토지의 개간, 전야田野의 상태, 노인에 대한 봉양, 현자에 대한 존중, 인재의 등용 등을 살펴보았으며, 그 공과功過에 따라 봉토를 증삭增削했다고 전한다. 따라서 순巡에는 "천자가 백성들을 두루 살펴 덕치德

1 육사는 중국 주周나라 때의 군대 편제로서 천자가 통솔한 여섯 개의 군軍이다. 1군은 12,500명으로 6군은 75,000명이다.

治를 베풀고자 하는 뜻"이 담겨 있다고 유추할 수 있다.

2. 『대순전경』 초판의 체제

『대순전경』 초판은 소화昭和 4년(1929) 7월 27일에 인쇄하여 7월 30일에 발행된 책으로 가격은 1원 50전이었다. 편집겸발행인編輯兼發行人은 이상호李祥昊(1888~1967)로 『증산천사공사기甑山天師公事記』(1926)의 발행자와 동일인물이다. 발행소發行所는 전라북도 김제군金堤郡 수류면水流面 금산리金山里 용화동龍華洞에 있는 동화교회도장東華教會道場이다. 인쇄인은 경성부京城府 태평통太平通 1정목丁目의 소천삼지개小川三之介이고 인쇄소는 같은 주소에 있는 매일신보사每日申報社였으며, 발매원發賣元은 이성영李成英(1895~1968)이다. 이성영은 이상호의 친동생인데, 훗날 이름을 정립正立으로 고쳤다.

『대순전경』 초판은 13장 499절로 이루어진 국한문혼용체國漢文混用體의 책으로 총 250면으로 이루어져 있다. 발행처는 동화교회도장東華教會道場이다. 하지만 당시의 인쇄 기술의 문제인지 편집자의 실수인지는 알 수 없지만, 3장 43절, 3장 80절, 6장 45절, 6장 53절, 6장 78절, 9장 15절, 9장 17절, 10장 7절, 10장 11절, 12장 4절, 12장 12절 등이 누락되었다. 따라서 정확히 말한다면 『대순전경』 초판의 총 절節의 수數는 499절이 아니라 488절이다.

『대순전경』 초판 표지 안의 첫 면에는 이상만李相萬이 쓴 '대순전경大巡典經'이라는 한자가 수록되어 있다. 한자를 쓴 이상만이 어떤 인물인지에 대해서는 알려지지 않았다. 글씨체가 단아하고 초서草書로 쓰였다는 점을 확인할 수 있다.

이어서 본문이 시작되기 전에 5면에 걸쳐 "서書", "실室", "웅절雄絶", "경속勁俗", "기해소춘강증산己亥少春姜甑山"이라는 "선생先生의 필적筆蹟"이 실려 있다. 여기서 선생은 증산 강일순을 가리키는 말이다. 이 가운데 "실室"자와 "기해소춘강증산己亥少春姜甑山"은 초서草書로 쓰였고, 이외의 글자는 단정하고 힘찬 정자正字로 수록되어 있다. 전체적으로 글씨가 멋있고 힘차고 옹골차서 허세나 빈틈이 보이지 않는다. 웅절雄絶은 "영웅적인 기상이 뛰어나다."라는 뜻이고, 경속勁俗은 "풍속風俗을 굳건히 한다."라는 의미다.

이어서 "동곡약방銅谷藥房에 게揭한 선생先生의 필적筆蹟"이라는 설명이 붙은 추상적인 그림이 실려 있다. 이 도상에 대해서는 여러 해석이 난무했고, 그 의미에 대해서도 설왕설래했다. 그런데 이 그림이 '목숨 수壽'자의 멋진 초서草書라는 전문가의 의견이 있다. 사람의 질병을 치료해 목숨을 연장해주는 장소인 약방에 걸었다는 사실과 글자의 모양이 '수壽'자의 초서와 비슷하다는 점에서 이러한 해석이 맞아떨어진다고 볼 수 있다. 다른 전문가들의 의견을 고려해서 글자가 확정되어 이제 이에 대한 신비하고 어쩌면 터무니없는 섣부른 해석들은 사그라들어야 할 것이다.

『증산천사공사기』(1926)는 편년체의 자료 모음집의 성격을 지닌 책이지만, 『대순전경』 초판은 전체 내용을 13장으로 나누고 장章 속에 절節을 두어 주제별로 기록함으로써 증산의 말씀과 행적을 그의 종교적 행위에 초점을 맞춰서 편집했다는 특징이 있다.

증산의 말씀과 행적이 편년체編年體의 자료 형태로 나열되었을 때에는 그 '행위의 의미'가 뚜렷이 나타나지 못했는데, 『대순전경』 초판에서 "천지공사天地公事", "전교傳教", "법언法言", "개벽開闢과 선경仙境", "화천化天" 등으로 종교적 주제의 성격을 띤 장章에 여러 절節로 나누어 기록하여 '행위의 의미'가 명확히 드러나고 아울러 일관성이 있는 종교적 설명과 해석이 비로소 가능해졌다. 따라서 『대순전경』 초판(1929)은 '증산교단 최초의 종교적 경전'이라고 평가할 수 있다. 물론 증산의 말씀과 행적을 처음으로 기록한 책은 『증산천사공사기』(1926)이지만, 증산의 말씀과 행적에 종교적 의미를 부여하고 종교의 경전 형태로 승화시켰다는 점에서는 『대순전경』 초판이 '최초의 경전經典'이 분명하다.

3. 『대순전경』 초판의 구성

『대순전경』 초판의 전체적인 구성은 다음과 같다.

대순전경大巡典經이라는 휘호揮毫 1면

선생先生의 필적筆蹟 6면 - 이상은 면수面數에 포함되지 않음 -

대순전경大巡典經 서序 : 1~4면

찬贊 : 5~8면

보주補註 : 9~14면

대순전경大巡典經 목록目錄 : 1~2면

제 1장 선생先生의 탄강誕降과 유년시대幼年時代 6절節 : 1~3면

제 2장 선생의 유력遊歷 6절 : 4~7면

제 3장 선생의 성도成道와 기행이적奇行異蹟 108절 : 8~81면

제 4장 문도門徒의 종유從遊와 훈회訓誨 76절 : 82~114면

제 5장 치병治病 42절 : 115~142면

제 6장 천지공사天地公事 81절 : 143~193면

제 7장 전교傳敎 12절 : 194~200면

제 8장 법언法言 72절 : 201~213면

제 9장 개벽開闢과 선경仙境 24절 : 214~227면

제 10장 문명文明 32절 : 228~237면

제 11장 인고문명引古文明 4절 : 238면

제 12장 화천化天 30절 : 239~248면

제 13장 선생의 이표異表 6절 : 249면

대순전경출판비갹출자명부大巡典經出版費醵出者名簿 : 250면

「대순전경출판비갹출자명부」에는 100원圓을 낸 조학구趙鶴九, 조계성趙桂成, 강경호姜景昊의 3명과 50원을 낸 2명, 10원을 낸 15명과 5원을 낸 5명 등 총 26명의 명단이 한문 이름과 함께 갹출한 액수를 싣고 있다.

4. 『대순전경』 초판의 간행 과정

『증산천사공사기甑山天師公事記』(1926)의 저작 겸 발행자인 이상호李祥昊는 『증산천사공사기』를 간행한 다음, 이에 만족하지 않고 김경학, 박공우, 안내성, 김송환, 유찬명, 김덕찬, 김준찬, 이치복, 김자현, 문공신, 최덕겸 등 증산의 친자종도親炙從徒들을 일일이 방문하여 증산甑山

강일순姜一淳(1871~1909)의 말씀과 행적에 관해 이야기해 줄 것을 청하고, 또 증산이 다녔던 지역을 모두 답사하며 증산과 지면知面이 있었다는 촌로村老들을 찾아서 그들의 이야기를 청하여 자료수집을 계속하였다.[2] 이러한 과정 끝에 이상호는 그동안 수집한 자료를 정리하고 조선총독부朝鮮總督府에 출판허가를 신청하였더니, 조선총독부에서는 시휘時諱에 저촉되는 구절을 많이 삭제한 후 1929년 3월 16일에 출판을 허가했다.[3] 『대순전경』 초판이 발행된 때는 1929년 7월 30일이다.

---

2 이정립, 『증산교사』(증산교본부, 1977), 152쪽. 이정립李正立(1895~1968)은 이상호의 친동생으로 본명은 성영成英이다. 1914년에 보천교普天敎에 입교했고, 3년간 일본에 유학하여 동경고등사범학교 지리역사과를 다녔으며, 이후 1919년 3월에 귀국하여 보천교의 포교사업에 힘썼다. 보천교의 동지운주冬至運主에 선임되었고, 1923년에는 보천교의 경성진정원京城眞正院에서 설립한 보광사普光社의 사장을 역임하고 『보광普光』의 주필을 맡았다. 해방 후에는 이름을 정립正立으로 개명했고, 호를 남주南舟라 했다. 동화교東華敎와 대법사大法社를 창립했으며, 『대순철학大巡哲學』(1949)을 저술하였고, 형인 이상호가 죽은 후에 증산교본부甑山敎本部의 2대 종사宗師를 역임했다. 형인 이상호가 주도한 『대순전경』의 편집과 간행에 있어서 가장 적극적으로 도움을 준 인물로 알려져 있다.

3 이정립, 『증산교사』(증산교본부, 1977), 169쪽.

『대순전경』 초판의 주요 내용

III

1. 대순전경大巡典經 「서序」

『대순전경』 초판에서는 증산甑山을 '선생先生'이라고 호칭하고 있다. 증산은 "삼원三元에[4] 대순大巡하신" 존재로 인정된다. 인간을 둘러싼 하늘과 땅은 물론 인간계를 두루 널리 순수巡狩하신 위대한 존재라는 주장이다. 마치 왕王이 나라 안을 두루 살피며 돌아다니는 일과 같이 우주宇宙의 최고 신격神格으로서 자신이 다스리는 천계天界, 지계地界, 인간계人間界를 빠짐없이 살펴보셨다는 믿음이 반영된 대목이다. 이처럼 최고절대자가 하늘, 땅, 인간 세상을 대순大巡하신 모든 기록을 모은 것이 바로 『대순전경大巡典經』이다. 경전의 제목에서 최고신으로서 절대자의 세상 구경과 구원행救援行의 모든 가르침과 업적이 담겨 있다는 점이 주장되었다.

---

4 삼원은 천天, 지地, 인人의 삼재三才 또는 세상의 시작과 중간과 뜻을 가리키는 말이다.

증산의 '천하대순天下大巡'은 "모든 선천先天의 잘못된 기틀을 혁파하여 없애고, 우주宇宙를 근본적으로 다시 돌려 후천後天의 도수度數를 새롭게 바로잡는 일"을 하기 위함이다. 증산의 구체적인 활동은 신명공사神明公事, 즉 신적神的인 존재들을 움직이고 역사役事하여 "만고萬古의 원冤을 풀어 없애고, 온갖 환난의 근원을 묻고 없애어 상생相生의 도道를 드러내서 밝히는 일"을 주재主宰한다고 믿어진다. 궁극적으로 증산이 "조화선경造化仙境의 튼튼한 기초를 마련하셨다."라는 주장과 믿음이다.

그런데 증산선생이 행하신 "만고해원萬古解冤의 공功과 상생대도相生大道의 명名"은 공功 없는 공功이요 이름 없는 이름이므로 천하의 보고 들음으로는 짐작하거나 알 수 없는 일이다. 이에 만萬의 일一로 전하는 말과 생각을 구하여 대중大衆이 귀의할 방향을 지도하고, 조화선경造化仙境을 만드는 지침을 제공하려 함이 『대순전경』의 지은 까닭이라고 밝힌다. 증산의 "대순의세大巡醫世", 즉 천지인 삼계를 두루 돌아다니며 병든 세상을 고치는 성스러운 일을 하려는 이상理想을 아주 조금이나마 알아보기 위해 노력했으며, 수십 년 전에 발생한 사건들을 수십 년 후인 현재의 관점에서 알기가 매우 어려운 상황에서 털끝 같은 부스러기라도 잡아채면 대광명大光明이 따라 열릴 것이라는 생각을 가지고 『대순전경』의 편찬작업에 임했다고 적었다. 이를 위해서 증산선생이 다니셨던 지역을 답사하고, 증산선생을 직접 모셨던 종도從徒들을 일일이 찾아다녔고, 증산선생이 세상에 계셨을 때 그를 만났던 일반인들도 추가로 방문하여 그의 법언法言과 성적聖蹟을 수집하기에 6년 동안 전력을 기울였다고 회고한다. 그렇지만 이러한 작업도 엄청나게 넓은 갠지스 강가에 있는 한 알의 모래만큼이나 작은 것에 불과하다고 겸양을 표현한다.

증산이 행했다고 전하는 이적異蹟과 치병治病과 관련해서 수집된 재료는 매우 많지만 명확한 의의를 빠뜨린 것들은 과감하게 생략하였고, 특히 천지공사天地公事는 그 재료를 충분히 수집할 길이 없을 뿐 아니라 이미 수집된 자료 가운데에도 그 의의를 명확하게 밝힐 수 없는 것들은 유감스럽지만 뺐다고 밝힌다.

마지막에 기사년(1929) 3월 기망旣望에 후학后學 이상호李祥昊가 삼가 서문을 썼다고 기록하였다. 기망은 음력으로 열 엿샛날이다. 『서경집전書經集傳』「서문序文」은 기사년己巳年(1209) 삼월三月 기망旣望에 주자朱子(1130~1200)의 제자인 채침蔡沈(1167~1230)이 썼다. 채침이 수천 년 전에 태어나 수천 년 전의 일을 기록하는 어려움을 토로한 명문을 썼던 날과 같은 날자에 『대순전경』의 서문이 이상호에 의해 쓰였다는 점이 강조되었다. 『대순전경』이 『서경집전』과 마찬가지로 후대에 길이 남을 경전이라는 점을 은근히 주장하면서, 『서경집전』이 완성되기까지의 고난을 겪은 후에 『대순전경』 초판이 완성되었다는 점을 내세우고 있다.

『서경』「서문」은 채침蔡沈이 서집전書集傳을 세상에 내놓으면서 그 감회를 적은 명문이다. 예로부터 그 문장이 간결하고 뜻이 절실하여, 학인學人들에 의해 자주 외워지던 글이라고 전한다. 『서전』「서문」에 나오는 "수천 년 뒤에 태어난 몸으로서 수천 년 전의 일을 강講 하여 밝히고자 하니, 너무 어렵도다."라는 구절을[5] 차용하여 이상호는 "수십

5 … 차생어수천재지하且生於數千載之下, 이욕강명어수천재지전而欲講明於數千載之前, 역이난의亦已難矣. … 이 인용문은 『서전書傳』「서문」의 일부로서, 오랜 옛날에 있었던 일을 밝히는 작업이 무척 어렵다는 것을 작자인 채침蔡沈이 토로한 대목이다.

년이 지나서 수십 년 전의 일을 강명講明하기가 더욱 어려울지라."라고 적었다. 『서전』의 서문이 쓰인 때는 기사년己巳年(1209) 3월 기망일旣望日인 16일이다. 이는 채침이 서문의 마지막에 밝혀놓은 내용이다. 바로 이 기록에 정확히 응하여 증산교의 대표적 경전인 『대순전경大巡典經』이 기사년(1929) 3월 기망일旣望日에 출판허가를 받았다고 증산교인들은 믿는다. 즉 『서전書傳』「서문序文」의 글에 맞춘 증산甑山의 신비한 조화에 따라 증산교단의 경전이 발행될 수 있었다고 믿는 것이다.[6]

2. 대순전경大巡典經 「찬贊」

선천先天은 천도편중시대天道偏重時代였는데, 대공사大公事가 행해진 뒤에 후천後天의 운運이 열려 현실을 긍정하는 영육병진靈肉竝進이 되어 현실의 복락이 무량하게 되었다고 찬탄한다. 여기서 대공사를 행하는 주체는 바로 증산甑山 강일순姜一淳이다. 즉, 증산의 천지공사天地公事가 선천과 후천을 나누는 특이점이라고 주장한다.

이어서 선천은 지운비색시대地運否塞時代였지만 대공사大公事가 행해진 뒤에 후천의 운이 열려 대지의 기운이 돌아 산하山河의 지령地靈이 통일되어 사해일가四海一家가 이루어져 함께 즐거움을 누리는 시대가 되었다고 찬탄한다. 또 선천은 중리착종시대衆理錯綜時代였는데, 대공사가 행해진 후 후천後天의 운이 열려 귀일진법歸一眞法이 나와 만고萬古

6 한편 『서전』「서문」에 나오는 "후세인주後世人主"라는 용어를 후대의 일부 증산교단에서는 자기 교단의 교주에 대한 호칭으로 사용했던 일이 있을 정도로, 이 글에 대한 증산교인들의 믿음은 대단했다. 김탁, 「증산교 교리와 종교적 예언」, 『증산교학』(미래향문화사, 1992), 292쪽.

의 진액津液이 통일되어 크게 이루어져 인간 세상의 문운文運이 광명해지게 되었다고 찬미한다.

나아가 선천은 병겁도탕시대病劫滔蕩時代였지만 대공사가 행해진 뒤에 후천의 운이 열려 만국의원萬國醫院이 설립되어 의통醫統을 전수하여 세계를 치료하니 불로불사不老不死하는 강녕康寧이 이루어졌다고 찬탄한다. 또 선천은 원만건곤시대冤滿乾坤時代였지만 대공사가 행해진 뒤에 후천의 운이 열려 해원解冤의 일월日月이 밝아져 역신逆神을 조화調和하고 세계를 다스려 사회가 평성平成하게 되었다고 찬미한다. 그리고 선천은 상극사배시대相克司配時代였지만 대공사가 행해진 뒤에 후천의 운이 열려 상생相生의 혜택惠澤이 흘러 평화平和가 유구하게 이어지는 세상이 되었다고 찬탄한다.

이어서 증산은 대공사大公事를 마친 후에 대신문大神門을 닫고 천지天地에 질정質正하여 우주의 화기化機를 굳게 정해 놓았으니, 앞으로 도수度數에 돌아 닿는 대로 새 기틀이 열릴 것이라고 노래한다. 나아가 이제 천지가 크게 성공成功하여 상서로움이 무르녹는 조화선경造化仙境이 열리리라고 찬미한다.

또 증산선생께서 대공사大公事를 마치신 후 남조선南朝鮮 배의 돛을 달고 혈식군자血食君子에게 배질을 시켜 고해苦海에 두둥실 띄우니 앞길에 풍파도 없을 것이고, 일심一心을 가진 대중을 실어다가 행복이 무르녹는 조화선경造化仙境에 닿게 할 것이라고 노래한다. 나아가 증산이 대공사大公事를 마친 후 인문공정人文公庭을 열어 화민정세化民靖世를 명해 신명神明을 시켜 감시하게 하니 천지天地의 녹지사祿持士들이 모여들어 짧은 시간에 새 세상을 완성하게 할 것이고, 일심一心을 가진 근면勤

勉으로 만복萬福과 길상吉祥이 무르녹는 조화선경造化仙境을 세울 것이라고 찬미한다.

이어서 "우리 선생先生은 대순大巡의 신神이시니, 신생명新生命의 광光이시며, 조화선경造化仙境의 장長이시라."라고 기록하여, 증산甑山을 천하대순天下大巡의 주재자이며 만인을 새로운 생명의 길로 인도할 참 빛이며, 조화선경을 건설하는 우두머리라고 밝히고 있다. 그리고 증산은 지난 시절의 모든 부처와 성인이 갈앙渴仰하던 이상理想의 표극表極이며, 억조창생의 주主이시니, 해와 달과 함께 거하사 홍대弘大하기가 한량없는 화권化權과 신력神力으로 신사회新社會를 주재하여 완성하옵기를 바란다고 칭송한다.

마지막에는 우리 선생의 대순이상大巡理想을 밝힐 기록은 오직 『대순전경大巡典經』이 있을 뿐이니, "신생명新生命의 양식이 되며, 조화선경造化仙境의 지침이 되어" 일월日月과 동거同居하는 증산선생甑山先生을 모셔 그 수壽가 끝이 없기를 바란다고 찬탄한다.

서문序文과 마찬가지로 기사년(1929) 3월 기망旣望에 후학后學 이성영李成英이 삼가 찬贊한다고 끝맺는다. 이성영은 훗날 이름을 정립正立으로 고쳤는데, 이상호李祥昊의 친동생이다.

「보주補註」에는 제 6장 천지공사天地公事에 대해 다음과 같이 언급했다.

> 천지공사天地公事라 하면 누구나 다 처음 듣는 말이므로 그 의의를 깨닫기 어려울지라. 예컨대 어느 공회公會에서 회장會長이 회원會員을 소집하여 회의를 열어 모든 의견을 취합하여 최선의 방침을 결정함과

같이, 선생께서 삼계三界를 주재主宰하사 천지대신문天地大神門을 열고 만고신명萬古神明을 소집하사, 선천先天의 지난 모든 비법非法을 개폐改廢하고 가장 합리적으로 천도天道와 지의地義와 인사人事에 거두어 취합하여 만세萬世에 바뀌지 않는 진법眞法을 규정하신 후, 천지신명天地神明으로 하여금 여율령如律令을 굳건히 하여 완성케 하신 것이니, 곧 대우주大宇宙를 선생의 대이상大理想 속에 요리料理하심이라.

천지공사天地公事는 마치 인간들이 여러 명 모여 회의會議를 거쳐 최선의 방책을 모색하는 일과 같이, 천지의 모든 신神을 모아 가장 합리적인 방향으로 의견을 모아 만세 동안 변하지 않는 진법眞法을 규정하신 일이라고 정의했다.

3. 증산甑山에 대한 호칭

1) 선생先生

『증산천사공사기』에서는 증산을 '천사天師'로 불렀지만, 『대순전경』 초판에서는 '선생先生'으로 부르고 있다. '선생'이 공경하는 의미로 사용되는 호칭이라는 점에 착안하여 증산을 이렇게 불렀다. 이후에 간행된 『대순전경』의 판본들에서는 다시 '천사天師'라는 호칭을 사용하였다. 당시는 일제강점기였기 때문에 천황天皇에 비교되는 상제上帝라는 칭호를 사용할 수 없었던 사정이 반영되었던 듯하다.

2) 상제上帝

『대순전경』 초판 2장 3절에 나오는 '상제上帝'는 증산과는 다른 신격인 천상天上을 다스리는 존재다. 여기서 상제는 천사天使를 시켜 증산과 일부一夫 김항金恒(1826~1898)을 천상계에 있다는 옥경玉京에 불러들이는 최고신격으로 등장한다. 물론 이는 김일부의 꿈에서 일어난 사건이다. 그리고 『대순전경』 초판 8장 66절에는 중국中國 당唐 태종太宗의 신하였던 위징魏徵이 밤에는 상제上帝를 섬기고, 낮에는 태종을 도왔다는 전설을 인용하면서 '상제上帝'라는 용어가 사용되었다. 여기에 나오는 '상제'는 천상계天上界에 있다고 믿어지는 주재신主宰神으로서의 신격神格을 가리킨다.

『대순전경』 초판 3장 79절에는 증산이 제자의 집에서 기르던 돼지 한 마리를 잡아 삶아서 종도들과 함께 먹는 중에 거센 비가 크게 내리자, 가문 날씨를 해결해주십사고 증산에게 심부름 왔던 사람이 "선생은 진실로 만민萬民을 구활救活하는 상제上帝시라."라는 말을 했다고 전한다. 여기서 상제上帝는 증산을 높여 부르는 말이다. 따라서 증산이 살아있을 때 증산을 상제로 인식하고 불렀던 경우도 있었음이 확인되는 대목이다.

3) 천사天師

『대순전경』 초판 3장 3절에는 김형렬이 "다만 천사天師만 믿고 근심을 놓았다."라는 기록이 있다. 이 구절을 볼 때 증산이 생전에는 천사天師로 불렸음을 알 수 있다. 여기서 『증산천사공사기』의 천사天師와 『대순전경』 초판의 선생先生이 혼용되어 증산을 지칭하는 용어로 사용되었던 사실이 확인된다. 이는 『대순전경』 초판 4장 41절의 "매양 절사節祀와 기신忌辰을 당하면 천사天師께 공향供享하니라."라는 구절에서도 다시 한번 확인할 수 있다.

4) 미륵彌勒

『대순전경』 초판 13장 1절에서 증산은 "나는 곧 미륵彌勒이니, 나를 보고 싶거든 금산金山 미륵彌勒을 보라."라고 말했다. 증산이 스스로 미륵이라고 자처했으며, 자신을 보고 싶으면 모악산母岳山 금산사金山寺에 모셔진 미륵불彌勒佛을 보라고 주장했다는 말이다. 이처럼 증산은 천사天師 혹은 선생先生으로 불렸지만, 스스로는 미륵불彌勒佛로 인식하고 있었다.

5) 성도成道

진리眞理는 어떤 외재적 힘을 필요하지 않고 스스로 충만한 소리를 통해서만 자신을 구현할 수 있다. 자기 마음속의 소리를 스스로 듣는 일이야말로 자신의 존재에 충만한 현전現前이다. 여기서 자기 마음을 자기가 듣고 깨닫는 일이 핵심이다. 증산은 "모든 일을 자유자재自由自在로 할 권능權能을 얻기 위해 모악산母岳山 대원사大願寺에 들어가 도道를 닦다가 천지대도天地大道를 깨달았다."라고 전한다. 『증산천사공사기』에는 "모악산 대원사大院寺의 칠성각七星閣에서 혼자 수도修道했다."라고 기록되어 있다. 『대순전경』 초판에는 대원사大願寺로 기록되지만, 모악산에는 대원사大院寺만 있지 대원사大願寺라는 절은 없다. 아마도 천지의 큰 원인 대원大願을 이루었다는 의미를 강조하려고 의도적으로 절의 이름을 고친 것 같다. 그리고 『증산천사공사기』에서는 칠성각七

星閣이라는 구체적인 수도 장소를 밝히고 있는데, 『대순전경』 초판에서는 이 구절이 빠져 있다. 후대에 갈수록 관련 기록이 더욱 구체적으로 적혀야 하는데 의외의 사례다. 또 『증산천사공사기』에는 "천지대도天地大道를 대각大覺하시다."라고 기록했는데, 『대순전경』 초판에는 "천지대도를 깨달으시고 사종마四種魔를 항降하시다."라고 적었다. 네 가지 종류의 마귀를 항복시켰다는 뜻이다. 후대의 『대순전경』 판본에서는 사종마가 구체적으로 탐貪, 음淫, 진瞋, 치痴로 기록된다. 불교에서는 삼종마三種魔로 탐貪, 진瞋, 치痴를 거론한다. 증산이 불교의 깨달음보다 더 많은 마귀의 유혹을 극복했다는 점이 강조되었다.

6) 천지공사天地公事

『대순전경』 초판에는 6장의 제목이 '천지공사天地公事'다. 이 6장에는 총 81절이 수록되어 있다. 증산의 생애와 가르침을 '천지공사'라는 제목 아래 요약하고 특징으로 서술하는 것이다. 증산의 행적과 말이 모두 '천지공사'와 관련되어 있다고 볼 수 있는데, 증산의 생애와 사상을 한마디로 요약한다면 '천지공사의 집행과정'이라고 규정할 수 있다. 물론 이는 후대에 성립된 믿음이 반영된 것이 분명하다.

『대순전경』 초판 6장 1절에 "최수운崔水雲, 전명숙全明淑, 김일부金一夫로 명부冥府의 정리공사正理公事를 주主케 한다."라는 증산의 말이 전한다. 동학의 창시자 수운水雲 최제우崔濟愚(1824~1864), 동학농민혁명의 주동자 전봉준全琫準(1855~1895), 정역正易의 창시자 일부一夫 김항金恒(1826~1898) 등이 증산의 명령에 따라 소환되어 인간이 죽은 다음에 간다고 믿어지는 명부冥府를 바로잡는 공사公事에 참여한다고 주장한 것이다.

증산은 수운 최제우에게 천명天命과 신교神敎를 내려준 '상제上帝'로 자신을 인식했고, 24살 때인 갑오년(1894)에 발생한 동학농민혁명이 자신이 살던 인근 지역에서 일어나 그에 대한 소문을 많이 들었을 것이고, 동학군東學軍의 행군을 따라 직접 청주淸州까지 갔으며, 동학혁명의 발발이 청년 증산이 장차의 인생 진로를 결정하는 일에 결정적인 영향을 끼쳤다. 또 증산이 천하유력天下遊歷할 때 직접 만났던 유일한 유명인이 바로 김일부金一夫였다. 이때 만년의 일부一夫가 청년 증산을 만나 자신의 신기한 꿈 이야기를 해주며 도호道號를 지어줄 정도였다고 전한다.

그렇지만 증산은 생몰연대로 볼 때 수운은 만날 수 없었고, 전명숙(전봉준)과는 만났을 개연성만 있을 뿐이고 아마도 만났다고 하더라도 전봉준 장군을 따르는 수많은 인물 가운데 한 사람으로서 그 존재감이 매우 미약했을 것이다. 그렇지만 증산이 전명숙의 위명偉名을 들었다는 사실은 분명하고, 그에 대한 풍문과 실제 전투에 관한 정보도 자주 접했을 것이다. 그리고 증산은 자신의 천하유력天下遊歷의 첫 방문지로 김일부가 있던 장소를 선택했을 정도로 정역正易에 관심이 많았다. 어쨌든 증산은 최제우, 전봉준, 김항 등 세 사람을 명부冥府를 바르게 하는 공사公事에 적극적으로 참여하도록 종교적 명령을 내렸다고 믿어진다.

『대순전경』 초판의 이 기록은 후대에 『대순전경』이 증보增補되면서 각각 일본명부日本冥府, 조선명부朝鮮冥府, 청국명부淸國冥府를 맡게 한다고 주장된다. 최제우가 생전에 그토록 극렬하게 부정했던 일본日本의 저승을 책임지는 우두머리로 임명되고, 전봉준이 생전에 이상적인 정부를 만들려 했던 조선朝鮮의 저승을 책임지는 존재로 부상하고, 김항이 생전에 새로운 역학易學을 통해 새 질서와 원리를 밝히고자 했던 청국淸國의 저승을 다스리는 명부대왕冥府大王으로, 증산이 종교적 차원에서 명부를 책임지는 우두머리로 임명장을 내려준 것이다. 비록 믿음의 문제이기는 하지만, 조선은 물론이고 중국과 일본의 명부冥府가 우리나라의 근대를 장식한 위대한 인물들이 다스린다는 주장 자체는 통쾌한 일이다. 물론 왜 중국과 일본이라는 이웃 나라의 저승세계가 우리나라 사람이 다스려야 하는지에 대한 종교적 설명이 부족하다. 세 나라의 명부를 주재하는 우두머리만 임명되었다는 사실에서 당시 증산의 세계 인식의 범위가 동아시아 삼국에 국한되어 있었음이 확인된다.

> … 선생이 가라사대 "… 이제 만일 서세西勢를 물리치지 아니하면 동양東洋은 영구히 서인西人의 유린蹂躪한 바 되리라. 그러므로 서세를 물리치고 동양을 안보安保함이 옳으니, 일본인日本人이 천지天地에 큰 일꾼이 되나니라." 하시고, 이에 천지대신문天地大神門을 열고 날마다 공사公事를 행하사 49일을 한 도수度數로 하여 동남풍東南風을 불리시더니 … 그 후로 로군露軍이 해륙海陸으로 연패連敗하니라.
>
> 『대순전경』 초판 6장 7절

러시아와 일본이 전쟁을 벌이려 하자 증산이 이때 서양세력을 물리치지 않으면 마침내 동양은 영원히 서양인들이 함부로 짓밟는 바가 될 것이라고 주장한다. 따라서 증산은 서양세력을 물리치고 동양을 안전하게 보전하는 방법으로 일본인들을 천지의 큰 일꾼으로 내세운다고 강조한다. 일본인은 동양을 보전하려는 증산의 '천지공사'에 일꾼으로 부름을 받았다고 믿어지는 것이다. 이윽고 증산은 천지대신문天地大神門이라는 신비한 신계神界를 열고 매일 천지공사를 행하여 49일 동안 동남풍東南風을 일으켰다. 증산은 보이지 않는 신神의 영역을 주재主宰하는 입장에서 천지공사天地公事를 집행한 인물로 믿어지며, 그가 행한 천지공사의 결과로 이 세상에 동남풍이 불었다고 믿어지는 위대한 존재다. 어쨌든 믿음의 영역에 속한 문제이기는 하지만, 증산교인들은 증산의 이 천지공사에 따라 러시아의 막강한 발틱함대가 일본 해군에게 무참하게 대패하게 되었다고 믿는다. 결국은 증산의 천지공사로 인해 러시아가 일본과의 전쟁에 패하게 되었다는 말이다. 증산이 행한 신비한 천지공사는 이처럼 이 세계에서 벌어지는 구체적인 전쟁의 승패를 결정짓는 행위라는 믿음이 제기되었다.

7) 선천先天과 후천後天

『대순전경』 초판에는 선천과 후천이 뚜렷하게 구분되어 서술되고 있다. 6장 20절에서는 "이제 결정한 공사公事가 오만년五萬年을 내려가느니라."라는 증산의 말을 통해 후천이 5만 년 동안 계속될 것이라는 믿음이 형성되었다.

6장 79절에서는 "후천後天에는 사람을 해치는 물건은 다 없애리라." 라는 증산의 말이 있다. 선천에서 사람을 해롭게 하던 모든 동물, 물건 등이 후천이 되면 모조리 사라지게 되리라는 전망이다. 아주 구체적인 모습까지도 표현됨으로써 후천이 마땅히 오고야 말 것이라는 강력한 믿음으로 발전되었다.

『대순전경』 초판 9장 4절에서는 선천先天은 상극지리相克之理가 인간과 사물을 맡아 다스리던 시대라고 규정했다. 이 구절에서는 후천後天이나 상생지리相生之理라는 구체적인 표현과 용어는 나오지 않지만, 선천과 상극과 대비되는 개념과 용어가 생략되어 있다고 보아야 할 것이다. 9장 8절에 나오는 "선천先天에는 위무威武로써 승보勝寶를 삼아 복리福利와 영귀榮貴를 이 길에서 구하였나니, 이것이 상극相克의 유전遺傳이라."라는 구절도 마찬가지다.

『대순전경』 초판 9장 12절에는 후천後天의 이상적인 모습에 대해 자세하고 구체적으로 기록하고 있다. 9장 19절에서는 '선천개벽先天開闢'이라는 용어를 사용한다. '선천개벽'이라는 용어는 『증산천사공사기』에는 보이지 않았던 말이다. '선천개벽'이라는 용어에서 자연스럽게 '후천개벽後天開闢'이라는 대비적인 용어가 상정될 개연성은 있지만, 『대순전경』 초판에는 '후천개벽'이라는 용어는 나오지 않는다. 어쨌든 『대순전경』 초판은 '선천개벽'이라는 용어를 사용함으로써 '선천개벽'에 맞먹는 '후천개벽'이 다가오고 있다는 사실을 은근히 강조하고 있음은 분명하다. 구체적인 용어로 명시하지는 않았지만, 다가오는 개벽開闢에 대해 여러 표현을 사용한 것이다.

8) 개벽開闢

『증산천사공사기』에는 "나의 일은 천지天地를 개벽開闢함이니 곧 천지공사天地公事라.", "이마두利瑪竇가 서양을 개벽開闢하여 천국天國을 건설하려 하되 그 문명은 도리어 인류의 상잔相殘을 조장케 되니라.", "서신西神이 명命을 맡아 만유萬有를 다스리므로 모든 이치와 모든 일을 모아서 크게 이루나니, 이 소위 개벽이니라.", "제자들은 항상 그 더딤을 한恨하여 하루바삐 개벽開闢하시기를 기다리더라.", "신원일이 개벽공사開闢公事를 하루바삐 행하시기를 천사께 강청强請한대", "이제 청수淸水 한 동이에 양황洋黃 한 갑을 넣으면 천지가 수국화水國化할지라. 개벽開闢이란 이렇게 쉬울 것이니 그리 알지어다.", "천지를 개벽하여 선경仙境을 세우려면 먼저 천지도수天地度數를 조정하며 해원解寃으로써 만고신명萬古神明을 조화하고, 또 대지강산大地江山의 정기精氣를 통일하리로다.", "김광찬이 개벽공사開闢公事의 속히 결정되지 못함을 한恨하여 모든 일에 불평을 품어 좌석이 항상 소란하며" 등의 용례가 있다. 『대순전경』 초판에는 이러한 『증산천사공사기』의 기록에 "개벽정신흑운월開闢精神黑雲月"이라는 시구詩句가 추가된다.

9) 해원解冤

『대순전경』 초판 9장 16절에는 "이제 해원시대解冤時代를 당하여 모든 신명神明이 신농神農과 태공太公의 은혜를 보답하리라."라 했다. 『증산천사공사기』에는 "이마두利瑪竇는 현現 해원시대解冤時代 신명계神明界의 주벽主壁이 되니라."라 했다. 어찌된 일인지 모르지만 『증산천사공사기』의 이 구절은 『대순전경』 초판에는 빠져 있다. 그리고 『증산천사공사기』에는 "지금은 신명해원시대神明解冤時代니라."라는 기록이 있는데, 이 기록은 『대순전경』 초판에도 그대로 적혀 있다. 해원解冤에 시대時代라는 용어가 덧붙어 새로운 시대정신의 하나로서 '원한을 남김없이 풀어 없애기'가 등장한 것이다.

10) 상생相生

『증산천사공사기』에는 "상생相生의 도道"라는 용어가 두 번 나온다. "내가 천지도수天地度數를 정리正理하고, 신명神明을 조화調和하여, 만고萬古의 원寃을 끄르고, 상생相生의 도道로써 후천선경後天仙境을 열고, 조화정부造化政府를 세워 세계민생世界民生을 건지려 하노라."라는 구절과 "내가 상생相生의 도로써 화민정세化民靖世하리니, 너는 이제로부터 마음을 고치라."라는 구절이다. 『대순전경』 초판에는 이 두 구절이 그대로 기록된다.

11) 보은報恩

『증산천사공사기』에는 경주용담보은신慶州龍潭報恩神이라는 구절에서만 보은報恩이라는 용어가 나온다. 『대순전경』 초판의 9장 8절에서는 "인명人命을 많이 구활救活하면 보은報恩줄이 찾아들어 영항永恒의 복福을 얻으리라."라는 구절이 추가된다.

4. 『대순전경』 초판에 나오는 당대의 주요 인물

1) 최수운

『증산천사공사기』에는 수운水雲 최제우崔濟愚에 대한 언급 자체가 없다. 그런데 『대순전경』 초판에 이르면 수운에 대한 언급이 자주 나온다. 4장 14절에서 "동학신자東學信者 간間에 최수운崔水雲이 갱생更生하리라고 전하나, 죽은 자가 다시 살아오지 못하는 것이오, 내가 곧 대선생代先生이로라."라 했다. 또 『대순전경』 초판 4장 61절에는 "동학신도東學信徒는 최수운崔水雲의 갱생更生을 기다리나니"라 했고, 6장 1절에서는 "최수운崔水雲, 전명숙全明淑, 김일부金一夫로 명부冥府의 정리공사正理公事를 주主케 한다."라는 내용이 있다. 6장 19절에는 "최수운과 전명숙의 원冤을 끄르기 위해 사명기司命旗를 지었다."는 기록이 있다. 그리고 7장 7절에는 "최수운崔水雲의 오십년五十年 공부工夫는 시천주侍天呪로 일관一貫하였다."라 했고, 9장 13절에서는 "최수운은 동세動世를 맡았다."라 했다.

2) 전명숙

『대순전경』 초판 6장 1절에서는 "최수운崔水雲, 전명숙全明淑, 김일부金一夫로 명부冥府의 정리공사正理公事를 주主케 한다."라는 내용이 있다. 또 6장 19절에는 "최수운과 전명숙의 원冤을 끄르기 위해 사명기司命旗를 지었다."는 기록이 있다. 이 두 기록은 『증산천사공사기』에는 없었던 내용이다.

그리고 『대순전경』 초판 9장 13절에는 "전명숙全明淑의 동動은 곧 천하의 난亂을 동動케 하였나니라."라 했다. 이 구절은 『증산천사공사기』에도 있던 구절이다.

한편 전명숙이 남조선南朝鮮 배의 도사공都沙工이 되었다는 내용은 『대순전경』 초판 6장 55절에 나오는데, 『증산천사공사기』에도 나왔던 내용이다.

『대순전경』 초판 6장 58절에는 차경석이 만고명장萬古名將을 쓸 때 전명숙을 끝에 쓰자 증산이 그 이유를 물었다. 이에 차경석은 왼쪽에서부터 보면 전명숙이 첫머리가 된다고 대답했고, 증산이 그 말이 옳다고 인정했다. 이 이야기는 『증산천사공사기』에도 나왔다.

그리고 『대순전경』 초판 8장 26절의 "전명숙이 1결結에 80兩냥의 중세重稅를 30냥兩으로 경감케 했다."라는 내용과 8장 27절의 "김병욱의 영귀榮貴에는 전명숙全明淑의 힘이 많이 있다."라는 이야기는 『증산천사공사기』에는 없던 기록이다.

3) 손병희

『증산천사공사기』에는 '천도교주天道教主 손병희孫秉熙'가 호남湖南 지역에 순회할 때 증산이 제자를 시켜 돌려보내고 오라고 명했다는 기록에 "사설邪說로 교도를 무혹誣惑하여 이제 피폐가 극도에 달하였다."라는 증산의 부정적인 평가가 실려 있었다. 『증산천사공사기』에서 손병희가 등장하는 기록은 이것이 유일하다. 『대순전경』 초판 3장 68절에도 이와 비슷한 기록이 그대로 실려 있다. 그리고 『대순전경』 초판 4장 12절에서는 "차경석은 원래 동학신도東學信徒로서 손병희孫秉熙를 좇다가 모든 것이 마음에 합合하지 아니하여 다시 길을 고치려 하던 차이라."라고 기록하여, 손병희에 대한 다소 부정적인 표현이 실려 있다. 그렇지만 이는 차경석의 개인적인 견해일 따름이다.

그런데 『대순전경』 초판에는 손병희와 관련한 중요한 이야기가 다음과 같이 실려 있다.

> 하루는 종도들에게 일러 가라사대 "대인大人의 행차行次에는 삼초三哨가 있나니, 갑오甲午에 1초哨가 되었고, 갑진甲辰에 2초哨가 되었고, 손병희孫秉熙는 3초哨를 맡았나니, 3초哨 끝에는 대인大人이 나오나니라." 하시고, 손병희의 만사輓詞를 지어 불사르시니 이러하니라. 「지충지의군사군知忠知義君事君, 일마무장사해민一魔無藏四海民, 맹평춘신배명성孟平春信倍名聲, 선생대우진일신先生大羽振日新.」
>
> 『대순전경』 초판 4장 63절

증산이 말했다고 전하는 중요한 내용인데 그 의미가 분명하지 않다. 대인大人의 출현에 대한 예언인 듯한데, 갑오년(1894)에는 동학농민혁명이 발생했고, 갑진년(1904)에는 나라에 큰 변화나 사건이 없었다. 그리고 손병희孫秉熙(1861~1922)의 생몰연대 사이에 있었던 큰 사건으로는 1919년에 일어난 3.1만세운동이 있다. 초哨는 병제兵制의 하나로 백 명이 한 초를 이룬다. 왜 이러한 용어가 사용되는지 알기가 어렵다. 어쨌든 증산은 직접 손병희의 만사輓詞를 지었다고 전하는데, 1909년에 사망한 증산이 1922년에 죽을 손병희의 만사를 지었을 까닭이 없다. 아마도 후대의 편찬과정에서 삽입된 기록으로 추정된다. 물론 증산이 살아있는 손병희의 죽음을 애도하면서 이러한 시를 지었을 가능성을 전혀 배제할 수는 없지만, 만사가 특정인의 죽음 직후에 그의 장례식에 사용되었다는 점을 생각해본다면 그 가능성은 매우 낮다.

4) 민영환

『증산천사공사기』에 1908년 11월에 증산이 다음과 같은 글을 지었다는 기록이 있다.

> 민영환閔泳煥의 만장輓章을 지어 자현에게 주어 가라사대 "이 글을 암송하면 후일에 반드시 용처가 있으리라." 하시니, 그 글은 아래와 같으니라. "「대인보국정지大人輔國正知(혹운或云 지자持字)신身, 마세진토운磨洗塵天運(혹운或云 일자日字)기신氣新, 유한경遺恨竟(혹운或云 경자警字)심종성深終誠(혹운或云 성자聖字)의意, 일도분재만방심一刀分在萬方心」. 또 가라사대 "「일도분재만방심一刀分在萬方心」으로 하여 일을 알리라." 하시더라.

『대순전경』 초판 4장 8절에는 다음과 같은 기록이 전한다.

> … 시세時勢를 감안해 보건대 「대인보국정지신大人輔國正知身, 마세진

천운기신磨洗塵天運氣新, 유한경심종성의遺恨警深終聖意, 일도분재만방심一刀分在萬方心.」이라 창唱하시며 가라사대 "이 글은 민영환閔泳煥의 만장挽章이니, 「일도분재만방심一刀分在萬方心」으로 하여 세상일을 알게 되리라."하시고, …

『증산천사공사기』의 기록과 비슷한 글인데, 『증산천사공사기』에서는 확정되지 않았던 글자가 확정되었다.

민영환閔泳煥(1861~1905)은 1905년 11월 30일(향년 44세)에 한성부 중부 견평방에서 자결하였다. 조선 말기의 관료이며, 그의 시호인 충정忠正을 따서 충정공忠正公 또는 민충정공閔忠正公으로도 많이 불린다. 그는 고종의 어머니 여흥부대부인의 남동생 민겸호의 장남이자 민겸호의 형 민태호의 양자이다. 대한제국 성립 후 육군부장(현재의 중장에 상당)의 지위에 올랐으나 본래는 과거에 급제해 관료가 된 문신이었다. 1905년 을사늑약 체결 직후 자결함으로써 순국한 애국지사이다. 1905년 11월 17일 을사늑약 체결이 되자 전 의정대신議政大臣인 조병세를 대표로 조약을 반대하는 신하들을 규합해 이를 철회하고 을사오적 등의 을사늑약 찬성파 신하를 처벌하라는 공동 상소를 올렸으나, 일본 헌병대에 의해 조병세가 체포되고 입궐이 거부되는 소동이 있었다.

민영환은 이에 굴하지 않고 다시 자신이 대표가 되어 상소하려 했으나 이번에도 일본의 헌병대에 의해 강제로 해산당하고 평리원平理院에서 왕명 거역 죄로 견책까지 당하게 된다. 그는 이에 분노해 귀가 후 자신의 명함 앞뒷면에 유서를 남기고 칼로 자신의 목을 베어 자결한다. 처음에는 작은 칼로 복부를 찔렀으나 칼이 작아 깊이 들어가지 않자 다시 목을 베었다고 전한다. 민영환의 자결 소식이 전해지자 수많은 사람이 민영환의 집으로 몰려가 조문하였으며, 조병세를 비롯해 전 이조참판 홍만식, 학부주사 이상철 등 여러 사람이 의분에 찬 그의 자결에 동참하여 뒤이어 자결하였다. 이상설 역시 종로 거리에서 "민영환이 죽은 오늘은 전 국민이 멸망한 날"이라고 연설하고는 땅바닥에 머리를 찧어 자결하려고 하였으나 뜻을 이루지 못했으며 이후 만주로 망명하여 국권 회복 투쟁에 일생을 바치게 된다.

당시 대한제국 정부에서도 민영환의 장례에 각종 장례 물품과 담당 인사들을 파견해서 장례를 치르게 했으며 민영환의 죽음을 위로하는 조령詔令을 내렸다. 민영환은 사망 직후 정1품 '대광보국숭록대부大匡輔國崇祿大夫 의정대신議政大臣'으로 추증되었고 대한제국의 최고 훈장인 '대훈위금척대수장大勳位金尺大綬章'이 추서되었으며 충정공忠正公이라는 시호를 받았다. 민영환은 당시 중앙 정계의 실세 중에서 국가를 망국의 길로 이끈 책임을 지고 스스로 목숨을 끊어 황제와 백성에게 사죄한 인물이다.

민영환이 자결한 1년 후인 1906년 그의 자택 안 자결했던 방의 마룻바닥에서 대나무가 돋아났다. 실내에서 대나무가 자라는 것이 무척 드문 일이라, 사람들은 이를 그의 피가 대나무가 된 '혈죽血竹'이라고 일컬었다. 일제日帝는 조작의 증거를 찾으려다 증거가 나오지 않자 민중의 반일反日 정신을 고취한다는 이유로 뽑아버렸으나 뿌리가 없었으며 그의 부인이 뽑힌 혈죽을 수습해서 지금까지도 전해지고 있다. 혈죽은 대나무 종류 중 이대에 해당하며 놀라운 것은 대나무 잎의 개수가 45개로 순국 당시 민영환의 나이와 일치했다는 점이다.

증산이 지은 「일도분재만방심一刀分在萬方心」이라는 글은 민영환이 단도로 자결한 충심忠心이 만방萬方의 여러 사람의 가슴에 나뉘어 남아 있을 것이라고 읊은 듯하다.

5) 최익현

『증산천사공사기』에 "1906년 4월에 최익현崔益鉉이 홍주洪州에서 거의擧義하니, 마침 이앙기移秧期에 날이 가물어 인심이 흉흉하여 안정하지 못하고 의병義兵에 가입하는 자가 날로 증가하여 군세軍勢가 크게 떨치거늘, 천사天師께서 수일 동안 만경萬頃에 머무시면서 비를 많이 오게 하시니, 인심이 비로소 안정하여 각각 농토로 돌아가므로 의병의 형세가 떨치지 못하고 최익현은 순창淳昌에서 체포되니라."라 했다. 이와 거의 같은 내용이 『대순전경』 초판 6장 13절에 실려 있다.

또 『대순전경』 초판 6장 14절에 "선생이 최익현이 사로잡혔다는 소식을 들으시고 만경萬頃을 떠나 익산益山 만중리萬中里로 가시며 가라사대 '금번 최익현의 움직임을 일찍 진압하지 아니하면 조선朝鮮 전 국토가 참화慘禍 속에 들어 무고한 생민生民이 전멸을 당할지라. 최익현의 거사擧事가 한갓 창생만 사멸死滅에 몰아넣을 뿐이니, 내가 어찌 차마 볼 바리요? 그러므로 이제 공사公事로써 진압하였노라.'라 하시고"라는 기록이 추가되었다.

한편 『대순전경』 초판 8장 20절에는 『증산천사공사기』에는 없었던 다음과 같은 내용이 있다.

> 최익현崔益賢이 순창淳昌에서 사로잡히거늘, 선생이 종도에게 일러 가라사대 "일심一心의 힘이 크니라. 동일한 탄환 속에서 임낙안林樂安은

목숨을 잃었고, 최면암崔勉菴은 목숨을 보전하였으니, 이는 일심의 힘을 인함이라. 일심一心하는 자는 한 손가락을 튕겨 능히 만리萬里 밖의 큰 배를 깨뜨리나니라."

인용문에 나오는 임낙안은 임병찬林炳瓚(1851~1916)이다. 그의 본관은 평택平澤이고, 자는 중옥中玉이며, 호는 둔헌遯軒이다. 고종 25년(1888) 호남지방에 큰 흉년이 들었을 때 진휼의 공을 인정받아 1889년 첨지중추부사 겸 오위장의 직첩을 받았으며, 이어 낙안군수樂安郡守 겸 순천진동첨절제사로 임명되었다. 1894년 갑오농민전쟁 당시 무남영우영관에 임명되었으나 사양했다. 임병찬이 낙안군수로 재직했기 때문에 그를 임낙안이라고 불렀던 것이다. 성姓에 관직명官職名을 덧붙여 그 사람을 지칭한 일은 흔히 있었다.[7]

임병찬은 1905년에 을사조약이 체결되자, 1906년 2월 스승인 최익현崔益鉉과 더불어 구체적인 의거 계획을 수립했다. 마침내 1906년 6월 4일 최익현과 함께 전라북도 태인군 고현내면 원촌리(현 정읍시 칠보면 무성리 원촌마을) 무성서원에서 의병대를 창설했다. 애초에 전주군을 점거하고자 했으나, 수적으로 불리한 탓에 우선 태인군 군내면 읍내를 장악해 군량과 무기를 확보하고, 정읍군과 순창군에서 일본군과 교전한 끝에 이들을 격퇴한 뒤 고을을 장악했다. 이어 6월 8일에는 곡성군을 점령했는데 이때 의병대의 규모가 900명으로까지 늘어났다고 한다. 그러나 6월 12일 순창전투에서 일본군과 격전 중 최익현과 함께

7 디지털장서각에 『한말충의록韓末忠義錄』 V.1 「최면암여임낙안崔勉菴與林樂安」이라는 글에 "의사사행략선義士事行略選, 최면암여임낙안병찬崔勉菴與林樂安炳瓚, 기의사실起義事實 …"이라는 내용이 있다.

체포되었다. 최익현은 6월 9일에 이미 고종의 의병 해산 권고 조칙이 내려진 사실을 알았고, 또한 맞서 싸워야 할 상대가 대한제국군이라는 사실을 알고는 일제의 침략문제를 두고 일으킨 의병이 동족과 싸울 수 없다고 판단해 전투를 피하려 했다.

이때 임병찬은 각 도 · 군에 윤통문 · 군율 등을 발송하는 등 초모 · 군량 및 병사훈련의 책임을 맡았으며, 기우만 · 이항선 · 장제세 등 호남지역의 유림들과 연락하면서 의거에 관한 방책을 강구했다. 4월 13일 태인의 무성서원에서 대규모 의병을 일으켜 홍주의병장 민종식과 서로 연락하면서 태인 · 정읍 · 순창 · 곡성 등지를 습격하여 관곡을 취해 군량으로 삼고 진용을 정비해갔다. 그러나 진위대는 이를 기회로 삼아 더욱 힘써 싸웠고, 이 와중에 소모장召募將 겸 중군장中軍將 · 서기書記로 있던 정시해鄭時海가 전사하는 등 의병진이 격파되고 말았다. 이에 최익현은 의병진을 해산했고, 최후에는 임병찬을 비롯해 고석진高石鎭과 문달환文達煥 등의 참모參謀와 몇 명만 남아 최익현을 호위했다. 6월 20일 결국 최익현이 투항을 결정하자 임병찬은 최익현의 의사에 따라 나머지 11명의 의병과 함께 체포되었고, 이튿날인 6월 21일 전주군에 주둔하고 있던 일본군에 인계되어 한성부로 압송되어 조선군사령부에 구금되었다. 이후 감금 2년을 선고받아 쓰시마 섬(대마도對馬島)에 유배되었다. 최익현은 단식투쟁 끝에 그곳에서 풍토병으로 사망했고, 임병찬은 1907년 1월에 풀려나 귀향했다.

임낙안 즉 임병찬은 1906년에 죽지 않았다. 그때 죽은 사람은 정시해였다. 증산의 말로 전해진 기록은 오기誤記가 분명하다. 이에 따라 후대의 『대순전경』에서는 임낙안 대신 정시해로 고쳐졌다. 역사의 기록에 의하여 종교 경전의 잘못된 기록이 바로잡힌 것이다.

1906년 6월에 망국의 한을 품은 70 고령의 최익현은 최후 수단인 의병 활동에 투신할 것을 결심하고 2월에 가묘家廟에 결별을 고하고 호남으로 내려가 자신의 제자이며 전前 낙안樂安군수인 임병찬林炳瓚을 찾아 의거를 준비한 뒤, 태인泰仁의 무성서원武城書院에서 의병의 깃발을 들고 격문을 사방에 돌리며 왜군 공사관에 「기일본정부서寄日本政府書」를 보내 그들의 죄목을 성토하였다. 의병은 정읍과 순창을 거쳐 곡성에서 시위하고 다시 순창으로 회군, 6월에 관군과 왜군에 의하여 공격을 받게 되었다.

태인 무성서원에서 창의한 의병은 태인읍을 무혈점령하는 것을 시작으로 수많은 주민과 관리들의 환영을 받으며 순창에 입성할 때는 그 수가 500여 명에 달했다. 이들을 진압하기 위해 출동한 전주경무고문지부 소속 일본 경찰대를 물리치고 전남 곡성에 들어갔을 때의 의병 수는 천여 명으로 늘어났으며 소총 등 무기를 갖추게 되어 전력이 증강되고 사기는 충천하였다. 1906년 6월 8일에는 남원 진입을 꾀했으나 실패하고 순창으로 퇴각하였다. 얼마 후 왜병이 군郡의 동북쪽으로부터 추격하여 온다고 보고하는 이가 있어서 선생이 임병찬林炳瓚을 시켜 나아가 맞아 싸우게 하였으나 그들이 왜병이 아니라 전주全州와 남원南原의 진위대鎭衛隊임을 알려왔다. 이에 최익현은 "너희들이 왜군이라면 죽을 각오로 싸울 것이나 같은 동포끼리 서로 죽이는 것은 차마 할 수 없으니 물러가라." 하였으나 양대군兩隊軍은 모두 듣지 않고, 전주병이 먼저 포를 쏘아 포환이 비 오듯 쏟아지니 천여 명의 의병이 모두 새나 짐승처럼 죽거나 흩어졌다. 이에 선생은 "여기가 내가 죽을 곳이니 모두들 돌아가라"라고 명령하였다. 이리하여 살아남은 의병이 모두 해산하였으나 임병찬, 정낙언鄭樂彦 등 21명은 끝까지 선생 곁에 남았다. 선생은 이들과 함께 순창 객사로 몸을 피하였다. 이때 선생은 임병찬에게 명령하기를 "우리는 반드시 죽고 말 것이다. 서로 포개어 죽으면 누구의 시체인지 알 수 없으니 각자 이름을 써서 벽에 붙이고 이름 밑에 바른 자세로 앉으라." 하고, 또 말하기를 "고인은 포위된 성城 안에 있으면서도 관을 쓰고 예를 행하여 조상을 뵈려고 하였으니, 지금 제군은 의관을 정제하라."라고 하자 사람들이 모두 행낭을 풀어서 도포를 꺼내 입고, 갓끈을 다시 매고 공수拱手하고 벽을 등지고 꿇어앉았다. 곧이어 추격해 온 양대 지방진위대의 빗발치는 탄환에 21명 중 정낙언 등 9명이 전사하고 살아남은 12명은 체포 구금되어 서울로 압송되었다.[8]

결국 최익현 및 임병찬을 비롯한 그 휘하의 의병들은 의거義擧한 지 일주일 만에 무너져 모두 포박되어 서울로 압송되었다. 이들은 일본군 사령부에 구금되어 고문을 당하였고, 형을 받은 후(최익현은 감금 3년, 임병찬은 감금 2년) 모두 대마도對馬島로 압송 구금되었다. 면암은 이곳에서 왜적이 주는 음식을 전폐하고 단식으로 항거하던 중 발병한 지 1개월 만인 1906년 11월 74세를 일기로 적지에서 순국하였다.

한편 『증산천사공사기』에 1908년 11월에 "또 최익현崔益鉉의 만장輓章을 지으시니, 곧 「독서최익현讀書崔益鉉, 의기속검극義氣束劒戟, 시월대마도十月對馬島, 예예산하교曳曳山河橇.」라 했다."는 기록이 있는데, 『대순전경』 초판 6장 14절에도 같은 시가 실려 있다.

면암勉菴 최익현崔益鉉(1833~1906)은 대한제국 시기에 일본의 강압에

---

8 최익현, 민족문화추진회 편, 『국역 면암집』(솔, 1997), 181~186쪽.

의해 체결된 을사늑약의 무효를 주장하고 국권 회복을 위해 의병항쟁을 이끌다 순국한 애국지사이다. 증산은 최익현이 순창에서 일본군에 체포된 시점에 이미 그의 죽음을 예견하시고 만장(輓章, 挽章, 挽丈)을 지은 것으로 전한다. 만장은 죽은 사람을 애도한 글이다. 일정한 규격이 있는 것은 아니다. '수레를 끌다'라는 뜻이 있는데, 상여가 떠날 때 만장을 앞세워 장지로 향한다는 뜻이 담겨 있다. 그리고 망인이 살았을 때의 공덕을 기려 좋은 곳으로 갈 것을 인도하게 한다는 뜻도 담겨 있다.

독서최익현讀書崔益鉉	독서 최익현
의기속검극義氣束劍戟	의기는 창칼을 하나로 묶었네.
시월대마도十月對馬島	시월 대마도에서 쓰러지니
예예산하교曳曳山河橇	산하에 교橇를 길게 끌었네.

'독서최익현讀書崔益鉉'은 최익현이 관직에 있었던 것은 사실이지만 그가 의병을 일으킬 당시에는 관직에서 물러난 지 20년이 지났던 시기로 이때는 초야에 묻힌 글 읽는 선비나 다름없었기 때문에 이와 같이 표현한 것이다.

'의기속검극義氣束劍戟'은 최익현의 혈성에 감동하여 의병이 일어났고, 그의 의기는 창칼로 표현되는 의병을 결속結束하게 만들었으며 군세軍勢도 적지 않았다. "처음에 80여 명의 유생과 고을 사람들이 전부였던 군세軍勢가 일주일도 되지 않아서 총 900명에 달할 정도로 급속하게 신장되었다."라는 기록에서도 확인할 수 있다.[9]

---

9 최근묵, 「면암 최익현의 의병운동」, 『백제연구』 14, 충남대학교 백제연구소, 1983, 58~60쪽.

최익현의 거사가 비록 군사적 측면에서는 큰 성과를 거두지 못했다고 해도 그가 끼친 영향력은 무시할 수 없었다. 최익현은 대쪽 같은 상소上疏로 인망이 두터웠고 항일抗日의 선봉에 서 있던 당시 유림儒林을 대표하는 인물이었다. 그런 최익현이 상소를 통한 의견 개진과 대국민 호소에서 탈피하여 의병을 통한 무력항쟁을 선택한 것은 당시의 유림들과 항일을 지향하던 이들에게는 하나의 지향점을 제시해 준 것이나 다름없는 일이었기 때문이다. 당시로나 그 이후의 역사를 볼 때 "의기속검극"은 최익현이 의기로 칼과 창을 묶어내었고, 이것이 대한제국시기와 그 이후 의병항쟁으로 이어진 것은 분명하다고 할 수 있다

최익현의 체포와 대마도로 끌려간 경위, 그리고 죽음과 관련한 자세한 사정은 황현黃玹(1855~1910)의 『매천야록梅泉野錄』을[10] 통해서 확인할 수 있는데 다음과 같다.

- 왜놈들이 최익현을 잡아 대마도로 압송하다.

1906(병오)년 7월 8일에 왜놈들이 최익현과 임병찬林炳瓚 등이 사령부에 갇힌 지 두 달이 지났는데도 저항하며 굽히지 않자, 왜놈들이 마침내 등급을 나누어 형을 정했다. … 최익현과 임병찬은 함께 대마도 위수영衛戍營으로 유배했다.

- 최익현이 대마도에서 순국하다

---

10 황현, 허경진 옮김, 『매천야록梅泉野錄』(서해문집, 2006), 376쪽, 384~386쪽.

- 1906년 11월 17일에 전 판서 최익현이 대마도에서 죽었다. 처음 최익현이 도착했을 때 그에게 왜국 곡식으로 만든 죽을 주었는데, 물리치고 먹지 않았다. 왜놈들이 크게 놀라 우리 정부와 통하여 음식을 제공했다. 임병찬 등이 다시 강권했지만, 나이가 많고 속에서 받아들이지 않아 먹는 것이 차츰 줄더니 곱사병까지 겹쳤다. 10월 16일에 자리에 눕더니 다시 일어나지 못했다. 이날 서쪽을 향해 머리를 숙인 뒤 임병찬에게 구두로 마지막 상소를 남겼다. 살아 돌아가 임금에게 전해 달라고 하고 죽으니, 그의 나이 74세였다. 왜놈들도 그의 충의에 감동하여 줄지어 조문했다.

이처럼 최익현은 일본군에 체포된 이후에도 자신의 뜻을 굽히지 않았다. 일본이 최익현을 대마도로 압송한 것은 체포한 이들 가운데 그가 주모자이면서 가장 강력하게 저항했기 때문이었다. 일본의 압박에도 그의 저항은 계속되었다. 마침내는 단식으로 저항했는데, 고령의 나이였던 그에게 이것이 치명적이었을 것이다. 황현이 기록한 것처럼 "10월 16일에 쓰러지더니 다시 일어나지 못했다."라고 했으니 "시월대마도十月對馬島"는 최익현의 죽음을 의미하는 것이다.

증산이 지은 최익현의 만사에 나오는 교橇는 진흙 길에서 신는 신이다.[11] 그리고 예曳는 '끌 예'자로 땅에 늘어뜨리고 간다는 뜻이며, 예예曳曳는 길게 뻗치는 모양을 나타낸다.[12]

『매천야록』의 기록처럼 사대부에서 심부름하는 아이들에 이르기까

11 단국대학교 동양학연구소, 『한한대사전』 권 7(2004), 595쪽.

12 민중서림, 『한한대자전』(2006), 955쪽.

지, "나라가 시작된 이래 사람이 죽었다고 이처럼 슬퍼한 적이 없었다."라는 구절에서 알 수 있듯이 최익현에 대한 문상객이 인산인해를 이루었다고 한다. 또 상여를 따르는 이들이 너무 많아서 하루에 10리도 가지 못했다는 구절에서 엄청난 인파가 그의 마지막 가는 길을 함께 했다는 것을 알 수 있다. 따라서 "예예산하교曳曳山下轎", "산하에 교를 길게 끌었네."라는 그의 장례식에 참석한 수많은 사람이 교를 신고 최익현의 상여의 뒤를 따르는 모습을 표현한 것이다.[13]

5. 『대순전경』 초판에 나오는 전설상의 주요 인물[14]

1) 신농씨神農氏

『증산천사공사기』에는 다음과 같은 기록이 있다.

> 천사 가라사대 "신농씨神農氏가 경농耕農과 의약醫藥을 천하에 끼침으로 천하가 이를 힘입어 살아오나, 그 공덕을 앙모하여 써 보답하지 않고, 다만 매약賣藥에 신농유업神農遺業이라 써 붙일 뿐이며, … 이제 해원解冤의 때를 당하여 모든 신명이 신농神農과 태공太公의 은혜를 보답하리라." …

위 인용문의 내용과 거의 같은 기록이 『대순전경』 초판 9장 16절에

13 이재원, 「최익현의 만장輓章」, 『대순회보』 제 207호(2018년 6월)

14 중국 역사에 등장하는 인물들과 증산사상과의 관련성에 대해서는 김탁, 『증산사상과 한국종교』(민속원, 2022)를 참고하시오.

나온다.

염제炎帝 신농씨神農氏의 약전略傳에는 다음과 같은 기록이 전한다.

> … (염제 신농씨의) 성姓이 강姜이다. 사람의 몸에 소의 머리를 했다. 풍씨風氏를 이어 왕이 되었다. … 한낮을 기해 물건을 가지고 모여 시장을 열어서, 제각기 필요한 물건을 바꾸어가는 것도 가르쳤다. …
>
> … <염제신농씨炎帝神農氏> 강성姜姓. 인신우두人身牛頭. 계풍성이립繼風姓而立. … 교이일중위시教人日中爲市, 교역이퇴交易而退. …[15]

그리고 후대의 『십팔사략十八史略』에는 다음과 같이 기록되어 있다.

> 염제炎帝 신농씨神農氏는 성姓이 강씨姜氏로서, 몸은 사람이요 머리는 소였다. 그는 풍씨風氏의 뒤를 이어 화덕火德으로 왕이 되었다. 염제는 나무를 깎아 쟁기를 만들고, 나무를 구부려서 자루를 만들었으며, 백성들에게 농사짓는 법을 가르쳤다. … 또 붉은 채찍으로 풀과 나무를 쳐서 백 가지 풀을 맛보아 의약醫藥을 만들었다. 그리고 시장을 열어 제각기 필요한 물건을 바꾸어 쓰는 법을 가르쳤다.[16]

요컨대 중국 고대의 전설적인 인물인 신농씨가 농사짓는 법과 약을 만드는 법과 시장을 여는 법을 처음으로 고안했다는 이야기를 증산이 그대로 수용하여 인정한 것이다.

---

15 증선지曾先之, 『십팔사략十八史略』, 『한문대계漢文大系』 권 5, 4쪽.

16 증선지, 소준섭 편역, 『십팔사략 : 쉽게 읽는 중국사 입문서』(현대지성, 2015).

2) 요堯임금

『증산천사공사기』에는 다음과 같은 기록이 있다.

> 천사께서 신경수의 집에 계실 새, 요堯의 역상일월성진경수인시曆象日月星辰敬受人時를 말씀하시고, 오주五呪를 지으사 가라사대 "이것은 천지의 진액津液이라." 하시더라.

위의 인용문과 비슷한 기록이 『대순전경』 초판 6장 20절에 다음과 같이 전한다.

> 요堯의 역상일월성신경수인시曆像日月星辰敬授人時를 해설하여 가라사대 "천지天地가 일월日月이 아니면 공각空殼이요, 일월은 지인知人이 아니면 허영虛影이라. 당요唐堯가 비로소 일월日月의 법을 알아서 때를 백성에게 알렸으니, 천혜天惠와 지리地利가 이로부터 인류에게 유루遺漏없이 향유享有케 되었나니라." 하시고, …

이와 관련하여 『사기史記』 「오제본기五帝本紀」에 "요堯는 일 년을 삼백육십일로 정했으며, 윤월潤月로 사계절의 오차를 바로잡았다."라는 기록이 있다.

한편 『서경書經』에는 다음과 같은 기록이 있다.

> … 이에 희씨와 화씨에게 명하시어, 넓은 하늘을 받들어 따르게 하시고, 해, 달, 별의 운행을 자주 관찰하여 사람들에게 때를 알려주도록 하셨다. …

… 내명희화乃命羲和, 흠약호천欽若昊天, 역상일월성신曆象日月星辰, 경수인시敬授人時. …
「요전堯典」

희씨와 화씨는 중려重黎의 후예들로서 천지사시天地四時를 관장하는 관리였다. 즉 그들은 역상曆象을 주관하여 때를 알려주는 관리였다. 채침蔡沈이 달았던 주석註釋을 살펴보면, "역曆은 숫자를 기록하는 책이요, 상象은 하늘을 살피는 기구요, 인시人時는 경작하고 수확하는 절기節期다."라고 한다.

『대순전경』에는 "역상일월성신경수인시曆像日月星辰敬受人時"가 마치 특별한 명사인 것처럼 사용되고 있다. 즉 당요唐堯가 해와 달의 운행을 알아낸 방법처럼 설명되는 것이다. 그러나 『서경書經』의 원문은 이런 내용과는 전혀 관련이 없다. 『서경』에는 요堯임금이 희씨와 화씨라는 관리에게 명하여 해, 달, 별의 움직임을 살펴서 사람들에게 알려주도록 했다는, 서술형의 문장으로 되어 있을 뿐이다. 여기서 『대순전경』의 상像은 상象의 오자誤字로 보이며, 수受는 수授의 오자로 짐작된다.

『대순전경』 초판에는 요임금과 관련된 다음과 같은 기록도 있다.

하루는 양지책洋紙册에 무수히 글을 써서 1매枚씩 오려 떼이사 다시 종도들을 명하사 임의대로 무수히 찢은 후에 한 조각씩 헤어서 불사르시니 합合 383매枚라. 한 조각이 부족하다 하사, 두루 찾으니, 인형人形 그린 한 조각이 요 밑에 있거늘, 선생이 가라사대 "이것이 곧 황극수皇極數라. 당요唐堯 때에 나타났던 수數가 이제 다시 나타난다." 하시니라.
『대순전경』 초판 6장 74절

요임금 때 나타났던 황극수皇極數라는 표현이 있는데, 이와 관련된 고사는 찾을 수 없었다. 아마도 요임금 때의 황금시대가 다시 돌아올 것이라는 종교적 전망과 관련된 말인 듯한데 전거가 확실하지 않다. 다만 황극皇極이라는 용어를 사용했다는 점이 특기할만하다.

『증산천사공사기』에는 요임금의 아들 단주丹朱에 대한 다음과 같은 기록이 전한다.

> 1908년 7월에 천사 가라사대 "이때에 고래의 쌓여온 원冤을 풀어 그로부터 생긴 모든 불상사를 소멸하여야 써 영원의 화평을 이루리로다. 대저 머리를 끄르면 몸이 움직임과 같이 인륜기록人倫記錄의 비롯이며 원冤의 역사의 첫 장章인 요자堯子 단주丹朱의 원冤을 끄르면, 그 이하 수천 년 쌓여온 원冤이 다 마디와 코가 풀릴지라. 단주가 불초하다 하여 요堯가 순舜에게 두 딸을 주고 천하를 전함에, 단주는 원冤을 품어 마침내 순舜으로 하여금 창오蒼梧에서 붕崩케 하고, 이비二妃로 하여금 소상瀟湘에 빠지게 한지라. 이로부터 원冤의 뿌리가 박혀 세대世代의 추이를 따라 원冤의 종자가 더욱 퍼지어 이제와서는 천지에 가득하고 인간을 파멸하게 되니라." 하시고, 해원공사解冤公事를 행하실 새, 단주로 비롯하시니, 약장에 단주수명丹朱受命이라 쓰심도 이에 근인根因하심이러라.

『대순전경』 초판 9장 4절에는 위의 인용문에 추가된 다음과 같은 기록이 있다.

> … 인륜기록人倫記錄의 원시原始요 원冤의 역사歷史의 처음인 요자堯子 단주丹朱의 깊은 원冤을 끄르면, 그 이하 수천 년 동안 쌓여 내리는

일체의 원冤이 마디와 고가 풀릴지라. … 그러므로 단주해원丹朱解冤으로 처음을 삼아 모든 천하를 밝히려는 큰 뜻을 품고 시세가 불리하여 한恨을 머금고 구족九族이 죽는 참화慘禍를 당하고 의탁할 곳이 없어 천 년 동안이나 헤매다니는 만고역신萬古逆神을 그 다음으로 하여 각기 원한과 억울함을 끌러 혹은 행위行爲를 심리審理하여 곡해曲解를 바루며 혹은 안탁安托을 붙여 영원히 안정을 얻게 함이 곧 선경건설仙境建設의 첫 걸음이니라.

『증산천사공사기』에서는 단주의 원한에 대한 설명과 해원공사를 행했다는 기록만 있었는데, 『대순전경』 초판에 이르면 단주의 해원에 이어서 만고역신의 해원을 하는 공사가 잇따른다고 주장한다. 해원공사의 체계적 작업과 진행을 강조하는 것이다.

한편 『증산천사공사기』에는 "회문산에 이십사혈二十四穴이 있고, 그 중에 오선위기형五仙圍碁形이 있으니 바둑은 당요唐堯가 창작하여 단주丹朱를 가르친 것인 고로 단주해원丹朱解冤은 오선위기五仙圍碁로부터 대운大運이 열려 돌아날지라."라는 기록이 있다. 그런데 『대순전경』 초판에는 "바둑은 요堯가 만들어 아들인 단주丹朱에게 가르쳤다."라는 전설적인 이야기는 생략되어 있다.

그리고 『증산천사공사기』에는 "천사께서 유찬명柳贊明에게 일러 가라사대 '요순堯舜의 도道가 이제 다시 나타나리라.' 하시더라."라는 기록이 있는데, 『대순전경』 초판에는 이 부분이 빠져 있다.

3) 단주丹朱

『증산천사공사기』에는 "약장은 약 넣는 칸이 위로 종삼횡오縱三橫五 합이 15이며, 가운데에 큰 칸이 둘이요 아래에 큰 칸이 하나인데, 그 위의 15칸 가운데 칸에 「단주수명丹朱受命」이라 쓰시고, 그 속에 목단피牧丹皮를 넣고, 그 아래에 「열풍뇌우불미烈風雷雨不迷」라고 횡서橫書하시고,"라는 기록이 있는데, 『대순전경』 초판 6장 31절에도 같은 내용이 실려 있다.

『사기史記』 「오제본기五帝本紀」에 "순舜이 대록大麓의 일을 맡았을 때, 거센 바람이 불고 천둥이 치며 비가 내렸는데도 일을 그르치지 않자, 요堯는 순舜이 천하를 물려받을 자격이 충분하다는 것을 알았다." 라는 구절이 있다. "열풍뇌우불미"는 순舜임금과 관련된 내용인데, 그 원문은 다음과 같다.

> … 큰 숲속에 몰아넣었으나 사나운 바람과 번개 치는 빗속에서도 방향을 잃지 않으셨다. …
>
> … 납우대록納于大麓, 열풍뇌우불미烈風雷雨弗迷. …
>
> 『서경書經』 「순전舜典」

위의 인용문은 순舜임금의 성품을 설명하는 부분에 나오는 내용이다. 이 기록은 『사기史記』에도 "요임금께서 순舜을 산림과 못으로 들여보냈다. 폭풍과 뇌우에도 불구하고 순舜은 가는 방향을 잃지 않았다." 라고[17] 나오는데, 『서경』의 기록과 대동소이하다. "열풍뇌우불미"는 "몹시 거세고 바람이 불고 천둥소리와 함께 비가 내려도 길을 잃고 헤매지 않았다."라는 뜻이다. 이 부분에 대한 『사기史記』의 각주를 살펴보면, "홍수가 나서 요임금이 순으로 하여금 산림에 들어가 언덕이 습한 지의 여부를 살펴보게 했다. 번개와 비가 크게 몰아쳐 무리들이 평정을 잃고 놀라 두려움에 떨었으나, 순舜만은 홀로 미혹되지 않았다. 그의 도량이 남보다 뛰어남을 알 수 있었다. 천지의 귀신이 그를 도와주는 것이 아닐까?"라고 했다.[18]

『증산천사공사기』에는 다음과 같은 기록이 있다.

> … 대저 머리를 끄르면 몸이 움직임과 같이 인륜기록人倫記錄의 비롯이며 원冤의 역사의 첫 장章인 요자堯子 단주丹朱의 원冤을 끄르면, 그 이하 수천 년 쌓여온 원冤이 다 마디와 코가 풀릴지라. 단주가 불초하다 하여 요堯가 순舜에게 두 딸을 주고 천하를 전함에, 단주는 원冤을 품어 마침내 순舜으로 하여금 창오蒼梧에서 붕崩케 하고, 이비二妃로 하여금 소상瀟湘에 빠지게 한지라. 이로부터 원冤의 뿌리가 박혀 세대世代의 추이를 따라 원冤의 종자가 더욱 퍼지어 이제와서는 천지에 가득하고 인간을 파멸하게 되니라." 하시고, 해원공사解冤公事를 행하실 새, 단주로 비롯하시니, 약장에 단주수명丹朱受命이라 쓰심도 이에 근인根因하심이러라.

『대순전경』 초판 9장 4절에 위의 인용문과 비슷한 내용이 실려 있다. "그러므로 단주해원丹朱解冤으로 처음을 삼아 모든 천하를 밝히려는 큰뜻을 품고 시세가 불리하여 한恨을 머금고 구족九族이 죽는 참화

---

17 … 요堯, 사순使舜, 입산림천택入山林川澤. 폭풍뇌우暴風雷雨, 순행불미舜行不迷. … 그리고 『사기』「오제본기五帝本紀」에도 "… 순입우대록舜入于大麓, 열풍뇌우불미烈風雷雨不迷."라 했다.

18 『한문대계漢文大系』 권 12, 『상서尙書』, 10쪽.

慘禍를 당하고 의탁할 곳이 없어 천 년 동안이나 헤매다니는 만고역신萬古逆神을 그 다음으로 하여 각기 원한과 억울함을 끌러 혹은 행위行爲를 심리審理하여 곡해曲解를 바루며 혹은 안탁安托을 붙여 영원히 안정을 얻게 함이 곧 선경건설仙境建設의 첫 걸음이니라."라는 기록이 추가되었다. 이 부분은 증산의 해원공사解冤公事가 단계적으로 진행되고 있음을 강조한 대목이다.

단주丹朱에 대한 기록은 『서경書經』에 많이 나온다. 그 가운데 단주의 성품에 대한 우禹의 말을 살펴보자.

> … 단주처럼 오만하지 마십시오. 아무것도 안 하고 놀기만 좋아하고, 오만하고 포악한 짓을 행하여 밤낮없이 쉼 없이 하며, 물이 없는 곳에다 배를 띄우며, 무리를 지어 집에서 음탕하게 놀아, 후손도 끊기고 말았습니다. …
>
> … 무약단주오無若丹朱傲. 유만유惟慢遊, 시호是好, 오학傲虐, 망주야액액罔晝夜頟頟, 망수행주罔水行舟, 붕진우가朋淫于家, 용뢰궐세用殄厥世. …
>
> 「익직益稷」

요임금의 아들인 단주의 성품과 행동이 바르지 못했다는 기록이다. 요임금이 자신의 아들인 단주에게 왕위를 물려주지 않고 순舜에게 왕위를 물려주었다는 사실을 설명하고 보충하기 위해 이러한 기록들이 필요했던 것으로 짐작된다.

「한지漢志」의 기록에 의하면, 요堯임금이 그의 아들 주朱를 단연丹淵의 제후로 삼았기 때문에 단丹은 주朱의 나라 이름이라고 했다. 이리하여 단주丹朱라는 합성어가 요堯임금의 아들을 가리키는 대명사로 사용되었다.

4) 순舜임금

『증산천사공사기』에는 “단주가 불초하다 하여 요堯가 순舜에게 두 딸을 주고 천하를 전함에, 단주는 원寃을 품어 마침내 순舜으로 하여금 창오蒼梧에서 붕崩케 하고, 이비二妃로 하여금 소상瀟湘에 빠지게 한지라. 이로부터 원寃의 뿌리가 박혀 세대世代의 추이를 따라 원寃의 종자가 더욱 퍼지어 이제와서는 천지에 가득하고 인간을 파멸하게 되니라.” 하시고,”라 했다.

『대순전경』 초판 9장 4절에서는 “대저 단주丹朱로써 불초不肖히 여겨 요堯가 두 딸을 순舜에게 주고, 드디어 천하를 선양禪讓함에 단주丹朱는 깊이 원寃을 품어 그 분울한 기운의 충동으로 마침내 순舜이 창오蒼梧에서 붕어崩御하고, 두 왕비가 소상瀟湘에 빠지는 참사慘事를 이루었나니,”라 했다. 거의 비슷한 기록이다.

이와 관련하여 『사기史記』 「오제본기五帝本紀」에 “<순舜은> 제위帝位에 오른 지 삼십구 년 만에 남쪽을 순행하며 시찰하다가 창오蒼梧의 들에서 죽었다.”라는 기록이 전한다. 순임금이 단주의 원한 때문에 죽었거나 두 왕비가 소상강에 빠져 죽었다는 이야기는 전하지 않는다. 아마도 이는 후대에 덧붙여진 전설로 보인다.

증산은 요堯임금이 자신의 아들인 단주丹朱에게 천하天下를 물려주지 않고, 순舜에게 천하를 물려주었기 때문에 인류 역사상 처음으로 원한이 맺히게 되었다고 주장한다. 그리고 이 단주의 억울한 원한으로 인해 순임금이 죽게 되었다고 강조한다. 과연 그러한 일이 실제로 일어났었는지는 지금으로서는 알 수 없다. 다만 순임금이 창오라는 곳에서 죽었다는 역사적 사실만은 『사기』에 다음과 같이 전한다.

> … 순은 제위帝位를 이어받은 지 39년 만에 남쪽을 순행하며 시찰하다가 창오蒼梧을 들에서 숨을 거두었다. …
>
> … 천제위삼십군년踐帝位三十九年, 남순수南巡狩, 붕어창오지야崩於蒼梧之野. …
>
> 『사기』「오제본기」

순임금이 창오라는 곳에서 마지막 숨을 거두었던 일은 '역사적 사실'이다. 이러한 기록에 근거하여 증산은 인류 역사에 있어서 처음으로 원한이 맺혔다는 '종교적 진실'을 주장한 것이다. 물론 순임금이 죽자 그 억울한 원한에 의해 그의 두 왕비인 아황과 여영이 소상강에 빠져 죽어 원한이 얽히고설키게 된다는 이야기도 『사기』에는 없는 종교적 차원의 진실이다.

한편 『증산천사공사기』에는 나오지 않지만, 『대순전경』 초판 12장 23절에 다음과 같은 기록이 있다.

> 또 형렬에게 물어 가라사대 "네가 내 사무事務를 담당하겠느냐?" 형렬이 대하여 가로대 "재질이 둔하고 배운 바가 없사오니, 어찌 능히 담당하오리까?" 선생이 가라사대 "미유학양자이후未有學養子而後에 가자야嫁者也라. 순舜이 경역산耕歷山하고 어뇌택漁雷澤하고 도하빈陶河濱할 때에 선기옥형璿璣玉衡을 알지 못하였나니 당국當局하면 아느니라."

위의 인용문과 관련하여 『사기史記』「오제본기五帝本紀」에 "순舜은

역산歷山에서 농사를 짓고, 뇌택雷澤에서 물고기를 잡았으며, 황하黃河의 물가에서 질그릇을 빚었고, 수구壽丘에서 기물을 만들었으며, 틈이 나면 부하負夏에서 장사를 했다."라는[19] 기록이 있다. 요컨대 증산은 순舜임금에 관한 이야기를 잘 알고 있었는데, 그 정보의 출처가 바로 『사기史記』라는 책이었음이 밝혀졌다.

또 『사기』 「오제본기」에 "순舜은 〈천문天文을 관측하는 도구들인〉 선기璇璣와 옥형玉衡으로 칠정七政을[20] 재서 바로 잡았다."라 했다. 순임금도 천문을 관측하는 일을 주관했다는 기록이다.

그런데 『증산천사공사기』에는 "천사께서 유찬명柳贊明에게 일러 가라사대 '요순堯舜의 도道가 이제 다시 나타나리라.' 하시더라."라는 기록이 있지만, 『대순전경』 초판에서는 이 구절이 사라진다.

5) 아황과 여영

『증산천사공사기』 "단주가 불초하다 하여 요堯가 순舜에게 두 딸을 주고 천하를 전하였다."라는 기록만 있다. 이름이 밝혀져 있지 않다. 『대순전경』 초판도 마찬가지다. 그렇지만 『사기史記』 「오제본기五帝本紀」에는 요임금의 두 딸 이름이 아황娥皇과 여영女英이라고 밝혀져 있고, "요堯는 두 딸을 그에게 시집보내어 두 딸에게 순舜의 덕행을 관찰하게 했다."라는 기록이 있다.

---

19 … 순舜 … 순경역산舜耕歷山, 어뇌택漁雷澤, 도하陶河濱빈, 작십기어수구作什器於壽丘. …
20 해와 달과 오성五星의 자리를 가리킨다.

『십팔사략』에는 "순임금은 남쪽 지방을 시찰하다가 병이 들어 죽었다. 제위帝位에 오른 지 39년 되던 해였다. 그때 순임금의 시찰을 따라 상수湘水 부근까지 왔던 두 왕비는 너무도 갑작스러운 죽음에 넋을 잃고 눈물을 흘렸는데, 그 눈물이 옆에 있던 대나무에 떨어져 얼룩진 반점의 흔적을 남겼다. 그 뒤로 상수 부근에서는 반점이 있는 '반죽斑竹'이 자랐다. 한동안 넋을 놓고 눈물만 흘리던 두 왕비는 남편에 대한 그리움을 견디지 못하고 강물에 몸을 던지고 말았다."라는[21] 전설적인 이야기가 전한다.

6) 문왕文王

『증산천사공사기』에는 다음과 같은 기록이 있다.

> 천사 가라사대 "문왕文王은 유리羑里에서 384효爻를 지었으며, 태공太公은 위수渭水에서 3,600 낚시를 널리 폈는데, 문왕의 도술은 먼저 나타났거니와 태공의 도술은 이때에 나오느니라." 하시고, …

그런데 『대순전경』 초판에는 문왕에 대한 언급이 보이지 않는다.

7) 강태공姜太公

『증산천사공사기』에는 "강태공姜太公이 부국강병富國强兵의 술術을 천하에 끼침으로 천하가 다 이를 힘입어 대업을 이루었으나 이 공덕을

21 증선지, 소준섭 편역, 『십팔사략 : 쉽게 읽는 중국사 입문서』(현대지성, 2015).

앙모하여 보답하지 않고 다만 족첩足砧에 경신년월일강태공조작庚申年月日姜太公造作이라 써 붙일 뿐이니, 어찌 도의에 합당하리오? 이제 해원解冤의 때를 당하여 모든 신명이 신농神農과 태공太公의 은혜를 보답하리라."라는 기록과 "천사天師 가라사대 '강태공이 10년 경영으로 3,600 낚싯대를 널리 펼침이 어찌 한갓 주周나라 왕실을 흥하여 제齊나라 봉토를 얻으려 함이랴? 이를 멀리 후세에 전하려 함이랴?"라는 기록이 있다.

경신년월일강태공조작에 관한 이야기는 『대순전경』 초판에는 빠져 있다.

이능화李能和(1869~1943)의 『조선도교사朝鮮道教史』에 다음과 같은 기록이 있다.

> 우리나라 사람은 집을 짓고 상량上樑할 때, 대들보 위에 모년월일시某年月日時 상량대길上樑大吉이라 쓰고, 또 바깥문에 경신년庚申年 월일시月日時 강태공姜太公이 지었다고 쓴다. …[22]

『십팔사략』에 "한편 동해 바닷가에 여상이라는 사람이 살고 있었다. 그는 70세가 되도록 가난하게 살고 있었는데, 강에서 고기를 낚으며 주나라까지 유랑해 왔다. 너무 가난해 아내까지 도망쳐 버린 상태였다. 그가 바로 강태공이다. … 서백은 여상을 수레에 태워 궁궐에 모신 후, 그를 '태공이 바라던 성인'이라는 뜻으로 '태공망太公望'이라 불렀

---

22 이능화 집술輯述, 이종은 역주譯注, 『조선도교사』(보성문화사, 1977), 271쪽.

다.[23] 그리고 스승으로 모시면서 언제나 그의 말을 경청하여 따랐다." 라는 이야기가 있다.[24]

『증산천사공사기』에는 다음과 같은 기록이 전한다.

> 천사 가라사대 "문왕文王은 유리羑里에서 384효爻를 지었으며, 태공太公은 위수渭水에서 3,600 낚시를 널리 폈는데, 문왕의 도술은 먼저 나타났거니와 태공의 도술은 이때에 나오느니라." 하시고, …

위의 이야기와 같은 구체적인 내용은『대순전경』 초판에는 나오지 않는다. 다만 『대순전경』 초판 9장 16절에 "강태공姜太公이 제잔금폭除殘禁暴의 묘략妙略을 전수傳授함으로부터 천하가 그 덕을 입어왔으나, 그 공덕을 앙모하여 보답하지 아니하니, 어찌 도의道義에 합合하리오? 이제 해원시대解冤時代를 당하여 모든 신명神明이 신농神農과 태공太公의 은혜를 보답하리라."라는 기록만 있다.

『증산천사공사기』에는 다음과 같이 기록했다.

> 천사께서 제자들을 명하사 만고명장萬古名將을 쓰라 하시니, 모두 생각하여 쓸 새, 경석이 묻자와 가로대 "창업군왕創業君王도 명장이라 하오리까?" 천사 가라사대 "그러하니라." 경석이 황제黃帝로부터 탕무湯武, 태공太公, 한고漢高 등을 차례로 열거하여 적은 후, 전명숙全明淑을

23 『사기史記「주본기周本紀」에 "무왕武王이 즉위하자 태공망太公望(성姓은 강姜, 이름은 상尙)을 군사軍師로 삼았다."라 했다.

24 증선지, 소준섭 편역, 『십팔사략 : 쉽게 읽는 중국사 입문서』(현대지성, 2015).

끝에 써 올린대, …

『대순전경』 초판 6장 58절에는 "황제黃帝로부터 탕무湯武, 태공太公, 한고漢高 등을 차례로 열거하여 적은 후"라는 부분이 생략되어 있다.

8) 손빈과 방연

> … 위衛의 장군將軍 방연龐涓이 한韓나라를 침범하였을 때, 제齊나라가 손빈孫臏을 군사軍師로 삼아 구원하게 하였다. 이에 손빈이 제齊나라 군사로 하여금 위衛의 땅에 들어가서는 10만 개의 아궁이를 만들게 하고, 이튿날에는 5만 개의 아궁이를 만들게 하고, 또 그 다음날에는 2만 개의 아궁이를 만들게 하였다. 방연이 행군한 지 3일 만에 기뻐하면서 제齊나라의 군사들이 도망한 줄 알고, (자신의 군사에게) 급히 추격하라고 명령했다. 손빈이 그들의 행군을 헤아려보니 저녁때에는 마릉馬陵에 이를 것 같았다. 이에 마릉에다가 복병伏兵을 숨겨 놓아 위衛나라 군사를 대파大破한 일이 있었다. … 손자孫子, 도기행度其行, 모당지마릉暮當至馬陵. … 『통감』 제 1권 「주기周紀」, 19년 신미조辛未條[25]

방연龐涓(?~기원전 342)은 중국 전국시대戰國時代 위魏나라의 장수이자, 병법가다. 귀곡鬼谷선생의 밑에서 장의, 소진, 손빈과 함께 수학했다고 알려져 있다. 이 중 장의, 소진은 처세술을 배웠으며, 손빈과 방연은 병법을 위주로 배웠다고 알려져 있다. 방연은 조나라 수도 한단을 함락시킨 인물이다. 그러다가 대장군이 된 지 10년이 지나 귀곡선생을

---

25 『통감언해』 권 1(세창서관, 1928), 31~32쪽; 조수익 역해, 『통감』(홍신문화사, 1989), 34쪽; 증선지, 『십팔사략十八史略』, 『한문대계漢文大系』 권 5, 59~60쪽.

떠난 지 20년째, 손빈과 방연은 마릉의 전투에서 조우하게 된다. 방연은 앉은뱅이 손빈을 무시하고 방심했지만, 협곡으로 유인된 끝에 야밤에 "방연은 이 나무 밑에서 죽는다."라는 글을 보기 위해 불을 켠 순간 매복한 군사들에게 사살되었다.

손빈孫臏(기원전 382~기원전 316)은 전국시대 제나라 사람으로, 그 유명한 오나라의 손자孫子로 칭해지는 손무孫武의 후손으로 그의 사후 100여 년이 지나 등장하였으며 맹자孟子와 비슷한 시기에 활동한 것으로 보인다. 귀곡자鬼谷子라고 불리는 기인의 네 제자 중 하나였던 손빈은 그의 밑에서 수학했고 먼저 하산하여 위나라에 벼슬하고 있던 동문同門 방연의 부름에 위나라로 갔으나, 방연의 시기심과 지인들의 참소로 인해 제齊나라의 첩자라고 누명이 씌워져 죽음의 위기로 내몰렸다. 이후 손빈은 무릎의 슬개골이 뜯겨나가는 형벌을 받는 지경에 이르렀다. 손빈의 이름은 그냥 빈이 아니라 육달월을 붙인 '앉은뱅이 빈臏'을 사용한다. 손빈이 앉은뱅이 형을 받은 이후에 손빈 스스로가 붙인 이름이라는 설도 있고, 하산하기 직전 스승인 귀곡자가 발뒤꿈치를 잘리는 형을 받아 앉은뱅이가 될 거라고 본명인 빈賓에서 빈臏으로 이름을 바꿔 주었다는 설도 있다.

손빈은 거짓 퇴각을 하며 숙영지 밥 가마의 수를 점점 줄이는 전략을 구사해 방연이 "우리가 무서워서 탈영하는 놈들이 늘고 있구나" 하고 오판하여 해이하게 만들었다. 위나라 방연은 사흘 동안 제나라 군사를 쫓고는 크게 기뻐했다. 이에 방연은 보병은 버리고 정예 기병만을 이끌고 이틀 걸릴 거리를 하루 만에 달려 제나라 군사를 바짝 뒤쫓았다. 손빈은 방연의 일행이 저녁 무렵이면 마릉에 도착할 것이라 예상했다. 따라서 손빈은 마릉의 어두운 계곡에 있는 고목의 껍질을 벗겨 그 위에 방연은 이 나무 아래서 죽는다龐涓死於此樹之下라고 적어놓은 뒤, 1만의 궁수를 매복시킨 후 "밤에 불빛이 보이거든 일제히 쏘라."라는 명령을 내렸다. 과연 한밤중에 마릉에 도착한 방연은 나무에 쓰인 글귀를 읽기 위해 불을 비췄고, 그 신호를 기점으로 수만 개의 화살이 일제히 날아와 위나라 군대는 그 자리에서 궤멸해 버렸다.

9) 한고조漢高祖와 한신韓信

『증산천사공사기』에는 한고조가 단독으로 등장하지 않는다. 그런데 『대순전경』 초판에는 다음과 같은 기록이 있다.

> 모든 종도에게 일러 가라사대 "한고조漢高祖는 소하蕭何의 덕德으로써 천하를 얻었나니, 너희들은 아무것도 베풀 것이 없으니, 오직 언덕言德을 잘 가지라. 말을 선善하게 하면 남 잘되는 여음餘蔭이 밀려서 점점 큰 복福이 되어 내 몸에 이르고, 말을 악惡하게 하면 남 해치는 여앙餘殃이 밀려서 점점 큰 화禍가 되어 내 몸에 이르나니라."
>
> 『대순전경』 초판 8장 5절

한고조漢高祖(기원전 256?~기원전 195)는 중국의 통일왕조인 한漢나라를 건국한 창업군주이자 초대 황제를 가리키며, 휘는 방邦이다. 주로 한고조漢高祖라는 호칭으로도 불리는데, 이는 정식 묘호나 호칭은 아니다. 유방의 묘호는 태조太祖이며 시호는 고황제高皇帝다. 다만 사마천司馬遷의 『사기史記』에서 고조高祖라는 표현이 나와서 그것이 유방을 가리키는 일반적인 칭호로 굳어진 것이다. 정확히 말하자면 고조는 시호인 고황제의 존칭이다. 중국 역사상 최초의 평민 출신 황제로, 기존의 지배층이었던 제후나 귀족과 아무런 연관이 없는 피지배층에서 황제라는 최고의 자리까지 오른 입지전적인 인물이다. 진秦나라 말기의 대혼란에서 세력을 일으켜, 초한대전楚漢大戰에서 숙적 항우項羽를 제압하고 천하를 차지했다. 이후 각지의 반란을 평정하고 이성왕異姓王들을 숙청하여 대제국 한漢나라의 기틀을 닦았다. 특히 한족漢族, 하나의 중국과 같은 오늘날까지 엄존하고 있는 중국의 국가적 문화 정체성을 만들어낸 왕조의 창시자로서 중국사에 커다란 영향을 끼친 인물이다.

소하蕭何(기원전 257~기원전 193)는 유방劉邦의 막료幕僚로 그의 천하통일에 공헌하였으며, 유방에게 그 막대한 공을 인정받아 가장 많은 식읍食邑을 하사받았다. 차후酇侯로 봉해지고 식읍 7,000호를 하사받았다. 전설의 관직이라 할 수 있는 상국相國에 임명되고 "구석九錫"을 수여받아 한나라 역사에서도 최고의 명예를 누렸다. 시호인 문종文終과 합칭해 차문종후酇文終侯라고도 한다.

소하는 전쟁에서 보급의 중요성을 입증한 명재상으로서 유방이 십수만의 대군을 이끌고 항우와 싸워 허구한 날 참패하여 탈탈 털릴 때마다 소하는 흩어진 병력과 물자를 다시 추스르고 후방에서 마르지 않는 물자와 지원병력을 보급해서 전쟁을 지속할 수 있게 만들었다. 장량張良이 병사를 움직여 무엇을 얻을 것인지, 어떻게 얻을 것인지를 계획을 짜면 그것을 한신韓信이 탁월한 심리전과 용병술로 실행한다. 그러면 그것을 실행할 병사와 전쟁에 사용할 물자는 누가 어떻게 보급해오냐가 모든 것을 결정한다고 봐도 과언이 아닐텐데, 소하는 유방이 역사의 승리자로 남을 때까지 이 역할을 탁월하게 수행하였다. 소하의 지속적인 후방 보급과 지원 능력이 탁월하여 한신韓信, 장량張良과 더불어 삼걸三傑로 꼽힌다.

한신韓信은 『증산천사공사기』에는 단독으로 등장하지 않는 인물인데, 『대순전경』 초판에 다음과 같이 나온다.

> 한신韓信이 한고조漢高祖의 추식이식推食而食과 탈의이의脫衣而衣를 감격하여 괴철蒯徹의 말을 쓰지 아니하였나니, 한신이 한고조를 저버림이 아니오, 한고조가 한신을 저버림이니라.
>
> 『대순전경』 초판 8장 44절

한신韓信(?~기원전 196)은 초한쟁패기楚漢爭霸期 한漢나라의 초대 대장군이다. 당대의 군사적 상식을 파격적으로 뒤집고 연전연승한 중국사 최강의 천재 병법가로 널리 알려져 있다. 한왕漢王 유방劉邦에게 귀부한 뒤 재능을 인정받아 대장군大將軍이 되었다. 무수한 군공軍功을 세워 유방에게 천하를 안겨주고 자신은 제왕齊王과 초왕楚王의 자리까지 오른 입지전적인 인물이다. 유방이 항우를 꺾고 천하통일을 이루는 데 결정적인 역할을 하였다. 그 공으로 전한 건국 이후 최초에 봉해진 7명의 이성왕異姓王 중에 한 명이 되었다.

괴철의 의견처럼 한신이 점령한 조나라와 제나라는 유방에게서 독립하여 천하삼분天下三分을 노려볼 법한 큰 나라였다. 유방과 여후가 한신을 견제할 것은 당연한 일이었다. 천하를 삼분三分하거나 유방에게 절대 충성하거나 둘 중 하나를 정확하게 해야 했는데, 한신은 애매모호하게 있다가 비극적인 최후를 맞았다. 괴철은 진秦나라 말기 전한前漢 초기의 모사謀士였는데, 한신에게 유방을 믿지 말고 독립해 항우, 유방, 한신의 3국 정립을 권유한 인물로 알려져 있다.

『통감通鑑』에 다음과 같은 기록이 있다.

… 한신韓信이 사양하기를, "… 한왕漢王이 나에게 상장군上將軍의 인印을 내리고 나에게 수만數萬의 군사를 주었으며, 옷을 벗어 나에게 입혀주고, 밥을 남겨 나를 먹였으며, (나의) 말을 들어주고 계책을 써주었기 때문에 내가 이에 이르게 되었습니다. …"라고 말했다. … 괴철蒯徹이 (한신을) 설득하기를 "하늘이 주는 것을 취하지 않으면 도리어 허물을 받는다고 하였으며, 때가 이르러도 행하지 않으면 도리어 그 재앙을 받는다고 하였으니 …"라고 말했다. …

… 신信, 사왈謝曰 … 한왕漢王, 수아상장군인授我上將軍印, 여아수만중與我數萬衆, 해의의아解衣衣我, 추식사아推食食我, 언청계용고言聽計用故, 오득이지어차吾得以至於此. … 『통감』 제 4권 「한기漢紀」[26]

위의 인용문에는 『대순전경』 4장 105절에 나오는 "천여불취天與不取면 반수기앙反受其殃이라."라는 구절도 보인다. 이 말은 괴철이 한신韓信에게 했던 말로 역시 『통감』의 위 기록이 전거典據다. 나아가 위 인용문에 보이는 "언청계용言聽計用"이라는 구절은 증산의 친필저작으로 전하는 『현무경玄武經』의 맨 앞부분에 나오는 글귀와 비슷하다.

위의 인용문은 항왕項王이 제왕齊王인 한신韓信에게 한漢나라를 배반하고 초楚나라와 화친하여 천하를 셋으로 나누어 왕王 노릇을 하자고 권했을 때, 한신韓信이 이를 사양하면서 말한 내용이다. 한신韓信의 모사謀士였던 괴철蒯徹이 한신의 관상을 보아 천하를 셋으로 나누어 차지하라고 적극적으로 권했지만, 결국 거절당한다는 이야기다.

26 『통감언해』 권 2(세창서관, 1928), 106~107쪽; 조수익 역해, 『통감』(홍신문화사, 1989), 141~143쪽; 증선지, 『십팔사략』 제 2, 『한문대계』 권 5, 32쪽.

한신韓信은 한왕漢王 즉 한고조漢高祖 유방劉邦이 자신을 잘 대우해준 은혜가 깊어 이익을 위해 의리義理를 배반하지 못하겠다는 이유로, 괴철의 "대저 공功이란 이루기는 어렵고 패하기는 쉬우며, 때를 얻기는 어렵지만 잃기는 쉬워서 기회란 다시 오지 않습니다. 알맞은 시기여! 알맞은 기회여! 다시 오지 않으리라. 공자夫功者, 난성이이패難成而易敗, 시자時者, 난득이이실야難得而易失也. 시호시호時乎時乎, 부재래不再來."라는[27] 간언諫言마저도 듣지 않았다.

결국 한신韓信은 훗날 한고조漢高祖의 의심을 받다가, 여후呂后의 간계奸計에 속아 참수형斬首刑을 당하게 된다.

> … 한신韓信이 참斬에 임하여 말하기를 "내가 후회하는 것은 괴철蒯徹의 계책을 듣지 않다가 이처럼 아녀자의 속임을 받게 된 것이다. 어찌 하늘이 시킨 것이 아니랴!"라 하였다. …
>
> … 신信, 방참왈方斬日, 오회불용괴철지계吾悔不用蒯徹之計, 내위아녀자소계乃爲兒女子所計, 기비천재豈非天哉? … 『통감』 제 5권 「한기漢紀」

10) 제갈량과 마속

『증산천사공사기』에는 "천사天師 가라사대 '마속馬謖은 공명孔明의 친우로되 처사를 잘못하므로 공명孔明이 휘루참지揮淚斬之 하였으니 삼갈지어다.' 하시더라."라는 기록이 있다. 이처럼 『증산천사공사기』에는 제갈공명이라는 자字로 제갈량諸葛亮을 부른다.

---

27 『통감언해』 권 2(세창서관, 1928), 108쪽. "시호시호, 부재래"라는 구절은 동학東學의 창시자 수운水雲 최제우崔濟愚(1824~1864)가 지은 「검가劍歌」에 나오는 글귀이기도 하다.

『대순전경』 초판 12장 24절에 “모든 일에 삼가 무한유사지불명無恨有司之不明하라. 마속馬謖은 공명孔明의 친우로되 처사處事를 잘못하므로 휘루참지揮淚斬之 하였나니라.”라는 증산의 말이 적혀 있다.

제갈량諸葛亮(181~234)은 중국 삼국시대 촉한蜀漢의 재상으로 자는 공명孔明, 작위는 무향후武鄕侯, 시호는 충무忠武다. 와룡臥龍 또는 복룡伏龍이라는 별명으로 널리 알려져 있다. 형주에 머물다 유비劉備를 따르기 시작했으며, 이후 유비 세력의 대전략과 내정을 담당하였다. 촉한이 건국되자 초대 승상丞相의 직위에 임명되었고, 유비 사후에는 군권을 포함해 국정 전반을 총괄하는 위치에 올랐다. 이엄의 실각 이후 한중漢中에 막부를 두며 국가의 중요한 사안을 모두 결정했다. 제갈량은 탁월한 능력과 성실함 뿐 아니라 높은 충성심으로 사후에 중국을 포함한 동아시아에서 훌륭한 신하이자 재상의 상징으로 여겨지는 인물이기도 하며, 다른 한편으로는 소설 『삼국지연의』의 영향으로 군사 또는 참모의 대명사로도 널리 알려진 인물이다.

마속馬謖(190~228)은 중국 삼국시대 촉蜀나라의 참모이자 무장이다. 백미白眉로 유명한 마량馬良의 동생이다. 마속의 실책으로 인한 가정에서의 참패로 인해, 순조로웠던 1차 북벌은 크게 실패해버렸고 결국 후퇴하여 촉으로 돌아온다. 이에 부장 왕평으로부터 당시 전후 상황을 들은 제갈량은 마속에게 이번 패전의 모든 책임을 지게 하여 처형시켰다.

읍참마속泣斬馬謖은 법은 “예외 없이 엄격하게 집행해야 법의 위엄이 선다.”라는 뜻이다. ‘휘루참마속揮淚斬馬謖’ 라고도 한다. 말 자체의 직역은 ‘울면서 마속을 벤다.’이며, 다른 표현으로 ‘휘루참지揮淚斬之’라고도 한다.

『통감通鑑』의 원문은 다음과 같다.

> … 제갈량이 마속을 사로잡아 옥에 가두어 죽이게 하고는 그때를 즈음하여 눈물을 흘렸다. …
>
> … 량亮, 수속하옥살지收謖下獄殺之, 량亮, 자임제自臨際, 위지류체爲之流涕. …[28]

이 이야기는 제갈량이 사사로운 인정人情에 끌리지 않고 공적公的인 정신으로 일을 집행해 나갔다는 내용이다. 그런데 『대순전경』에서 제갈량의 친구로 나오는 마속馬謖은 원래 친구가 아니라 제갈량이 아끼던 친구인 마량馬良의 동생이자 부하장수였다.

당시 제갈량은 식량을 수송하는 요충지인 가정을 수비하는 일을 고민하던 중이었다. 마속은 제갈량과 친교가 두터운 마량의 아우이며, 뛰어난 재주를 지닌 인물이었기 때문에 매우 아꼈던 부하였다. 제갈량은 마속이 아직 어리다고 생각하여 망설이고 있었는데, 마속은 자기가 충분히 그 일을 해낼 수 있다며 거듭 자신을 책임자로 해 달라고 간청하였다. 결국 제갈량은 마속에게 그 임무를 주었다. 마속은 제갈량의 지시를 어기고 멋대로 진을 쳤다가 포위되어 궁지에 빠져 버리고 말았다. 마속은 포위망을 뚫으려 하다가 크게 참패하고 간신히 몸만 빠져나올 수 있었다. 제갈량은 마속이 자기의 명령을 듣지 않고 패하였으므로 군령을 엄하게 하지 않을 수 없었다. 형장으로 끌려가는 마속의 뒷모습을 보는 제갈량의 두 눈에는 눈물이 가득 고였다.[29]

---

28 『통감언해』 권 7(세창서관, 1928), 165쪽; 증선지, 『십팔사략』 권 3, 『한문대계』 권 5, 70쪽.
29 증선지, 소준섭 편역, 『십팔사략 : 쉽게 읽는 중국사 입문서』(현대지성, 2015).

위천하자爲天下者는 불고가사不顧家事라 하나니, 제갈량諸葛亮의 불성공不成功은 유상팔백주有桑八百株로 인함이니라.

『대순전경』 초판 8장 28절

모든 일을 알기만 하고 취사取捨를 못하면, 모르는 것만 같지 못하나니, 될 일을 못되게 하고 못될 일을 되게 하여야 하나니라. 손빈孫臏의 재주는 방연龐涓으로 하여금 모지마릉暮至馬陵케 하는데 있고, …

『대순전경』 초판 8장 40절

일을 처리함에 있어서 신축성 있고 규모 있게 하라는 증산의 가르침이다. 그 모범적인 사례로써 증산은 손빈과 제갈량이라는 두 사람에 얽힌 이야기를 제시하고 있는데, 이 이야기도 『통감』에 나오는 내용이다.

11) 조조와 관우

… 제갈량諸葛亮의 재주는 조조曹操로 하여금 화용도華容道에서 만나게 함에 있나니라. 『대순전경』 초판 8장 40절

조조曹操(155~220)는 중국 후한後漢 말의 인물이다. 초한쟁패楚漢爭霸 이후 약 400년간 이어져 온 한漢나라의 마지막 승상이자 삼국시대 위魏나라의 창업군주다. 그는 뛰어난 군사적 능력과 카리스마를 바탕으로 한 황실을 장악하고 유비의 촉한과 손권의 동오東吳를 상대로 천하를 두고 자웅을 다투었다. 사실상 조위를 만든 첫 번째 군주이며 춘추전국시대와 더불어 중국 역사에서도 손꼽히는 난세인 위진남북조시대의 시작을 알린 인물이다. 조조가 세운 위나라가 이후 서진으로 변모하여 최종적으로 천하를 통일하긴 했으나 사마염의 치세가 오래가지

못하고 무너짐과 동시에 300년 이상 이어지는 혼란기가 도래했다. 시호는 무황제武皇帝이며, 사후에 아들인 조비가 추증하였다. 처음에는 아버지의 뒤를 이어 위왕에 오른 조비가 조조에게 무왕武王이라는 시호를 올렸으나, 황제가 되고서는 묘호와 존호를 더해 조조를 태조무황제太祖武皇帝로 추존하였다. 조조 본인은 황제에 오르지 않았고, 명목상으로나마 한나라의 신하로 죽었으나 아들인 조비에 의해 황제로 승격된 것이다.

그리고 적벽대전赤壁大戰을 승리로 이끈 제갈량諸葛亮이 전쟁에서 대패大敗한 조조曹操가 화용도華容道쪽으로 도망할 것을 미리 알고 복병伏兵을 숨겨 놓았다는 다음과 같은 이야기도 『통감』에 전한다.

> … 조조曹操가 병사를 이끌고 화용도華容道로 걸어서 도망하자, 유비劉備와 주유周瑜가 물과 뭍 양쪽으로 아울러 조조를 추격하여 남군南郡에 이르렀다. …
>
> … 조操, 인병종화용도보주引兵從華容道步走, 유비주유劉備周瑜, 수륙병진水陸幷進, 추조지남군追操至南郡. …[30]

화용도華容道는 삼국지三國志에 등장하는 지명으로, 현재의 후베이성(호북성湖北省) 징저우시(형주시荆州市) 젠리현(감리현監利縣)의 서북쪽 지역이다. 깡촌에 불과한 화용도가 어느 정도의 인지도를 가지게 된 것은 당연히 『삼국지연의』 때문이다. 적벽대전에서 대패한 조조가 화용도를 통해 탈출했는데 화용도는 좁은 절벽으로 적은 수의 군대만 통과할 수

30 『통감언해』 권 7(세창서관, 1928), 94쪽.

있는 지역이라 한다. 게다가 길이 하도 험한 탓에 군사들더러 바위를 깎고 나무를 베는 등 길을 만들면서 가는 것도 모자라, 병사들이 힘들어서 쓰러지자 그대로 밟고 지나가게 했다고 한다. 역사에서 단순한 퇴각전이었던 화용도 전투가 유명해진 것은 나관중이 쓴 소설『삼국연의』의 영향이 크다.『삼국지연의』에서는 조조의 83만 군대가 적벽대전에서 손권군의 도독 주유의 화공火攻에 의해 크게 패배하고, 여기에 연합한 유비군의 협공까지 받아, 조조군은 83만의 대군 중 겨우 몇천의 패잔병만 남아 강북으로 한참 도망하고 말았다고 한다.

한편 제갈량은 조조군의 도주 루트도 정확하게 꿰고 있어서 조운, 장비 등을 보내 매복하게 하지만, 유독 관우에게만 아무 임무도 주지 않았다. 답답해진 관우가 왜 자신은 보내지 않느냐고 묻자, 제갈량은 가장 중요한 관문인 화용도가 남았는데 관우는 조조의 은혜를 입었으니 조조를 놓아 보낼 것이라 보내지 않았다고 대답했다. 이에 관우는 자신이 이미 안량, 문추를 베어서 은혜를 갚았으니 그럴 리가 없다면서 "관우가 조조를 풀어주면 처벌을 받고, 조조가 화용도로 가지 않으면 제갈량이 처벌을 받는다."라는 내용으로 내기를 하게 된다.

관우가 출전한 후, 유비는 "관우는 의리를 지키는 사람이라 아무래도 풀어줄 것 같다."라고 걱정하지만, 이 역시 제갈량의 계산이었다. 제갈량도 천문天文을 보니 어차피 조조는 아직 죽을 운명이 아니었다는 것이다. 이에 유비가 그럼 왜 관우를 보냈느냐고 묻자, 이에 제갈량은 관우를 보내서 풀어주게 하면 예전에 지고 남은 빚을 깨끗이 갚는 셈이 되기 때문이라고 답한다. 즉 남은 빚을 완전히 청산하여 후의 기회에서는 변수를 없애기 위해서였던 것이다.

장비와 조운의 기습을 받아 조조의 군대는 거의 모든 전의를 상실하고 만신창이가 되어 겨우겨우 걸음을 옮기고 있었다. 그러다 화용도로 향하는 갈림길에서 길이 두 개로 갈라져 있었는데, 큰길에서는 연기가 안 나는데 작은 길에서는 모닥불을 피운 듯 연기가 피어오르고 있었다. 이에 조조는 작은 길로 가자고 했는데, 좌우에서 묻자 "제갈량의 함정이다. 작은 길에 불을 피워서 큰길로 유도하여 우리를 기습하려는 계책이다. 그러니 작은 길로 가자."라고 대답하여 좌우에서 감탄했다. 그런데 그 말이 떨어지기가 무섭게 매복하던 관우關羽의 군대가 나타났다. 제갈량은 조조가 허허실실虛虛實實의 계책에 밝다는 걸 알고 있었기 때문에 조조가 지나치게 의심하여 잘못된 판단을 하게끔 유도한 것이다. 이때 조조는 이젠 죽기 살기로 싸워볼 수밖에 없지 않냐고 이야기하지만, 장군들은 사람이 어찌어찌 노력할 수 있다고 해도 말은 도저히 힘이 없어 싸울 수 없다고 하고, 모사 정욱은 이전에 조조가 관우를 잘 대해준 걸 생각하고 조조에게 필살 눈물 작전으로 관우를 회유하라고 간한다.

그래서 조조는 관우 앞에 머리를 조아리고 자기가 이전에 당신을 잘 대해줬으니 이번에 제발 살려달라고 빌자, 관우는 안량과 문추를 베어 그 빚을 다 갚지 않았냐고 반박했다. 그러자 조조는 그 이후에 관우가 자기를 버리고 유비에게 가면서 자신의 장수들을 벤 오관육참의 일을 자기가 용서해주지 않았냐며 간청하고, 관우가 춘추를 숙독했고 그 옛날 유공지사庾公之斯가 자탁유자子濯孺子를 풀어줬던 일화까지 들며 필사적으로 호소한다. 게다가 조조의 군사들까지도 눈물을 지으며 연민을 유발하니, 결국 정을 이기지 못한 관우는 조조를 풀어줘 도망치게 하고 만다.

증산은 일을 처리하는 데 있어서 앞일의 진행 상황을 예측하여 잘 대비했던 대표적인 인물로 손빈과 제갈량을 거론했다.

12) 진평陳平

『증산천사공사기』에는 등장하지 않았던 인물이다.

> 사람을 쓸 때에는 남녀와 노약의 구별이 없나니, 진평陳平은 야출동문여자오천인夜出東門女子五千人 하였나니라.
>
> 『대순전경』 초판 8장 15절

"밤에 여자 이천 명을 동쪽 문으로 내보냈다."라는 뜻이다. 진평이 한고조漢高祖 유방劉邦을 도와 초楚나라의 포위망을 뚫고 나갈 때의 고사로 『한서漢書』「고제기高帝記」에 나온다. 유방이 형양滎陽에서 항우의 군사에게 포위된 상황에서 유방의 참모였던 진평이 먼저 여자 이천 명에게 갑옷을 입혀 동쪽 문으로 내보냈다. 그리고 그 뒤를 따라 기신紀信이라는 장수가 유방으로 변장하고는 "식량이 다 떨어져 한나라 왕이 초나라에 항복한다."라고 말하며, 왕의 수레를 타고 왕의 깃발을 세우고 나타나니, 초나라 병사들은 모두 한나라가 항복한 것으로 생각하고, 만세 소리를 외치며 성의 동쪽으로 모였다. 이때 한왕漢王 유방이 기마병 이삼십 여와 함께 서쪽 문을 통해 무사히 탈출했다고 전한다.

『사기』에 다음과 같은 기록이 있다.

> … 진평陳平이 밤을 틈타 여자 2,000명을 형양성 동문東門으로 내보내자, 초楚나라가 곧 이들을 공격하였다. …

… 진평陳平, 내야출여자이천인형양성동문乃夜出女子二千人滎陽城東門, 초楚, 인격지因擊之. …　『사기』「진승상세가陳丞相世家」[31]

위의 이야기는 형양滎陽에서 한왕漢王을 포위하여 매우 위급하게 되자, 진평陳平이 기계奇計를 사용하여 여자들을 군사軍士로 꾸며 동쪽 문으로 나가게 하는 동안 한고조漢高祖가 서쪽 문으로 빠져나가 무사히 도망할 수 있도록 만들었다는 내용이다.

13) 당태종唐太宗과 위징魏徵

『증산천사공사기』에는 언급이 없었다. 그런데 『대순전경』 초판에 다음과 같은 기록이 보인다.

위징魏徵은 밤이면 상제上帝를 섬기고, 낮이면 태종太宗을 도왔다 하거니와, 나는 사람의 마음을 빼었다 질렀다 하노라.

『대순전경』 초판 8장 66절

https://blog.naver.com/kgeagle에 둥지독수리가 쓴 「당태종이 사후세계에 다녀온 이야기」(2023년 6월 2일)에 출처를 밝히지 않은 이야기가 실려 있는데, 여기에 용왕龍王이 여동빈呂洞賓 선생에게 살아날 방법을 묻자, 여동빈이 "너의 목을 벨 사람은 당태종의 신하 위징이다. 위징은 어떤 사람인가 하면 낮에는 당태종을 섬기고 밤에는 하늘에 올라가 하느님을 섬기는 위대한 인물이다."라고 말해주었다고 한다. 당唐나

31 『통감』 제 4권 「한기漢紀」에도 거의 동일한 내용이 나온다. 『통감언해』 권 2(세창서관, 1928), 93쪽; 조수익 역해, 『통감』(홍신문화사, 1989), 134쪽.

라 2대 태종太宗 이세민李世民(598~649, 재위 626년~649년)의 명재상이었던 위징魏徵(580~643)은 태종에게 직언直言한 일화로 유명한 인물이다. 이 이야기는 전설적인 것으로 위징이 천상계와 인간계를 동시에 오가면서 상제와 태종을 보좌했던 위대한 인물이었다는 말이다.

당태종의 휘는 세민世民(598~649)은 당나라의 제2대 황제이자 돌궐제국(동돌궐)의 제14대 가한이다. 수양제 이후 혼란스럽던 정세를 정리하고 중원을 평정했으며 여러 인사를 포용한 정치를 통해 백성들의 생활을 안정시켜 태평성대인 정관지치貞觀之治를 이루었다. 동돌궐 등 주변국을 공격해 외치에서도 성과를 거두었으나 반대로 업적의 이면에는 적지 않은 오점이 남기도 했다. 대표적으로 형제인 이건성과 이원길을 죽이고 아버지 이연으로부터 권력을 빼앗은 현무문玄武門의 변變이다. 이 때문에 자신의 권력 정당성을 강화하기 위해 기록에서 형제들이나 아버지의 공을 가능한 한 축소하고 자신의 업적은 과장했다는 의혹을 받고 있다. 집권할 때까지 학살을 적지 않게 저질렀으며 말년으로 갈수록 초심을 잃고 해이해져 충신들의 간언을 귀담아듣지 않아 후계자 문제로 일을 그르치기도 했다. 우리나라에서 당태종은 고구려를 침공했다가 패퇴한 황제로 잘 알려져 있는데, 신성, 건안성, 안시성 등에서 패퇴해 요동 방어선을 돌파하지 못하고 돌아갔다. 이 때문에 태종 말년에 전쟁 후유증으로 반란이 일어나기도 했으며 그는 여당麗唐 전쟁 패배 뒤 자신이 굴욕을 겪었던 것을 은폐해버렸고 『진서』를 비롯한 사서들을 자기 입맛대로 편찬했다.

14) 송우암과 허미수

『증산천사공사기』에 "또 동곡리銅谷里 앞 주점 주인 김사명金士明의

아들이 크게 병들어 4일 만에 죽는지라. 그 모친이 죽은 아이를 안고 천사께 와서 살려달라고 애원함에, 천사께서 웃어 가라사대 '죽은 자는 다시 살릴 수 없으니 내 어찌 살리랴?' 하시고 죽은 아이를 안아 무릎에 눕게 하시고 배를 만져 내리며 '허미수許眉叟(미상未詳)를 불러 송우암宋尤庵 잡아내라.'라는 소리를 하신 후 모과를 입에 씹어 침을 흘려 죽은 아이의 입에 넣으니, 죽었던 아이가 문득 항문으로 더러운 즙을 쏟으며 놀라 소리치고 회생한지라."라 했다.

이 이야기는 『대순전경』 초판 5장 9절에 거의 그대로 실려 있다. 다만 "미수眉叟 시켜 우암尤菴 부르라."라고 보다 순화된 표현이 사용되었다. 허미수(1595~1682)는 조선시대의 문신이자 학자로 이름은 목穆이다. 남인의 지도자였다. 우암尤菴 송시열宋時烈(1607~1689)은 조선 후기의 유명한 정치가, 유학자, 저술가, 중신重臣이자 권신이다. 이름은 시열時烈이다. 남인南人의 지도자였던 허목許穆과 대립하여 서인西人을 이끌었지만, 그와 개인적으로 친분을 유지했다. 어느 날 우암이 병이 들어 죽게 되었을 때, 허목이 독약으로 알려진 비상砒霜을 달여 마시라는 처방을 일러주었는데, 우암이 이를 의심하지 않고 그대로 실행하여 회복했다는 일화가 전한다.[32]

송시열은 파란만장한 시대를 살았던 서인西人의 영수이자 노론의 종사로서 인조부터 숙종까지 4대조를 섬긴 원로대신으로, 그의 후학들에게 공자, 주자에 버금간다며 송자宋子라고 불렀다. 그의 사후에도 노론이 세도 정치 직전까지 계속 집권하면서 송시열은 해동성인海東聖人,

32 『한국구비문학대계』 5-5 전라북도 정주시 정읍군 편(한국정신문화연구원, 2002), 576~579쪽.

송자宋子라고 높여졌다. 송시열을 빼놓고는 조선 후기의 정치와 사상을 이야기할 수 없을 정도로 당대는 물론 이후의 조선 정치와 사상에도 긍정적이건 부정적이건 큰 영향을 끼친 인물로 조선왕조실록에 3천 번 이상 언급되었으며 현대에 와서는 상당히 엇갈리는 해석과 평가를 받는다.

허목許穆(1595~1682)은 조선 후기의 문신으로 남인南人의 영수였다. 송시열, 윤선도, 윤휴와 함께 조선 시대의 대표적 논객 중 한 사람이기도 하다. 그는 50세가 될 때까지 학문 연구와 교육에만 전념하다가 과거 시험도 보지 않고 능참봉으로 발탁되어 이조판서와 우의정까지 역임한 입지전적인 인물이다.

송시열이 평소 요료법에 따라 건강을 유지하고 있다가 어느 날 오히려 건강이 악화되었다. 온 집안이 전전긍긍하고 있었다. 그때 송시열은 아들에게 허목에게 가서 처방전을 받아오라고 부탁한다. 아들은 미심쩍어하면서도 허목에게 찾아가 아버지의 질병에 대해 말하자 허목이 처방전을 써주는데, 확인을 해보니 비소砒素같은 극약들만 줄줄이 적혀 있었다. 놀란 아들을 비롯한 주변 사람들이 처방전에 의한 치료를 만류했지만, 송시열은 그 처방전 그대로 치료를 받고 다 나았다고 한다. 후에 그 아들이 사죄하러 가면서 독약을 먹고 아버지의 병이 나은 까닭을 묻자 허목이 대답하길, 송시열의 병은 체내에 독이 쌓여있어 생긴 것이니 독은 독으로 중화해야 하는데 중화하고 남은 독을 다시 독으로 중화하느라 독약만 적어주게 된 것이라 답하였다. 정치적, 학문적으로는 갈등 관계에 있었을지라도 의외로 사적인 감정은 크지 않았던 듯하다.

겨울철에 형렬이 선생을 모시더니, 마침 큰 눈이 내리거늘, 형렬이 여쭈어 가로대 "전설에 송우암宋尤菴이 살던 지붕에는 눈이 쌓이지 못하고 녹는다 하니 진실로 천지의 지령지기至靈之氣를 타고난 사람이로소이다." 선생이 가라사대 "진실로 그러하랴? 이제 내가 있는 곳을 살펴보라." 형렬이 밖에 나가보니, 날이 차고 눈이 많이 내려 쌓이되, 오직 그 지붕에는 한 점의 눈도 없고 맑은 기운이 하늘에 뻗쳐 구름이 가리지 못하고 푸른 창공이 통하여 보이더라. 이로부터 형렬이 항상 유의하여 살피니, 언제든지 그 머무시는 곳에는 반드시 맑은 기운이 푸른 창공을 통하여 구름이 가리지 못하고 비록 큰비가 오는 때에도 그러하더라. 『대순전경』 초판 3장 10절

위의 이야기의 전거는 확인하지 못했다.

이 달에 고부古阜 와룡리臥龍里에 이르사 가라사대 "이제 무질서와 혼란을 바루려면 황극신皇極神을 옮겨와야 하리니, 황극신은 청국淸國 광서제光緖帝에게 응기應氣하여 있다." 하시며, 또 가라사대 "황극신이 이 땅으로 옮겨 오게 될 기연機緣은 송우암宋尤菴의 만동묘萬東廟 창설로부터 발원發源되었나니라." 하시고, 여러 종도에게 명하사 매일 밤에 시천주侍天呪를 송독케 하시고, 친히 곡조를 먹이사 며칠을 지낸 후에 가라사대 "이 소리가 운상運喪하는 소리와 같다." 하시고, 또 가라사대 "운상하는 소리를 어로御路라 하나니, 어로는 곧 인군人君의 길이라. 이제 황극신의 길을 틔웠노라." 하시더니, 그때에 광서제가 붕崩하니라.
『대순전경』 초판 6장 52절

우암은 송시열의 호號이다. 송시열이 만동묘를 세우는 일에 앞장을 섰다는 점이 강조된 대목이다.

6. 의통醫統

『증산천사공사기』(1926)에는 의통醫統이라는 용어가 한 번도 나오지 않는다. 의통은 『대순전경」 초판(1929)부터 언급되는 증산교의 독창적인 용어다.

> … 내가 천지공사天地公事을 맡아봄으로부터 이 동토東土에 모든 큰 겁재劫災를 물리쳤으나, 오직 병겁病劫은 그대로 두고, 너희에게 의통醫統을 붙여주리니, 멀리 있는 진귀한 약품藥品을 중重히 말고 순일純一한 마음으로 의통醫統을 알아두라. … 『대순전경』 초판 9장 19절

증산은 자신이 역사상 처음으로 천지공사天地公事를 맡아본다고 주장했다. 이어서 증산은 우리나라에 있는 모든 재앙을 물리쳤지만, 병겁病劫만은 그대로 두고 제자들에게 의통醫統을 전해준다고 강조한다. 의통이 구원救援의 법방法方이라고 강조한 것이다. 이어서 증산은 멀리 있는 진귀하고 소중한 약품을 귀중하게 여기지 말고, 순수하고 하나가 된 마음으로 의통醫統에 대해 알아두라고 가르치고 있다. 병겁이라는 위기상황을 극복할 수 있는 유일한 방법이 바로 의통이라는 점을 강조했다. 의통이 신물神物이라는 뜻이다. 이 의통이 물질적인 것인가 아니면 정신적인 것인가에 대해서는 증산교단에서 여러 가지 해석이 있다. 대표적인 해석으로는 증산이 남긴 부符를 새겨 경면주사鏡面朱砂를 바른 인패印牌라는 주장과 사람의 깨끗하고 참된 마음(심心)이라는 주장이 있다. 이외에도 특별한 풍수적 명당明堂에 일정한 시간 동안 숨겨둔 약재라는 해석도 있고, 풍수적風水的 명당明堂 그 자체를 가리킨다는 해석도 있다. 어쨌든 증산은 그가 행한 천지공사天地公事의 목적이 겁재劫災 특히 병겁病劫의 극복 또는 해결에 있고, 그 구체적인 방법이 바로 의

통醫統에 있다고 주장한다. 의통이 과연 무엇인지 그리고 의통을 어떻게 해야 전해 받을 수 있는지, 나아가 의통을 활용 또는 사용하는 방법을 아는 것이 천지공사天地公事의 요체이자 결론이다.

『대순전경』 초판 9장 8절에서는 "모든 무술武術과 병사兵事를 멀리하고, 비록 비열卑劣한 일이라도 의통醫統을 알아두라. 인명人命을 많이 구활救活하면 보은報恩줄이 찾아들어 영항永恒의 복福을 얻으리라."라 했다. 여기서 일단 의통은 무력武力이나 전쟁과는 대비되는 개념 또는 물건이라고 추정할 수 있다. 그리고 "비열한 일"이라는 표현에서 의통이 얼핏 보기에는 하찮은 것 같고 보잘것없는 것이라는 사실이 짐작된다. 또 계속되는 "인명을 많이 구활한다."라는 설명을 통해, 의통이 사람의 목숨을 살릴 수 있는 것 또는 그러한 물건을 가리킨다는 사실도 추론할 수 있다. 또 의통으로 사람을 살림으로써 그 보답이나 은혜 갚기를 통해 반대급부로서 영원한 복락을 누릴 수 있으리라고 주장된다. 요컨대 의통은 사람의 목숨을 건질 수 있는 것으로 믿어지며, 의통을 통해 궁극적인 구원救援에 이를 수 있다고 믿어진다.

『대순전경』 초판 12장 27절에는 증산이 세상을 떠나기 바로 전날 밤에 박공우朴公又에게 은밀하게 의통인패醫統印牌를 만드는 비법을 전수해주면서 다가오는 무진년(1928) 동지冬至에 단체를 설립하면서 의통에 관해 묻는 사람에게 의통인패를 전해주라고 당부했다는 기록이 있다. 여기서 "1928년 동지에 기두起頭하며 묻는 자"는 바로 이때 동화교東華敎 창립을 선언한 이상호李祥昊 자신을 가리킨다고 주장된다. 의통인패를 교단 창립의 정당성을 주장하고 확보하는 기준점으로 제시한 것이다. 어쨌든 의통인패에 관한 이야기는 증산의 종도였던 박공우朴公又에게서 처음으로 나왔으며, 그 이야기의 핵심에는 의통인패라는 성물聖物이 있다고 믿어졌다. 이러한 의통인패에 관한 이야기에 대해 다른 증산교단에서는 의통이 정신적인 개념이라고 강조하기도 했다.

7. 현무경玄武經

『증산천사공사기』에는 "기유년(1909) 정월 1일 사시巳時, 천사께서 현무경玄武經을 종필終筆하사, 차경석에게 맡기시다."라는 기록이 있다. 『증산천사공사기』의 마지막 부분에 "치상治喪 후에 형렬과 경석이 천사의 부친을 모시고 고부古阜 객망리客望里에 가서 그 모친에게 위문하고, 다시 정읍 대흥리에 가서, 천사께서 간직해 두신 현무경玄武經을 등서謄書하니라. 또 천사께서 거처하시든 방을 살피니, 한 흰 병에 물이 있고 그 곁에 작은 칼이 있고 흰 병의 입구는 종이로 모조리 막았는데, 그 종이에 글을 썼으되 아래와 같더라."라는 기록에 이어서 『현무경』의 내용이 적혀 있다.

『대순전경』 초판 6장 62절에 다음과 같은 기록이 있다.

> 기유년 정월 1일에 현무경玄武經이 탈고되거늘, 안내성의 집에서 흰 병甁에 물을 담은 후에 양지洋紙에 글을 써서 권축卷軸을 지어 병의 입구를 막아 놓고 그 앞에 백지白紙를 깔고 백지 위에 현무경玄武經 상하편上下篇을 놓아 두었더니, 선생이 화천化天하신 후에 경석이 내성에게 와서 현무경을 빌려 가면서 병의 입구를 막은 권축을 빼어서 펴보니, 「길화개길실吉花開吉實, 흉화개흉실凶花開凶實」이라는 글이 쓰여있더라.

『대순전경』 초판 제 10장 「문명文明」 1절에 『현무경』의 내용이 수록되어 있다. 『현무경』이 증산이 남긴 친필저작이라는 사실이 당시에 이미 널리 알려졌었음을 알 수 있는 대목이다.

8. 주문呪文에 대한 강조

1) 태을주太乙呪

증산은 1908년과 1909년 이전에는 제자들에게 태을주太乙呪를 알려주지 않았거나 사용을 제한했다. 그런데 "하루는 형렬을 명하사 광찬과 갑칠에게 태을주太乙呪를 많이 읽으라 하시고"(『대순전경』 초판 4장 45절)라 했다. 증산은 세상을 떠나기 직전에 태을주를 많이 읽을 것을 강조했던 것이다.

『증산천사공사기』(1926)에는 태을주太乙呪를 얻은 사람의 이름이 충남忠南 비인庇仁 사람인 이름이 밝혀지지 않은 김金○○로 기록되었다. 그는 신명神明에게서 태을주를 얻었는데, 그때 신명이 말하기를 "이 주문으로 사람을 많이 살린다."라고 했다고 전한다. 그런데 『대순전경』 초판의 관련 기록은 다음과 같다.

> 하루는 종도들에게 물어 가라사대 "최수운崔水雲의 오십년五十年 공부는 시천주侍天呪로 일관一貫하였고, 김경소金京訴(충남忠南 비인인庇仁人)는 오십년五十年 공부로 태을주太乙呪을 얻었나니, 이제는 신명해원시대神明解冤時代라. 동일한 오십년 공부에 누구를 해원解冤함이 옳으냐?" 광찬이 대하여 가로대 "선생의 처분대로 하사이다." 선생이 가라사대 "시천주侍天呪는 이미 행세行世되었으니, 태을주太乙呪를 쓰라." 하시고,

읽어주시니 이러하니라. 훔치훔치吽哆吽哆 태을천상원군훔리치야도래 훔리함리사파아太乙天上元君吽哩哆耶都來吽哩喊哩娑婆訶

『대순전경』 초판 7장 7절

태을주를 얻은 사람이 김경소金京訴라고 명시되어 있다. 그리고 태을주를 준 주체가 신명神明이라는 점은 언급되지 않았다. 훗날 태을주는 증산교단인지 아닌지의 여부를 판단할 수 있는 주문呪文으로서 증산교단의 역사에서 가장 중요하게 취급된다. 『대순전경』 초판(1929)에서는 김경소金京訴로 적혀 있지만, 사람의 이름에는 거의 사용되지 않는 '하소연할 소訴'가 후대의 『대순전경』 판본에서는 '공손할 흔訢'으로 바뀐다. 소訴가 흔訢의 오기誤記라고 판단했던 것이다. 어쨌든 오십년 공부를 통해 태을주를 신명에게서 얻은 김경소 또는 김경흔이라는 인물이 충청도 비인 사람이라는 사실은 밝혀졌지만, 그가 과연 어느 시대를 살았던 인물인지에 대해서는 의견이 분분하다. 혹자는 임진왜란壬辰倭亂 때 살았던 과거의 인물이라고 주장하고, 어떤 이는 증산이 살았던 시기에 직접 만나볼 수 있었던 사람이라고 주장하기도 한다.

『대순전경』 초판 7장 9절에는 "종이에 태을주太乙呪와 김경소金京訴를 써 부치시고, 일어나서 절하여 가라사대 '내가 김경소에게 받았노라.'하시고"라는 기록이 있다. 여기서 "김경소에게서 받았다."라는 표현이 증산이 충청도 비인 지역에서 김경소라는 인물을 직접 만났는지 아니면 당시 전하는 이야기를 인용하여 김경소라는 인물에 관한 정보를 얻었는지는 추가적인 설명이 없다. 어쨌든 김경소 또는 김경흔이라는 인물에 대한 더 이상의 정보는 없고, 그에 관한 특별한 주장을 한다고 하더라도 객관적인 사실이라는 점을 뒷받침할 근거가 부족할 뿐이다. 다만 그가 재야在野에 숨어있던 수도인修道人 가운데 한 사람으로서 충청도 지역에서 살았다는 사실만 확인할 수 있을 뿐이다.

> 이때에 태인泰仁 화호리禾湖里 부근에 태을주太乙呪가 훤자喧藉히 전파된다 하거늘, 선생先生이 가라사대 "이는 문공신文公信의 소위所爲라. 시기가 상조尙早하니, 그 기운을 거두리라." 하시고 …
>
> 『대순전경』 초판 7장 9절

위의 인용문은 증산이 살아있을 무렵에 태인 지역에서 얼마 동안 태을주가 널리 전파되었던 사실을 알려준다. 이에 증산은 이 일은 자신의 제자인 문공신이 태을주를 알렸기 때문이라고 판단하고, 아직은 시기상조니 태을주의 기운을 거둔다고 선언했다. 태을주太乙呪의 공개적 사용을 보류했던 것이다. 그런데 후대의 『대순전경』의 기록에 따르면 1908년부터는 증산이 태을주를 가르치고 사용을 허가하면서 입도入道 의례儀禮에도 사용했다고 한다.[33]

2) 관운장주關雲長呪

증산이 관운장주 또는 운장주雲長呪를 공개한 시점이 특정된 최초의 문헌은 『대순전경』 초판이다. 1909년 봄으로 기록되어 있다(『대순전경』 초판 7장 5절). 운장주의 경우 관운장關雲長의 위상位相이 복마주伏魔呪나 해마주解魔呪의 대제大帝, 천존天尊, 제군帝君이 아니라 천하영웅天下英雄으로 되어 있다는 점이 특기할만하다.

---

33 『대순전경』 3판(1947), 303쪽.

『대순전경』 초판 6장 69절에는 다음과 같이 기록되어 있다.

> 하루 밤에는 약방藥房에 계시사, 삼십육만신三十六萬神을 쓰시고, 또 관운장주關雲長呪를 쓰사, 모든 사람으로 하여금 각기 칠백 번씩 심송心誦하라 하시며 가라사대 "이제 국가國家에나 사가私家에나 화둔火遁을 묻었는데, 날마다 바람이 불다가 그치고 학담으로 넘어가니, 사람이 많이 죽을까 하여 그리하노라." 하시니라.

증산이 관운장주를 직접 써서 제자들에게 각자 700번씩 외우라고 명했다는 내용이다. 증산이 관운장주의 중요성을 강조한 대목이다. 이어지는 기록의 "학담"이 어떤 의미인지는 분명하지 않으나, 사람들이 죽는 일을 막기 위해 관운장주를 외우게 했다는 사실만 확인된다.

한편 병세문病勢文으로 알려진 『현무경玄武經』에 "성부聖父 성자聖子 … 성신聖身 대인대의무병大仁大義無病" 다음에 "삼계복마대제신위원진천존관성제군三界伏魔大帝神位遠鎭天尊關聖帝君"을 위치시켰다. 띄어 쓰지 않고 붙여서 쓴 것이 특징이다.[34] 중국 삼국시대 촉蜀의 명장名將인 관우關羽에게 후대에 명明나라 신종神宗 만력萬曆 42년(1614)에 칙령으로 내린 호號가 바로 '삼계복마대제신위원진천존관성제군'이다. 따라서 원래 붙여서 읽거나 쓰는 것이 올바른 표현이다.[35]

---

34 『대순전경』 초판 10장 1절.

35 이에 대해서는 김탁, 『증산교학』(미래향문화, 1992), 64~65쪽을 참고하시오.

3) 오주五呪

오주五呪의 "신천지新天地"가 『증산천사공사기』와 『대순전경』 초판에는 "시천지侍天地"로 기록되어 있다. 그런데 『대순전경』 3판 이후에는 "시천지時天地"로 바뀐다.

또 『증산천사공사기』의 "시천주侍天主"가 『대순전경』 초판에는 "시천지時天地"로 되어 있다.

4) 이십팔장주二十八將呪와 이십사장주二十四將呪

증산은 중국 후한後漢 광무제光武帝 때 공을 세운 신하로 그 이름이 운대雲臺에 적힌 스물여덟 사람 곧 등우, 마성, 오한, 왕양, 고복, 진준, 경감, 두무, 구순, 전준, 잠팽, 견심, 풍이, 왕패, 주우, 임광, 제준, 이충, 경단, 만수, 개연, 비동, 조기, 유식, 경순, 장궁, 마무, 유융 등의 이름을 자신의 천지공사天地公事에 언급하여 사용했다.

> … 종도從徒 삼인三人으로 하여금 종이를 지폐紙幣와 같이 절단하여 연갑硯匣 속에 채워 넣은 후에, 일인一人으로 하여금 일편一片씩 집어내어 등우鄧禹를 부르고, 다른 일인一人에게 전하며 그 지편紙片을 받은 사람도 또 등우鄧禹를 부르고, 다른 일인一人에게 전하며, 다른 한 사람도 그와 같이 받은 후에 청국지면淸國知面이라 읽고, 다시 이상과 같이 하여 마성馬成을 부른 후에 일본지면日本知面이라 읽고, 또 그와 같이 하여 오한吳漢을 부른 후에 조선지면朝鮮知面이라 읽어서, 이십팔인二十八人과 이십사인二十四人을 다 마치기까지 지편紙片을 집으니, 그 지편紙片 수數가 맞으니라. 『대순전경』 초판 7장 9절

이십팔장二十八將은 후한後漢 광무제光武帝 유수劉秀가 정권을 수립하는데 큰 공을 세운 스물여덟 명의 무장武將을 말한다. 광무제 사후에 황제의 자리를 이은 넷째 아들 명제明帝 유장劉莊(28~75)이 60년(영평永平 3년)에 광무제 때의 스물여덟 명의 무장武將을 추모하여 유명한 화가에게 명해 수도인 낙양洛陽에 위치한 남궁南宮의 운대雲臺에 초상화를 그렸기 때문에 '운대 이십팔장'이라 부르게 되었다. 운대는 원래 구름 위로 높이 솟구친 대각臺閣이란 의미이다. 이 운대는 후한 광무제 때 대신들을 소집해서 정사政事를 논의하는 곳으로 사용되면서 나중에는 조정朝廷이란 뜻으로 차용되기도 하였다. 이십팔장二十八將이 이십팔수二十八宿에[36] 응해서 정해진 것이라는 설이 있다.[37]

지면知面의 '지知'는 주재하다, 주관하다, 맡아서 책임지다 등의 의미가 있다. 당唐나라 때에는 현縣을 주재하는 관리를 지현知縣이라 하였고, 송宋나라 때에는 부府를 책임진 관리를 지부知府, 주州를 책임진 행정장관을 지주知州라고 하였다. 그리고 '면面'이라는 말은 '방면方面', 즉 구역區域이라는 뜻이다.[38] 그러므로 '청국지면'이라고 하면 중국中國을 주재하는 신장神將이고, '일본지면'은 일본을 주재하는 신장을 가리키고, '조선지면'은 조선을 주재하는 최고最高 신장을 일컫는 말이다.

등우鄧禹(2~58), 마성馬成(?~56), 오한吳漢(?~44)에 대해서는 자세한 연

---

36 동양에서는 고대부터 황도와 천구의 적도 주변에 위치한 28개의 별자리를 이십팔수二十八宿라고 규정하였다. 이 이십팔수와 삼원三垣으로부터 하늘이 자미원紫微垣, 태미원太微垣, 천시원天市垣의 3개의 담(원垣)과 나머지 28개의 영역으로 구분된다. 이십팔수는 하늘의 천구天球를 동서남북 사궁四宮으로 나누고, 각 궁宮을 다시 7등분하여 28구區로 구분한 황도대의 별자리이다.

37 『후한서後漢書』「마무전馬武傳」… 중흥이십팔장中興二十八將, 전세이위상응이십팔수前世以爲上應二十八宿, ….

38 이재석, 『광무제와 이십팔장』(상생출판, 2010), 25~26쪽.

구가 있다.[39] 어쨌든 이십팔장과 그들의 이름은 『증산천사공사기』에는 나오지 않았던 용어와 내용이다.

한편 28장 가운데 만수萬修는 『대순전경』 초판에 다음과 같이 한번 나온다.

> … 선생이 이에 재실 마루 위에 오르사 모든 사람들로 하여금 서쪽 하늘을 바라보고 만수萬修를 소리높여 부르라 하시며 …
>
> 『대순전경』 초판 6장 43절

만수萬修(?~?)는 자가 군유君游이고 지금의 섬서성 홍편시 동북쪽에 위치한 우부풍右扶風 무릉현武陵縣 출신이다. 한단을 격파한 후에 후에 광무제가 되는 유수를 따라 하북을 평정했다. 건무 2년(26)에 괴리후槐里侯로 개봉되었고, 양화楊化장군 견담과 함께 남양을 쳤으나, 승리하지 못한 채 병에 걸려서 군영에서 세상을 떠났다는[40] 전언 이외에는 행적이 거의 알려지지 않았다.

이십팔수二十八宿는 전통적으로 동양문화권에서 상당히 중요한 위상을 지녔었고, 증산도 이를 활용하여 공사公事를 행했다.

> 하루는 찬명으로 하여금 권지卷紙에 이십팔수자二十八宿字를 좌로부터 횡서橫書한 후에 끊어서 자로 재이니, 일척一尺이 차거늘, 이에 불사르시니라.
>
> 『대순전경』 초판 6장 73절

39 위의 책, 101~144쪽.

40 이재석, 위의 책, 319~320쪽.

이처럼 증산은 후한서後漢書에 이십팔수二十八宿의 화신化身으로 기록된 광무제光武帝의 중흥 이십팔장二十八將을 주문처럼 사용했다.

또 당태종唐太宗을 도와 당나라를 반석을 올린 24명의 명장名將이 있는데, 후대에 이십사장二十四將이라고 불렸는데, 이들 개국공신開國功臣인 24장將이 24절후節候에 응해 나타났다고 주장하는 교단도 있다. 후대의 일부 증산교단에서 그들의 이름을 나열한 이십사장二十四將의 이름을 주문처럼 사용하기도 했다.

5) 예고주曳鼓呪

예고주曳鼓呪는 『증산천사공사기』 43면에 "예고신曳鼓神 예팽신曳彭神 석란신石蘭神 동서남북東西南北 중앙신장中央神將 조화조화운造化造化云 오명령훔吾命令吽"라고 기록되어 있다. 증산은 애초에 이 주문을 치병治病에 사용하였으며, 주문의 이름을 정하지는 않았다. 그리고 『대순전경』 초판 5장 11절에도 거의 같은 내용이 나온다. 후대에 교단이 성립되면서 이 글귀의 첫머리를 따서 예고주曳鼓呪라고 불렀다. 고판례高判禮(1880~1935)의 교단에서는 예고주를 지신주地神呪 또는 가택지신안정주家宅地神安定呪라고 부르기도 했다.[41]

41 고민환, 『선정원경仙政圓經』(1962), 127~128쪽.

9. 기타

1) 명부冥府의 책임자 불임명

『대순전경』 초판 6장 1절은 다음과 같다.

> 임인壬寅 4월에 김형렬의 집에 머무르사, 명부공사冥府公事를 행하시며 일러 가라사대 "명부공사의 심리審理를 따라서 인세人世의 모든 일이 결정되나니, 명부冥府의 혼란으로 말미암아 세계도 또한 혼란케 되나니라." 하시고, 최수운崔水雲, 전명숙全明淑, 김일부金一夫로 명부冥府의 정리공사正理公事를 주主케 한다 하시면서, 날마다 글을 써서 불사르시니라.

인간 세상의 모든 일이 보이지 않는 세계인 명부冥府의 판단과 결정에 따라 정해진다는 주장이다. 명부가 혼란하기 때문에 이 세상도 혼란하게 되었다고 강조한 증산은 명부를 바르게 다스리는 인물들로 최수운, 전명숙, 김일부 등을 거론한다. 각 지역이나 나라를 다스리는 명부대왕冥府大王으로 임명한다는 말이 없다. 그런데 후대의 『대순전경』 판본에서는 이 부분이 확대되어 각기 일본명부日本冥府, 조선명부朝鮮冥府, 청국명부淸國冥府를 맡아 다스리는 존재로 임명되었다고 증보增補된다. 그들이 맡은 나라가 다르며, 매우 구체적인 지역이 명시되고 확정되는 것이다. 이러한 증보는 증산의 명부공사冥府公事가 실제로 집행되었음을 강조하는 종교적 교리의 체계화과정이라고 평가할 수 있다.

2) 조화도장造化道場

『대순전경』 초판 9장 4절은 다음과 같다.

> 선천先天에는 상극지리相克之理가 인간사물人間事物을 맡아 다스림으로 모든 인사人事가 도의道義에 어그러져 원한이 맺히고 쌓여 삼계三界에 가득 차서 마침내 여기厲氣의 충발衝發을 이루어 인간 세상에 모든 참혹한 재앙이 생기나니라. 그러므로 이제 천지도수天地度數를 바르게 정하며 신명神明을 조화調和하여 만고萬古의 원冤을 끄르고, 상생相生의 도道로써 선경仙境을 열고 조화도장造化道場을 세워 무위지화無爲之化와 불언지교不言之敎로 화민정세化民靖世 할지니라. …

조화정부造化政府가 아니라 조화도장造化道場이라는 용어에 주목해야 한다. 조화도장은 종교적 성향의 용어이고, 조화정부는 좀 더 정치적 성향이 짙은 용어다. 이 기록이 후대의 『대순전경』에서는 조화도장에서 조화정부로 바뀐다. 종교적 성격으로 제한되었던 조화도장이라는 용어가 현실 정치 판도를 반영하고 영향을 미치는 조화정부라는 말로 바뀜으로써, 증산이 행한 천지공사天地公事가 단순한 종교적 행위에 그치는 것이 아니라 현실 세계의 정치조직과도 같은 실제적 힘과 영향력을 미치고 있음을 강조하기 위한 것으로 보인다.

그런데 『대순전경』 초판 4장 14절의 내용은 다음과 같다.

> … 나는 서양西洋 대법국大法國 천계탑天啓塔 천하대순天下大巡이라. 동학주문東學呪文에 「시천주조화정侍天主造化定」이라 하였으니, 내가 천지天地를 개벽開闢하고 조화정부造化政府를 열어서 인천人天의 혼란을 안

> 정케 하려 하여 삼계三界를 두루 살피다가 너의 동토東土에 그쳐 잔피殘疲에 헤매인 민중을 먼저 건지려 함이니, 나를 믿는 자는 무궁한 영복寧福을 얻어 선경仙境의 낙樂을 누리리니, 이것이 참 동학東學이라. …

『대순전경』 초판에는 조화도장造化道場이라는 용어와 조화정부造化政府라는 용어가 모두 사용된다는 사실이 확인되는 대목이다. 종교적 의미의 도장道場과 정치적 성격의 정부政府라는 용어가 모두 사용되어 증산의 천지공사가 종교와 정치의 두 영역 모두에 강한 영향력을 행사할 것이라는 믿음이 반영되었다. 어쨌든 후대의 『대순전경』에서는 조화도장이라는 용어는 사라지고 조화정부라는 용어가 주로 사용된다.

3) 오선위기五仙圍碁

다섯 명의 신선이 바둑을 둔다는 뜻의 '오선위기五仙圍碁'는 풍수적風水的 혈명穴名이다.

> 하루는 선생이 약방藥房 대청 위에 앉으시고 유찬명을 대청 아래에 앉히사 순창淳昌 오선위기五仙圍碁와 장성長城 옥녀직금玉女織錦과 무안務安 호승예불胡僧禮佛과 태인泰仁 군신봉조君臣奉詔를 쓰이시고, 또 청주淸州 만동묘萬東廟를 쓰이사 불사르시니라. …
>
> 『대순전경』 초판 6장 72절

오선위기는 전북 순창군에 있는 회문산回文山에 있다고 전하는 혈穴자리다. 위의 인용문에서 알 수 있듯이 장성군의 옥녀직금, 무안군의 호승예불, 태인군의 군신봉조 등의 혈명穴名과 함께 거론되었다. 그런데 오선위기는 점차 세계의 모든 지운地運을 통일하는 증산의 천지공사에 활용되었다는 교리로 형성되기 시작한다. 단순한 풍수적 명당이 아니라 온 세계의 땅 기운을 한데 모으는 일에 종교적으로 사용되었다는 믿음이 성립된 것이다.

> 전주全州 모악산母岳山은 순창淳昌 회문산回文山과 대립하여 우뚝 솟아 부모산父母山(복서卜書에 문文은 부父로 통용함)이 되었으니, 부모는 일가一家의 장長으로 가족을 양육하고 통솔하는 의義가 있음과 같이, 지운地運을 통일하려면 부모산으로써 종주宗主를 삼을지라. 이제 모악산을 위주하여 회문산의 오선위기五仙圍碁를 응기應氣하고, 배례拜禮밭 군신봉조君臣奉詔(태인泰仁)와 승달산僧達山 호승예불胡僧禮佛(무안務安)과 손룡巽龍 선녀직금仙女織錦(장성長城)의 기령氣靈을 통합하여 이로써 본종本宗을 삼아 대지大地의 종령鍾靈을 집중集中할지니, …
>
> 『대순전경』 초판 9장 7절

증산은 세계의 지운地運을 통일시키기 위해 우리나라 전라북도 김제군金堤郡에 있는 모악산과 순창군에 있는 회문산을 각기 어머니산과 아버지산이라고 이름하고, 두 산을 중심으로 삼아 공사를 집행한다고 선언한다. 이 세상을 주재하고 통솔하는 아버지와 어머니를 상징하는 산山이 모두 우리나라에 있다고 주장한 것이다. 그 가운데 회문산에 있는 오선위기혈五仙圍碁穴은 아버지를 상징하는 장소로서 대지大地의 영적靈的 기운을 한데 모아 통일하는 가장家長의 역할을 한다고 강조한다. 물론 이는 종교적 주장이기는 하지만, 어쨌든 세계를 관장하고 통솔하는 아버지와 어머니를 상징하는 두 산이 모두 우리나라에 있다는 자부심을 드러내고, 이러한 입장에서 천지공사天地公事가 진행되었다는 믿음이 탄생하였다.

이후 오선위기五仙圍碁는 단순한 혈穴 자리가 아니라 그곳에서 나오는 신령하고 신성한 기운으로 세계의 정치질서의 판도를 관장한다는 믿음으로 전개되었다.

> 현하現下의 대세가 오선위기五仙圍碁와 같아 두 신선은 서로 판을 대하고, 두 신선은 각기 훈수하고, 한 신선은 주인이라 수수방관袖手傍觀하고 다만 공궤供饋만 맡었나니, 그러므로 연사年事만 흠이 없이 공궤지절供饋之節만 빠지지 아니하면 주인의 책임은 다하나니, 만일 바둑을 마치고 판이 흩어지면 판과 바둑은 주인에게로 돌리나니라.
>
> 『대순전경』 초판 9장 22절

“현하現下의 대세가 오선위기五仙圍碁와 같아”라는 구절에서 이 세상의 정치질서의 큰 흐름이 마치 다섯 명의 신선이 바둑을 두는 형세로 전개될 것이라는 종교적 주장이 성립되었다. 두 신선이 판을 마주하고, 두 신선은 훈수를 두고, 한 신선은 주인으로서 손님 접대에 몰두하는 형국으로 정치의 판도가 이루어질 것이라는 종교적 교리에 대한 설명이 시도되었다.

> … 일반 문인門人의 이야기를 살펴보건대 단주丹朱로써 세운世運을 관장管掌케 하사 현세現世의 대국大局이 그의 바둑두는 법에 응하여 기틀과 축軸을 전개하게 하셨으니 회문산回文山으로 하여 오선위기五仙圍碁를 응기應氣케 하심이 이로 인함이니, 대개 바둑두는 법이 단주丹朱로부터 시작한 까닭이라 하니, … 『대순전경』 초판 「보주補註」

『대순전경』 초판(1929)이 간행되었을 무렵에 “단주丹朱가 세운世運을 관장한다.”라는 종교적 주장과 이에 대한 교리의 체계화가 이루어지기 시작했음을 알 수 있는 대목이다. 단주는 중국의 전설적 제왕인 요堯임금의 아들로서 '바둑의 원조元祖'로 알려진 인물이다. 바둑이 단주로부터 시작되었다는 말이다. 그 단주가 '세상의 운수와 진행'을 주장主掌한다고 강조된다. 다섯 명의 신선이 둘러앉아 바둑을 두는 형국의 명당明堂에도 단주丹朱가 관계하며, 그 까닭은 바둑을 두는 법이 단주로부터 시작했기 때문이라고 설명된다. 인류사 최초로 원한을 맺은 인물인 단주의 해원解冤을 위해서는 세상의 정치 판도가 다섯 명의 신선이 바둑을 두는 형국으로 전개되어야 한다는 점이 강조되었다. 이제 단주가 관장하는 오선위기五仙圍碁는 우리나라를 중심으로 4대 강국强國이 세상의 주도권과 통솔권을 두고 한 판 바둑을 두는 형세로 진행될 것이라는 종교적 해석이 시도되었다. 역사의 진행이 종교적 결정에 따라 이루어진다는 믿음이 성립되었다. 물론 이는 '종교적 진실'의 문제이지 '역사적 사실'의 문제는 아니다. '사실'이 강조되느냐, '진실'을 믿을 것이냐는 어디까지나 개개인의 책임과 선택에 달려 있을 것이다. 어쨌든 다섯 명의 신선이 둘러앉아 바둑을 두는 모습과 비슷하게 우리나라를 중심으로 전개되는 세계의 정치가 진행된다는 '믿음'은 '종교적 진실'의 영역으로 남아있다.

『증산천사공사기』와 『대순전경』 초판의 비교

IV

『증산천사공사기甑山天師公事記』(1926)가 연대순으로 정리한 자료집의 성격을 지녔다면, 『대순전경大巡典經』 초판(1929)은 특정한 주제별 제목 아래 장章과 절節로 구분하여 다시 분류하고 편집한 경전經典이다.

그리고 『증산천사공사기甑山天師公事記』에서 쓰던 '천사天師'라는 용어 대신에 『대순전경大巡典經』에서는 '선생先生'이라는 호칭을 사용하고 있으며, '제자弟子'를 대신하여 '종도從徒'라는 용어를 사용하고 있다.

1. 단주丹朱

요임금의 아들 단주에 관한 『증산천사공사기』(1926)의 기록은 다음과 같다.

> … 대저 머리를 끄르면 몸이 움직임과 같이 인륜기록人倫記錄의 비롯

이며 원冤의 역사의 첫 장章인 요자堯子 단주丹朱의 원冤을 끄르면, 그 이하 수천 년 쌓여온 원冤이 다 마디와 고가 풀릴지라. 단주가 불초하다 하여 요堯가 순舜에게 두 딸을 주고 천하를 전함에, 단주는 원冤을 품어 마침내 순舜으로 하여금 창오蒼梧에서 붕崩케 하고, 이비二妃로 하여금 소상瀟湘에 빠지게 한지라. 이로부터 원冤의 뿌리가 박혀 세대世代의 추이를 따라 원冤의 종자가 더욱 퍼지어 이제와서는 천지에 가득하고 인간을 파멸하게 되니라." 하시고, 해원공사解冤公事를 행하실 새, 단주로 비롯하시니, 약장에 단주수명丹朱受命이라 쓰심도 이에 근인根因하심이러라. 『증산천사공사기』

단주에 관한 『대순전경』 초판(1929)의 기록은 다음과 같이 증보增補된다.

… 무릇 머리를 들면 조리條理가 펴임과 같이 인륜기록人倫記錄의 원시原始요 원冤의 역사의 처음인 요堯임금의 아들 단주丹朱의 깊은 원冤을 끄르면, 그 이하 수천 년 동안 쌓여 내리는 일체의 원冤이 마디와 고가 풀릴지라. 대저 단주丹朱로써 불초不肖히 여겨 요堯가 두 딸을 순舜에게 주고, 드디어 천하를 선양禪讓함에 단주丹朱는 깊이 원冤을 품어 그 분울한 기운의 충동으로 마침내 순舜이 창오蒼梧에서 붕어崩御하고, 두 왕비가 소상瀟湘에 빠지는 참사慘事를 이루었나니, 이로부터 원冤의 뿌리가 깊이 박혀 세대世代의 추이推移를 따라 더욱 발달하여 드디어 천지에 가득하고 인간 세상을 폭파함에 이르렀나니, 그러므로 단주해원丹朱解冤으로 처음을 삼아 모든 천하를 맑히려는 큰 뜻을 품고 시세가 불리하여 한恨을 머금고 구족九族이 죽는 참화慘禍를 당하고 의탁할 곳이 없어 천 년동안이나 헤매다니는 만고역신萬古逆神을 그 다음으로 하여 각기 원한과 억울함을 끌러 혹은 행위行爲를 심리審理하여 곡해曲

解를 바루며 혹은 안탁安托을 붙여 영원히 안정을 얻게 함이 곧 선경건설仙境建設의 첫 걸음이니라. 『대순전경』 초판 9장 4절

좀 더 구체적인 내용이 보완되어 단주가 원한을 품게 되는 과정이 설명되었고, 단주의 해원이 가지는 종교적 의미를 강조하였다. 단주의 해원이 선경仙境을 이 땅에 세우는 첫 단계라는 사실이 분명하게 기록된다.

위의 인용문 이외에도 『대순전경』 초판에는 단주와 관련된 아래의 기록이 있다.

약장은 아래에 큰 칸을 두고, 위로 약을 넣는 칸이 종縱으로 3, 횡橫으로 5 합合 15칸인데, 한 가운데 칸에 「단주수명丹朱受命」이라 쓰시고, 그 속에 목단피牧丹皮를 넣고, 「열풍뇌우불미烈風雷雨不迷」라 쓰시고, … 『대순전경』 초판 6장 31절

위에 인용된 구절은 『증산천사공사기』의 기록과 거의 같다. 증산이 단주를 자신의 천지공사에 매우 중요하게 언급하고 사용했다는 사실이 밝혀져 있는 것이다.

그런데 『증산천사공사기』에는 『대순전경』 초판에는 나오지 않는 다음과 같은 기록이 있었다.

… 회문산에 이십사혈二十四穴이 있고, 그중에 오선위기형五仙圍碁形이 있으니 바둑은 당요唐堯가 창작하여 단주丹朱를 가르친 것인 고로 단주해원丹朱解冤은 오선위기五仙圍碁로부터 대운大運이 열려 돌아날지

라." 하시고, 이에 비롯하여 사명당四明堂의 정기精氣를 종합하시니, …

『증산천사공사기』

위의 기록은 『대순전경』 초판에는 생략된 부분이다. 회문산에 있다고 전하는 오선위기형五仙圍碁形에 관해서는 증산의 말을 빌려 바둑과 관계된 혈穴 자리이므로 바둑을 처음으로 두기 시작했던 인물로 전하는 요임금의 아들 단주와 깊은 관련이 있다는 생각이 반영되었다. 증산은 단주丹朱를 해원解冤시켜 주기 위해서는 다섯 신선이 둘러앉아 바둑을 두는 형국을 주관하도록 했다고 믿어진다. 바로 여기서 우리나라를 중심으로 네 나라의 강대국이 바둑을 두는 것과 비슷하게 정치적 상황이 전개될 것으로 예정해 놓았다는 믿음이 발생했다.

한편 『대순전경』 초판의 「보주補註」에 다음과 같은 내용이 있다.

제 9장 4절과 5절 김형렬이 가로대 선생께서 공사公事를 행하실새 단주丹朱를 자미원紫微垣에 부치사 칠성七星을 주재主宰하여 써 일체一切의 성수星宿를 관장管掌하며 인간의 수명과 복록을 맡아 다스리게 하셨으니, 그러므로 약장藥藏에 단주수명丹朱受命과 칠성경七星經을 쓰셨다 하고, 일반 문인門人의 이야기를 살펴보건대 단주丹朱로써 세운世運을 관장管掌케 하사 현세現世의 대국大局이 그의 바둑두는 법에 응하여 기틀과 축軸을 전개하게 하셨으니 회문산回文山으로 하여 오선위기五仙圍碁를 응기應氣케 하심이 이로 인함이니, 대개 바둑두는 법이 단주丹朱로부터 시작한 까닭이라 하니, 이제 여러 설說을 종합하고 선생의 유물遺物과 법언法言과 문명文明을 고찰하건대 약장藥藏에 단주수명丹朱受命과 칠성경七星經을 쓰셨고, 법언에 단주丹朱를 해원解冤한다 하셨으며, 중천신中天神으로 하여금 복록福祿을 맡아서 균등하게 나누어준다고 하셨

으며, 산하대운山河大運을 돌리실새 회문산回文山을 아버지 산으로 하여 그 오선위기五仙圍碁를 응기應氣케 하시고, 대운大運이 바둑과 같이 전개되리라 하셨으니, 독자는 천지공사天地公事에 단주丹朱의 해원解冤이 큰 의의가 있음을 생각할지어다.

단주에 관한 증산의 천지공사에 대해 나름대로 해석한 내용이다. 이처럼 『대순전경』 초판에 이르면 단주의 중요성이 매우 강조된 채 등장했다. 역사의 무대에서는 이름조차 제대로 알려지지 않았던 요임금의 아들 단주丹朱가 증산에 의해 화려하게 종교의 무대에 그 이름을 떳떳하게 드러낸 대목이다.

2. 진묵震默

『증산천사공사기』에는 진묵震默(1562~1633)이 가난한 아전을 돕기 위해 7일 동안 북두칠성北斗七星을 하나씩 숨겼다는 고사古事와 함께 증산이 이를 본받아 칠성七星을 한 달 동안이나 숨겼는데 세상에서 발견한 자가 없었다는 기록이 있다. 그런데 『대순전경』에는 이러한 내용이 생략되어 있다. 아마도 진묵에 대한 이 이야기가 출처가 없이 민간에 떠돌던 것이었고, 증산이 북두칠성을 한 달 동안이나 숨겼다는 전설적이고 신비한 이야기가 선뜻 받아들이기 힘들었기 때문이었기에 빠지게 된 것으로 보인다. 밤하늘에 가장 뚜렷하게 보이는 북두칠성이 무려 한 달 동안이나 보이지 않았다는 이야기가 설득력이 있기는 매우 힘들었을 것이다.

『증산천사공사기』에는 진묵震默과 김봉곡金鳳谷 사이에 있었던 『성리대전性理大全』을 빌린 이야기와 진묵이 시해법尸解法으로 인도印度에 가서 범서梵書와 불법佛法을 익혀오기 위해 떠났는데 봉곡이 이를 알고 진묵의 시체를 화장하여 진묵이 다시 살아나지 못했다는 이야기가 기록되어 있다. 이후 진묵은 동양의 모든 문명신文明神을 거느리고 서양으로 옮겨갔다는 이야기가 적혀 있다. 그런데 『대순전경』 초판 9장 21절에는 앞선 두 이야기가 생략되어 있고, 진묵이 봉곡에게 참해慘害를 입은 후에 원한을 품고 동양의 도통신道統神을 거느리고 서양에 건너가서 문화계발文化啓發을 위해 노력했다는 말과 함께 이제 진묵을 해원하여 고국인 우리나라로 오게 하여 선경건설仙境建設에 종사하게 하리라는 증산의 말이 기록되어 있다. 우선 『증산천사공사기』에는 문명신文明神으로 나오지만 『대순전경』 초판에는 도통신道統神으로 나온다. 그리고 『증산천사공사기』에는 단순히 진묵이 서양으로 옮겨갔다는 말만 있는데, 『대순전경』 초판에는 서양에서 문화계발에 힘썼다는 말이 추가된다. 또 『증산천사공사기』의 기록이 진묵이 서양으로 옮겨갔다는 이야기에 그친 반면, 『대순전경』 초판에서는 이제 상당한 세월이 흘렀으므로 진묵의 신명神明을 우리나라로 돌려와 이곳에 선경仙境을 건설하는 일에 종사하게 한다는 보다 진취적이고 새로운 임무를 부여한다고 기록한다. 진묵은 잊히어진 인물이 아니라 증산의 명령에 따라 앞으로 우리나라를 중심으로 선경仙境을 건설하는 일에 종사하는 막중한 책임을 맡은 인물로 재평가된 것이다.

그리고 『증산천사공사기』에는 없지만 『대순전경』 초판 9장 3절에 "과거에 임진정난壬辰靖亂의 헌책憲責을 진묵震默이 당當하였으면 삼삭三朔을 넘지 않았을 것이다."라는 기록이 있다.

『증산천사공사기』에는 을사년(1905) 10월에 행한 천지공사로 전하는 기록이 『대순전경』 초판에는 병오년(1906) 2월에 일어난 일로 적혀 있다. 『증산천사공사기』에는 이 공사公事에 관해 설명이 없는 부분으로, 『대순전경』 초판에는 "승의僧衣 한 벌을 지어 벽에 걸고, 사명당四明堂을 외우시며, 산하대운山河大運을 돌리실 새"라는 기록이 추가되어 있다. 중옷을 부엌에서 불사르자 문득 뇌성이 기적汽笛소리와 같이 일어났다는 기록도 덧붙여졌다. 그런데 『증산천사공사기』에는 이 공사에 대해 "대개 이것이 무슨 공사公事인지 미상未詳하지만, 진묵震默의 초혼招魂이라는 말도 있더라."라고 기록했다. 그러나 승의僧衣를 사용하였고, 불살랐지만 『대순전경』 초판에는 진묵震默과 관련된 공사公事라는 언급은 없다. 다만 증산이 "육정육갑六丁六甲을 쓸어들일 때에는 살아날 사람이 적으리라."라고 말했다는 기록만 있을 따름이다.

3. 최수운崔水雲과 전명숙全明淑

『증산천사공사기』(1926)에는 나오지 않고, 『대순전경』 초판(1929)에만 보이는 다음과 같은 내용이 있다.

> 순창淳昌 피노리避老里에 계실 새, … 그 후에 최수운崔水雲과 전명숙全明淑의 원冤을 끄르신다 하사, 사명기司命旗를 각 1폭幅씩 지어서 높은 솔가지에 달았다가 다시 떼어서 불사르시니라.
>
> 『대순전경』 초판 6장 19절

증산이 동학의 창시자인 최수운과 동학농민혁명의 주동자 전명숙이 품었던 원한을 풀어 없애는 천지공사天地公事를 행했다는 말이다. 그 방법은 사명기司命旗를 각각 1폭씩 만들어서 높은 소나무의 가지에 달았다가 다시 떼어내 불에 태우는 행위였다. 사명기는 전쟁을 치를 때 장군의 지휘를 상징하는 깃발이다. 그런데 최수운은 전쟁과는 무관한 종교가이자 사상가였다. 이러한 이해와 해석에 따라 후대에 『대순전경』이 증보되는 과정에서는 이 대목에서 최수운의 이름은 빠진다. 그리고 수운 최제우의 원한은 자신의 도道가 세상에 펴지는 과정을 보지 못하고 관군에 체포되어 참수형을 당했던 일일 것이다. 전쟁을 치르는 과정에서 사용되는 사명기를 통해서는 도저히 풀 수 없는 원한이다. 전명숙(전봉준)이 동학농민혁명 과정에서 동학군을 지휘할 때 사명기가 없어서 원한을 가졌을 가능성은 있다. 어쨌든 증산은 사명기를 만들어 높은 나뭇가지에 매단 다음 떼어내 불에 태우는 상징적 행위를 통해 전명숙의 깊은 원한을 풀어주었다고 믿어진다. 이후 『대순전경』이 계속 증보되는 과정에서 이 내용은 더욱 심화하여 추가로 설명되는 부분이 많아진다. 더욱 자세한 종교적 설명과 해석이 뒤따르는 것이다.

4. 의통醫統

『증산천사공사기』에는 의통醫統이라는 용어가 등장하지 않는다. 그런데 『대순전경』 초판에서는 「찬贊」에 나오며, 9장 8절에서 "비록 비열卑劣한 일이라도 의통醫統을 알아두라. 인명人命을 많이 구활救活하면 보은報恩줄이 찾아 들어 영원한 복을 얻으리라."라 했다. 또 『대순전경』 초판 9장 19절에서는 "병겁病劫의 활방活方인 의통醫統을 알아두라. 오직 병겁은 그대로 두고 너희에게 의통醫統을 붙여주리니, 멀리 있는 진귀한 약품을 중하게 말고 순일한 마음으로 의통을 알아두라."라 했다. 10장 6절에는 증산이 의통醫統이라는 용어를 직접 썼다고 밝혔다. 12장 27절에서는 증산이 세상을 떠나기 전날 밤에 박공우朴公又에게 은밀하게 "무진년(1928) 동지冬至에 기두起頭하여 묻는 자가 있으리니, 의통인패醫統印牌 한 벌을 전하라."라는 말을 전했다고 기록한다.

5. 고부인高夫人

고부인은 1911년 9월에 증산교단 최초의 교단을 세운 고판례高判禮(1880~1935)를 가리키는 말인데, 일반적으로 증산의 세 번째 부인으로 알려졌다. 『증산천사공사기』에는 "정읍井邑 고부인高夫人이 안병眼病으로 고통스러워 했다."라는 기록이 유일하게 나온다. 이에 증산이 손으로 어루만져 눈병을 낫게 했다는 기록만 수록되어 있다. 환자의 한 사람으로만 묘사되는데 별다른 특징이 보이지 않는다. 그런데 『대순전경』 초판에는 『증산천사공사기』의 기록은 사라지고, 고부인高夫人과 관련한 기록이 모두 4번 나온다. 6장 60절에 "고부인高夫人에게 무도巫度를 붙이시니라."라 했다. 무도巫度는 무당도수巫黨度數의 약어略語로 해석된다. 무속巫俗의 중심인물인 무당은 원래 한자漢字가 없는 말이다. 어쨌든 굳이 한자로 표현할 경우에는 무당巫黨이라고 한다. 증산이 고부인에게 무당도수를 붙였다는 이 기록은 훗날 고부인을 중심으로 교단 운동이 활발하게 전개될 일을 예언했던 것으로 해석된다. 고부인高夫人 즉 고판례高判禮는 1911년 음력 9월 19일에 증산의 탄신 치성을 올렸고, 다음날 아침에 혼절했다고 깨어났는데 목소리가 살아생전 증산의 목소리와 거의 같았다고 전한다. 이 신비체험이 있은 다음에 고판례에게 증산의 영靈이 실렸다는 소문이 널리 퍼져 증산을 따랐던 종도들이 많이 모이게 되었다. 이 사건을 계기로 증산교단 최초의 교단이 세워지게 된다. 증산을 기억하고 증산에 대한 기념 치성을 올렸고 증산의 영혼과 접령接靈한 인물이 증산을 따르던 종도가 아니라 세속적으로

본다면 증산의 세 번째 부인인 고판례였다는 점이 증산교단의 성립에 특별한 실마리로 작용한 것이다. 하마터면 잊히고 말았을 증산의 생애와 가르침이 증산의 세 번째 부인의 손에 의해 세상에 알려지게 되었다.

『대순전경』 초판 12장 1절에는 "무신년(1908)에 선생이 고부인에게 일러 가라사대 '내가 비록 죽을지라도 마음을 변개變改함이 없겠느냐?' 대하여 가로대 '어찌 변개할 리가 있사오리까?' 선생이 다시 글 한 수를 외워주시니 이러하니라. 「무어별시정약월無語別時情若月, 유기래처신통조有期來處信通潮」"라는 기록이 있다. 증산이 고부인에게 자신이 죽은 후에도 마음을 변하지 말라고 경계하는 대목이다. 한시漢詩는 "말없이 이별할 때의 정情은 마치 한 달마다 변함없이 뜨고 지는 저 달과 같고, 다시 온다는 기약이 있어 가는 길에 곧 만날 것이라는 믿음은 어김없이 밀려드는 바닷물과 같도다."라고 해석할 수 있다. 이처럼 증산은 고부인에게 자신이 반드시 다시 올 것이라고 약속했다. 자신에 대한 믿음을 변치 말고 유지하라는 가르침을 내린 것이다.

12장 2절에는 "또 고부인에게 일러 가라사대 '내가 없으면 여덟 가지 병病으로 어떻게 고통하리오? 그 중에 단독丹毒이 크리니, 이제 그 독기毒氣를 제거하리라.' 하시고, 그 손등에 침을 바르시니라."라 했다. 증산이 고부인이 겪을 여러 질병을 미리 없애주었다는 기록이다.

12장 3절에서는 "또 일러 가라사대 '내가 없으면 그 크나큰 세 살림을 어떻게 홀로 맡아서 처리하리오?' 하시니, 고부인高夫人은 어느 외처外處로 출행出行하실 말씀으로 알았더라."라 했다. 이 기록에 나오는 "세 살림"을 후대의 증산교단에서는 고판례가 주도하여 이끈 세 교단으로 해석하기도 한다.

6. 이마두利瑪竇

『증산천사공사기』에는 이마두利瑪竇가 "현現 해원시대解冤時代에 신명계神明界의 주벽主擘이 되나니라."라는 구절이 있는데, 『대순전경』에는 이 구절이 빠져 있다. 해원시대에 있어서 신명들의 우두머리가 서양인 신부인 마테오 리치Matteo Ricci(1552~1610)가 맡았다는 주장은 그가 증산과 함께 천하대순天下大巡을 한 동행인이었다는 점과 함께 『대순전경』이 편찬되면서부터 사라진다. 이마두의 역할과 위상이 대폭 축소되고 저평가된 것이다. 『증산천사공사기』에는 「근안謹按」이라는 차경석車京石(1880~1936)의 전술傳述이라는 짤막한 구절이 전하는데, 전체 내용에서 이것이 유일하다. 이 「근안」에 "천사天師께서는 대법국大法國 천계탑天啓塔 계시다가 서양西洋에서 실패한 이마두利瑪竇를 다리시고 천하天下에 대순大巡하시다가"라는 내용이 있다. 증산의 천하대순天下大巡에 동행했던 유일한 인물이 이마두라는 점이 강조되었다.

그리고 이어지는 구절에 "이마두利瑪竇는 해원시대解冤時代에 신명계神明界의 주벽主擘이 되나니, 이를 아는 자는 마땅히 경홀치 말지니라." 라는 증산의 말이 기록되어 있다. 주벽은 최고의 우두머리라는 뜻으로, 이마두가 신계를 책임지는 최고 존재라는 말이다. 그런데 『대순전경』이 편찬되면서 이러한 내용은 사라지고 만다. 아마도 새로운 경전시대經典時代를 맞아 천주교天主敎의 일개 신부神父가 상제上帝 또는 천주天主로 신격화된 증산甑山과 거의 대등한 위격位格으로까지 격상된 지난 상황을 설명하기가 어려웠기에 이를 생략한 것으로 보인다. 3백여 년 전에 죽은 이탈리아 출신의 예수회 신부였던 마테오 리치가 오늘날의 해원시대解冤時代를 주장하는 우두머리라는 주장을 설득력이 있도록 설명하기가 난감했을 것이고, 상제上帝인 증산과 동행하는 유일한 신격으로 그 위상이 높아진 사실도 이해하기 힘들었을 것이다. 어쨌든 『증산천사공사기』에서의 이마두의 위상은 한껏 높았었지만, 『대순전경』에서는 그 위상이 저평가되고 축소되었던 사실은 분명하다.

7. 증산의 탄생과정

『증산천사공사기』에서는 증산이 언제 태어났는지에 대한 명확한 기록이 없었는데, 『대순전경』 초판에서는 고종高宗 신미년辛未年(1871) 9월 19일에 전라도 고부군 우덕면 객망리에서 탄강誕降했다고 밝혔다. 출생의 신비감 대신 출생의 확실성에 더욱 방점을 찍은 기록이다.

『증산천사공사기』에서는 증산의 모친이 "어느 날 밤에 한 꿈을 얻었다."라고만 기록했는데, 『대순전경』에서는 고부군 마항면 서산리에 있는 자신의 본댁에 갔다가 그곳에서 꿈을 꾸었다고 보다 정확하게 밝혔다. 그런데 『증산천사공사기』에서는 신비한 태몽을 꾼 후 "13개월이 지나서 증산이 태어났다."라고 그 신성함을 강조했던 데 반해 『대순전경』에서는 이 구절이 빠진다. 아마도 증산이 다른 사람들과 다르게 오랜 수태受胎 기간을 거쳤다는 믿기 어려운 주장을 과감하게 생략했기 때문으로 보인다. 『증산천사공사기』에서는 증산이 고부군 마항면 서산리에 있던 외가에서 태어났다고 기록했는데, 『대순전경』에서는 고부군 우덕면 객망리에서 태어났다고 고쳤다.

또 『증산천사공사기』에서는 증산이 태어날 무렵에 "두 선녀가 하늘에서 내려와 산모를 간호하였고, 이상한 향기가 집에 가득하고 밝은 기운이 집을 두르고 하늘에 뻗쳐 7일이 되도록 흩어지지 않았다."라고

신이함을 강조했던 점에 비해, 『대순전경』에는 "산실産室에 이향異香이 가득하며 밝은 기운이 집을 둘러 하늘에 뻗쳤더라."라고 적어서 신기한 이야기가 많이 생략되어 있다. 두 선녀가 하늘에서 내려왔다는 믿기 어려운 이야기와 7일 동안이나 신비한 일이 일어났다는 선뜻 받아들이기 힘든 부분을 과감히 생략했기 때문으로 짐작된다.

8. 증산의 학업

『증산천사공사기』에는 "6세에 서당에 들어가 한문을 배우셨다."라고 기록했는데, 『대순전경』에는 시점을 이야기하지 않은 채 "서당에 들어 한학漢學을 배우셨다."라고만 기록했다. 특별한 해를 명확히 밝힐 수 없는 전언이라는 점에서 『대순전경』에서 바로 잡았던 것으로 보이며, 한문漢文이라는 단순한 문자를 배운 것이 아니라 보다 심오하고 체계가 있는 학문을 익혔다는 기록으로 바뀐 것이다.

『증산천사공사기』에는 증산이 여덟 살 무렵에 지었다는 시를 기록하고 있는데, 『대순전경』에는 이 부분이 대폭 생략되어 있다. 아마도 심오하고 어려운 이와 같은 시를 어린 나이에 지었다는 참으로 믿기 어려운 과장됨을 거부한 객관성을 추구했기 때문으로 여겨진다. 특히 "금옥경방시역려金玉瓊房視逆旅, 석문태벽검위사石門苔壁儉爲師"로 시작하는 한시는 고대의 여덟 악기, 역학易學의 괘명卦名, 중국의 고사故事 등에 능통한 박식한 지식이 없이는 도저히 지을 수 없는 어려운 내용이 있기에 어린 나이의 증산이 아무리 우주의 주재자로 믿어진다고 하더라도 인간 세상에서 살았던 어릴 적에 지었다고 주장하기에는 지나침이 있다는 판단이 작용한 듯하다.

9. 증산의 호號와 성장과정

『증산천사공사기』에서는 우덕면 객망리에 이사해서 집 뒤에 있는 '시루산'을 따서 증산甑山이라는 한자로 만든 호號를 사용하기 시작했다고 밝혔지만, 『대순전경』에서는 호號 자체가 지닌 신비감을 유지하기 위해서인지 알 수는 없지만 그 작명作名의 경위와 이유에 대해서는 기록하지 않았다.

『증산천사공사기』에서는 집이 가난해서 증산이 14세 무렵에 학업을 중지하고 사방을 돌아다녔으며, 특히 정읍군에서는 남의 집 머슴살이를 했으며 장성군에서는 나뭇꾼 노릇을 했다고 기록했는데 반해, 『대순전경』에서는 "가세加勢가 빈핍貧乏하므로 학업學業은 일찍 폐廢하시니라."라고만 기록하여 떠돌이, 고용살이, 날품팔이 노릇을 했던 천한 모습의 증산은 사라지고 없다. 믿음의 대상인 절대자의 비천한 모습을 애써 감추려 한 노력의 일면이 확인되는 대목이다. 그렇지만 가장 비천한 곳에서 가장 성스러운 모습을 찾을 수는 없었을까 하는 아쉬움이 남는 부분이기도 하다.

10. 증산의 결혼

『증산천사공사기』에는 증산이 24세 되던 갑오년(1894)에 금구군 초처면에 있던 처가에 서당을 열고 동생과 이웃 아이들을 가르쳤다고 기록했다. 증산이 24세 이전에 결혼했다는 사실이 정남기鄭南基가 '증산의 처남妻男'이라는 분명한 기록을 통해 확인된다. 그러나 『대순전경』에는 정남기가 증산의 처남이라는 사실과 그가 서당을 열어 아이들을 가르쳤다는 사실이 누락되어 있다.

『증산천사공사기』에는 증산의 부친이 증산이 있는 곳을 찾아 임피臨陂를 거쳐 군산群山에 갔더니, 증산이 이곳은 오래 머물 곳이 못 되니 속히 돌아가시라고 말했다는 기록과 증산이 군산에 약 한 달 동안 머물렀다는 기록이 있지만, 『대순전경』에는 이 부분이 빠져 있다. 군산群山에서 머물렀을 당시에는 증산을 모신 종도도 없었고, 전하는 이야기도 없기 때문에 생략한 듯하다. 『대순전경』에는 한 달이라는 비교적 긴 시간 동안의 군산에서의 기록이 빠진 채 기록되었다.

『대순전경』에는 증산의 가족과 처가에 대한 기록이 거의 보이지 않는다. 증산의 종교적 면모와 관련이 없다고 판단해서 의도적으로 빠뜨린 채 기록했기 때문으로 보인다. 특히 『증산천사공사기』에는 증산의 처남이 정남기鄭南基라는 언급과 함께 "천사天師의 부인 정씨鄭氏"라는 기록이 단 한 번 나온다. 그나마 부인 정씨가 시부모 즉 증산의 부모에게 불효하여 집안이 시끄러웠다는 부정적인 언급에서다. 이 소식을 들은 증산은 우울하고 즐겁지 못한 채 고민하다가 결국 본가本家에 가서 박처薄妻한다고 알리게 했다. 여기서 박처는 단순히 아내에게 모질게 대한다는 뜻이 아니라 내쫓음을 의미한다. 그런데 『대순전경』 초판에서는 정씨鄭氏 부인에 대한 언급 자체가 전혀 보이지 않는다.

11. 동학농민혁명에 대한 평가

『대순전경』 초판에는 증산이 24세 되던 해에 "고부古阜 사람 전봉준全琫準이 동학신도東學信徒를 모아 혁명革命을 일으켰다."라는 역사적 사실만 부각하여 기록하고 있다. 그런데 『증산천사공사기』에서는 “전봉준이 동학당東學黨을 모아 병사를 일으켜 당시 정권에 반항했다.”라고 다소 부정적인 어조로 서술하고 있다. 『대순전경』에서는 1894년의 농민전쟁에 대해 좀 더 긍정하는 어투로 기록하고 있는 점이 특기할만하다.

12. 증산의 천하유력天下遊歷과 김일부金一夫와의 만남

『증산천사공사기』에는 증산이 유불선과 각종 서적을 읽은 후 서당을 폐지하고 사방에 주유周遊하기로 결심하고 길을 떠났지만, 바로 그날 밤에 여행경비가 떨어져 부득이 점을 치는 행위로 노잣돈을 구했다는 기록이 있지만, 『대순전경』에는 증산의 이러한 궁색한 모습과 술수術數를 사용했던 구차한 이야기는 과감히 생략되어 있다. 믿음의 대상인 증산에 대한 신성함을 모독할 수 있는 여지를 없애기 위한 의도가 엿보이는 대목이다.

『증산천사공사기』에는 증산과 김일부金一夫와의 만남에 관한 이야기가 있고, 역시 노잣돈이 떨어져 남의 명리命理를 봐 주는 점복占卜 행위로 돈을 마련했다는 기록과 추석을 맞아 사람들이 소를 잡아 대접하는 융숭함을 보였다는 기록이 있다. 그런데 『대순전경』 초판에는 증산과 김일부의 만남에 관한 이야기는 거의 동일하게 전하고 있지만, 노잣돈이 부족했다는 사실과 점을 치는 행위로 돈을 모았다는 이야기와 추석 무렵까지 공주公州에 머물렀다는 기록이 생략되어 있다.

그리고 이어지는 기록이 『증산천사공사기』와 『대순전경』에서 증산의 유력遊歷이 조선朝鮮 팔도八道에 미쳤다고 전한다. 하지만 당시의 교통 사정과 사회적 상황을 고려해 본다면 증산의 이른바 유력遊歷은 자신이 살았던 전라도全羅道의 일부 지역에 국한되었을 가능성이 크다.

『증산천사공사기』에는 증산이 전주全州에 갔을 때 기생妓生의 사주四柱를 가지고 자신의 딸의 것이라고 속이고 증산에게 운명을 묻자 증산이 기생의 사주라고 말해 면박을 주자 사람들이 그 신이함에 탄복했다는 기록이 있지만, 『대순전경』 초판에는 이러한 일은 증산의 신성한 면모에 누가 된다고 판단해서인지 생략했다.

13. 증산의 성도成道

『증산천사공사기』(1926)에서는 증산이 신축년(1901) 2월에 전주全州 모악산母岳山 뒤에 있는 대원사大院寺 칠성각七星閣에 들어가 수도修道했다고 기록했다. 그런데 『대순전경』 초판(1929)에는 시점이 밝혀져 있지 않고 대원사大願寺에 들어가 도를 닦았다고 적었다. 모악산에 대원사大院寺는 있지만 대원사大願寺는 없다. 『대순전경』의 기록이 잘못이다.

증산이 수도를 시작한 시점이 1901년 2월이라는 『증산천사공사기』의 기록이 『대순전경』에는 빠져 있는 까닭은 아마도 증산이 도를 닦기 시작한 구체적인 시점을 확정할 수 없다는 판단에 따른 것으로 짐작된다. 증산의 모든 행위가 도道와 관련이 있는 것으로 판단해야지 어느 특정한 시점에서부터로 국한한다면, 그 이전 시기의 행동에 의미를 부여하기가 쉽지 않았을 것이기 때문이다.

『증산천사공사기』에는 증산의 대각大覺에 대해 "천지대도天地大道를 대각大覺하시다."라고만 기록했는데, 『대순전경』 초판에는 "천지대도를 깨달으시고 사종마四種魔를 항복시키셨다."라고 기록했다. 『대순전경』에서 탐貪, 음淫, 진瞋, 치痴의 네 종류의 마귀魔鬼를 굴복시켰다는 좀 더 구체적인 표현이 등장한 것이다. 이는 증산의 대각大覺이 매우 구체적인 형태로 진행되었음을 강조하기 위한 것으로 보인다.

한편 『대순전경』에는 이 장章의 제목이 "증산의 성도成道"라고 되어 있다. 『증산천사공사기』의 "대각大覺"이라는 표현을 애써 없애고 "깨달으셨다." 또는 "도道를 이루셨다."라고 표현한 것이다. 대각이라는 불교적 표현 대신에 성도成道라는 용어를 사용하기 시작한 사정이 엿보인다.

14. 천지공사天地公事의 시작

『증산천사공사기』에는 신축년(1901) 겨울부터 비로소 천지공사天地公事를 행하기 시작했다는 기록이 있다. 그런데 『대순전경』에는 이 부분이 생략되어 있다. 증산이 신축년 7월에 도道를 이룬 이후부터 신축년 겨울까지의 기간에 대한 설명이 필요하다는 입장에서 굳이 겨울부터 천지공사를 시작했다는 기록의 필요성이 없었을 것으로 판단된다. 증산이 신축년(1901) 여름 즉 음력 7월에 도를 이룬 이후부터 곧 천지공사天地公事에 전념했다고 설명하는 편이 훨씬 쉬운 방법이자 인식의 편의를 도모했던 이유가 있었을 것으로 짐작된다. 증산이 도道를 이룬 이후의 모든 행위와 말이 천지공사天地公事와 연결되어야 했기 때문에 겨울까지의 공백을 둘 필요가 없었을 것이다.

15. 증산의 탄강誕降에 대한 설명

『증산천사공사기』에는 증산이 대법국大法國 천계탑天啓塔에서 천하天下에 대순大巡하여 갑자년(1864)으로부터 팔괘八卦에 응하여 8년을 지난 후 신미년(1871)에 세상에 내려왔다고 설명했다. 그런데 『대순전경』에는 이 부분이 생략된다. 일반적으로 갑자년(1864)은 동학東學의 창시자인 수운水雲 최제우崔濟愚가 사망한 해이다. 따라서 동학의 영향을 많이 받은 증산이 수운이 죽은 후 꼭 8년 만인 신미년(1871)에 세상에 태어났다는 점을 굳이 팔괘八卦라는 전통적인 역학易學 용어를 사용하여 설명하고 있다. 수운의 죽음과 증산의 탄생 사이의 8년 동안의 공백을 팔괘八卦라는 신비한 역학易學 용어가 메꾸고 있다는 설명이었다. 그런데 『대순전경』이 편찬되면서부터는 이 부분이 생략되었다. 이는 동학과의 관련성을 언급할 필요성이 점차 사라졌던 사정을 반영하고 있는 대목이라고 생각되며, 이제는 증산의 탄생에 대한 고유하고 독창적인 교리가 형성되었기 때문이라고도 볼 수 있다.

그리고 『대순전경』에는 『증산산천공사기』에 나오는 천계탑天啓塔과 함께 "서양西洋 대법국大法國 천계탑天階塔"이라는 용어도 함께 사용되어 혼용된다. 하늘의 계시나 지혜를 내려주는(천계天啓) 탑과 하늘에 이르는 계단(천계天階)이라는 탑이라는 의미가 섞여서 사용되었다.

또 『증산천사공사기』에는 차경석車京石(1880~1936)이 했던 말에 근거한 「근안謹按」이라는 기록에는 증산이 대법국 천계탑에 머물다가 중국에서 천국건설天國建設에 실패하고 서양으로 돌아와 있던 이마두利瑪竇 즉 마테오 리치를 데리고 천하에 대순大巡했다는 기록과 증산이 금산사金山寺의 금미륵金彌勒에 임어臨御하여 30년을 지낸 후 수운 최제우에게 세상을 구할 큰 도道를 계시해주었다는 기록과 수운 최제우가 대도大道의 참된 진리를 드러내지 못했기 때문에 천명天命을 거두었다는 기록과 이후 수운이 죽은 갑자년(1864)으로부터 8년이 지난 신미년(1871)에 증산이 친히 탄강誕降했다는 기록과 동학의 『동경대전東經大全』과 『용담유사龍潭遺辭』에 나오는 상제上帝는 바로 증산甑山을 가리키는 말이라는 기록이 적혀 있었다.

증산이 처음에는 서양의 대법국 천계탑에 머물러 계셨다는 점, 증산이 혼자서 천하대순天下大巡을 한 것이 아니라 동행자로 이마두利瑪竇가 있었다는 점, 증산이 금산사의 미륵불상에 30년 동안이나 머물러 있었다는 점, 증산이 수운에게 도道를 계시해준 상제上帝였다는 점, 수운이 대도大道의 진리를 세상에 제대로 펴지 못하자 증산이 이를 거두어들였다는 점, 수운의 실패를 만회하기 위해 그가 죽은 후 8년이 지나고 이제는 증산이 직접 이 세상에 내려왔다는 점 등 매우 중요한 사실들이 『증산천사공사기』에는 비록 「근안」이라는 차경석 개인의 전언傳言 형식의 글이지만 분명히 수록되어 있었다. 이는 『증산천사공사기』가 간행될 당시에 형성되고 알려지기 시작한 내용이었음이 분명하다.

그런데 『대순전경』에는 이 부분이 대폭 빠지고 만다. 고의적인 누락이 틀림없다. 왜냐하면 매우 중요하고 예민한 사안이기 때문이다. 『대순전경』이 공식적인 종교 경전으로 간행되었다는 사실에서 그 이유를 찾아야 할 것이다. 하나의 독립된 종교 교단으로 성립된 단체에서 경전經典을 편찬하면서까지 굳이 동학東學 또는 천도교天道教와 대립각을 세울 필요가 없었기 때문에 이러한 민감한 사안을 경전에 수록하지 않고 걸러내었을 가능성이 크다. 이 기록들이 공식적인 경전에 포함된다면 동학 또는 천도교 교단과의 마찰은 피할 수 없는 첨예한 문제로 제기되었을 것이다. 왜냐하면 동학이나 천도교의 입장에서는 자신들의 교조教祖인 수운 최제우가 증산甑山의 계시를 받고 움직이던 인물이자 결국은 실패했던 인물로 전락하기 때문이다.

16. 호생好生과 '남 살리기'

『증산천사공사기』의 "대인大人을 공부하는 자는 항상 호생好生의 덕德을 가져야 할 것이라."라는 구절이 『대순전경』에는 "대인을 공부하는 자는 항상 '남 살리기'를 생각하여야 하나니라."로 바뀌었다. 호생好生의 덕德이 살아있는 것을 좋아하고 즐긴다는 의미로 주관적 입장의 말이었다면, '남 살리기'는 보다 적극적인 의미에서의 실천을 강조하는 말이다. 내가 먼저 나서서 남을 돕고 살리는 행위에 적극적으로 나서야 한다는 뜻이다. 『대순전경』에서는 종교적 가르침의 실천이 더욱 강조되었다고 평가할 수 있다.

『대순전경』 초판에는 증산의 입을 빌려 특히 '상생相生'을 강조했다. 9장 4절에서 "그러므로 이제 천지도수天地度數를 바르게 고치며 신명神明을 조화調和하여 만고萬古의 원冤을 끄르고 상생相生의 도道로써 선경仙境을 열고 조화도장造化道場을 세워 무위지화無爲之化와 불언지교不言之教로 화민정세化民靖世할지니라."라 했다. 선천先天이 상극相克의 이理가 지배하는 세상이라면, 후천後天은 상생相生의 도道가 지배하는 세상이다. 상생의 도가 선경仙境을 열고 조화도장을 세우는 기본 원리가 된다고 주장한다. 그렇게 하면 비로소 무위無爲의 조화造化와 굳이 말을 하지 않아도 자연스럽게 다스려져서 온 세상 사람들이 따르고 세상이 편안해지게 될 것이다. 즉, 상극相克과 대비되는 상생相生이 새 세상의 핵심 이념이자 원리라고 강조한다.

여기서 조화도장造化道場이라는 용어가 주목된다. 후대의 『대순전경』에는 조화정부造化政府로 바뀌어 체계화되기 때문이다. 『대순전경』 초판이 간행될 시기만 해도 도장道場이라는 종교적 성향이 두드러졌지만, 이후 시간이 흐름에 따라 점차 정부政府라는 정치적 용어와 개념이 추가되었다. 애초에는 종교적 주장으로 제기되었지만, 후대에 갈수록 더욱 정치적인 입장을 반영한 것이다. 도장道場이라는 종교적 영역을 벗어나 세계를 주도하는 정치적 조직체인 조화정부造化政府가 결성되어 항구적인 세계평화를 이끌어나갈 것이라는 희망을 담은 변화과정으로 볼 수 있다.

17. 인존시대人尊時代

『증산천사공사기』에는 없었던 다음과 같은 증산의 선언이 『대순전경』 초판에 실려 있다.

> 천존天尊과 지존地尊보다 인존人尊이 높으니, 이제는 인존시대人尊時代니라. 『대순전경』 초판 8장 29절

증산이 새로운 시대에 대해 정의한 말이다. 하늘을 높이 받들던 시대와 땅을 우러러보던 시대가 지나가고, 이제는 인간을 지고한 존재로 보는 새 시대 새 세상이 열렸다는 선포다. 인간이 하늘과 땅으로 대표되는 자연보다 본질에 있어서 우위에 있다는 점을 강조한 대목이다. 인간이 모든 가치의 척도이자 새 시대의 상징으로 우뚝 서야 한다는 사실을 주장한 말이기도 하다. 인존人尊은 증산사상의 핵심 가운데 하

나로 『대순전경』 초판(1929)에 처음으로 나타난 개념이며 이후 계속해서 중요한 용어로 등장한다.

18. 제자들에 대한 인물평

『증산천사공사기』에는 증산이 자신을 따르는 제자들 가운데 김형렬, 김광찬, 최내경, 안내성, 김송환에 대해 인물평을 하고 각기 어울리는 한자로 된 구절을 알려준 일이 있었는데, 『대순전경』에는 이 부분이 빠져 있다. 제자들에 대한 평가와 성격을 알 수 있는 일 자체가 별로 특이할 것도 없을 뿐만 아니라 종교적 의미를 부여하기가 어렵기 때문에 나타난 현상이라고 생각된다. 어떤 제자가 어떠한 성향을 지녔다는 이야기가 증산의 종교적 행위에 미치는 영향이 별로 없을 것이고, 증산을 따르는 사람들에 대한 종합적인 평가를 한 일도 아니었기에 생략했던 것으로 판단된다.

19. 이등방문二等方文

『증산천사공사기』에는 보이지 않지만, 『대순전경』 초판에는 다음과 같은 기록이 있다.

> 또 안내성으로 하여금 곤봉으로 마룻장을 치라 하시며 가라사대 "이제 병고病痼에 침전沈纏한 인류人類를 구활救活하려면 일등방문一等方文이라야 감당할 것이오, 이등방문二等方文은 불가不可하리라." 하시며 …
>
> 『대순전경』 초판 6장 60절

위 인용문의 전체적인 뜻은 인류를 구원하기 위해서는 최고의 약 방문에 해당하는 방법이 사용되어야 할 것인데, 두 번째에 해당하는 약방문으로는 뜻을 이룰 수 없으리라는 것이다. 그런데 훗날『대순전경』이 판을 거듭하면서 내용이 증보增補되는 과정에서 이등방문二等方文은 이등박문伊藤博文(1841~1909) 즉, 이토 히로부미로 해석되었다. 그는 일본의 정치가로서 조선통감부 통감을 지내던 중 안중근安重根(1879~1910)의 저격으로 암살당했다. 1909년 10월 26일이 그가 죽은 날짜다. 이때는 증산이 이미 세상을 떠난 뒤다. 이 구절은 후대에 이르면 증산이 이토 히로부미가 암살당할 날을 예언하여 정해 놓았다는 식으로 확대되어 해석된다. 어쨌든『대순전경』초판(1929)이 간행될 시기는 일제日帝의 강제 통치가 이루어졌던 시기이기 때문에 이러한 과감한(?) 해석과 주장을 할 수 없었을 것이 분명하다. 그래서 이처럼 에둘러 표현했던 것으로 볼 수 있다.

20. 율곡 이이와 이순신에 관한 이야기

『증산천사공사기』에는 율곡栗谷 이이李珥가 이순신李舜臣(1545~1598)에게 두보杜甫의 시詩를 천독千讀하라고 알려주었고, 이항복李恒福에게는 슬프지 않은 울음에는 고춧가루를 싼 수건을 사용하라고 알려주어 임진왜란壬辰倭亂 때 사용할 비책으로 사용하게 했다는 전설적인 이야기가 실려 있다. 이는 이순신은 두보의 시에서 영감을 얻어 거북선을 제조하여 왜군을 물리쳤고, 이항복은 명나라에 사신으로 가서 고춧가루를 싼 수건으로 거짓 울음을 만들어 명군明軍의 지원을 받아내게 했다는 민간의 전승으로서 객관적인 역사적 사실과는 거리가 있는 전설이다. 그런데 이 이야기의 명확한 근거가 부족하다는 판단이 있었는지

『대순전경』 초판에는 이 부분이 빠져 있다.

21. 기정진奇正鎭의 시

『증산천사공사기』에 기정진奇正鎭(1798~1879)의 시詩라고 기록하고 있는 시는 임진왜란 때 의병장으로 활약했던 유팽로柳彭老(1554~1592)가 지은 시다.[42] 그리고 송시열宋時烈(1607~1689)이 지은 시의 일부 구절이 실려 있다. 그런데 『대순전경』 초판에서는 4장 24절에서 이 시를 고시古詩라고 밝히고 처세유위귀處世柔爲貴로 시작하는 시를 싣고 있다. 아마도 기정진의 문집에서는 이 시를 발견하지 못했던 그간의 사정이 반영되었던 듯하다. 그리고 『대순전경』 초판 4장 25절에서는 역시 고시古詩라고만 밝히면서 명월천강심공조明月千江心共照라는 시구詩句를 기록하고 있다. 아마도 송시열의 시라는 확신이 없어서 이렇게 기록한 것 같다. 이 시는 송시열이 지은 것으로 밝혀졌다.[43]

22. 백호白虎 기운

『증산천사공사기』에는 증산이 "○○○이 백호白虎 기운을 타고 왔으니, 모든 일에 순종하고 그 지휘를 거슬리지 말라. 이것이 곧 피난하는 길이니라. 청룡靑龍이 동動하면 범은 물러가느니라."라고 말했다는 기록이 있다. 그런데 『대순전경』 초판에는 이 기록이 삭제되었다. 후대

---

42 이 부분은 김탁, 『증산사상과 한국종교』(민속원, 2022), 578~580쪽을 참고하시오.
43 위의 책, 581쪽 이하를 참고하시오.

에 이 기록은 청룡으로 상징되는 미국美國이 참전하여 백호白虎로 상징되는 일본日本을 우리나라에서 물러나게 했다는 예언적 해석으로 풀이된다. 따라서 ○○○는 일본군日本軍 또는 일본인日本人으로 짐작된다. 일제의 강점强占이라는 당시의 시국 상황을 고려하여 고의로 누락시켜 경전을 발행했기 때문으로 보인다.

23. 광서제光緖帝

『증산천사공사기』에서는 세계통일신世界統一神으로는 광서제光緖帝(1871~1908)가 합당하다고 말한 증산이 "내가 광서제의 신神을 옮겨 왔노라."라고 말한 순간 광서제가 죽었다고 기록하고 있다. 이어서 증산이 백의군왕장상도수白衣君王將相度數 공사公事를 행했다고 적었다. 그런데 『대순전경』 초판 6장 52절에는 증산이 "이제 무질서와 혼란을 바르게 하려면 황극신皇極神을 옮겨와야 하리니, 황극신은 청국淸國 광서제光緖帝에게 응기應氣하여 있다."라고 말했고, 황극신이 우리나라 땅으로 옮겨오게 될 인연은 송시열宋時烈이 만동묘萬東廟를 창설했던 일에 연원이 있다고 설명하고 있다. 이윽고 증산이 매일 밤에 종도들에게 시천주侍天呪를 외우게 하여 며칠이 지나 "운상運喪하는 소리를 어로御路라 하나니, 어로는 곧 인군人君의 길이라. 이제 황극신皇極神의 길을 틔웠노라."라고 말하자 그때 광서제가 죽었다고 기록했다. 엄청난 기록의 증보가 이루어진 것이다. 백의군왕장상도수는 증산과 그를 따르는 20여 명의 종도들이 감옥에 갇혔을 때 행했던 공사로 기록되어 있다.

24. 치천하오십년공부治天下五十年工夫

『증산천사공사기』에는 증산이 유찬명과 김자현 두 종도에게 각기 십만 인에게 포교하라고 명하고 대답을 받은 후에 "평천하平天下는 내가 할 것이니, 치천하治天下는 너희들이 하라. 치천하오십년공부治天下五十年工夫니라."라고 말한 다음, "매每 사람이 여섯 명씩 전하라."고 명했다. 그런데 『대순전경』에서는 다른 구절은 같지만, 각자 여섯 명에게 도道를 전하라는 증산의 명령은 빠뜨렸다. 치천하治天下가 증산의 가르침을 세상에 널리 펴는 일과 관련이 된다고 볼 때, 각각의 사람이 6명에게 포교布敎하는 일을 통해 기하급수적인 숫자의 증가가 이루어져야 비로소 십만 명에게 포교하는 일이 가능할 것이라는 점을 고려한다면 이 구절이 빠진 명확한 이유를 짐작하기 힘들다.

25. 태을주太乙呪와 운장주雲長呪

『증산천사공사기』에는 증산이 태을주太乙呪와 운장주雲長呪를 직접 시험했다는 말이 나온다. 김병욱의 액厄은 태을주로 풀었고, 장효순의 난亂은 운장주로 해결했다고 말했던 것이다. 이어서 증산은 "태을주는 반역죄를 범했지라도 감옥의 문이 저절로 열리게 하는 효험이 있고, 운장주는 비록 살인죄를 범했을지라도 감옥의 문이 저절로 열리게 만드는 효과가 있다."라고 말했다고 한다. 그런데 『대순전경』 초판에는 이 부분이 빠져 있다. 태을주와 운장주의 위상과 가치가 더욱 높이 평가되지 못하고 고작 김병욱의 화액과 장효순의 난리를 해결했을 뿐이라는 증산의 말을 설명하기가 어려웠기 때문에 빠뜨린 것으로 보인다. 왜냐하면 이어지는 증산의 말에서 태을주와 운장주는 엄청난 실제적 효과와 효험이 깃든 성스러운 주문呪文이어야 했기 때문이다.

26. 백의군왕白衣君王 백의장상白衣將相의 도수度數

『증산천사공사기』에는 1907년 12월에 증산이 백의군왕白衣君王 백의장상白衣將相의 도수度數를 볼 때, 섣달 그믐날에 번개가 크게 발하자 "이것은 서양西洋에서 신神이 넘어옴이라."라고 말했다는 기록이 있다. 그런데 『대순전경』 초판에서는 "이는 서양西洋에서 천자신天子神이 넘어옴이라."라고 말했고, 또 "천자신은 넘어왔으나 너희들이 혈심血心을 가지지 못함으로 인하여 장상신將相神이 응하지 아니한다."라고 말했다는 기록으로 증보增補된다.

27. 문공신文公信

『증산천사공사기』에는 감옥에 갇혔을 때 문공신文公信, 박장근朴壯根, 이화춘李化春 등 세 사람이 특히 증산을 원망하여 불경한 말을 했다고 기록한다. 1908년 3월에 이화춘은 의병에게 총에 맞아 죽고, 박장근은 의병에게 몹시 맞아 뼈가 부러졌다고 전한다. 이에 증산은 문공신에게 "너는 마음을 고치라. 그렇지 않으면 하늘의 분노가 있으리라."라고 말했다고 한다. 『대순전경』 초판에서는 거의 같은 기록이 반복된다. 그런데 후대에 『대순전경』이 증보될 때는 문공신에게 특별한 도수度數가 부여되었다는 점이 강조되었다.

28. 화둔火遁

『증산천사공사기』에는 1908년 3월에 구덩이를 파고 술, 문어, 전복, 두부를 앞에 놓은 후 돼지고기 전야를 청수淸水와 화로火爐 위로 넘겨 받아 묻은 후 흙으로 덮는 일을 시킨 다음, 증산이 이에 대해 "이것은 매화埋火니라."라고 말했다는 기록이 적혀 있다. 이에 대해 증산교인들은 증산의 이 공사를 '매화공사埋火公事'라고 불렀다.

『증산천사공사기』에는 1908년 4월에 증산이 김형렬에게 "내가 이제 화둔火遁을 쓰리니, 너의 집에 불을 조심하게 하라. 만일 너의 집에 화재가 나면 한 마을이 전소되고, 그 화재신火災神의 세력이 커져서 세계 인민에게 큰 화禍를 끼치게 될 것이니라."라고 말했다고 전한다. 『대순전경』 초판 6장 48절에는 다음과 같은 기록이 있다.

> 하루는 동곡에 계실 새, 형렬에게 일러 가라사대 "내가 이제 화둔火遁을 묻었으니, 너의 집에 불을 주의하라. 만일 너의 집에 화재가 나면 화신火神의 세력이 확대하여 전 세계에 큰 재앙을 끼치리라."

화둔에 대해서는 다음과 같은 기록도 있다.

> 하루 밤에는 약방에 계시사 36만신萬神을 쓰시고 또 관운장주關雲長呪를 쓰사 모든 사람으로 하여금 각기 700번씩 심송心誦하라 하시며 가라사대 "이제 국가國家에나 사가私家에나 화둔火遁을 묻었는데, 날마다 바람이 불다가 그치고 학담으로 넘어가니, 사람이 많이 죽을까 하여 그리하노라." 하시니라. 『대순전경』 초판 6장 69절

이외에도 『증산천사공사기』에는 “내가 이제 72둔遁을 써 화둔火遁을 트리니, 나는 곧 남방삼리화南方三离火라.”라고 말했다는 기록이 있다.

29. 마패馬牌

『증산천사공사기』(1926)에는 없지만 『대순전경』 초판(1929)에서 증보된 다음과 같은 기록이 있다.

> 하루는 종이 수가 30매枚인 양지책洋紙册에 앞의 15매에는 엽면頁面마다 「배은망덕만사신背恩忘德萬死身, 일분명一分明, 일양시생一陽始生」이라 쓰시고, 뒤 15매에는 엽면마다 「작지부지성의웅약作之不止聖醫雄藥, 일음시생一陰始生」이라 쓰신 후에, 경면주사鏡面朱砂 가루와 그릇 한 개를 놓고 광찬에게 일러 가라사대 “이 일은 살길과 죽을 길을 결정하는 것이니, 잘 생각하여 말하라.” 광찬이 여쭈어 가로대 “선령신先靈神을 부인否認 혹 박대薄待하는 자는 살 기운을 받기 어려울 것이로소이다.” 선생이 말없이 오래도록 있다가 가라사대 “네 말이 가可하다.” 하시고, 그릇을 종이로 싸서 주사 가루를 묻혀가지고 책册의 면마다 찍어 돌리시며 가라사대 “이것이 마패馬牌라.” 하시니라.
>
> 『대순전경』 초판 6장 61절

증산의 이 공사는 그 내용을 짐작하기 어렵다. 전체적인 의미는 배은망덕背恩忘德을 하지 말라고 경계하는 것이며, 조상신祖上神을 부인하거나 박대해서는 안 된다는 가르침을 내린 대목으로 보인다. 그런데 종이로 싼 그릇에 주사 가루를 묻혀 양지책洋紙册의 각 면面에 찍은 것을 마패馬牌라고 주장한 것은 이해하기가 어렵다. 마패는 임금을 대신하여 각 지방에 파견되는 암행어사에게 내리는 신물信物로서, 각 지역의 관청에서 말(마馬)을 조달할 수 있는 권리를 보장하는 물건이다. 그런데 이 마패가 선령신을 부인하거나 박대하는 일과 어떻게 관련되는지는 알 수 없으며, 갑자기 기절한 사람의 정신을 회복시키는 약재인 경면주사가 왜 마패와 관련되는지 짐작하기가 곤란하다. 해석이 곤란한 이 구절은 『대순전경』이 증보되는 과정에서 빠지지 않고 계속 기록된다.

30. 기타

『증산천사공사기』에는 김형렬이 자신의 집안에 도움을 준 '정 잂신'이라는 사람에 관한 이야기가 적혀 있는데, 『대순전경』에는 이 기록이 삭제되었다. 아마도 대의大義와 별 상관이 없는 이야기라는 판단이 있었을 것으로 짐작된다. 물론 증산은 그런 신이한 능력을 지닌 사람이 공짜 밥을 먹었을 까닭이 없을 것이며, 그만큼 천리天理의 극진함을 강조했던 대목이었다. 어쨌든 『대순전경』이 편찬되면서 이 대목은 생략되었다.

『증산천사공사기』에는 증산의 매제妹弟인 박창국朴昌國이 독사毒蛇를 죽이자 증산이 노래한 내용이 보이는데, 『대순전경』에는 이 대목이 빠져 있다. 특별한 의미가 들어있지 않고, 빠진 구절이 있어서 불완전한 형태로 전해지는 노래를 굳이 실을 이유가 없다는 판단이 선 듯하다.

『증산천사공사기』에는 전주全州에 살던 이병하라는 사람이 관청에서 머리카락을 베려 하므로 이를 피해 증산을 찾아와 보발保髮할 수 있도록 부탁했다는 이야기가 실려 있다. 『대순전경』에는 이 이야기가 별로 특별한 일도 아니고 의미를 부여할 수 없는 것으로 판단해서였던지 생략되었다.

『증산천사공사기』에는 증산의 부친과 친구 사이인 유서구柳瑞九라는 사람이 집을 방문했을 때 그가 찾아올 것을 증산이 미리 알고 있었다는 점을 적은 종이를 보여주어 놀라게 했다는 기록이 『대순전경』 초판에는 빠져 있다. 아마도 부친의 친구가 집을 방문했다는 사실을 미리 알고 있었다는 정도가 이른바 천지공사天地公事의 격格에는 어울리지 않는 사소한 부분이라는 판단에 따른 결과로 보인다.

『증산천사공사기』에서 증산이 "요순堯舜의 도道가 이제 다시 나타나리라."라는 말을 했다는 기록이 있는데, 『대순전경』 초판에서는 이 부분이 생략되어 있다. 아마도 『대순전경』에 보다 풍부한 이상향에 대한 묘사와 표현이 있기 때문에 과거회귀적인 이러한 표현이 빠진 것 같다.

『대순전경』 초판의 위상과 의의

V

1. 『대순전경』 초판의 위상

『대순전경大巡典經』 초판(1929)은 증산교단 최초의 경전經典이다. 그 이전에는 『증산천사공사기甑山天師公事記』(1926)라는 증산의 생애와 사상에 관한 자료 모음집의 성격을 지닌 책이 유일하게 있었을 뿐이다. 두 책 모두 이상호李祥昊(1888~1967)가 편찬한 것인데, 자료 모음집의 성격을 벗어나 불과 3년 만에 종교 교단에서 공통해서 널리 사용할 수 있는 경전經典 형식을 확정하여 간행한 것이 『대순전경』 초판이다.

증산교단 최초의 교단이 고판례高判禮(1880~1935)에 의해 성립된 이후 해당 교단의 교권을 차경석車京石(1880~1936)이 장악하여 교단의 간부를 임명하는 과정에서 폭발적인 교세의 확장이 이루어졌다. 여기에는 1919년 3.1만세운동이 실제적 실패를 넘어서 독립된 국가를 염원하던 당시 민중들의 강렬한 열망이 집약되어 '민족적 종교운동'으로 진행된 일에 힘입은 바가 크다. 그러나 차경석의 보천교普天教가 갑자년(1924)

과 기사년(1929)에 이른바 천자등극설天子登極說을 기점으로 급격한 성장세가 주춤하게 되어 여기서 탈퇴한 교단 간부들에 의해 활발한 교단 분열을 불러일으켰다. 세계종교사에서도 그 유례를 찾아보기 힘들 정도로 급속한 속도로 전개된 증산교단의 교파 분열과정이 있었는데, 이러한 분열의 핵심 이유 가운데는 '경전의 성립과 확정'작업이 없었던 점도 지적할 수 있다. 어쨌든 증산 강일순에 대한 다양한 신행信行과 조직으로 수많은 교파가 분열되는 시점에서 이를 극복하려는 방안의 하나로 『증산천사공사기』와 『대순전경』이 서둘러 간행되었다.

『대순전경』 초판(1929)은 종교단체에서 교조敎祖인 증산甑山 강일순姜一淳(1871~1909)의 생애와 가르침을 선양하기 위한 적극적 수단으로 발행한 경전經典으로서 증산교단사 최초라는 의미를 지닌 책이다. 『대순전경』 초판이 간행됨으로써 비로소 증산교단은 독립된 경전을 가지게 되었으며, 다른 종교단체와 확연히 구별되는 고유의 독자성과 정체성을 확보할 수 있게 되었다.

『대순전경』 초판은 단순한 자료 모음집의 성격을 벗어나지 못했던 연도별 기록 모음집인 『증산천사공사기』의 차원을 벗어나 독립된 여러 주제별로 증산의 생애와 가르침과 관련한 기록들을 재분류하고 재평가해서 서술하여 '종교적 권위'를 부여했다는 점에서 '역사적 성격의 자료집'이 아니라 '종교적 성향의 경전'으로 탄생하였다. 따라서 『대순전경』 초판은 단순하고 속俗된 역사적 자료가 아니라, '일정한 종교적 의미와 속뜻이 깃들어있고 성聖스러운 체계적 성적聖籍'으로 성립되었다.

『대순전경』 초판은 바야흐로 증산교단사에서 '경전經典의 시대'를 활짝 열어젖혔다. 이는 증산교단사의 성립과 전개에 있어서 가장 획기적인 사건이 틀림없다. 시대적 한계와 공간적 제한 때문에 증산甑山 강일순姜一淳(1871~1909)을 직접 만나볼 수 없었던 수많은 사람에게 증산의 삶과 말씀을 전달할 수 있는 가장 효과적이고 효율적인 책인 『대순전경大巡典經』이 간행되어 그들의 삶의 목표를 정하고 진행하는 데 있어서 혁혁한 영향을 끼칠 수 있게 된 것이다. 그만큼 특정 종교 교단에서 경전의 간행이 지니는 의미는 지대하다. 이제 『대순전경』 초판이 간행되어 증산교단사의 본격적 전개와 활발한 포교 활동을 통한 진보적 행보가 가능하게 되었다. 『대순전경』 초판은 이후 '여러 증산교단에서 발행한 모든 경전의 원형原型'으로서 각 교단에서 발행한 경전들 가운데 모범적 사례로 널리 인정되고 있다.

일반적으로 세계 각 종교의 경우에 있어서 해당 경전의 성립과정에는 매우 독특한 특성이 있다. 주로 신자나 교단 간부 집단의 합의나 협의를 거치거나 주요 제자들의 회의를 통해 경전이 성립되는 것이 일반적이다. 그런데 증산교단은 경전이 이상호李祥昊라는 개인의 저작물 형태로 발행되고 공포되었다. 이는 보편적인 종교 경전의 발행과정과는 다르게 근대적近代的 성향을 일정하게 드러내는 중요한 지점이다. 시대의 흐름에 힘입어 이제 모든 개개인이 누구나 능력껏 경전 발행의 주체가 될 수 있고, 되어야 하는 시대적 조류를 반영하는 것이다.

『대순전경』 초판(1929)이 간행됨으로써 기존의 『증산천사공사기』(1926)에서 증산이 신비한 인물이나 이인異人으로서 기행이적奇行異蹟을 행한 사람으로 묘사되었다면, 경전의 권위에 힘입어 이제는 증산을 '상제上帝' 또는 '하느님'으로 신격화神格化할 수 있었고, 증산의 말씀과 행동이 신성화神聖化되기에 이르렀다. 이에 따라 증산의 생애는 일상日常을 벗어나고 뛰어넘어 성聖스러움을 간직한 언행言行으로 표현되기 시작했고, 이를 믿는 사람들에게 특별한 의미를 지닌 체계로 받아들이게 했다. 단순한 '말'이 성스러운 '말씀'으로 변했고, 소박한 '행동'이 위대한 가치와 의미를 지닌 '성적聖蹟'으로 화현化現되었다. 인간적인 말과 행위가 인간을 초월한 '성인聖人 혹은 신적神的 존재의 권화權化'로 표현되기 시작한 것이다. 이처럼 『대순전경』 초판이 간행됨으로써 증산은 조선 말기에 이 땅에 살았던 신비가神祕家의 한 사람이 아니라 비로소 혼란하고 병든 이 세상을 구원하기 위해 몸소 이 땅에 인간의 몸으로 나투신 '유일무이唯一無二한 하느님'으로 믿어지기 시작하였다. 한마디로 말해 『대순전경』 초판은 증산신앙甑山信仰의 발원지發源地이다. 증산에 관한 신앙이 시작된 지점이 바로 『대순전경』 초판이 간행된 때이다. 결론적으로 말하자면 『대순전경』 초판(1929)은 후대의 모든 증산 교단사의 전개와 발전에 있어서 그 남상濫觴이 된 책이다.

2. 『대순전경』 초판의 의의

『대순전경』 초판에서는 증산을 '선생先生'이라고 부르고 있다. 『증산천사공사기』에서는 '천사天師'라고 불렀다. 두 책의 출판연도가 일제강점기였다는 사실을 고려한다면 당시의 사정을 짐작할 수 있다. 일제강점기에 출판의 허가권을 지고 있던 일본으로서는 '상제上帝'라는 호칭을 인정할 수는 없었을 것이다. 일본은 천황제天皇制 국가로서 천황과 맞먹는 호칭을 사용하는 일을 받아들일 수는 없었다. 따라서 이러한 당국의 입장을 고려하여 "하늘의 스승"이라는 뜻의 '천사天師'가 애초부터 증산을 지칭하는 호칭으로 사용되었을 것이다. 이후 경전의 형태로 『대순전경』 초판이 간행되었을 때에도 '상제上帝'라는 엄청나게 격상된 호칭이 사용되지는 못했을 것으로 짐작할 수 있다. 그런데 후대에 『대순전경』이 계속 증보되어 간행되면서는 다시 '천사天師'라는 호칭으로 증산을 지칭한다. 물론 훨씬 후대의 일부 증산교단에서는 증산을 '상제上帝'로 기록하기 시작한다.

『대순전경』 초판은 탄강誕降, 유년시대幼年時代, 유력遊歷, 성도成道, 기행이적奇行異蹟, 문도門徒의 종유從遊, 훈회訓誨, 치병治病, 천지공사天地公事, 전교傳敎, 법언法言, 개벽開闢과 선경仙境, 문명文明, 인고문명引古文明, 화천化天, 이표異表 등의 주제별로 분류가 이루어져 체계화된 경전의 체제를 갖추었다. 단순한 자료의 모음집이 아니라 일정하고 뚜렷한 주제에 따라 여러 기록이 분류되어 수록되었다. 따라서 『대순전경』 초판은 비로소 종교 경전의 체제를 갖추어나가기 시작했던 것으로 평가할 수 있는 책이다.

『대순전경』 초찬은 장章과 절節로 구별하여 찾아보기가 쉬워졌다는 특성이 있다. 이전의 『증산천사공사기』가 연도별로 기록이 나열되어 있어서 특정한 내용을 찾아보기 위해서는 무척 어려웠는데, 『대순전경』 초판은 몇 장 몇 절의 기록이라는 점이 밝혀져 있어서 해당 내용을 설명하고 찾는 일이 매우 쉬워졌다.

『대순전경』 초판은 증산의 생애와 사상의 핵심을 '천지공사天地公事'로 파악하여 일관되게 서술하고 있다. 증산이 생전에 행한 말씀과 행위의 모든 초점은 '천지공사'로 요약된다. 따라서 증산의 일생은 새 세상을 상징하는 후천後天을 지상에 이루기 위한 성聖스러운 생애로 규정되고 믿어진다. 이에 따라 이제는 증산의 모든 말과 행했던 행동 하나하나가 특별한 종교적 상징과 의미를 지닌 체계라고 주장되는 것이다. 이에 힘입어 증산이 태어난 곳, 머물렀던 장소, 제자들과 모였던 상황,

머무른 지명地名, 만났거나 언급한 인물들, 사용한 물건, 인용한 고사故事 등등이 모두 특별하고도 깊은 의미가 있다고 믿어졌고 그에 대한 체계적 서술과 이해가 시도되었다.

『대순전경』 초판은 증산이 평생 동안 제자들에게 가르침을 내린 요체를 해원解冤과 상생相生으로 정리하고 있다. 자료 모음집의 성격을 지닌 『증산천사공사기』에서는 분명하게 드러나지 않았던 증산의 생각들이 하나의 덕목과 이념으로 규범화되었다. 증산의 말씀과 행위가 지난 인류 역사에서 맺혔던 온갖 종류의 원한을 남김없이 풀어 없애고, '남 살리기'라는 인간의 구체적인 실천 덕목으로 구체화하고 실현될 때 인류가 그토록 바라왔던 이상적인 사회와 세계가 이 땅 위에 구현될 것이라는 신앙이 형성되고 성립했다. 이제 증산의 생애와 가르침은 해원, 상생이라는 이념으로 강력하게 무장한 하나의 '종교'라는 체계를 이루었다.

『대순전경』 초판은 중국의 전설적 인물과 위인들에 얽힌 고사古事를 적극적으로 인용하여 경전 기록으로 수용하였다. 중국의 전설적인 제왕의 한 사람인 요堯임금의 아들인 단주丹朱가 인류 역사상 처음으로 원한怨恨을 맺은 인물이었다는 종교적 재평가를 시도하여 "태초에 원한이 있었다."라는 새로운 종교사상을 정립하였다. 이는 증산사상의 사상적 범주와 외연을 확장하는 결과로 나타났고 증산이 생존할 당시의 역사와 문화에 대한 인식 태도를 확인할 수 있는 지점이기도 하다. 결과적으로 이러한 서술방식은 한국 고유의 역사에 대한 인식과 위대한 인물들에 대한 언급이 없다는 점에서 사대주의적事大主義的 사고방식의 한 표현으로 볼 수도 있지만, 당시 우리나라의 전통적인 역사와 문화의 인식이 주로 중국中國을 중심으로 한 체계에 속해 있었다는 사실을 알려준다. 그리고 이러한 기록 태도는 동양문화권의 역사와 사상을 통합하여 인식하고자 했던 시도로도 볼 수 있을 것이다. 인류 역사의 첫머리를 요堯 임금 시대의 전설적 이야기로 시작하거나 복희씨나 신농씨에 대해 언급하고 있는 점에서 증산 당대의 역사와 문화에 대한 이해의 수준과 경향성을 알 수 있다.

맺음말

VI

인간의 기억은 한계가 있다. 대부분 사람의 말과 행동은 그들의 후손들의 기억 속에 일정한 기간만 머물고 사라지고 만다. 그러나 매우 특별한 몇몇 인물들은 '기록'이라는 형태로 후대에 전승되어 상당히 긴 세월 동안 추억되고 기념된다. 나아가 그 가운데서도 아주 특별한 몇 명의 인물은 그들의 말과 행위가 단순한 '기록'을 넘어서 심오한 '경전'으로 편집되고 체계적으로 전승되어 성聖스럽고 위대한 '말씀'과 '성적聖蹟'으로 믿어진다. 이른바 성인聖人 또는 종교가宗教家다. 영원하고 불멸의 새 생명을 얻는 것이다.

한반도의 한쪽 귀퉁이인 전라도 지역에서 한말韓末이라는 역사의 무대에서 비교적 짧은 40여 년의 세월을 살다간 증산甑山 강일순姜一淳(1871~1909)!

증산이 오늘날을 사는 우리에게 있어 위대한 종교가의 한 사람으로 기억되고 믿어지게 되는 결정적인 근거는 바로 '경전經典'에 있다. 경전이 간행됨으로써 비로소 증산에 대한 신앙의 역사가 새롭게 시작한 것이다. 그 핵심 기저에 바로 『대순전경大巡典經』이 있다. 이전의 『증산천사공사기』(1926)가 『대순전경』이라는 종교적 경전의 탄생을 준비한 수태 기간을 상징하는 책이라면, 『대순전경』 초판(1929)은 새로운 신앙의 역사를 알리는 세상을 향해 외치는 고고한 첫울음이라고 할 수 있다. 새로운 시작은 새로운 자료가 필수적으로 요청된다. 『대순전경』 초판은 증산사상과 증산신앙의 역사가 새롭게 시작되는 남상濫觴이다. 지금까지 무려 130여 개의 다양한 신앙을 주장하고 여러 신행信行을 보이는 증산교단사의 첫 출발이 바로 『대순전경』 초판이다.

아마도 경전이 없었더라면 신앙은 성립되지조차 않았을 것이다. 그러므로 종교의 성립과 전개 과정에 있어서 경전의 중요성은 아무리 강조해도 지나치지 않다. 『대순전경』 초판은 증산에 대한 신앙의 역사를 서술하는 출발점이다. 자료집인 『증산천사공사기』는 『대순전경』 초판이 있도록 한 밑거름의 역할을 충실하게 했을 따름이다. 그만큼 『대순전경』 초판이 갖는 증산교단사에서의 중요성은 지대하다. 앞으로 현행 『대순전경』과 『대순전경』 초판과의 비교 연구를 통해 증산사상과 증산신앙의 변모과정과 체계화과정이 제대로 구명되어 한국종교사상사의 한 축을 엄연히 담당하는 증산교단사의 위상과 그 의의와 가치가 밝혀져야 할 것이다. 위대한 사상에는 위대한 인물이 있고, 그를 따르는 사람들의 노력과 몸짓을 통해 우리가 사는 이 세상은 비로소 조금씩 이상을 향해 나아갈 수 있을 것이다.

제2부

『대순전경』 초판 현대어본

대순전경
서序

큰 밝음은 빛이 없고, 큰 음音은 소리가 없나니, 오직 빛없는 빛이라야 능히 삼원三元을 밝게 통하고, 소리 없는 소리라야 능히 천지를 흔들고 움직이며, 신인神人은 공功이 없고, 지극한 덕德은 이름이 없나니, 오직 공功 없는 공功이라야 능히 우주宇宙를 바르게 주재主宰하고, 이름 없는 이름이라야 능히 만화萬化를 조화롭게 다스리나니, 생각건대 증산선생甑山先生께서 삼원三元에 대순大巡하셔서 모든 선천先天의 잘못된 기틀을 없애어 혁파하시고, 우주宇宙를 다듬잇돌과 다듬잇방망이로 재단하셔서 후천後天의 도수度數를 바르게 재시고, 신명공사神明公事를 행하셔서 만고萬古의 원冤을 풀어버리시고, 불기운을 묻고 없애시어 상생相生의 도道를 천명하사, 써 조화선경造化仙境의 본래 기반을 정하시되, 천하는 알지 못하고 깨닫지 못하니, 다른 것이 아니라 삼원三元을 대순大巡하는 빛은 곧 빛없는 빛이요, 우주를 다듬는 돌과 방망이 소리는 곧 소리 없는 소리이므로, 천하의 보고 들음에 숨겨진 까닭이며, 만고해원萬古解冤의 공功은 곧 공功 없는 공功이요, 상생대도相生大道의 이름은 곧 이름 없는 이름이므로, 천하의 말과 생각에 끊어진 까닭이니, 보고 들음에 감춰졌고 말과 생각에 끊어졌음이 오직 선생先生의 신성神聖하신 공화功化의 상징이라. 이에 보고 들음이 숨겨진 곳에서 만萬의 하나의 보고 들음을 구하며, 말과 생각이 끊어진 곳에서 만萬의 하나의 말과 생각을 구하여 써 일심一心을 가진 대중大衆이 귀의할 방향을 깨우쳐 인도하며, 조화선경造化仙境의 공작工作 지침指針을 제공하려 함이 대순전경大巡典經을 지은 까닭이로다.

오호라! 전경典經을 지음을 어찌 쉽게 말하리오? 넓고 넓어 무어라고 이름할 수 없는 대순의세大巡醫世의 이상理想을 오직 보고 듣고 말하고 생각하는 권역 밖에서 얕은 식견과 엷은 지식으로 그 진체眞諦의 묘한 이치를 밝히기에 작은 기틀을 말하기는 어려우며, 또한 수천 년이 흐른 다음에 수천 년 전의 일을 강명講明하기가 더욱 어려울지라. 그러나 성명性命을 다스림에 털끝만큼의 비춤을 포착하면 큰 광명이 따라 열리며, 과학科學을 다스림에 기본의 이법理法을 투철하여 얻으면 모든 문제가 따라 풀리나니, 삼원三元의 뭇 이치와 숨었다가 나타나는 만상萬象이 모두 정연한 질서의 체계를 떠나지 못하는 까닭이라. 이에 선생先生의 순유巡遊하시던 지대地帶를 답사하고 친자종도親炙從徒를 두루 방문하며, 또 선생의 재세시在世時에 지면知面이 있는 맬감 줍는 늙은이와 고기 잡는 어부들을 추가로 찾아가서 모든 법언法言과 성스러운 자취를 수집하기에 전력을 모아 주력한바, 6년의 공功을 쌓은 연후에 금일에 이르러 비로소 성편成編을 보게 되었나니, 9년 공사公事와 일생에 걸쳐 내려주신 교훈에 대하여는 실로 갠지스강에 있는 한 알의 모래에 불과하여, 써 대순의세大巡醫世의 이상理想이 가진 외연과 내포한 것을 회膾를 썰 듯 나열하고 빠짐이 없게 함에는 이르지 못하였지만, 이로써 빛없는 빛에서 털끝만큼의 빛을 포착하며 소리 없는 소리에서 가느다란 진동을 좇으며, 공功 없는 공功에서 조화의 자취를 추구하며, 이름 없는 이름에서 숨은 진제眞諦를 뽑아내는 데는 족히 그 기준이 되는 표점標點을 만들 수 있을 것을 확신하는 바이로다. 13개의 장章으로 나눈 것이 간략하고 상세함이 같지 않으니, 이적異蹟과 치병治病은 수집된 자료가 매우 많으나 명확한 의의를 빠트린 것은 이를 생략하였으며, 천지공사天地公事는 그 재료를 충분히 수집할 길이 없을 뿐 아니라 이미 수집된 것 중에도 그 의의意義의 명료함이 없는 것이 적지 않음은 유감을 이기지 못하는 바이다. 그러나 13개의 장章으로 나눈 것이 서로 맥락이 관련되었으니, 서로 인용하고 대조하여 마음 깊이 생각하여 추구하면 가르침의 뜻의 개요를 탐색하기가 어렵지 않을 줄 믿노라.

기사년己巳年(1929) 3월 기망旣望에

후학后學 이상호李祥昊는 삼가 서序를 쓰노라.

찬贊

선천백대先天百代는 천도편중시대天道偏重時代라. 공상空相의 환몽幻夢으로 허령내세虛靈來世의 추구追求로 괴롭더니, 대공사大公事가 행行한 뒤에 후천운後天運이 열리며 천지대도天地大道가 밝았어라. 현실을 긍정하사 영육靈肉으로 병진並進하시니 현실現實의 복록福祿이 무량無量하리로다.

선천백대先天百代는 지운비색시대地運否塞時代라. 계역界域의 경계를 그었으니 모든 비루한 종족種族의 차별이 매우 심하더니, 대공사大公事가 행行한 뒤에 후천운後天運이 열리며, 대지大地의 기운이 돌았어라. 산하山河의 뿌리박힌 영靈을 뽑아 모아 통일하시니, 사해四海의 일가一家가 함께 즐거워하리로다.

선천백대先天百代는 중리착종시대衆理錯綜時代라. 잘못된 이치가 넘쳐흘러 인류의 이성理性이 현혹됨이 극심하더니, 대공사大公事가 행한 뒤에 후천운後天運이 열리며 귀일진법歸一眞法이 나왔어라. 만고萬古의 진액津液을 거두어 통일하사 여럿을 모아 마루로써 크게 이루시니 인세人世의 문운文運이 크게 빛나리로다.

선천백대先天百代는 병겁病劫이 크게 진탕하는 시대라. 쇠약衰弱이 유전遺傳하여 사회社會의 고황膏肓까지 병病의 근원이 깊었더니, 대공사大公事가 행한 뒤에 후천운後天運이 열리며 만국의원萬國醫院이 열렸어라. 의통醫統을 전수傳授하사 세계를 치료하시니, 불노불사不老不死하며 강령康寧하리로다.

선천백대先天百代는 원만건곤시대寃滿乾坤時代라. 척신神의 횡행으로 인세人世의 복록福祿이 고르지 않음이 매우 심하더니, 대공사大公事가 행한 뒤에 후천운後天運이 열리며 해원解冤의 일월日月이 밝았어라. 역신逆神을 조화調和하사 세계를 바르게 다스리시니 사회社會의 면모가 정립되고 평등이 이루어지리로다.

선천백대先天百代는 상극사배시대相克司配時代라. 여기厲氣의 충격으로 살벌殺伐한 투쟁의 재앙이 참혹하더니, 대공사大公事가 행한 뒤에 후천운後天運이 열리며 상생相生의 혜택이 흘렀어라. 불덩이를 땅에 묻으사 전쟁을 거두어들이시니, 화평和平한 세월이 유구하리로다.

대공사大公事를 마치신 후 대신문大神門을 닫으시고, 천지天地에 질정質正하사 우주의 조화 기틀을 굳게 정定하시니, 도수度數에 돌아 닿는 대로 새 기틀이 열릴지라. 아! 여기에서 비로소 천지가 크게 성공成功하여 상서로움이 무르녹는 조화선경造化仙境이 열리리로다.

대공사大公事를 마치신 후 남조선南朝鮮 배의 돛을 달고 혈식군자血食君子에게 배질을 시켜 고해苦海에 두둥실 띄우시니, 범피중류泛彼中流 저 앞길에 풍파도 없을지라. 아! 여기서 일심一心을 지닌 대중大衆을 실어다가 행복이 무르녹는 조화선경造化仙境에 다으리로다.

대공사大公事를 마치신 후 인문공정人文公庭을 여시고 화민정세化民靖世를 명하사 신명神明을 시켜 공작工作을 감시하니, 천지天地의 녹사祿士들이 모여들어 하루가 채 지나지 않아 이룰 만큼 쉬울지라. 아! 이때에 간절한 일심一心으로 힘써 만복萬福과 길상吉祥이 무르녹는 조화선경造化仙境을 세우리로다.

우리 선생先生은 대순大巡의 신神이시니 신생명新生命의 빛이시며, 조화선경造化仙境의 우두머리이시라. 지난 시절의 부처와 성인聖人들이 바라던 이상理想의 궁극이시며 억조창생億兆蒼生의 주主이시니, 일월日月과 동거同居하사 홍대무변弘大無邊하신 화권化權과 신력神力으로 신사회新社會를 주재主宰하여 이루시옵소서.

천하의 대금산大金山 아래에 용화도장龍華道場 넓은 기지基址에 장엄莊嚴한 법탑法榻을 베풀 적에 모퉁이 모퉁이마다 선락仙樂이요, 봉오리 봉오리마다 꽃송이라. 춘삼월春三月 호시절好時節에 열 석 자의 굳은 기약期約은 화원花園에 둘러싸인 인성人城 속에 영광의 선안仙顔을 비추사 중생의 갈앙渴仰을 풀어주옵소서.

기사년己巳年 3월 기망旣望에 대순전경大巡典經이 성편成編되어 장엄한 의식儀式으로 발행치성發行致誠이 엄숙하다. 수천 년 후에 태어나서 수천 년 전의 일을 밝히고자 하니 매우 어렵다고 했던 소리로 제자들이 삼가 편찬하고 보니 대신문大神門의 비밀스러운 자물쇠요, 천지공사天地公事의 마지막 마무리라. 우리 선생의 대순사상大巡思想은 오직 전경典經 너 뿐이니, 신생명新生命의 양식이 되며, 조화선경造化仙境의 지침이 되어 일월日月과 함께 거하시는 선생님을 모셔서 너의 수壽가 한限이 없을지어다.

기사년 3월 기망旣望에

후학后學 이성영李成英이[1] 삼가 찬贊하다.

1 훗날 이정립李正立으로 개명했다. 『대순철학大巡哲學』과 『증산교사甑山敎史를 지었으며, 이상호의 친동생이다.

보주
補註

제 5장 10절 : 선생께서 김준상에게 사성음四聖飮을 주신지가 이미 20년을 지났으나 약첩藥貼을 내어서 약재藥材를 살펴본즉 약재가 여전히 새것과 같아 부패하지 아니하고 좀도 일지 아니하였더라.

제 6장 : 천지공사天地公事라 하면 누구나 다 처음 듣는 말이므로 그 의의意義를 깨닫기 어려울지라. 예컨대 어느 공회公會에서 회장會長이 회원會員을 소집하여 회의를 열어 모든 의견을 자세히 취해 최선의 방침을 결정함과 같이 선생께서 삼계三界를 주재主宰하사 천지대신문天地大神門을 열고 만고신명萬古神明을 소집하사 선천先天 기왕旣往의 모든 비법非法을 고쳐 폐지하고 가장 합리적으로 천도天道와 지의地義와 인사人事를 자세히 취하여 만세萬世에 바뀌지 않는 진법眞法을 규정하신 후 천지신명天地神明으로 하여금 율령律令과 같이 통섭하여 완성케 하신 것이니, 곧 대우주大宇宙를 선생의 대이상大理想 속에 요리料理하심이라. 따라서 선생의 심원深遠한 포부와 위대한 가치를 오직 여기서 찾게 될 뿐이오, 그 외 법언法言과 성행聖行은 오직 그 단편적 드러남일 뿐이니 그

러므로 천지공사天地公事의 묘의妙義를 이해하지 못하면 또한 선생의 넓은 모략謨略과 원대한 계략을 엿볼 수 없을지니라. 그런데 9년간을 쉼없이 갖은 고난을 겪으면서 여러 가지로 행行하신 공사公事를 종도從徒들이 많이 참관參觀하였으나 모든 것이 초인간적超人間的인 신비神祕에 속한 것이므로 보는 자가 그 조리條理를 깨닫지 못하며, 선생께서도 대개 그 행하시는 것을 남에게 알리려 하지 아니하시고 매양 은비隱秘에 붙이시므로 모두 범연泛然히 간과看過하였으며, 또 그 행하시는 바가 일일이 천지天地에 응험應驗하여 기이한 현상現象이 나타나는 것을 한갓 호기심으로 구경에 탐貪하여 보았을 따름이오, 의미 있게 본 사람은 없었나니, 그러므로 약간의 사실을 전하여 온 것도 그 상세詳細를 잃었으며, 공사公事를 행하실 때에 매양 도수度數를 정定한다는 말씀을 습관처럼 사용하셨는데, 그 의미는 어떠한 상태를 어느 시기에 이르러 예정대로 실현케 하는 것, 즉 이 시대를 어느 때에 어떠한 상태로 변동하여 추이推移케 한다는 것이라. 그러나 그 내용은 막연히 알지 못하고 다만 본 바의 기적과 같은 체험만 전한 것도 많으며, 또 종도從徒 가운데 한자漢字에 능숙하여 흔히 문명文明을 받아쓴 자는 김광찬金光贊인데, 그도 수시로 쓰여서 소화消火하실 따름이오, 따로 베껴 기록하지 못하게 하셨으므로, 이제 전하여 온 편언척행片言隻行은 두서頭緖없이 기억된 것이라. 지금으로부터 10여 년 전에 광찬光贊이 죽었으므로 그나마 상세하게 들을 곳이 없고, 처음부터 끝까지 추종한 자는 김형렬金亨烈인데 공사公事를 행하실 때에는 흔히 각지에 순회巡回하사 그 수종隨從을 차례를 많이 바꾸셨으므로, 한 사람으로서 공사公事 건수件數의 시종始終을 참관參觀하지 못하였나니, 그러므로 대략 듣는 대로 기록한 것이 실상 갠지스강의 모래 한 알에 불과하니 독자讀者는 깊이 참고할지어다.

제 6장 26절 : 고부화란古阜禍亂에 감옥에 갇혔던 20인 가운데 김형렬

金亨烈, 김자현金自賢 두 사람 이외에는 모두 흩어져 다시는 선생을 따르지 아니하니라.

제 6장 34절과 35절 : 선생이 화천化天하신 후 3년이 되던 신해년辛亥年(1911) 9월 21일에 차경석車京石이 약장藥藏과 궤櫃와 모든 비품備品을 옮겨가고 약국藥局 벽 위에 바른 종이까지 떼어간 후에 비로소 포교운布敎運이 열리기 시작하니라. 그 약장을 옮길 때 김형렬의 딸이 죽으므로 경석京石이 돈 20원圓을 지불하여 안장安葬케 하고, 모든 기구器具는 치성실致誠室에 봉안奉安하니라. 또 그 후로 금산사金山寺 대장전大藏殿과 석가불상釋迦佛像이 다른 곳으로 옮기게 되었으니 선생의 말씀이 일일이 응험應驗되니라.

제 9장 4절과 5절 : 김형렬이 가로대 선생께서 공사公事를 행하실새 단주丹朱를 자미원紫微垣에 부치사 칠성七星을 주재主宰하여 써 일체一切의 성수星宿를 관장管掌하며 인간의 수명과 복록을 맡아 다스리게 하셨으니, 그러므로 약장藥藏에 단주수명丹朱受命과 칠성경七星經을 쓰셨다 하고, 일반 문인門人의 이야기를 살펴보건대 단주丹朱로써 세운世運을 관장管掌케 하사 현세現世의 대국大局이 그의 바둑두는 법에 응하여 기틀과 축軸을 전개하게 하셨으니 회문산回文山으로 하여 오선위기五仙圍碁를 응기應氣케 하심이 이로 인함이니, 대개 바둑두는 법이 단주丹朱로부터 시작한 까닭이라 하니, 이제 여러 설說을 종합하고 선생의 유물遺物과 법언法言과 문명文明을 고찰하건대 약장藥藏에 단주수명丹朱受命과 칠성경七星經을 쓰셨고, 법언에 단주丹朱를 해원解冤한다 하셨으며, 중천신中天神으로 하여금 복록福祿을 맡아서 균등하게 나누어준다고 하셨으며, 산하대운山河大運을 돌리실새 회문산回文山을 아버지 산으로 하여 그 오선위기五仙圍碁를 응기應氣케 하시고, 대운大運이 바둑과 같이 전개

되리라 하셨으니, 독자는 천지공사天地公事에 단주丹朱의 해원解冤이 큰 의의가 있음을 생각할지어다.

제 10장 1절 : 병세문病勢文은 주지周紙에 써서 물을 담은 흰 병마개를 막아서 차경석車京石의 집에 두신 것인데, 화천化天하신 뒤에 발견되었으나 그 후로 원래의 종이는 없어지고 다만 입에서 입으로 서로 전하게 된 것이니, 차례가 많이 어긋나게 된 듯하며, 그 이외의 흩어진 문장도 분명한 기록이 없으므로 듣는 대로 기록하니 틀리고 빠진 것이 없지 못할 줄로 생각하노라.

대순전경大巡典經
목록目錄

제 1장 선생의 탄강誕降과 유년시대幼年時代 … 모두 6절節

제 2장 선생의 유력遊歷 … 모두 6절

제 3장 선생의 성도成道와 기행이적奇行異蹟 … 모두 108절

제 4장 문도門徒의 종유從遊와 훈회訓誨 … 모두 76절

제 5장 치병治病 … 모두 42절

제 6장 천지공사天地公事 … 모두 81절

제 7장 전교傳教 … 모두 12절

제 8장 법언法言 … 모두 72절

제 9장 개벽開闢과 선경仙境 … 모두 24절

제 10장 문명文明 … 모두 32절

제 11장 인고문명引古文明 … 모두 4절

제 12장 화천化天 … 모두 30절

제 13장 선생의 이표異表 … 모두 6절

대순전경大巡典經*

제 1장
선생의 탄강誕降과 유년시대幼年時代

1 선생의 성姓은 강姜이오, 이름은 일순一淳이오, 자字는 사옥士玉이오, 증산甑山은 그 호號이시니, 지금으로부터 58년 전 이조李朝 고종高宗 신미년辛未年 9월 19일에 조선朝鮮 전라도全羅道 고부군古阜郡 우덕면優德面 객망리客望里(지금의 정읍군井邑郡 덕천면德川面 신월리新月里)에서 탄강하시니라.

2 부친의 이름은 홍주興周요, 모친은 권씨權氏니, 권씨가 고부군 마항면馬項面 서산리西山里 그의 친가親家에 근성覲省하였다가 하루는 하늘이 남북南北으로 갈라지며 큰 불덩이가 내려와 몸을 덮음에 천하가 광명光明하여진 꿈을 꾸고, 이로부터 임신하였더니, 그 탄강誕降하실 때에 산실産室에 이상한 향기가 가득하며, 밝은 빛이 집을 둘러 하늘에 뻗쳤더라.

---

* 내용 중간 번호가 빠진 경우들이 있다. 이는 조판 중 실수로 생각되며 원문대로 번호를 유지하였다.

3 점차 자라심에 상모相貌가 원만하시고, 솔성率性이 관후寬厚하시며, 총명聰明과 혜식慧識이 초중超衆하시므로 모든 사람에게 경애敬愛를 받으시니라.

4 어릴 때부터 호생好生의 덕德이 많으사 나무 심기를 즐기시며 자라나는 초목草木을 꺾지 아니하시고, 미세한 곤충이라도 해치지 아니하시며, 혹 위기에 빠진 생물을 보시면 힘써 구원救援하시니라.

5 서당에 들어 한학漢學을 배우실새 한번 들은 것은 곧 깨달으시고, 동무들과 함께 글을 지으심에 항상 장원壯元을 하시니라. 하루는 스승이 여러 학부형에게 미움을 받을까 하여 문장이 다음이 되는 다른 아이에게 장원을 주려고 속뜻을 정하고 시험을 치렀더니, 또 선생에게로 장원이 돌아가니, 이는 선생이 스승의 속뜻을 미리 아시고, 문체文體와 자양字樣을 변하여 판별하지 못하게 하신 까닭이라. 모든 일에 이렇게 혜명慧明하시므로 보는 자가 모두 경이驚異하니라.

6 가세家勢가 빈핍貧乏하므로 학업은 일찍 그만 두시니라.

제 2장
선생의 유력遊歷

1 24세 되시던 갑오년에 고부古阜 사람 전봉준全琫準이 당시의 악정惡政에 분개하여 동학신도東學信徒를 모아 혁명을 일으키니, 온 세상이 흉흉하게 움직이는지라. 선생이 그 앞길이 불리할 줄 아시고 "월흑안비고月黑雁飛高, 선우야둔도單于夜遁逃, 욕장경기축欲將輕騎逐, 대설만궁도大雪滿弓刀."라는 옛 시詩를 여러 사람에게 외워주사 겨울철에 이르러 패멸될 뜻을 넌지시 알리시며 망동妄動하지 말라고 효유曉諭하셨더니, 이 해 겨울에 과연 동학군東學軍이 관군官軍에게 패멸되고 선생의 효유에 좇은 자는 모두 화禍를 면免하니라.

2 이후로 국정國政은 더욱 부패하고, 세상 풍속은 날로 악화하여 관헌官憲은 오직 탐욕과 뇌물과 잔학殘虐을 일삼으며, 유교의 선비는 허례虛禮만 숭상하고, 불교도는 무혹誣惑만 힘쓰며, 동학東學은 겁난刦難을 지낸 후로 위축됨이 심하여 거의 형적形跡을 거두게 되고, 서교西教(기독교基督教의 신新 · 구교舊教)는 세력을 신장伸張하기에 진력盡力하니, 민중은 고궁苦窮에 빠져 안도할 길을 얻지 못하고, 사방四方의 현혹眩惑에

싸여 귀의할 바를 알지 못하여 두려움과 불안이 전 사회에 들이닥치거늘 선생이 개연히 광구匡救의 뜻을 품으사 유불선음양참위儒佛仙陰陽讖緯의 서적을 통독하시고, 다시 세태世態와 인정人情을 체험하시기 위하여 정유년으로부터 유력遊歷의 길을 떠나시니라.

3 충청도忠淸道 연산連山에 이르사 역학자易學者 김일부金一夫에게 들리시니, 이때에 일부一夫의 꿈에 하늘로부터 천사天使가 내려와서 강사옥姜士玉과 함께 옥경玉京에 올라오라는 상제上帝의 명命을 전傳하거늘, 일부一夫가 선생과 함께 천사天使를 따라서 옥경玉京에 올라가 요운전曜雲殿이라 제액題額한 장려壯麗한 금궐金闕에 들어가 상제上帝께 알현謁見하니, 상제上帝께서 선생에게 대하여 광구천하匡救天下하려는 뜻을 칭찬하며 지극히 우대하는지라. 일부一夫가 크게 이상하게 여겨 이 꿈을 말한 후에 요운曜雲이라는 도호道號를 선생께 드리고 매우 경대敬待하니라.

4 이 길로 경기京畿, 황해黃海, 강원江原, 평안平安, 함경咸鏡, 경상慶尙 각지를 두루 유력遊歷하시니, 선생의 혜식慧識은 박학博學과 광람廣覽을 따라 더욱 명철明徹하여지심으로 이르는 곳마다 신인神人이라는 칭송이 높으니라.

5 이렇게 수년 동안을 유력遊歷하시다가 경자년庚子年에 고향으로 돌아오시더니, 이때에 전주全州 이동면伊東面 전룡리田龍里 이치안李治安이 구혼차求婚次로 충청도를 향하다가 여관에서 선생을 만나 하룻밤을 함께 묵고, 다음날 떠나려 할 때에 선생이 치안治安에게 일러 가라사대 "그대가 이제 구혼차로 길을 떠났으나 반드시 허행虛行이 될 것이니, 이 길을 가지 말고 다시 집으로 돌아가라. 그러면 전일前日부터 혼인을

의논하여 오던 곳에서 그대의 집에 매파를 보내어 완전한 약속을 구하리라. 만일 이 기회를 잃으면 혼삿길이 열리기 어려우리니, 빨리 돌아가라." 하시거늘, 치안治安이 선생께서 자기의 사정을 알고 말씀하심을 신기하게 여겨 비로소 이름을 통하고 선생의 주소를 자세히 물은 후에 곧 그 길을 가지 않고 집으로 돌아오니, 과연 말씀하신 바와 같으니라.

6 이후로 치안治安이 선생의 신이神異하심을 흠모하여 자기 집으로 초빙하였더니, 마침 동네의 인구人口를 긴급히 조사할 일이 있어 치안治安의 아들 직부直夫가 매우 고심苦心하는지라. 선생이 산가지를 취하여 운산運算하신 후에 호구戶口 수數와 남녀 인구수人口數를 자세히 일러주시고, 3일 안에 한 사람이 없어질 것을 말씀하시거늘, 직부直夫는 믿지 아니하고 드디어 마을을 돌아 일일이 정밀하게 조사한즉, 과연 한 호수戶數 한 인구人口의 착오가 없고, 또한 3일 안에 한 사람이 사망하는지라. 이에 직부直夫가 비로소 몹시 놀라서 그 신이神異하심에 감복하니라.

제 3장
선생의 성도成道와 기행이적奇行異蹟

1 선생이 다년간 각지에 유력遊歷하사 많은 경험을 얻으신 후에, 신축년辛丑年에 이르사 비로소 모든 일을 자유자재自由自在로 하실 권능權能을 얻지 않고는 뜻을 이루지 못할 줄을 깨달으시고, 드디어 전주全州 모악산母岳山 대원사大願寺에 들어가 도道를 닦으사, 7월 큰비가 내리는 다섯 용龍이 부는 듯한 세찬 바람 속에 천지대도天地大道를 깨달으시고 사종마四種魔를 항복하시니, 이때에 그 절의 주지住持 박금곡朴錦谷이 모든 편의를 도왔더라.

2 임인년壬寅年 4월에 선생이 금구군金溝郡(지금의 김제군金堤郡) 수류면水流面 원평장院坪場을 지나시다가 전주군全州郡 우림면雨林面 하운동夏雲洞 김형렬金亨烈을 만나시니, 대저 형렬은 전부터 선생과 알고 지냈는데, 선생의 성도成道하셨다는 소문을 듣고 뵙기를 원하던 차에 스스로 기쁨을 이기지 못하여 자기 집에 오시기를 간청하였더니, 같은 달 13일에 형렬의 집에 이르사 곧 형렬에게 일러 가라사대 "그대의 집에 산기產氣가 있으니, 빨리 내실內室에 들어가 잘 도우라." 하시거늘, 형렬

이 내실에 들어가니, 과연 그 처妻가 셋째 아들을 분만하였더라.

3 형렬의 처가 예로부터 산후産後에는 반드시 복통腹痛이 발하여 수 개월을 고통하는 증세가 있어서, 또 복통이 다시 발하므로 형렬이 크게 근심하거늘, 선생이 위로하여 가라사대 "지금 이후로는 모든 일에 나를 신뢰하고 근심을 놓으라." 하시거늘, 형렬이 명하신 대로 다만 천사天師만 믿고 근심을 놓았더니, 과연 그 처妻의 복통이 곧 그치고 그 밖의 천식과 기침 등의 증세도 다 나으니라.

4 선생이 형렬에게 일러 가라사대 "이제 말세末世를 당하여 앞으로 무극대운無極大運이 열리나니, 모든 일에 조심하여 남에게 척을 짓지 말고, 죄를 멀리하여 순결한 마음으로 천지공정天地公庭에 참여하라. 나는 삼계대권三界大權을 주재主宰하여 조화造化로써 천지를 개벽開闢하여 불로불사不老不死의 선경仙境을 열어 고해苦海에 빠진 중생을 건지리라." 하시고, 이로부터 형렬의 집에 머무르사 천지공사天地公事를 하실새 형렬에게 신안神眼을 열어주사 신명神明의 회산會散과 청령聽令을 참관케 하시니라.

5 여름을 지내실새 형렬의 집이 가난하여 손님 대접이 거칠고 소략하고 또 텃밭이 척박하여 채소가 잘 자라지 아니하므로 형렬이 근심하거늘, 선생이 일러 가라사대 "산중山中에는 별미別味가 없나니, 채소나 잘 자라게 하여 주리라." 하시더니, 이로부터 약간 심어두었던 죽어가던 채소가 사람 힘을 가하지 아니하여도 저절로 잘 자라서 캐고 또 캐도 없어지지 아니하더라.

6 6월 어느 날 형렬을 명하사 야소교서耶蘇敎書 한 권을 구하여 오라

하시거늘, 형렬이 이웃 마을 오동정梧桐亭 김경안金京安에게서 신약전서新約全書 한 권을 빌려다 올리니, 선생이 받아서 불사르시니라. 그 후에 형렬이 선생을 모시고 오동정梧桐亭 차윤필車允必의 집에 가니, 경안京安이 와서 빌려 간 책을 돌려주기를 청함에, 형렬이 대답하지 못하거늘, 선생이 가늠하여 대답하시기를 "곧 돌려주리라." 하시더니, 마침 한 필상筆商이 지나거늘, 선생이 불러들이사 술을 많이 주신 후에 그 필상筆箱을 열어 뵈이기를 청하신대, 필상筆商이 곧 열어 뵈이니, 신약전서新約全書 한 권이 있는지라. 선생이 가라사대 "그대는 반드시 야소耶蘇를 믿지 아니하니, 이 책은 쓸모가 없는지라. 나에게 줌이 어떠하뇨?" 필상筆商이 허락하거늘, 선생이 그 책을 받아서 경안京安에게 주시니라.

7 그 후에 불서佛書 천수경千手經과 한자漢字 옥편玉篇과 사요史要와 해동명신록海東名臣錄과 강절관매법康節觀梅法과 대학大學 등의 책을 불사르시니라.

8 9월에 농가農家에서 보리농사로 바쁘거늘, 선생이 한숨을 쉬시며 가라사대 "이렇게 신고辛苦하여도 수확을 얻지 못하리니, 어찌 애석하지 아니하리오?" 하시거늘, 형렬이 이 말씀을 듣고 드디어 보리농사를 폐지하였더니, 계묘년 봄에 이르러 날씨가 순조로워 풍년이 들 조짐이 있는지라, 김보경金甫京 등 모든 종도從徒와 이웃 사람들이 모두 형렬을 비웃거늘, 선생이 가라사대 "이 일은 신명공사神明公事에서 결정된 것이니, 아직 결실기에 이르지 못하여 어찌 풍작豐作을 예단하리오?" 하시더니, 과연 5월 5일 큰비로 인하여 보리 싹이 다 말라서 수확이 전무全無하게 되고, 쌀값이 치솟아 한 말에 7냥 가치(지금 돈으로 1원圓 40전錢)가 되니, 이로부터 모든 사람이 선생께 믿음으로 승복하니라.

9 한 사람이 물어 가로대 "금년에는 어떤 곡식 종자를 심음이 좋으리까?" 선생이 가라사대 "일본사람이 녹祿을 띠고 왔나니, 일본 종자를 취하여 심으라. 또 생계의 모든 일을 그들에게 순종하라. 녹祿줄이 따라 들리라." 하시니라.

10 겨울철에 형렬이 선생을 모시더니, 마침 큰 눈이 내리거늘, 형렬이 여쭈어 가로대 "전설에 송우암宋尤菴이 살던 지붕에는 눈이 쌓이지 못하고 녹는다고 하니, 진실로 천지의 지령지기至靈之氣를 타고난 사람이로소이다." 선생이 가라사대 "진실로 그러하랴? 이제 내가 있는 곳을 살펴보라." 형렬이 밖에 나가보니, 날이 차고 눈이 많이 내려 쌓이되, 오직 그 지붕에는 한 점의 눈도 없고 맑은 기운이 하늘에 뻗쳐 구름이 가리지 못하고 푸른 창공이 통하여 보이더라. 이로부터 형렬이 항상 유의하여 살피니, 언제든지 그 머무시는 곳에는 반드시 맑은 기운이 푸른 창공을 통하여 구름이 가리지 못하고 비록 큰비가 오는 때에도 그러하더라.

11 매양 출타하실 때에는 신명神明에게 치도령治道令을 써서 불사르사 여름이면 바람을 불러 길에 이슬을 떨어뜨리시고, 겨울이면 진 길을 얼어 굳게 하신 후에 마른 신으로 다니시니라.

12 하운동夏雲洞은 산중山中이므로 길이 매우 좁고 수목이 길에 우거져 얽혀서 이슬이 많을 뿐 아니라 장마가 질 때에는 길에 물이 흘러 계곡물을 이루되 선생의 신발은 항상 마르고 깨끗하므로 부근 마을 사람들이 모두 신이神異하게 여기더라.

13 또 출타하실 때에는 반드시 동네 입구의 좌우 측에 구름 기둥이

높이 뻗쳐 팔자형八字形을 이루므로 종도들이 그 이유를 물은대 선생이 가라사대 "이는 장문將門이라." 하시니라.

14 계묘년 7월에 쌀값이 치솟고 농작물에 충재蟲災가 심하여 인심이 극히 불안하거늘, 선생이 여러 종도에게 일러 가라사대 "신축년 이후로는 연사年事를 내가 맡았으니, 금년의 농작農作을 풍등豐登케 하여 백성들의 녹祿을 넉넉하게 하리라." 하시고, 크게 천둥과 번개를 일으키시니, 이로부터 충재蟲災가 그치고 작물이 크게 풍성하니라.

15 선생의 친동생 영학永學이 항상 도술道術을 통하기를 열망하여 선생께 발원하더니, 하루는 선생이 부채 한 개에 학鶴을 그려서 영학에게 주시며 가라사대 "집에 돌아가서 이 부채를 부치면서 칠성경七星經을 무곡武曲 파군破軍까지 읽고 이어서 대학大學을 읽으라. 그러면 도술을 통하리라." 영학이 부채를 가지고 집으로 돌아가다가 정남기鄭南基(선생의 처남)의 집에 들리니, 남기의 아들이 그 부채의 아름다움을 탐내어 빼앗고 주지 아니하거늘, 영학이 부득이하여 그 사유를 말하고 돌려주기를 간구하니, 남기의 아들은 더욱 탐내어 주지 아니하므로, 할 일 없이 빼앗기고 돌아가니라.

16 그 후에 남기의 아들이 그 부채를 부치면서 대학大學을 읽음에 문득 신력神力을 통하여 능히 신명神明을 부리며 물을 뿌려 비를 내리게 하는지라. 남기가 기뻐하여 그 아들을 교사하여 선생의 도력道力을 빼앗으려 하므로, 그 아들이 부친 남기와 함께 하운동夏雲洞에 이르니, 선생이 그 일을 아시고 남기의 무의無義함을 꾸짖으사, 그 아들의 신력神力을 다 거두신 후에 돌려 보내시니라.

17 갑진년 정월에 백남신白南信이 관액官厄에 걸려 깊이 숨어지내 조처할 바를 알지 못하고, 김병욱金秉旭을 통하여 선생께 어려움을 해결해 주시기를 간절히 애걸하거늘, 선생이 가라사대 "부귀한 자는 돈을 써야 하나니, 돈 10만 냥(지금 돈으로 2만 원)의 증서를 가져오라." 남신이 곧 10만 냥의 증서를 올렸더니, 그 후로 남신의 화액禍厄이 곧 풀리는지라. 선생이 그 증서를 불사르시니라.

18 15일에 선생이 술을 마시시고 혼몽히 주무실새, 장흥해張興海의 어린 아들이 급병이 발하여 죽을 지경에 이르렀기에 흥해의 부친 효순孝淳이 급히 와서 시료施療를 청하거늘, 선생이 누워 일어나지 아니하시고, 혼몽 중에 "냉수나 먹이라." 말씀하셨더니, 효순이 병든 아이에게 냉수를 먹임에 곧 죽는지라. 효순은 본래 성질이 성급하여 마을 사람들이 천동天動이라고 부르는 터인데, 병든 아이가 죽음을 보고 크게 분노하여 선생을 원망하여 가로대 "이는 고의로 약을 그릇 일러 죽임이라. 손으로 만져서 죽은 사람을 일으키며, 말 한마디로 위태한 병을 고침은 내가 실제로 목격한 바이니, 만일 고의가 아니면 물은 고사하고 흙을 먹였을지라도 그 신이한 도술로 능히 낫게 하였을 것이라." 하고, 드디어 곤봉을 가지고 와서 선생을 난타하여 유혈이 흘러넘치게 한지라. 선생이 비로소 깨어 일어나시니, 효순이 선생을 결박하여 장방청長房廳으로 갔다가 문득 뉘우친 듯이 끄르며 가로대 "이것이 다 나의 잘못이라. 어린아이가 급증急症으로 죽었거늘, 어찌 선생을 원망하리오?" 하고, 전날의 사귐을 회복하기를 청하며 자기 집으로 동행하기를 구하거늘, 선생이 듣지 아니하시고 서원규徐元圭의 집으로 가서 머무르시고, 다음날에 이직부李直夫의 집으로 가시니라. 대개 효순이 선생을 용서하여 장방청으로부터 돌아가시게 한 것은 백남신에게서 받은 돈 20만 냥의 증서가 있음을 알고 돈을 요구하려 함이러라.

19 다음날에 효순이 원규의 집에 가서 선생이 안 계심을 보고 크게 분노하여 살인범으로 도피하였다 하고 사방으로 수색하더라. 그때에 선생의 식구들은 전주군全州郡 난전면亂田面 화정리花亭里 이경오李京五의 집 협실夾室에 이사하였는데, 효순의 가족이 화정리에 와서 행패를 부리니라. 김형렬은 효순의 일을 알지 못하고 선생의 소식을 들으려고 화정리에 오니, 효순의 집사람들이 형렬을 결박하여 원규의 집으로 가서 선생의 행방을 묻되, 가르쳐주지 아니하므로 그들은 더욱 분노하여 형렬과 원류를 무수히 구타하니라. 이로 인하여 선생의 식구들은 태인泰仁 굴치屈 峙로 피화避禍하고, 형렬은 원규의 집에서 밤을 틈타 도피하고, 원규는 그들의 날마다 이어지는 행패에 견디지 못하여 약국을 폐쇄하고 가족을 거느리고 익산益山으로 피화避禍하니라.

20 이때에 선생이 이직부李直夫의 집에 머무르시니, 직부의 부친 치안治安이 그해의 명수命數를 묻거늘, 선생이 백지白紙 한 장에 글을 써서 불사르시고, 다시 글을 써서 단단히 봉하여 주시며 가라사대 "급한 일이 있거든 열어보라." 하시는지라. 치안이 깊이 감추어두었더니, 그 후에 그 며느리가 난산難産으로 위급한 지경에 이르렀음을 듣고 그 일을 가리키심인가 하여 그 봉서封書를 가지고 간즉 이미 순산順産하였거늘, 다시 감추어두었더니, 세말歲末에 이르러 치안이 병이 들어 위독한지라. 직부가 봉서를 떼어보니 소시호탕小柴胡湯 2첩貼이라 쓰였거늘, 그 약을 써서 곧 쾌차되니라.

21 2월에 굴치屈峙에 계실새 영학永學에게 대학大學을 읽으라 하셨더니, 영학이 듣지 아니하고 술서術書에 깊이 빠지거늘, 선생이 한숨을 쉬시며 탄식하여 가라사대 "멀지 아니하여 영학과 사별死別하리라." 하시고, 이도삼李道三을 명하사 "골폭사장전유초骨暴沙場纏有草, 혼반고국

조무친魂返故國弔無親"이란 일구시一句詩를 영학에게 전하사 써 두려워하여 깨닫게 하시되, 영학이 종시 반성하지 아니하니라.

22 그 후에 영학이 병들어 죽게 되거늘, 선생이 들으시고 김갑칠金甲七을 데리고 집으로 가실새, 중도에서 한 주점酒店에 드시니, 한 사람이 허리가 굽어서 업듸여 기어다니거늘, 선생이 그 허리를 펴지 못한 이유를 물으시니, 그 사람이 대하되, "십여 년 전부터 곱사가 되어서 고치지 못하였나이다." 하거늘, 선생이 손으로 그 허리를 주물러 펴 주시며 가라사대 "사례금 15냥(지금의 3원)을 가져오라." 하시니, 그 사람이 순간에 허리를 편 후에 기뻐 뛰놀며 가로대 "선생은 실로 재생지은再生之恩이 있사오니, 그 은혜를 보답할진대 산악山岳이 오히려 가벼우나 지금 몸에 지닌 돈이 없사오니, 무엇으로 보답하오리까?" 선생이 가라사대 "물품도 가可하니라." 그 사람이 대하되 "내가 관재棺材 장사를 하오니, 관재로 드림이 어떠하니이까? 관재 한 벌 가격이 15냥이니이다." 선생이 가라사대 "그도 좋으니 잘 가려 두라." 하시고, 집에 돌아가시니, 영학이 이미 죽었거늘, 그 관재를 가려다가 치상治喪하시니라.

23 15일에 김갑칠을 데리고 부안扶安, 고부古阜 등지를 순유巡遊하실새, 저물녁에 고부古阜 흑암주점黑巖酒店을 지나시니, 이때에 화적火賊이 치성하여 대낮에 횡행하므로 순검巡檢 한 사람이 미복微服으로 밤에 순찰하기 위하여 이 주점에 들었거늘, 선생이 주부酒婦에게 일러 가라사대 "저 사람에게 술과 밥을 주지 말라. 만일 술과 밥을 주었다가 값을 받지 못하면 넉넉지 못한 영업에 손해가 아니냐?" 하시니, 순검이 그 말씀에 분노하여 선생을 구타하며 무례한 말을 한다고 꾸짖거늘, 선생이 웃어 가라사대 "다 죽은 시체에게 맞아서 무엇이 아프랴?"하시고, 밖으로 나가시니, 주부酒婦가 순검에게 이르되 "저 사람의 말이 이상하

니, 반드시 무슨 까닭이 있을지라. 나가서 사과하고 그 연유를 물어보라." 하거늘, 순검이 옳게 여겨 곧 선생의 뒤를 따르며 사과한 후에 연유를 물으니, 선생이 가라사대 "오늘 밤에는 사무를 폐하고 다른 곳으로 몸을 피하라." 하시거늘, 순검이 명하신 대로 즉시 몸을 피하였더니, 이윽고 밤이 깊어서 화적火賊이 몰려와서 주부酒婦를 난타하여 순검의 거처를 물으니, 이는 여러 화적이 순검을 죽이려고 미리 약속한 일이 있음이라. 다음날에 순검이 선생이 머무시는 곳에 찾아와서 재생再生의 은혜에 감사하니라.

24 5월에 선생이 굴치屈峙에 계실새 갑칠이 동곡銅谷으로부터 와서 뵈이거늘, 선생이 물어 가라사대 "너의 지방에 농황農況이 어떠하뇨?" 갑칠이 대하여 가로대 "한재旱災가 심하여 이앙移秧을 못하므로 민심이 소란하니이다." 선생이 가라사대 "네가 비를 빌러 왔도다. 네게 우사雨師를 붙이노니, 곧 돌아가되 길에서 비를 만날지라도 회피하지 말라. 그것은 네가 천지공사天地公事를 몸에 띈 연고緣故니라." 갑칠이 명을 받들고 돌아갈새, 얼마 안 가서 비가 시작하여 순식간에 하천이 넘쳐 흐르는지라. 이로부터 수량이 충족하여 수일간에 이앙移秧을 마치니라.

25 6월에 형렬을 데리고 태인泰仁 신배新培를 지나실새, 그 도중에 어떤 집이 실화失火하여 모진 바람에 불길이 맹렬하거늘, 선생이 민망히 여겨 가라사대 "저 불을 그대로 두면 이 바람에 온 마을이 초토가 될 것이니, 맞불을 놓아 구하리라." 하시고, 형렬을 명하사 섶으로써 불을 피우시니, 순식간에 바람이 자고 불이 꺼지니라.

26 8월 27일에 익산益山 만중리萬中里 황사성黃士成의 집에 이르시니, 마침 어떤 사람이 노기怒氣를 띠고 있거늘, 다시 같은 마을의 정춘심鄭

春心의 집으로 옮기시니라. 원래 사성士成의 부친 숙경叔京이 전주全州 용진면龍進面 용암리龍巖里 황참봉黃參奉에게 채무가 있었더니, 황참봉이 죽은 후에 그 아들이 사람을 시켜 채금債金을 독촉하며, 만일 갚지 않으면 경무청警務廳에 고소하여 옥중獄中에다 썩히면서 받겠다고 위협하는지라. 이날 밤에 사성士成 부자父子가 춘심의 집에 와서 선생께 뵙고 이 사실을 고하며 무사하도록 끌러주시기를 간절히 애걸하거늘, 선생이 숙경에게 명하사 백목白木 한 필을 사 오라 하사, 의복을 지어 입으신 후에, 숙경에게 일러 가라사대 "이후로는 근심을 풀라. 일이 순조롭게 풀리리라. 백목 한 필은 곧 채권 채무 간에 길을 닦는 것이니라." 하시더니, 그 후에 순검이 와서 숙경을 잡아가려 하거늘, 숙경이 순검과 함께 채권자의 집에 가서 상황을 연기하기로 하고, 화해를 청하되, 채권자가 듣지 않고 고집하거늘, 그 모친이 아들을 불러 꾸짖어 가로대 "저 어른은 네 부친의 친구인데, 이제 옥獄에 가두려 하니, 이는 금수禽獸의 행위를 하려 함이라."하고, 곧 그 증서를 빼앗아서 불살라버리니, 채권자가 할 일 없어 숙경에게 사과한 후에 드디어 고소를 취하하고, 채금債金을 면제하여 버리니라.

27 9월 10일에 함열咸悅 회선동會仙洞 김보경金甫京의 집에 가시니, 보경이 여쭈어 가로대 "이 부근에는 근일에 도적이 출몰하여 밤마다 촌락을 약탈하는데, 내 집이 비록 풍족하지는 못하나 바깥에서는 부잣집이라 칭하므로 실로 두려워 마음을 놓지 못하오니, 청컨대 도적 난을 면케 하여지이다." 하거늘, 선생이 웃으시며, 그 문 앞에 침을 뱉으시고 일러 가라사대 "이제부터는 마음을 놓으라. 도적이 저절로 멀리 가리라." 하시더니, 과연 그 후로는 도적의 자취가 없어지니라.

28 11월에 전주부全州府에 이르시니, 마침 민요民擾가 일어나서 인심

이 흉흉하거늘, 보경에게 일러 가라사대 "김병욱金秉旭이 국가의 중진重鎭에 처하였으니, 인민의 동요를 잘 진무鎭撫하여 써 그 직책을 다 하여야 할지라. 그 방략을 어떻게 하였는지 병욱에게 물어오라." 보경이 병욱을 찾아 명하신 바를 전하니, 병욱이 선생께 와 뵙고 가로대 "나의 무능으로는 물 끓듯 하는 민요를 진압할 수 없사오니, 오직 선생의 신위神威만 믿나이다." 선생이 가라사대 "내가 가늠하여 진압하리라." 하시고, 그날 밤부터 비와 눈을 크게 내리시며 천기天氣를 혹한酷寒케 하시니, 방한防寒의 설비가 없이 길가에 모였던 군중은 할 일 없이 해산하여 집으로 돌아가고, 비와 눈은 3일을 계속하므로 군중은 다시 모이지 못하고 소란은 스스로 평정되니라.

29 12월에 원평院坪에 계실새, 그때에 어사御使 박제빈朴齊斌이 전북全北 7읍邑의 군수郡守를 파면하고, 장차 전주全州에 출도出道하려 함에 군수郡守 권직상權直相의 지위도 위태하게 된 지라. 김병욱은 당시 전주全州 육군장교陸軍將校로서 권직상과 우의관계가 있을 뿐 아니라 또한 순치脣齒의 관계가 있으므로 그 일을 근심하여 선생께 그 대책을 묻거늘, 선생이 가라사대 "그 일은 무사하도록 끄르리니 근심하지 말라." 하시더니, 그 후에 박朴 어사御使가 권직상을 파면하려고 전주부全州府에 들어오자, 때마침 박朴 어사御使의 면관免官 비밀훈령이 전주부에 도착하니라.

30 을사년 정월 그믐날에 선생이 형렬과 함께 부안扶安 성근리成根里 이환구李桓九의 집에 가사 여러 날 머무르실새, 환구가 부안읍扶安邑 사람 신원일辛元一을 자주 천거하거늘, 선생이 원일을 부르시니, 원일이 와서 뵙고, 선생을 자기 집으로 모셔다가 대접하니, 원일의 부친과 동생은 선생을 믿지 아니하고 오래 머무르심을 싫어하는지라. 원일이 청

하여 가로대 "저의 부친이 본래 어업漁業을 즐겨 하여 해마다 경영하다가 지난해에 폭풍으로 인하여 큰 손해를 보았으니, 청컨대 금년에는 풍재風災가 없게 하사 어업을 홍왕케 하여 주시면, 부친을 위하여 다행하겠나이다." 하거늘, 선생이 가라사대 "그 일은 어렵지 아니하니, 많은 이익을 얻은 후에 돈 천 냥을 나누어 오라. 장차 쓸데가 있노라." 하시니, 원일 부자父子가 기뻐하여 허락하더니, 이 해에 과연 풍재風災가 없고 칠산七山 바다에서 원일 부친의 어업이 가장 홍왕하여 큰돈을 얻은지라. 선생이 원일의 부친에게 사람을 보내사 허락한 돈 천 냥을 보내라 하시니, 원일의 부친이 전날의 약속을 어기고 보내지 아니하거늘, 선생이 원일에게 일러 가라사대 "이는 대인大人을 속이려 함이라. 내 일은 모든 것을 신명神明으로 더불어 작정作定하는 것이므로, 한 가지라도 사사로이 못하노니, 금후로는 그대 부친의 어업이 철폐케 되리라." 하시더니, 그 후로는 한 마리의 물고기도 잡히지 아니하므로 드디어 어업을 폐지하니라.

31 3월에 일진회一進會와 전주全州 이속吏屬들이 서로 다투어 최창권崔昌權이 부내府內 이민吏民들을 모아 사대문을 굳게 닫고 일진회의 입성入城을 막으며, 사방으로 통문通文을 발하여 민병民兵을 모집하여 일진회를 박멸하고자 하거늘, 선생이 가라사대 "어렵게 살아난 것이 또 죽게 되니, 구조하여 주리라." 하시고, 화정리花亭里 이경오李京五에게 돈 70냥을 청구하시니, 경오가 돈이 없다고 사절하거늘, 다른 곳에서 7냥을 마련하사 가라사대 "이 7냥이 능히 70냥을 대신하리라." 하시고, 형렬을 데리고 전주全州 용두치龍頭峙 주점酒店에 이르사 행인을 많이 청하여 술을 먹이시고, 종이에 글을 써서 그 집 문 돌쩌귀와 문고리를 연결하시더니, 이날 저녁 무렵에 이르러 일진회와 이속吏屬이 화해하여 사대문을 열고 일진회를 입성케 하니라. 이날에 소비하신 돈이 6냥이

라. 선생이 형렬에게 일러 가라사대 "고인古人은 바둑 한 점으로 십만병十萬兵을 물리쳤다 하는데, 나는 돈 6냥으로 이속과 일진회의 다툼을 끌렀으니, 내가 고인古人만 같지 못하다." 하시니라.

32 같은 날에 화적火賊이 이경오의 집을 습격하여 돈 70냥을 빼앗아 도주하거늘, 선생이 들으시고 가라사대 "그 돈에 적신賊神이 범犯하였음을 알고, 활인活人하는 일에나 쓰기 위하여 청구하였더니, 경오가 듣지 않고 없다고 거절하였다." 하시니라.

33 이후로 몇 개월 동안 객망리客望里 앞 주점에서 공사公事를 행行하실새 종도從徒의 내왕이 빈번하여 술집 주인 오동팔이 돈을 많이 모았더니, 그 후에 살림살이가 부족함을 보고 심하게 냉대하거늘, 모든 종도가 그 무의無義함에 분노하니, 선생이 일러 가라사대 "지극히 어리석고 배우지 못한 무리가 어찌 의리를 알리오? 우리가 만일 그 무의無義함에 분노하면 그가 반드시 큰 화禍를 받으리니, 나의 지나가는 길에 덕德을 흘리지 못하고 도리어 화를 끼치면 어찌 온당하리오?" 하시니라.

34 그 후에 태인읍泰仁邑에 이르사 한밤중에 여러 종도를 데리시고 산에 올라 공사公事를 행하신 후에 일러 가라사대 "이제 대신명大神明이 회집會集하였으니, 그 해산解散 끝에는 참혹한 응징이 있으리라." 말씀을 마치시자 문득 태인읍에서 군중의 고함 소리가 나는지라. 종도들이 선생을 모시고 산에서 내려와 사유를 탐문하니, 신경현辛京玄의 주점이 군중의 습격을 받아 집안의 집기와 술독이 모두 부서지고 남은 것이 없다더라. 원래 신경현이 주업酒業을 경영함에 읍내 소년의 동정同情을 얻어서 많은 이익을 보았더니, 그 후로 소년들이 궁핍하여짐에 경현이 심하게 냉대하거늘, 소년들이 그 무의無義함에 분노하여 이렇게 습격함

이라. 다음날에 선생이 경현의 집에 가시니, 경현 부부가 소리 내어 울며 다른 곳으로 옮기려 하거늘, 선생이 일러 가라사대 "원래 이해득실利害得失이 모두 자신에 있고, 위치에 있지 아니하나니, 이후로는 삼가 모든 사람에게 온정을 베풀라. 그러면 앞길이 펴이고 영업이 다시 흥왕하리라." 하시니라.

35 그날 밤에 오동팔吳東八의 주점에는 뜻밖에 우레같은 소리가 나며 집이 저절로 드날려서 뜰밖에 뒤집어지고 사람과 가축과 살림살이는 아무 상해가 없는지라. 동팔이 재목材木을 수습하여 집을 개축改築하다가 두 번이나 거듭 전과 같이 뒤집어지므로 할 일 없이 공사工事를 중지하고 의막依幕을 치고 지내더니, 하루는 어떤 사람이 지나가다가 그 광경을 보고 불쌍히 여겨 자진하여 겨우 서너 시간 만에 집을 개축하여 주고 임금도 요구하지 않고 가니라. 대저 그 개축에는 보통 목공木工이 십여 일 품삯이 필요할 공사工事이므로 이웃 사람은 크게 이상히 여기되 종도從徒들은 모두 태인泰仁의 산 위에서 말씀하신 일을 생각하여 그 화禍를 입은 것은 반드시 신명神明이 해산解散할 때의 응징이오, 다시 그 신기神奇한 구조救助를 받은 것은 선생께서 불쌍히 여기사 신장神將을 보내어 공작工作케 하심이라고 생각하니라.

36 매양 천지공사天地公事를 행하실새 모든 종도에게 "마음을 잘 닦아 앞에 오는 좋은 세상을 구경하라." 하시므로, 종도들이 하루바삐 그 세상이 이르기를 희망하더니, 하루는 신원일辛元一이 굳이 청하여 가로대 "선생께서 천지天地를 개벽開闢하여 새 세상을 건설한다고 하신 지가 이미 여러 날이 지났으며, 공사公事를 행하심도 여러 차례를 지났으되, 시대時代의 현상現狀은 작은 털끝만큼도 변한 것이 없사오니, 제자의 의혹이 날로 매우 심하나이다. 선생이시여, 하루바삐 이 세상을 뒤

집어서 선경仙境을 건설하시어 남의 조소嘲笑를 한 몸에 집중하지 않게 하시고, 애닮게 기다리는 우리에게 영화榮華를 주시옵소서." 하거늘, 선생이 일러 가라사대 "인사人事는 기회機會가 있고, 천리天理는 도수度數가 있나니, 그 기회를 지으며 도수를 운화運化함이 당연한 일이라. 이제 기회와 도수를 어기고 억지로 사권私權을 쓰면, 이는 천하에 재앙을 끼침이며, 억조창생의 생명을 빼앗음이니, 차마 할 일이 아니니라." 하시되, 원일元一이 더욱 굳이 청하여 가로대 "방금 천하가 혼란무도混亂無道하여 선악善惡을 가리기 어려우니 마땅히 속히 진멸殄滅하고 새 운수를 열으심이 옳으니이다." 하거늘, 선생이 괴롭게 여기사 7월에 원일과 서너 명의 종도를 데리고 변산邊山 개암사開巖寺에 가사 손가락으로 물을 찍어서 부안扶安 석교石橋로 향하여 뿌리시니, 문득 그 방면으로 구름이 모여들어 큰비가 퍼붓고 개암사 부근은 청명晴明하더라. 선생이 원일을 명하사 속히 집에 돌아가라 하시니, 원일이 명을 받들어 집에 돌아간즉, 그 아우의 집이 큰비에 뒤집혀 부서지고 그 권속이 자기의 집에 모여 있거늘, 원일이 비참을 이기지 못하여 곧 돌아와서 선생께 그 사유를 고백하니, 선생이 일러 가라사대 "개벽開闢이란 이렇게 쉬운 것이라. 천하를 수국화水國化하여 모든 것을 빠트려 없애고 우리만 살아있으면 무슨 복福이 되리오? 대저 제생의세濟生醫世는 성인聖人의 도道요, 재민혁세災民革世는 웅백雄伯의 술術이라. 이제 천하가 웅백에게 괴로운 지 오랜지라. 내가 상생相生의 도道로써 화민정세化民靖世하리니, 새 세상을 보기가 어려운 것이 아니라, 마음을 고치기가 어려우니, 너는 이제부터 마음을 잘 고치라. 대인大人을 공부하는 자는 항상 남 살리기를 생각하여야 하나니, 어찌 억조창생을 사멸死滅케 하고 홀로 잘 되기를 도모함이 옳으리오?" 하시니, 원일이 이로부터 두려워하여 무례한 언사言辭로 선생께 괴롭게 한 일을 뉘우치고, 원일의 아우는 그 형이 선생께 추종하고 집안일을 돌보지 아니함을 미워하여 항상 선생을 욕하더니, 형으로부터 이 사실을 듣고는, 선생께 욕한 죄의 보응報應으로 가옥家屋이 뒤집어 부서진 것이 아닌가 하여 이로부터 마음을 고치니라.

37 그 후에 고부古阜 입석리立石里 박창국朴昌國의 집에 이르시니, 창국의 처妻는 선생의 친여동생이라. 마침 벗은 발로 밖에 다니는 것을 보시고 민망히 여겨 가라사대 "이 도랑에 독사가 있으니, 벗은 발을 물면 어찌하리오?" 하시고, 길게 휘파람을 부시니, 문득 큰 독사 한 마리가 풀 밖으로부터 나와서 뜰 밑에 이르러 머리를 들고 가만히 있더니, 이윽고 창국이 밖으로부터 들어오다가 독사를 보고 크게 놀라서 곧 상장喪杖을 들어 타살하거늘, 선생이 그 피가 땅에 있음을 보시고 가라사대 "이 피를 벗은 발로 밟으면 해害가 있으리라." 하시고, 친히 그 혈흔을 밟아 독기毒氣를 제거하시니라.

38 12월에 함열咸悅로부터 동곡銅谷으로 가실새, 길이 심히 질어서 행로가 곤란한지라. 선생이 "어재함라산하御在咸羅山下"라 써서 불사르시니, 진흙 길이 곧 얼어서 굳어지거늘, 이에 마른 신발로 길을 떠나시니라.

39 병오년 정월 3일에 동곡銅谷에 계실 새, 여러 종도에게 하루 낮과 밤 동안 언어와 흡연을 금하시니라.

40 5일에 모든 종도에게 일러 가라사대 "오늘은 호소신好笑神이 올 것이니, 너희는 웃음을 조심하라. 만일 웃는 자가 있으면, 이 신명神明이 공사公事를 보지 아니하고 돌아가리니, 그가 한번 가면 어느 때 다시 올지 모르리라." 하시거늘, 여러 사람이 특별히 조심하더니, 뜻밖에

정성백鄭成伯이 웃으므로 모든 사람이 다 함께 웃으니라. 그날 오후에 성백이 문득 오한이 들고 크게 아파 3일간을 자리보전을 하더니, 선생이 앞에 눕히시고 어루만지시니 곧 나으니라.

41 동곡銅谷 앞에서 주점 영업하는 정괴산丁槐山이 매우 가난하되 매양 선생을 지극한 정성으로 대접하더니, 정월에 선생이 그 집에 들리시니, 괴산이 선생께 대접하려고 개정국을 흙 솥에 끓이다가 문득 흙 솥이 깨어짐에 괴산의 처가 낙담하여 울고 섰거늘, 선생이 불쌍하게 여기사 신경원辛京元을 명하사 그의 경영하는 철점鐵店에서 철 솥 한 개를 가져다주었더니, 이로부터 괴산의 가세가 점점 풍족하여지니라. 그 후에 괴산이 태인泰仁 방교方橋로 이사할 때에 그 철 솥을 환평環坪 정동조鄭東朝에게 팔았더니, 괴산은 도로 가난해지고 동조는 풍족하게 되었으므로, 모든 사람이 그 철 솥을 복 솥이라 부르니라.

42 하루는 용화동龍華洞 박봉민朴奉敏의 주점에 이르사 술을 찾으시니, 마침 술이 떨어졌다 하거늘, 선생이 술을 빚었던 그릇을 가져오라 하사 물을 채워 부으시고 손으로 저으신 후에 마시시며 여러 종도에게 나누어주시니, 그 맛이 본래 빚었던 술과 같으니라.

44 하루는 금산사金山寺 청련암青蓮菴 승僧 김현찬金玄贊에게 일러 가라사대 "명당明堂 쓰기를 원하느냐?" 하시니, 현찬이 대하여 가로대 "평생의 지극한 소원이로소이다." 하거늘, 선생이 가라사대 "그러면 믿고 있으라." 하시고, 그 후에 또 김병욱金秉旭에게 일러 가라사대 "명당을 쓰려느냐?" 하시니, 병욱이 대하여 가로대 "지극한 소원이로소이다." 하거늘, 선생이 가라사대 "그러면 믿고 있으라." 하시더니, 그 후 몇 년이 되도록 다시 그에 대한 말씀을 아니하시므로 두 사람은 다만 선생

의 뜻만 바라고 있다가, 하루는 병욱이 여쭈어 가로대 "전일에 허락하신 명당明堂은 언제나 주려 하시나이까?" 선생이 가라사대 "네가 아들을 원하므로 그때에 명당을 쓰였나니, 이미 발음發蔭되었나니라." 하시니, 원래 병욱이 자식이 없음을 한恨하다가 명당을 허락하신 후에 소실小室을 얻어서 아들을 낳았더니, 이 일을 이르심이라. 병욱이 매우 허탄虛誕히 여기거늘, 선생이 가라사대 "선천先天에는 백골白骨을 묻어서 장례를 지내지만, 후천後天에는 백골을 묻지 않고 장례를 지내니라." 하시니라. 그 후에 현찬이 또 묻거늘, 가라사대 "명당은 이미 썼거니와 이제 발음發蔭이 되었느니라." 하시니, 대저 현찬도 명당을 허락하신 후에 퇴속退俗하여 취처娶妻하고 아들을 낳았으므로 이 일을 이르심이러라.

45 김갑칠金甲七이 친묘親墓를 면례緬禮하기 위하여 모든 기구를 준비하였더니, 선생이 일러 가라사대 "내가 너를 위하여 면례하여 주리라." 하시고, 준비한 관곽棺槨과 모든 물품을 모두 불사르신 후에 그 재를 앞 시내에 버리며 하늘을 보라 하시거늘, 갑칠이 명하신 대로 하면서 하늘을 우러러보니, 문득 이상한 구름이 북쪽 하늘로부터 남쪽 하늘까지 뻗쳤더라.

46 10월에 전주부全州府 사람 문태윤文泰潤이 와서 뵈이거늘, 선생이 그 휴대한 보자기를 보시고 가라사대 "이 방房은 한가한 공부방이라. 속을 모르는 사람을 그대로 받아들이지 아니하나니, 그 보자기를 끌러 뵈이라. 그 가운데 반드시 전쟁의 문서가 있으리라." 태윤이 부끄러운 빛으로 그 보자기를 끄르니, 그 숙질간叔姪間에 금전 관계로 쟁송爭訟하는 서류가 있는지라. 태윤이 여쭈어 가로대 "이런 불미한 일이 있으므로 선생의 신성神聖하심을 듣고 해결책을 물으러 와서 부끄러운 마음으

로 차마 아뢰지 못하였나이다." 선생이 가라사대 "전쟁은 가족 전쟁이 큰 것이니, 일가의 난리가 천하의 난리를 끌어내나니라." 하시고, 한 봉서封書를 주시며 가라사대 "이 봉서를 그대 조카의 집에 가서 불사르라." 하시거늘, 태윤이 그대로 하였더니, 그 후로 과연 화해되니라.

47 이 달에 신원일이 건재약국乾材藥局을 배설하고 무약貿藥하러 공주시公州市에 갈 새, 선생께 와 뵈입고 여쭈어 가로대 "방금 길이 질어서 행인의 불편이 극심하오니, 청컨대 대중의 교통편의를 위하여 길을 얼어 굳게 하여지이다." 하거늘, 선생이 허락하시고 술을 가져오라 하사 마시시니, 그날 밤부터 길어 얼어붙어서 세말歲末까지 녹지 아니하니라.

48 김익찬金益贊을 데리고 전주全州 세천細川을 지나실 새, 일본인 수렵꾼이 기러기 떼가 많이 내려앉은 곳에 엽총을 겨누고 발사하려 하거늘, 선생이 가라사대 "군자君子가 차마 보지 못할 일이라." 하시고, 왼발로 땅을 한번 구르시며 서시니, 그 엽총이 발사되지 못하는지라. 엽사獵師는 이상히 여겨 총을 검사하되, 이유를 알지 못하고 무수히 힘을 들이며 헤매던 차에 기러기 떼가 모두 멀리 날아가거늘, 선생이 발을 옮겨 길을 가시니, 엽총은 그제야 발사되니라.

49 불가지佛可止 김성국金成國의 집에 머무르실 새, 꿩 떼가 많이 텃밭에 내리거늘, 성국이 김덕찬과 더불어 그물을 많이 만들어 텃밭에 길게 쳐놓고 잡으려 하거늘, 선생이 가라사대 "너희는 잡을 공부를 하라. 나는 살릴 공부를 하리라." 하시더니, 이로부터 꿩 떼는 많이 내리되, 한 마리도 그물에 걸리지 아니하니라.

50 불가지로부터 전주全州로 향하실 새, 동남東南으로부터 큰비가 몰려오거늘, 선생이 길 가운데 흙을 파고 침을 뱉어 묻으시니, 몰려오던 비가 문득 두 갈래로 나뉘어 한 갈래는 동쪽 하늘로 향하고, 한 갈래는 서쪽 하늘로 향하여 몰려가니라.

51 황응종黃應鍾과 김갑칠金甲七을 데리고 원평院坪을 지나실 새, 원평 앞 다리를 건너시면서 왼발로 길을 한번 구르시고 길가에 서시더니, 이윽고 말을 탄 세 사람이 오다가 다리 건너편에 이르러 말의 발이 땅에 붙어서 옮기지 못하므로, 마부馬夫가 무수히 힘을 들여 끌다가 할 일 없이 멈추고 섰더니, 한 마부가 말고삐를 놓고 다리를 건너와서 선생께 절하고 비켜서시기를 빌거늘, 선생이 웃으시며 비켜서시니, 말이 비로소 달려가니라.

52 약방에 계실 새, 하루는 이른 아침에 해가 떠서 앞 제비산 봉우리에 반쯤 오르거늘, 선생이 여러 종도에게 일러 가라사대 "이러한 난국難局에 처하여 정세靖世의 뜻을 품은 자는 능히 일행日行을 멈추는 권능權能을 가지지 못하면 불가할지니, 내 이제 시험하여 보리라." 하시고, 축인 담배 세 대를 갈아피우시되, 해가 산 중턱을 솟아오르지 못하더니, 선생이 담뱃대를 떼어 땅에 던지시니, 해가 문득 수장數丈을 솟으니라.

53 정미년 4월에 고부古阜 객망리客望里로부터 태인泰仁으로 가실 새, 먼저 신원일을 보내사 묵을 곳을 정하라 하시고, 다음날에 객망리를 떠나 그 앞 주점에 이르사, 형렬에게 일러 가라사대 "나는 여기서 머물 터이니 너는 먼저 태인에 가서 원일과 함께 자고 내일 이른 아침에 하마정下馬亭에서 나를 기다리라." 하시니, 형렬이 봉명奉命하고 태인에

이르러 원일을 만나서 함께 자고 다음날에 원일과 더불어 하마정에 이르니, 마침 장날이므로 사람이 많이 모여들더라. 선생이 형렬과 원일을 만나서 길가의 술집에 좌정하시고, 원일을 불러 가라사대 "내가 오늘 벽력霹靂을 쓰리니, 술을 가져오라." 원일이 술을 올림에 잔을 잡으사 두어 번 두르신 후에 마시시니, 문득 바람이 일어나고 폭우가 쏟아지며 벽력이 크게 일어나니라. 이윽고 비가 개이거늘, 원일을 명하여 가라사대 "신경원辛京元의 집에 가면 알 일이 있으리니 빨리 갔다 오라." 원일이 명을 받들고 경원의 집에 가니, 마침 나무장사가 비를 피하여 경원의 집에 들어와서 말하되 "나는 오늘 놀라운 일을 보았노라. 나무를 지고 오는 길에 늙은 아낙네와 젊은 아낙네가 길에서 싸우는 것을 보았는데, 그 내용을 들은즉 젊은 아낙네는 늙은 아낙네의 며느리로서 어린아이를 낳은 지 7일이 못 되어 어젯밤에 남편의 상喪을 당한지라. 치상治喪도 안 하고 어린아이를 버리고 도망하므로, 늙은 아낙네가 젊은 아낙네를 쫓아 만나서 어린아이를 데려다 기르라고 애걸하되, 젊은 아낙네가 듣지 않고 실랑이하다가 문득 낙뢰落雷를 맞아서 죽었으니, 이로 볼진대 천도天道가 소명昭明하다." 하거늘, 원일이 돌아와서 그 들은 말을 고하니, 선생이 가라사대 "내가 오늘 아침에 물망리物望里 주점을 지날 때에 한 젊은 아낙네가 이슬을 떨치며 빨리 지나가더니, 그 후로 늙은 아낙네가 달려오며 젊은 아낙네의 자취를 묻는 고로, 그 사유를 자세히 들으니, 실로 인도상人道上 용서하지 못할 죄악이라. 하물며 그 작배作配는 저희들끼리 지은 것이라 하니, 대저 부모가 지어준 것은 인연人緣이요, 스스로 지은 것은 천연天緣이라. 인연人緣은 오히려 고칠 수 있으되, 천연天緣은 고치지 못하는 것이거늘, 이제 인도人道에 어긋나고 천연天緣에 의義를 잃었으니, 어찌 하늘의 노하심이 없으리요?" 하시니라.

54 5월 5일 단양절端陽節에 종도들과 마을 사람이 연합하여 선생을 모시고 학선암學仙菴으로 소풍하러 갈 새, 중간에 폭우가 크게 몰려오거늘, 선생이 담뱃대로 몰려오는 비를 향하여 한번 두르시니, 문득 비가 다른 곳으로 몰려가더니, 학선암에 당도한 후에 비가 내리니라.

55 6월부터 수개월 동안 정읍井邑 대흥리大興里 차경석車京石의 집에 계실 새, 박공우朴公又가 종유從遊하기 보름 전에 천원시장川原市場에서 야소교인耶蘇教人과 다투다가 큰 돌에 맞아서 가슴뼈가 상하여 일시 기절하였다가 겨우 회생하여 수십 일 동안 치료를 받은 후에 겨우 걸어 다니기는 하되 아직까지 흉부에 손을 대지 못하고 일어나고 눕는 일에 크게 고통을 느끼는 중이므로 그 사실을 선생께 아뢰니, 선생이 가라사대 "네가 전에 어느 길가에서 남의 가슴을 쳐서 사경死境에 이르게 한 일이 있으니, 그 일을 생각하여 잘 뉘우치라. 또 네가 몸이 쾌차한 후에는 가해자를 찾아서 죽이려고 생각하나 너에게 상해를 받은 자의 척 신神이 그에게 붙어서 보복한 바이니, 오히려 그만하기 다행이라. 네 마음을 잘 풀어 가해자를 은인恩人과 같이 생각하라. 그러면 곧 쾌차하리라." 공우가 그 말씀에 크게 감복하여 가해자를 증오하던 마음을 풀어버리고 훗날에 만나면 반드시 예우하겠다는 생각을 두었더니, 수일 후에 천원川原 야소교회耶蘇教會에 12군郡 목사牧師가 모여 대전도회大傳道會를 개최한다 하거늘, 선생이 공우에게 일러 가라사대 "네 상처를 낫게 하기 위하여 12군郡 목사牧師를 소집하였노라." 하시더니, 그 후 3일 만에 공우의 상처가 전쾌하니라.

56 하루는 가물치 회膾를 올렸더니, 선생이 잡수신 후에 문밖에 거닐으시다가 하늘을 우러러보시고 웃어 가라사대 "그 기운이 빠르다." 하시거늘, 종도들이 하늘을 우러러보니, 구름과 같은 이상한 기운이 가

물치 모양을 이루어 허공에 떠서 동쪽 하늘로 향하여 가더라.

57 하루는 종도 5~6인이 금사琴師를 불러서 가야금을 타게 하고 유쾌히 놀더니, 선생이 금지하사 가라사대 "저 허공을 보라. 나는 모든 일을 함부로 하기 어려우니라." 종도들이 모두 우러러보니, 구름과 같은 이상한 기운이 탄금彈琴하는 형상과 5~6인의 둘러앉은 모형을 이루어 허공에 떠 있더라.

58 중복中伏날에 선생이 종도에게 일러 가라사대 "오늘 전광電光이 나지 않으면, 충재蟲災가 생겨 농작農作을 해害하리니, 잘 살피라." 하시거늘, 모두 주의하여 저물도록 살피되, 전광電光이 나지 아니하는지라. 선생이 하늘을 향하여 가라사대 "천지가 어찌 생민生民의 재해災害를 이렇게 돌아보지 아니하느뇨?" 하시며, 마른 짚을 끊어서 화롯불에 꽂아서 사르시니, 문득 북쪽에서 전광電光이 발하는지라. 또 가라사대 "북쪽 사람만 살고, 다른 쪽 사람은 다 죽어야 옳으냐?" 하시니, 다시 사방에서 전광電光이 번쩍이더라.

59 하루는 신원일, 박공우 외 3~4인을 데리시고 태인泰仁 살포정에 이르사 여관에 들어 쉬시니, 문득 뇌성雷聲이 일어나며 전광電光이 크게 일어나 집에 내리려 하거늘, 선생이 허공을 향하여 꾸짖으시니 뇌전雷電이 곧 그치는지라. 공우는 선생이 정읍井邑에서 글을 써서 벽에 붙여 뇌성을 크게 일으키게 하시고, 또 이번에 한 말씀으로 뇌전雷電을 그치게 하심을 보고는 비로소 선생께서 천지조화天地造化를 임의로 쓰시는 줄 알고, 이로부터 더욱 경외敬畏하더니, 하루는 선생이 공우에게 일러 가라사대 "네가 오랫동안 식고食告를 잘하였으나, 이제 만날 사람을 만났으니, 식고는 나에게로 돌릴지어다." 하시니, 공우가 더욱 기뻐

하여 평생소원을 이룬 줄 깨달으면서 "곧 그리하겠나이다."라고 대답하니라. 원래 공우는 다른 동학신도東學信徒의 통례通例와 같이 「대신사응감大神師應感」이라는 생각으로 식고食告를 하지 않고, 항상 「하느님, 뵈여지이다.」라는 기원으로 식고를 하였더니, 이제 선생의 말씀하시는 바를 듣건대 반드시 마음으로 생각하는 것을 통찰하심이며, 또 천지조화를 임의로 쓰시는 것을 볼진대, 분명히 하느님의 강림降臨하심이 의심 없다고 생각하니라.

60 하루는 선생이 차경석에게 일러 가라사대 "너는 강령降靈을 받아야 하리라." 하시고, 「원황정기내합아신元皇正氣來合我身」을 읽히시며 방문을 여시니, 경석이 문득 방성대곡放聲大哭하다가 이윽고 그치거늘, 선생이 가라사대 "그 울음은 신명神明에게 벌을 당하는 소리라." 하시니라.

61 하루는 경석에게 일러 가라사대 "너의 선묘先墓 구월산九月山 금반사치金盤死雉의 혈음穴蔭을 옮겨 오리라." 하시고, 경석으로 하여금 춤추게 하시고, 공우로 북을 치게 하시니라.

62 하루는 정남기鄭南基의 집에 이르시니, 남기의 동생이 무슨 일로 부친에게 질책을 받고 불손한 말로 대답한 후에 밖으로 나갔다가 다시 안으로 향하여 들어오더니, 문득 문 앞에 우뚝 서서 동작을 못하고 땀을 흘리며 연하여 소리를 지름에 집안사람이 놀라고 황망하여 어찌할 줄을 모르는지라. 이윽고 선생이 돌아보시며 가라사대 "어찌 그렇게 곤란을 당하느냐?" 하시니, 그제야 능히 굴신屈伸하며 정신을 돌이키거늘, 집안사람이 그 연유를 물으니, 대하여 가로대 "뜻밖에 정신이 어지럽고 숨이 막혀서 호흡을 통하지 못하며 골절이 굳어져서 굴신을 못하

였노라." 하거늘, 선생이 물어 가라사대 "그때에 네 가슴이 답답하더냐?" 대하여 가로대 "매우 답답하여 잠시라도 견딜 수 없더이다." 선생이 가라사대 "그 당한 바로써 네 부친의 가슴을 헤아려보아라. 너의 부친에게 그렇게 불경한 말을 하였으니, 그 가슴이 어떠하였으랴? 금후로는 허물을 뉘우쳐 다시는 그리하지 말지어다." 하시니라.

63 11월에 동곡銅谷에 계실 새, 박공우가 뵈이려 오는 길에 우연히 흥이 나서 「모시러 가자. 모시러 가자. 부처님 모시고 우리 집으로 돌아오자.」라고 노래를 연이어 불렀더니, 동곡에 이르러 선생께 뵈이니, 가라사대 "내가 네 집에 가기를 원하느냐?" 하시거늘, 공우가 기뻐하며 가로대 "지극한 소원이로소이다." 하고, 선생을 모시고 돌아오다가 용암리龍巖里 수침막水砧幕에 들어 쉬실 새, 문을 열고 남쪽 하늘을 바라보시며 "높다. 높다." 하시거늘, 공우가 바라보니, 구름이 가득 끼었는데, 하늘이 방석方席 한 입 넓이쯤 통하며 바람이 쓸쓸히 불고 눈이 내리는지라. 선생이 공우에게 일러 가라사대 "나와 친구로 지내자." 하시니, 공우는 그 말씀이 황공하기도 하고 괴이하게도 여겼더니, 또 가라사대 "기운이 적다." 하시거늘, 공우가 부지중에 여쭈어 가로대 "바람이 좀 더 불리이다." 하였더니, 과연 바람이 크게 부는지라. 또 가라사대 "나와 친구로 지내자." 하며, "기운이 적다." 하시거늘, 공우가 또 가로대 "바람이 높아지리이다." 하였더니, 그때는 바람이 세차게 불어 모래와 돌을 날리는지라. 선생이 가라사대 "용호대사龍虎大師의 기운을 공우에게 붙여보았더니, 그 기운이 적다." 하시니라.

64 하루는 공우를 데리고 정읍으로 가실 새, 공우에게 「풍운조화風雲造化」를 심송心誦하라 하시므로, 공우가 그대로 심송心誦하다가 문득 잊어버리고 그릇 「천문지리天文地理」를 심송하더니, 선생이 돌아보아 가

라사대 "그릇 찾으니 다시 생각하라." 하시거늘, 공우가 놀라서 생각하니 과연 그릇 찾았는지라. 이로부터 고쳐 심송하며 대흥리大興里까지 왔더니, 이날 밤에 비와 눈이 섞여오거늘, 선생이 가라사대 "네가 한번 그릇 생각하므로 인하여 천기天氣가 한결같지 못하다." 하시니라.

65 무신년 2월에 종도를 데리고 어디를 가실 새, 보리밭 가를 지나가시더니 종도들이 서로 말하되 "이 세상에 빈부貧富의 차별로 인하여 곡류 중에 오직 먹기 어려운 보리가 빈민의 식량이 되어 먹을 때에 항상 괴로움이 많으니, 보리를 없애 버려야 중생이 괴로움을 면하리라." 하거늘, 선생이 들으시고 가라사대 "너희들의 말이 유리有理하니 보리를 없애버리자." 하셨더니, 4월에 큰 가뭄이 들어 보리싹이 말라 죽음에 농민이 크게 소동하는지라. 종도들이 그 사유를 고하여 가로대 "이제 만일 보리 흉년이 들면 아사餓死하는 자가 많으리이다." 하거늘, 선생이 꾸짖어 가라사대 "전에는 너희들이 보리를 없애버림이 가하다 하고, 이제 다시 보리 흉년을 호소하느냐? 내 일은 비록 농담 한마디라도 도수度數에 박혀 천지에 울려 나가나니, 이후로는 모든 일에 실없는 말을 삼가라." 하시고, 전주全州 용두치龍頭峙에 가사 김낙범金洛範을 명하여 거친 보리밥 한 그릇과 된장국 한 그릇을 가져오라 하사 가라사대 "가난한 백성의 음식이 이러하리라." 하시고, 된장국에 밥을 말아서 다 잡수시니, 문득 검은 구름이 일어나며 비가 내려서 보리싹이 갑자기 생기를 얻어서 풍작豐作을 이루니라.

66 공우가 종유從遊함으로부터 선생의 순유巡遊하실 때에 많이 모시고 따라갔는데, 어디서든지 머무르시다가 다른 곳으로 떠나려 하실 때에는 밤이면 달무리가 나타나고 낮이면 햇무리가 나타나는 것을 경험하였으므로 어느 때든지 햇무리와 달무리만 나타나면 출행出行하실 줄

알고 먼저 신발과 행장을 단속하여 명을 기다리면 반드시 부르사 가자 하시며, 출발하였나니, 대저 선생은 어디를 가시든지 미리 말씀을 아니하셨더라.

67 하루는 정읍井邑 소통점에서 유숙하실 새, 공우가 모셨더니, 이도삼李道三이 와서 그 이웃 버들리에서 20세쯤 된 여자가 범에게 물려갔다는 말을 고한대, 선생이 공우에게 하늘에 충성蟲星(속언에 좀성이라 함)이 보이는가 보라 하시므로, 공우가 나가서 우러러보고 나타나 있음을 고하니, 선생이 목침木枕으로 마룻장을 치시며 "충성蟲星아, 어찌 사람을 해害하느냐?" 하시더니, 다음날에 그 여자가 살아왔는데 의복은 찢어지고 몸의 상해는 크지 아니하더라.

68 천도교주天道教主 손병희孫秉熙가 교도의 신념을 고무하기 위하여 호남湖南 각지에 순회巡廻할 차로 전주全州에 와서 머물거늘, 선생이 공우에게 일러 가라사대 "네가 전주에 가서 손병희를 돌려보내고 오라. 사설邪說로 군중을 무혹誣惑하여 피폐가 극도에 달하였으니, 그의 순회가 불가하니라." 공우가 명을 받들고 다음날에 길을 떠나려 하다가 다시 명하지 아니하시므로 이상히 여겨 정지하였더니, 며칠 후에 손병희가 예정을 고쳐 경성京城으로 돌아갔다는 소식이 들리니라.

69 김보경金甫京이 웅포熊浦에 소실小室을 두고 본가本家를 돌보지 아니하거늘, 선생이 글을 써 주어 가라사대 "네 소실을 대하여 불사르라. 그러면 좋은 일이 있으리라." 보경이 그대로 하였더니, 뜻밖에 임질淋疾에 걸려서 본가로 돌아와 한 달여를 머물렀더니, 그 소실이 다른 곳으로 간지라. 선생이 보경을 불러 경계하여 가라사대 "이제는 집안이 안정하여 길운吉運이 열리리니, 본처를 사랑하여 저버리지 말라." 하시

고, 임질을 낫게 하여 주시니라.

70 하루는 용두치龍頭峙 여관에서 김덕찬金德贊, 김준찬金俊贊 등 몇 사람을 데리시고 공사公事를 행하신 후에 마침 잡기군雜技軍이 모여들어 윷판을 벌리니, 이것은 선생의 일행을 유인하여 금전을 빼앗으려 함이라. 선생이 가라사대 "저들의 소원을 이루어줌도 또한 해원解冤이라." 하시고, 돈 50냥을 놓고 윷을 치실 새, 말씀대로 윷이 져서 순식간에 그들의 돈 80냥을 다 빼앗은 후에 품삯이라 하시며, 5전錢을 남기시고 79냥 5전을 돌려주시며 가라사대 "이것이 다 불의不義의 일이니, 각자 집에 돌아가서 직업을 구하여 안도安堵하라." 하시니, 그들이 크게 감복하고 돌아가니라. 종도들이 말씀대로 윷이 지는 법을 물으니, 가라사대 "던지는 법을 일정하여 고치지 않으면 그리되나니, 이도 또한 일심一心의 법法이니라." 또 일러 가라사대 "지금 조선朝鮮의 정세는 실업자가 증가하여 도박으로 업業 하는 자가 속출하리니, 이후에 법금法禁이 엄해 지면 그들은 기아饑餓에 빠질 수밖에 없을지라. 그러므로 이제 녹祿을 붙여주었노라." 하시니라.

71 하루는 여러 종도를 데리고 익산益山 이리裡里를 지나실 새, 나루터에 이르니 뱃사공은 없고 배만 떠 있거늘, 선생이 친히 노를 저어 건너신 후에 하늘을 우러러보시고 웃으시거늘, 모두 우러러보니, 구름과 같은 이상한 기운이 노를 저어가는 모형을 이루어 서서히 떠가더라.

72 그 후에 태인泰仁 금상리今上里를 지나실 새, 마침 날이 가물어서 모내기를 못 하더니, 동학신도東學信徒 유한필柳漢弼이 그 전날에 구름이 끼임을 보고 비가 올 줄 믿어 마른 논에 호미 심기로 모를 옮겼더니, 이내 비가 오지 않아 묘가 마르거늘, 극히 근심하여 가로대 "가뭄

이 이렇게 심하여 비 올 뜻이 없으니 호미 심기 한 것을 다시 갈아서 콩이나 심을 수밖에 없다." 하며 길게 탄식하거늘, 선생이 들으시고 가라사대 "이종移種한 것을 갈아서 다른 곡종穀種을 심음은 괴변이 아니냐?" 하시며, 유한필을 앞세우고 그곳에 가사 그 참상을 보시고 서쪽 하늘을 향하여 우사雨師를 부르시니, 문득 검은 구름이 피어나며 갑작스러운 비가 내리거늘, 한필은 어떤 까닭인지 알지 못하고 다만 예지술預知術이 있는가 하여 이상히 여기더라.

73 6월에 김병욱이 사람을 보내 백남신白南信의 친묘親墓에 묘적墓賊이 들어서 두골頭骨을 도적질해 갔다는 사유를 알리니, 선생이 사흘 밤을 촛불을 밝히사 상가喪家와 같이 지내시고, 남신에게 전언傳言하사대 "두골頭骨을 찾으려 힘쓰지 말고 한갓진 곳에 처하여 외부인과의 교제를 끊으라. 처서절處暑節에는 도적이 스스로 두골을 가져오게 하리라." 하시니라. 이때에 사흘 밤 철야徹夜하는 것을 종도들이 즐기지 아니하여 가로대 "이와 같이 힘을 들이되 당사자는 모르오니 무슨 공功을 알리잇까?" 선생이 가라사대 "그의 알고 모름이 무슨 관계가 있느냐?" 하시니라. 남신이 명하신 대로 궁벽한 백운정白雲亭에 머물더니 7월에 그 묘墓 아래 동장洞長이 자발적으로 동회洞會를 열고 의논하되 우리가 이 묘墓 아래에 살면서 도의상 범연히 지낼 수 없으니, 동네 전체가 나서서 부근을 수색하되 만일 두골頭骨을 찾는 자가 있으면 묘주墓主에게 말하여 후히 상을 내리게 함이 가하다 하고, 동네 사람을 총동원하여 부근 산기슭을 수색하니, 이때에 묘적墓賊이 생각하되 묘주墓主가 차분하게 있어 큰돈을 소비하여 두골을 찾으려 하지 아니하니, 차라리 이 기회에 두골을 가져가면 도적이라는 이름도 면하고 상당相當하는 후한 상賞을 얻으리라 하고, 그 두골을 가지고 동장洞長에게 가서 고하되 "내가 여러 곳을 수색하여 다행히 찾았다." 하거늘, 동장이 그 사람을 데

리고 백운정白雲亭에 오니, 이날이 처서절處暑節이러라.

74 선생이 이날 이른 아침에 용두치龍頭峙에 가셨더니, 김병욱이 와서 두골을 찾은 사유를 고하거늘, 선생이 가라사대 "그 도적은 어떻게 조처하였느뇨?" 병욱이 대하여 가로대 "경무청으로 보내었나이다." 하는지라. 선생이 가라사대 "잘 깨닫게 말하여 돌려보내는 것이 가하거늘 어찌 그리하였느뇨?" 하시고, 푸른 옷 한 벌을 지어오라 하사 불사르시며 가라사대 "징역에나 처하게 하리라." 하시더니, 과연 그 사람이 징역에 처하니라. 종도들이 반드시 처서절에 찾게 된 까닭을 물은대, 선생이 가라사대 "매양 사사私事라도 천지공사天地公事의 도수度數에 붙여두기만 하면 그 도수度數에 이르러 공사公私가 다 함께 끌리나니라." 하시더라.

75 김덕찬이 선생께 항상 오만하더니, 하루는 공사公事를 행하실 새, 크게 뇌전雷電을 발하시니, 덕찬이 두려워하여 자리를 피하거늘, 선생이 가라사대 "네가 죄를 지은 바가 없거늘 어찌 두려워하느뇨?" 덕찬이 더욱 두려워하여 어쩔 줄을 몰라 하더니, 그 후로는 선생을 극히 경외敬畏하니라.

76 백남신의 친척 용안龍安이 도매양조업의 면허를 얻고 전주부全州府 안에 있는 수백의 소매 술집의 가양家釀을 금지하니, 이때에 선생이 용두치龍頭峙 김주보金周甫의 주점에 계실 새, 주보의 처가 가슴을 치며 가로대 "다른 벌이는 없고 다만 주업酒業으로 집안사람이 살아왔는데, 이제 양조업을 폐하면 무슨 벌이로 살아가리오?" 하거늘, 선생이 불쌍히 여기사 종도에게 일러 가라사대 "어찌 남장군男將軍만 있으리오? 마땅히 여장군女將軍도 있으리라." 하시고, 종잇조각에 여장군女將軍이라

써서 불사르시니 주보의 처가 문득 신기神氣를 얻어서 부중府中을 돌며 호령하여 순식간에 수백의 주부酒婦를 통솔하고 용안의 집을 습격하여 형세가 심각하거늘, 용안이 크게 놀라 군중에게 사과하고 도매경영을 중지하니라.

77 하루는 종도들을 데리고 전주全州 다가정多佳亭을 지나실 새, 한 상인喪人이 뒤를 따르며 살려주시기를 애걸하며 떠나지 못하되, 선생이 돌아보지 않고 가시거늘, 종도들이 민망하여 여쭈어 가로대 "저 사람이 무슨 일로 저러는지 모르나 그 정상이 불쌍하니 돌려보내심이 어떠하니잇가?" 선생이 돌아보시고 몸에 가졌던 붓을 빼어 먹을 찍으사 상인喪人의 이마에 한 흑점黑點을 쳐 주시며, 가라사대 "네 보자기를 저 개울가에 버리라." 하시니, 그 상인喪人이 명하신 대로 보자기를 버리고 울며 가거늘, 선생이 가라사대 "저 사람이 죄를 많이 지었으니, 제 죄에 제가 죽느니라. 그 보자기는 요술을 부리는 기구니 몇 시간을 지난 뒤가 아니면 펴보지 말라." 하시거늘, 그 뒤에 종도들이 보자기를 펴 보니, 돌을 싼 것이러라. 그 상인喪人은 그곳에서 울며 떠난 뒤로 곧 실성失性하여 사방으로 뛰어다니다가 며칠 후에 죽으니라.

78 하루는 신경원이 급히 사람을 보내어 아뢰되 경관警官의 조사가 심하여 날마다 와서 선생의 주소를 묻나이다. 선생이 온 사람에게 글을 써 주시며 가라사대 "이 글을 경원에게 전하여 한번 보고 곧 불사르라." 하시니, 그 글은 이러하니라. 「천용우로지박즉필유만방지원天用雨露之薄則必有萬邦之怨, 지용수토지박즉필유만물지원地用水土之薄則必有萬物之怨, 인용덕화지박즉필유만사지원人用德化之薄則必有萬事之怨. 천용지용인용통재어심天用地用人用統在於心. 심야자心也者, 귀신지추기야鬼神之樞機也, 문호야門戶也, 도로야道路也. 개폐추기출입문호開閉樞機出入門戶, 왕래도로신往

來道路神, 혹유선或有善, 혹유악或有惡. 선자사지善者師之, 악자개지惡者改之. 오심지추기문호도로대어천지吾心之樞機門戶道路大於天地.」 경원이 봉독奉讀한 후에 곧 불살랐더니, 그 후로는 경관의 조사가 그치니라.

79 김병욱의 차인差人 김윤근이 선생께 와 뵈입고 아뢰되, 근일에 날이 가물어서 작물이 다 마르오니 선생은 희우喜雨를 주사 만민의 초조를 누히소서. 선생이 덕찬을 명하사 그 기르는 돼지 한 마리를 잡아서 삶아 여러 종도들과 더불어 함께 잡수실 새, 미처 마치지 못하여 뇌우雷雨가 크게 쏟아지거늘, 윤근이 춤추며 가로대 "선생은 진실로 만민을 구활救活하는 상제上帝시라." 하니라.

81 태인泰仁 백암리白巖里 김명칠金明七이 산중 경사지를 새로 개간하여 담배를 심었는데 비료를 주어 붓을 하였더니, 문득 급우急雨가 내리므로 명칠이 가슴을 치며 울어 가로대 "나의 농사는 담배 재배 뿐인데, 비료를 준 뒤에 이렇게 급우가 내리니 사태가 밀어 내려서 다 버리게 되리라." 하거늘, 선생이 들으시고 불쌍히 여겨 가라사대 "근심을 풀으라. 그 재해를 면하게 해 주리라." 하시더니, 비가 갠 후에 명칠이 가서 보니, 조금도 피해가 없고 다른 사람의 경작은 전부 사태의 해害를 입어서 이 해에 담배 농사가 크게 흉년이 들었더라.

82 하루는 정괴산丁槐山의 주점에 지나실 새, 마침 고부화란古阜禍亂에 알게 된 정순검鄭巡檢이 이르거늘, 선생이 술을 사서 대접하셨더니, 떠날 때에는 돈 10원을 청구하며 조끼 속에 손을 넣어 돈 10원을 훔쳐 가거늘, 선생이 일러 가라사대 "모든 일을 의롭게 할지어늘, 어찌 이렇게 무례를 행하느냐?" 하시더라. 정순검이 전주全州에 가서 다시 서신書信으로 돈 40원을 청구하거늘, 선생이 형렬로 하여금 약간의 돈을 구

하여 보내시며 가라사대 “의롭지 못한 사람이라.” 하시더니, 며칠 후에 정순검이 고부古阜로 돌아가다가 정읍井邑 한 다리에서 도둑 떼에게 피살된지라. 선생이 들으시고 가라사대 “순검은 도적을 다스리는 직책을 가졌거늘, 도리어 비의非義의 물건을 즐기니 도적에게 죽음이 당연하지 아니하랴? 이것이 다 신명神明이 행하는 바니라.” 하시니라.

83 하루는 김영서金永西와 정남기鄭南基가 와 뵈인 후에, 두 사람이 서로 사어私語로 수작하되, 남기는 일본어를 배운 사람을 부러워하여 가로대 “근래에는 일본어를 통한 사람은 현달顯達도 쉽고 돈벌이도 용이하더라.” 하며, 영서는 배우를 부러워하여 가로대 “근래에는 희극을 잘하여도 돈벌이가 잘 되더라.” 하여 서로 그런 일을 등한시하였음을 후회하더니, 문득 남기는 손을 흔들며 유창한 어조로 일본어를 말하고, 영서는 상인喪人이라. 상건喪巾을 흔들며 일어나서 상복喪服 소매로 북을 치는 흉내를 내이면서 가무歌舞를 연주하여 땀이 등에 홍건하거늘, 모인 사람들이 크게 웃는지라. 선생이 웃으시며 가라사대 “너희는 빨리도 소원을 성취하였다.” 하시니, 두 사람이 비로소 정신을 차려 부끄러워하는지라. 다시 일러 가라사대 “대인大人을 배우는 자, 마땅히 마음을 정대正大히 하여 그칠 곳을 알아야 할 것이오, 한 가지라도 분수 외의 생각을 가지며 실없는 말을 함이 불가하다.” 하시니라.

84 하루는 손병욱孫秉旭의 집에 가시니, 종도들이 많이 모였으므로 병욱이 그 처를 시켜서 점심을 지을 새, 날씨가 심하게 더우므로 그 처가 괴롭게 여겨 부엌에서 홀로 불평한 말을 하였더니, 문득 와사증喎斜症이 생기거늘, 황응종黃應鍾이 보고 놀라서 선생께 고한대, 가라사대 “이는 불평한 말을 하다가 조왕竈王에게 벌을 받음이라.” 하시고, 글을 써 주사 병욱의 처로 하여금 부엌에서 불사르며 사과하라 하시니,

병욱의 처가 그대로 하여 곧 나으니라.

85 대흥리大興里에 계실 새, 공우에게 물어 가라사대 "네가 남과 싸움을 많이 하였느냐?" 대하여 가로대 "그리하였나이다." 다시 일러 가라사대 "네게 표단豹丹이 들어서 싸움을 잘하니, 이제 표단을 빼어내고 인단人丹을 넣으리라." 하시더니, 이후로는 공우의 성질이 온화하게 되어 싸움을 즐기지 아니하고 혹 싸움하는 사람이 있으면 공포심이 생겨서 곧 멀리 피하니라.

86 8월 어느 날 김덕찬金德贊이 선생께 여쭈어 가로대 "오늘 내 매가妹家에 잔치가 있으니 소풍 겸하여 나아가사이다." 가라사대 "내 술을 먼저 마시라." 덕찬이 가로대 "무슨 술이니잇까?" 가라사대 "좀 더 기다리라." 하시더니, 이윽고 박공우가 술과 삶은 닭을 가져와서 선생께 올리니라.

87 이 해 겨울 어느 날 아침에 대흥리로부터 태인泰仁 새올 최창조崔昌祚의 집으로 가실 새, 박공우는 해가 오르면 길이 질까 하여 진 신발을 하였더니, 선생이 보시고 진 신발을 하였느냐 하시며, 손으로 동쪽 산봉우리에 솟아오르는 해를 향하여 세 번을 누르시니, 해가 오르지 못하다가 살포정 여관에 들어 쉬시니, 그제야 해가 문득 높이 솟아오르더라.

88 최창조의 집에 이르사 벽력표霹靂表를 묻으시니, 즉시 뇌성雷聲이 크게 일어나 천지가 진동하거늘, 곧 거두시고, 다음날에 동곡약방銅谷藥房에 이르시니, 신원일이 여쭈어 가로대 "진묵대사震默師는 칠성七星을 7일 동안 가두었다 하니, 옳으니이까?" 가라사대 "이제 시험하리

라.” 하시고, 이날부터 3개월 동안 칠성七星을 가두신 후에 가라사대 “현세現世에 천문학자가 많다 하되, 칠성이 나타나지 아니한 일을 발표한 자가 없다.” 하시니라.

89 최창조의 집에서 공우에게 물어 가라사대 “네가 눈을 많이 흘겨보았느냐?” 대하여 가로대 “그러하였나이다.” 다시 일러 가라사대 “집으로 돌아가라.” 하시거늘, 공우가 선생께 하직하고 집으로 돌아올 새, 길에서부터 눈이 가렵고 붓더니, 집에 이름에 안질眼疾이 크게 생겨서 한 달 동안을 고통하다가, 하루는 밤을 쉬고 일어나니 씻은 듯이 나았는지라. 곧 선생께 와 뵈이니, 가라사대 “안질로 고생하였느냐?” 대하여 가로대 “그러하였나이다.” 선생이 웃으시더라. 원래 공우는 성질이 사나워 싸움을 즐기고 눈짓이 곱지 못하더니, 이로부터는 성질이 부드럽고 눈짓이 고와지니라.

90 공우가 술이 과하여 주실酒失이 많더니, 하루는 선생이 가라사대 “네가 술을 즐기니 주량酒量을 보리라.” 하시고, 술을 많이 주시거늘, 공우가 연속하여 받아 마시고 취한지라. 다시 가라사대 “한 잔 술밖에 못 된다.” 하시더니. 이후로는 한두 잔만 마셔도 곧 취하여 더 마시지 못하니라.

91 김덕찬이 그 아들 혼례를 지내려 할 새, 모든 사람이 물품과 금전으로 부조하거늘, 선생이 가라사대 “나는 부조할 것이 없으니, 일기日氣로나 부조하리라.” 하시더니, 이때에 날씨가 연일 험악하여 심히 우려하던 중인데, 그 기일에 이르러서는 예외로 온화하니라.

92 11월에 형렬에게 일러 가라사대 “내가 정읍井邑으로 가리니, 이

길이 길행吉行이라. 이후에 일을 네게 알리리라." 하시더니, 이 날에 차윤경車輪京이 와 뵈입고, 고부인高夫人이 안질로 고통함을 아뢰니, 가라사대 "이제 돌아갔다가 다음날에 태인泰仁 살포정에서 나를 만나라." 윤경이 곧 돌아갔다가 다음날에 살포정으로 오니, 선생이 아직 오시지 아니하였거늘, 곧 소투원주점에 이르니, 주인이 말하되 선생께서 새올 최창조의 집으로 가시면서 차윤경이 와서 묻거든 그곳으로 보내라 하셨다 하거늘, 윤경이 새올로 갈 새, 일본병日本兵 수백 명이 길가에 진을 치고 주소와 출행 이유를 묻더라. 새올에 이르러 선생께 뵈이니, 날이 이미 저물더라. 이날 밤에 윤경을 명하사 밤이 깊도록 자지 말고 밖에 있어 돌라 하시고, 닭의 소리가 난 후에 윤경을 데리고 백암리白巖里로 향하여 떠나시니라.

93 백암리 김경학金京學의 집에 이르사, 아침을 잡수시고 다시 정읍井邑으로 가실 새, 혹 앞서기도 하고 혹 뒤서기도 하사 4~5보步를 걸으신 후에 가라사대 "이 길에는 외인外人을 대하는 것이 불가하다." 하시고, 정읍 노송정老松亭에 이르사 가라사대 "좀 지체함이 가하다." 하시고, 반 시진을 지내신 후에 다시 떠나사 그 모퉁이 큰 못가에 이르니, 기마병騎馬兵이 많이 오다가 되돌아간 자취가 있더라.

94 거기에서 대흥리로 가려면 양 갈래 길로 나뉘어 한쪽 길은 정읍군井邑郡을 통과하는 큰길이요, 한쪽 길은 좁은 길이라. 윤경이 어느 길로 갈 것을 물은대, 선생이 가라사대 "군자君子가 어찌 좁을 길로 가리오?" 하시고, 큰길을 택하여 정읍군을 통과하시니, 좌우 측에 외인外人의 상점이 많이 있으되, 한 사람도 밖에 나선 자가 없더라. 대흥리에 이르사 고부인高夫人의 안질을 낫게 하시고, 인하여 무신납월공사戊申臘月公事를 행하시니라.

95 하루는 경석의 검은 두루마기 한 벌을 가져오라 하사 입으시고, 내의內衣를 벗으신 후에 긴 수건으로 허리를 매시고 모든 종도에게 물어 가라사대 "이러하면 일본인과 같으냐?" 모두 대하여 가로대 "같으니이다." 다시 벗으시고 가라사대 "내가 어릴 적에 서당에서 글을 배울 때에 한 아이와 함께 먹 장난을 하다가 그 아이가 나에게 지고 울며 돌아가서 다시 오지 아니하고 다른 서당에 통학하다가 그 후에 병이 들어 죽었는데, 그 신명神明이 원한을 품었다가 이제 와서 나에게 해원解冤을 구하므로 어떻게 하면 해원解冤이 되겠느냐?"고 물으니, 그 신명神明이 내가 일본 옷을 싫어하는 줄을 알고 일본 옷을 입으라 하므로, 내가 이제 그 신명을 위로함이로다." 하시니라.

96 대흥리에서 무신납월공사를 행하시고 기유년 정월 3일에 관재官災를 피하사 백암리 김경학의 집으로 가셨더니, 태인읍에서 경학의 형이 사람을 보내어 경학을 불러가거늘, 선생이 발을 만지시며 가라사대 "속담에 발복福이라 하나니, 모르는 길에 잘 가면 다행이오, 잘못 가면 불행이라 함을 이름이라." 하시고, 곧 떠나사 독행獨行으로 최창조의 집에 가셨다가 다시 그 앞 소나무숲을 통하여 최덕겸의 집으로 가서 머무르시니, 모든 사람이 계신 곳을 알지 못하니라. 원래 경학의 형은 경학이 술객術客에게 미혹하여 가산家產을 돌보지 아니한다는 말을 듣고 한편으로는 경학을 부르고, 한편으로는 관부官府에 고하여 술객을 잡아 다스리려 함이라. 경학이 집을 떠나 읍邑으로 가다가 중간에서 순검에게 붙들려 대동帶同되어 집으로 되돌아와서 선생을 찾다가 없으므로 최창조의 집까지 왔다가 찾지 못하고 돌아가니라.

97 5일에 동곡銅谷에 이르시니, 수일 후에는 태인으로부터 무사히 된 전말顚末을 보고하거늘, 가라사대 "정읍井邑 일은 하루 공사公事인데, 경

석에게 맡겼더니 하루아침에 끄르고, 태인泰仁 일은 하루아침 공사公事인데 경학에게 맡겼더니 하루를 걸렸으니, 경학은 위인爲人이 직장直腸이라, 돌리기 어려우니 돌리기만 하면 선인善人이 되리라." 하시니라.

98 하루는 공우와 응종을 데리시고 태인읍 여관에 이르사 신경원에게 일러 가라사대 "오늘은 백순검白巡檢을 만나야 하겠으니 그를 데려오라." 말씀이 마치자 백순검이 그 집 앞으로 지나거늘, 경원이 나가서 선생의 계신 곳을 알리니, 백순검이 곧 뛰어 들어와서 선생을 포박하는지라. 선생이 공우에게 명하여 가라사대 "네게 있는 돈 100냥을 내게 전하고, 최창조의 집에 갔다 오라." 하시니, 공우가 명을 받들어 가거늘, 또 응종과 경원을 불러 각기 다른 곳으로 보내시고, 백순검에게 돈 100냥을 주시며 가라사대 "그대를 만나려고 이곳에서 기다린 지 오래였노라. 이것을 적다 말고 용처에 보태어 쓰라." 백순검이 사례한 후 포박을 끄르고 물러가니, 대저 그가 선생을 붙들어서 돈을 빼앗으려 하는 줄을 아시고 그 욕심을 채워 주심이러라.

99 하루는 전주全州 불가지佛可止 김성국金成國의 집에 계실 새, 김덕찬이 모시다가 선생의 무슨 말씀 끝에 속으로는 실없게 알면서 거짓 응낙하였더니, 다시 일러 가라사대 "이제 용소리龍巢里 김의관金議官의 집에 가서 자고 오라." 하시므로, 덕찬이 명을 받들고 용소리에 갔다가 김의관의 집 문앞에서 취한 사람을 만나 패욕悖辱을 많이 당하고 분을 이기지 못하여 되돌아오거늘, 선생이 문밖에 나서 바라보시고 웃어 가라사대 "왜 자지 않고 돌아오느냐?" 하시며, 술을 주어 가라사대 "사람을 사귐에 마음을 참되게 할 것이거늘, 어찌 마음을 스스로 속이느냐?" 하시니, 덕찬이 처음에는 선생이 무고히 용소리에 보내어 패욕을 당하게 하신 것을 불평히 여기다가 이 말씀을 듣고 비로소 선생의 말씀 끝

에 속으로는 실없이 알면서 거짓 응낙한 것을 통촉하사 실없는 취한 사람을 만나도록 징벌하신 줄을 깨닫고, 이로부터는 더욱 두려워하여 비록 한 생각이라도 삼가니라.

100 6월에 동곡銅谷에 계실 새, 종도들이 오랫동안 날이 가문 것을 걱정하거늘, 선생이 갑칠에게 일러 가라사대 “청수淸水 한 양동이를 길어다 놓고 상 하의를 벗고 청수 앞에 합장하고 서 있으라. 이제 네게 장령將令을 붙여서 서양西洋으로부터 우사雨師를 불러 넘겨 만민의 갈앙渴仰을 풀어주리라.” 갑칠이 명하신 대로 하여 물항아리 앞에 섰으니, 문득 서쪽 하늘로부터 검은 구름이 일어나며, 큰비가 퍼붓거늘, 이에 명하사 청수를 쏟아버리고 옷을 입으라 하시며, 모든 종도에게 일러 가라사대 “너희들도 잘 수련하면 모든 일이 마음대로 되리라.” 하시니라.

101 이때에 청주淸州에서 괴질怪疾이 창궐하고 나주羅州에도 치성하여 인심이 흉흉한지라. 선생이 가라사대 “남북에서 마주 터지니 장차 무수한 생명이 진멸되리라.” 하시고, 이에 글을 써서 불사르시며 가라사대 “내가 이것을 대속代贖하리라.” 하시고, 형렬을 명하사 새 옷 다섯 벌을 급히 지어서 한 벌씩 갈아입으시고 설사하여 버리신 후에 가라사대 “약한 자가 걸리면 다 죽겠도다.” 하시더니, 그 후로 괴질이 곧 잠잠하게 되니라.

102 매양 달밤에 길을 가실 때에 구름이 달을 가렸으면 손으로 달을 향하여 오른쪽으로 돌려 구름을 둥그렇게 열어젖히사 달빛을 내 비취게 하며, 목적지에 이르신 후에 다시 손으로 달을 향하여 왼쪽으로 돌리시면 구름이 다시 합하여 원상태로 회복되니라.

103 원평시장院坪市場 김경집金京執의 주점에 단골 주인을 정하시고 오랫동안 머무르실 새, 누구든지 선생의 말씀을 빙자하여 술과 밥을 청하면 돈을 지녔는지의 유무有無를 따지지 않고 모두 허락하더니, 태인泰仁 청석靑石골 강팔문姜八文이 술과 밥을 많이 먹은 후에 돈을 휴대한 것을 주인에게 발견되었으나 선생의 말씀이 있다고 거짓 빙자하여 돈을 지불하지 않고 갔더니, 이로부터 체하여 창증脹症을 이루어 죽을 지경에 이르거늘, 신경수申京守가 그 사유를 아뢴대, 선생이 대답하시지 아니하시더니, 그 후에 또 위급함을 와서 고하거늘, 가라사대 "몹쓸 일을 행하여 신명神明에게 죄를 얻어 그릇 죽음을 하게 되었으니, 할 일 없다." 하시더니, 그 후에 곧 사망하니라.

104 종도들이 매양 근심된 일이 있을 때에 그 사유를 선생께 아뢰면, 무위중無爲中에 자연히 풀리게 되는데, 만일 아뢴 후에도 오히려 근심을 놓지 아니하면 위로하여 가라사대 "내가 이미 알았으니 근심하지 말라." 하시니라.

105 매양 종도들에게 일을 명하심에 반드시 기일을 정하여 주사 어기지 않게 하시며, 만일 명을 받을 자가 혹 그 기일에 일기日氣의 부조不調로 인하여 어김이 있을까 염려하면 선생이 일깨워 가라사대 "내가 너희에게 어찌 부조不調한 날을 일러주겠느냐?" 하셨나니, 대저 선생이 정하여 주신 날은 한 번도 부조不調한 때가 없었나니라.

106 매양 종도를 어느 곳에 보내시되 맡은 명을 말씀하지 아니하신 때가 많이 있었으나 종도들은 항상 그렇게 경험하였으므로 다시 묻지 않고 명하신 곳에 가면 반드시 무슨 일이 있더라.

107 가물 때에 비를 주실 새, 청수淸水 동이에 소변을 조금 타면 그 비로 인하여 곡류穀類가 풍성해지고, 충재蟲災가 있을 때에는 고춧가루를 풀어 넣으면 곧 충재가 걷히더라.

108 더울 때에 출행하시면 구름이 햇무리와 같이 태양을 가리워 볕이 쬐이지 아니하니라.

제 4장
문도門徒의 종유從遊와 훈회訓誨

1 임인년 4월에 김형렬金亨烈의 집에 머무르사, 공사公事를 행行하시니, 형렬과 김자현金自賢, 김갑칠金甲七, 김보경金甫京, 한공숙韓公淑 등이 차례로 종유從遊하니라.

2 계묘년 정월에 전주부全州府에 순유巡遊하사 서원규徐元奎의 약국藥局에 머무르시니, 원규와 김병욱金秉旭, 장흥해張興海, 김윤찬金允贊 등이 종유하니라.

3 장흥해가 그 어린 아들을 심히 사랑하거늘, 선생이 흥해에게 일러 가라사대 "복福은 위에서부터 내리는 것이요, 아래에서 치오르지 아니하는 것이니, 부모를 잘 경애敬愛하라." 하시니라.

4 갑진년 6월에 김형렬의 집에 이르사, 형렬에게 전주부에 가서 김병욱에게 만날 기회를 약정하고 오라 명하시니, 형렬이 명을 받들고 전주에 가서 병욱을 만나 그 다음날 한밤중에 만나기로 약정하고 돌아

오는 길에 장효순張孝淳의 사망한 소식을 들은지라. 형렬이 선생께 결과를 보고하고 이어서 효순의 사망을 알려 가로대 "이 사람은 우리 손에 죽어야 할 것인데, 저절로 병사病死하였으니, 한恨스러운 일이로소이다." 선생이 가라사대 "그것이 무슨 말이뇨? 죽은 사람은 불쌍하니라." 하시니라.

5 선생이 비록 지극히 천한 사람을 대할지라도 반드시 존경하시더니, 형렬의 머슴 지남식池南植에게도 항상 존경하시거늘, 형렬이 여쭈어 가로대 "이 사람은 곧 나의 머슴이오니 존경치 마소서." 선생이 가라사대 "이 사람이 그대의 머슴이니, 내게는 아무 관계가 없나니라." 하시며, 또 일러 가라사대 "이 마을에서는 어릴 적부터 묵은 습관이 되어 창졸간에 말을 고치기가 어려울지나, 다른 곳에 가면 어떤 사람을 대하든지 다 존경하라. 이후로는 적서嫡庶의 명분名分과 반상班常의 구별區別이 없나니라."

6 하루는 형렬이 어떤 친족에게 불합의한 일이 있어서 모질게 질책하거늘, 선생이 가라사대 "아직 언행言行이 덜 풀려서 독기毒氣가 남아 있도다. 「오장제거무비초惡將除去無非草, 호취간래총시화好取看來總是花.」니라. 말은 마음의 소리요, 행사行事는 마음의 자취라. 말을 선善하게 하면 복福이 되어 점점 큰 복을 이루어 내 몸에 이르고, 말을 악惡하게 하면 화禍가 되어 점점 큰 화를 이루어 내 몸에 이르나니라."

7 을사년 8월에 함열咸悅 회선동會仙洞 김보경의 집에 이르사, 몇 개월간 머무르실 새, 보경이 함열읍 사람 김광찬金光贊을 천거하여 종유從遊케 하고, 또 소진섭蘇鎭燮과 임피臨陂 군둔리軍屯里 김성화金性化 등이 계속해서 종유하니라.

8 하루는 선생이 어릴 적에 지으신 글이라 하사 「운래중석하산원運來重石何山遠, 장득척추고목추粧得尺椎古木秋.」를 종도들에게 외워주시며 「선생문명先生文明이 아닐런가?」라고 심고心告하고 받으라 하시고, 「상심현포청한국霜心玄圃淸寒菊, 석골청산수락추石骨靑山瘦落秋.」를 외워주시며 「선령문명先靈文明이 아닐런가?」라고 심고하고 받으라 하시고, 「천리호정고도원千里湖程孤棹遠, 만방춘기일광원萬方春氣一筐圓.」을 외워주시며 「선왕문명先王文明이 아닐런가?」라고 심고하고 받으라 하시고, 「시절화명삼월우時節花明三月雨, 풍류주세백년진風流酒洗百年塵.」을 외워주시며 「선생선령선왕先生先靈先王 합덕문명合德文明이 아닐런가?」라고 심고하고 받으라 하시고, 「풍상열력수지기風霜閱歷誰知己, 호해부유아득안湖海浮游我得顔, 구정만리산하우驅情萬里山河友, 공덕천문일월처供德千門日月妻.」를 외워주시며 「우리의 득의추得意秋가 아닐런가?」라고 심고하고 받으라 하신 후에, 「시세時勢를감안해 보건대 대인보국정지신大人輔國正知身, 마세진천운기신磨洗塵天運氣新, 유한경심종성의遺恨警深終聖意, 일도분재만방심一刀分在萬方心.」이라 창唱하시며 가라사대 "이 글은 민영환閔泳煥의 만장挽章이니 「일도분재만방심一刀分在萬方心」으로 하여 세상일을 알게 되리라."하시고, 또 가라사대 "「사오세무현관四五世無顯官, 선령생유학사학생先靈生儒學死學生, 이삼십불공명二三十不功名, 자손입서방출석사子孫入書房出碩士.」라." 하시니라.

9 병오년 10월에 야소교당耶蘇敎堂에 가사 모든 의식儀式과 교의敎義을 문견聞見하신 후에 종도에게 일러 가라사대 "족히 취할 것이 없다." 하시니라.

10 하루는 종도에게 일러 가라사대 "이 세상에 학교學校를 널리 세워 사람을 가르침은 장차 천하를 크게 문명文明케 하여 써 천지의 역

사役事를 시키려 함인데, 현하現下의 학교 교육이 학인學人으로 하여금 비열한 공리功利에 빠지게 하니, 그러므로 판밖에서 성도成道하게 되었노라."

11 정미년 4월에 신원일을 데리고 태인泰仁 관왕묘關王廟 제원祭員 신경언辛敬彥의 집에 가서 머무르실 새, 경언과 신경원辛京元, 김경학金京學, 최창조崔昌祚, 최내경崔乃敬, 최덕겸崔德兼 등이 종유從遊하니라.

12 5월에 용암리龍巖里 수침막水砧幕에서 머무르실 새, 그 앞 주점에서 정읍인井邑人 차경석車京石을 만나시니라. 경석이 전주全州로 가는 길에 이 주점에서 점심을 먹고 떠나려 할 새, 선생이 대삿갓에 푸단님으로 김자현金自賢 등 몇 사람을 데리고 오시니, 경석이 그 소탈한 가운데 씩씩한 기운을 띠신 의표儀表와 순진純眞한 가운데 꾸밈이 없으신 언어동지言語動止를 보고 비범히 여겨 말씀을 청하니, 선생이 온화하게 대답하신지라. 경석이 예의를 차린 후에 물어 가로대 "실례이오나 무슨 업業을 하시나잇가?" 선생이 웃으시며 가라사대 "의업醫業을 행하노라." 또 물어 가로대 "어느 곳에 머무르시나잇가?" 가라사대 "나는 동역객서역객東亦客西亦客, 천지무가객天地無家客이로라." 하시더라. 경석은 원래 동학신도東學信徒로서 손병희孫秉熙를 좇다가 모든 것이 마음에 합하지 아니하여 다시 길을 고치려 하던 차이라. 이날 선생을 뵈임에 모든 행동과 모습이 범속凡俗과 다름에 이상히 여겨 짐짓 떠나지 아니하고 저물기를 기다려서 선생의 돌아가시는 곳을 따라가니, 곧 용암리 수침막이라. 그 식사와 범절이 너무 거칠어 일시라도 견디기 어렵더라. 선생이 경석의 떠나지 아니함을 괴로워하사 물러가기를 독촉하되 경석이 떠나지 아니하고 자기의 집으로 가시기를 간청하니, 선생이 혹 진노도 하시며 혹 능욕도 하시며 혹 쫓아내기도 하시되, 경석의 관찰

에는 모든 일이 더욱 범상치 아니할 뿐 아니라 동학가사東學歌詞에 「여광여취如狂如醉 저 양반을, 간 곳마다 따라가서, 지질한 그 고생을, 누구에게 한 말이며」라는 구절에 감오感悟하여 드디어 떠나지 아니하고, 10일간을 머무르면서 사사師事하기를 굳이 청하거늘, 선생이 일러 가라사대 "네가 나를 따르려면 모든 일을 전폐하고 나의 가르치는 바에 일심一心하여야 할지니, 이제 돌아가서 모든 일을 정리하고 다시 이곳으로 찾아오라." 경석이 이에 하직하고 집에 돌아가서 모든 일을 정리하고 6월 1일에 다시 용암리에 와서 선생께 뵈입고 정읍井邑으로 가시기를 간절히 청하니, 선생이 다시 거절하시다가 3일 후에야 허락하여 가라사대 "내가 깊은 목물에 빠져서 허덕거리다가 겨우 벗어나서 발목물에 당하였는데, 이제 네가 다시 깊은 물로 끌어들인다." 하시니라.

13 수침막을 떠나 원평院坪에 이르사, 군중을 불러 술을 주시며 가라사대 "이 길은 남조선南朝鮮 배질이니 짐을 채워야 떠나리라." 하시니, 모든 사람은 그 의미를 알지 못하니라. 다시 떠나시며 가라사대 "대진大陳은 일행삼십리日行三十里라." 하시니, 경석이 명을 듣고 노정을 헤아려서 고부古阜 송내松內에 이르러 지우知友 박공우朴公又의 집으로 선생을 모시니 공우도 또한 동학신도東學信徒로서 마침 49일간 도천禱天하던 때러라.

14 선생이 경석과 공우에게 일러 가라사대 "이제 만날 사람을 만났으니, 통정신通情神이 나온다. 나의 일은 비록 부모형제처자라도 모르는 일이니, 나는 서양西洋 대법국大法國 천계탑天啓塔 천하대순天下大巡이라. 동학주문東學呪文에 「시천주조화정侍天主造化定」이라 하였으니, 내가 천지天地를 개벽開闢하고 조화정부造化政府를 열어서 인천人天의 혼란을 안정케 하려 하여 삼계三界를 두루 살피다가 너의 동토東土에 그쳐 잔

피殘疲에 헤매는 민중을 먼저 건지려 함이니, 나를 믿는 자는 무궁한 영복寧福을 얻어 선경仙境의 낙樂을 누리리니, 이것이 참 동학東學이라. 궁을가弓乙歌에 「조선강산朝鮮江山 명산名山이라. 도통군자道通君子 다시 난다.」 하였으니, 이 일을 이름이니라. 동학신자 간에 최수운崔水雲이 갱생更生하리라라고 전하나, 죽은 자가 다시 살아오지 못하는 것이요, 내가 곧 대선생代先生이로라."

15 다음날에 송내松內를 떠나 정읍 대흥리로 향하실 새, 공우를 돌아보시며 가라사대 "만났을 적에" 하시니, 공우가 문득 동학가사東學歌詞에 「만나기만 만나보면, 너의 집안 운수로다.」라는 구절이 깨달아져서 드디어 따라나서니라.

16 이 날 대흥리 경석의 집에 이르사, 글을 써서 서쪽 벽에 붙이시니, 문득 뇌성雷聲이 크게 일어나거늘, 선생이 빠르다 하시고 그 글을 떼어 무릎 밑에 넣으시니, 뇌성이 곧 그치는지라. 공우는 크게 놀라 탄복하고 마을 사람들은 뜻밖에 일어나는 백일뇌성白日雷聲을 이상히 여기더라.

17 이후에 동학신자東學信者 안내성安乃成, 문공신文公信, 황응종黃應鍾, 신경수申京守, 박장근朴壯根 등이 계속해서 종유從遊하니라.

18 이때에 김광찬金光贊은 동곡銅谷에 있어 차경석의 종유從遊함을 혐오하여 가로대 "경석은 본래 동학여당東學餘黨으로 일진회一進會에 참가하여 불의를 많이 행하였거늘, 이제 도문道門에 들임은 선생의 부정대不正大하심이라. 우리가 힘써 마음을 닦아온 것이 다 쓸데없게 된다." 하고, 날마다 선생을 원망하거늘, 형렬이 민망하여 선생께 와 뵈입고

광찬의 불평 가진 일을 고하며 가로대 "어찌 이런 성격을 가진 자를 문하門下에 두셨나잇가?" 선생이 가라사대 "용龍이 물을 구할 때에 비록 가시덤불이 길에 있을지라도 피하지 아니하나니, 돌아가서 잘 무마하라." 하시니라.

19 하루는 경석에게 「계분수사파溪分洙泗派, 봉수무이산峯秀武夷山, 금회개제월襟懷開霽月, 담소지광란談笑止狂瀾, 활계경천권活計經千卷, 행장옥수간行裝屋數間, 소신구문도小臣求聞道, 비투반일한非偸半日閑.」의 고시古詩를 외워주시고, 경석을 데리고 순창淳昌 농암籠巖 박장근朴壯根의 집에 가사 그 머슴을 불러 물으시대 "어젯밤에 무슨 본 일이 있었느냐?" 머슴이 대하여 가로대 "어젯밤 꿈에 한 노인이 농암籠巖을 열고 갑옷과 장검을 내어주며 이것을 가져다가 주인을 찾아 전하라 하므로 내가 받아다가 이 방에 두었는데, 곧 차경석이 앉은 자리니이다." 하니라. 대저 그 지방에서는 농암 속에 갑옷과 장검이 들어있는데, 장군將軍이 나면 내어가리라는 속언俗言이 전하여 오니라.

20 그 후에 순창으로부터 돌아오실 새, 태인泰仁 고현리古縣里 행단杏壇에 이르사, 경석에게 일러 가라사대 "공자孔子가 행단에서 강도講道하였나니, 이제 여기서 네게 한 글을 전하리라." 하시고, 고서古書 1장章을 외워주시며 잘 간직하여 잊지 말라 하시니 이러하니라. 「부주장지법夫主將之法, 무람영웅지심務攬英雄之心, 상록유공賞祿有功, 통지어중通志於衆, 여중동호미불성與衆同好靡不成, 여중동오미불경與衆同惡靡不傾, 치국안가득인야治國安家得人也, 망국패가실인야亡國敗家失人也, 함기지류含氣之類, 함원득기지咸願得其志.」

21 그 후에 정읍에 계실 새, 경석에게 일러 가라사대 "너는 금후로

출입을 폐하고 집을 지키라. 이것이 자옥도수自獄度數니라."

22 11월에 동곡銅谷에 이르사, 공사公事를 행하시고 형렬에게 일러 가라사대 "내가 머리를 깎으리니 너도 또한 머리를 깎으라." 형렬이 마음으로는 즐겨하지 아니하나 강제로 응낙하였더니, 또 갑칠을 불러 가라사대 "내가 머리를 깎으리니 내일 대원사大願寺에 가서 금곡錦谷 주지住持를 불러오라." 하시거늘, 형렬이 크게 근심하였더니, 그뒤에 다시 말씀하지 아니하시니라.

23 하루는 형렬에게 고서古書 1장章을 외워주시며 잘 간직하여 기억하라 하시니 이러하니라. 「부용병지요夫用兵之要, 재숭례이중록在崇禮而重祿, 예숭즉의사지禮崇則義士至, 록중즉지사경사祿重則志士輕死, 고록현불애재故祿賢不愛財, 상공불유시賞功不逾時, 즉사졸병則士卒幷, 적국삭敵國削.」

24 그 후에 또 형렬에게 고시古詩를 외워주시며 잘 기억하라 하시니 이러하니라. 「처세유위귀處世柔爲貴, 강강시화기剛强是禍基, 발언상욕눌發言常欲訥, 임사당여치臨事當如癡, 급지상사완急地尙思緩, 안시불망위安時不忘危, 일생종차계一生從此計, 진개호남아眞個好男兒.」

25 또 형렬에게 고시古詩를 외워주시니 이러하니라. 「명월천강심공조明月千江心共照, 장풍팔우기동구長風八隅氣同驅.」

26 하루는 형렬을 명하사 종잇조각에 64괘卦를 점點치고 24방위方位 자字를 둘러 쓰이사 태양을 향하여 불사르시며 가라사대 "여아동거與我同居하자." 하시고, 형렬을 돌아보시며 가라사대 "잘 믿는 자에게 해인海印을 전하여 주리라." 하시니라.

27 또 가라사대 "선배는 반드시 몸에 지필묵紙筆墨을 가져야 하느니라."

28 또 형렬에게 일러 가라사대 "선배는 대학경大學經 1장章 장하章下를 알아두어야 하느니라." 하시고, 외워주시니 이러하니라. 「우경일장개공자지언이증자술지右經一章盖孔子之言而曾子述之, 기여십장즉증자지의이문인기지야其餘十章則曾子之意而門人記之也. 구전파유착간舊傳頗有錯簡, 금인정자소정今因程子所定, 이갱고경문而更考經文, 별유서차여좌別有序次如左.」

29 또 형렬에게 진서장秦誓章을 외워주시며 잘 기억하라 하시니 이러하니라. 「여유일개신단단의如有一介臣斷斷猗, 무타기無他技, 기심휴휴언其心休休焉. 기여유용其如有容, 인지유기약이유지人之有技若已有之, 인지언성人之彥聖, 기심호지其心好之, 불시여자기구출不啻如自其口出, 시능용지是能容之, 이보아자손여민以保我子孫黎民, 상역직유이재尙亦職有利哉. 인지유기人之有技, 모질이오지冒疾以惡之, 인지언성이원지人之彥聖而違之, 비부달俾不達, 시불능용是不能容, 이불능보아자손여민以不能保我子孫黎民, 역왈태재亦曰殆哉.」

30 또 형렬에게 일러 가라사대 "너는 모든 말을 묻는 자가 있거든 듣고 실행實行이야 하든지 아니하든지 바른대로 일러주라." 하시니라.

31 하루는 태인 백암리 김경학이 와 뵈입거늘, 선생이 명하사 김자선金自善의 집에 머무르게 하시고, 다음날에 자선의 집에 이르사 경학에게 어젯밤에 꿈에 본 것을 말하라 하시니, 경학이 여쭈어 가로대 "꿈에 개 한 마리가 테를 짜지 아니한 우물에 빠지는 것을 보고 죽을까

염려하여 쫓아가서 구해 내려 하였더니, 그 개가 다시 우물에서 뛰어나와 다른 곳으로 가더이다." 선생이 가라사대 "속언에 강성姜姓을 개라 하나니, 네가 꿈을 옳게 꾸었다." 하시니라.

32 박공우가 3년 동안 선생을 모시며 천지공사天地公事에 많이 봉공奉公하였는데, 매양 공사公事 후에는 각처의 종도에게 순회연포巡廻演布하라 명하시며 가라사대 "이 일이 곧 천지天地의 대순大巡이라." 하시니라.

33 무신년 6월에 선생이 광찬에게 물어 가라사대 "네가 평소에 나를 어떠한 사람으로 호칭하였느냐?" 대하여 가로대 "촌양반村兩班이라고 호칭하였나이다." 또 물어 가라사대 "촌양반은 너를 어떠한 사람이라고 호칭하겠느냐?" 대하여 가로대 "읍邑 아전이라 할 것이외다." 선생이 가라사대 "촌양반은 읍 아전에게 읍 아전놈이라 하고, 읍 아전은 촌양반에게 촌양반놈이라 하나니, 이것은 다 불평不平줄이라. 이제 너와 내가 서로 화해하면 천하가 다 화평하리라." 하시니라.

34 하루는 김형렬이 출행하였다가 야소교인耶蘇教人에게 무수한 능욕을 당하고 돌아와서 선생께 그 사유를 아뢰니, 선생이 가라사대 "청수淸水 한 그릇을 떠 놓고 스스로 허물을 살펴 뉘우치라." 형렬이 명하신 대로 하였더니, 그 후에 그 사람이 병들어서 죽을 지경에 이르렀다가 어렵게 회춘하였다 하거늘, 형렬이 듣고 아뢴대 선생이 가라사대 "이후로는 그런 일을 당하거든 조금도 그를 원망하지 말고 스스로 몸을 살피라. 만일 허물이 네게 있는 때에는 그 허물이 다 풀릴 것이요, 허물이 네게 없는 때에는 그 독기毒氣가 근본으로 돌아가느니라."

35 7월에 백암리에 계실 새, 김영학金永學이 경학의 천거로 와 뵈이거늘, 7일이 지나도록 더불어 말씀치 아니하시니, 영학이 크게 분노하는지라. 공우와 원일이 일러 가로대 "성의誠意로써 사사師事하기를 청하면 밝히 가르치시리라." 영학이 그 말을 좇아 선생께 사사師事하기를 청한대, 선생이 허락하시더니, 문득 크게 꾸짖으시거늘, 영학이 한편으로는 두려워하고 한편으로는 분하여 문밖으로 나간지라. 이윽고 영학을 불러 가라사대 "너를 꾸짖은 것은 네 몸에 있는 두 척신神을 물리치려 함이니, 너는 불평히 생각지 말라." 영학이 가로대 "무슨 척신神이닛까? 깨닫지 못하겠나이다." 가라사대 "네가 18세에 살인하고, 금년에도 살인하였나니, 잘 생각하여 보라." 영학이 생각하니, 18세에 남원南原에서 전주全州 아전 김모金某와 말하다가 그 무례한 말에 노하여 화로를 던져 그 머리 부분을 타상하였더니, 이로부터 신음하다가 다음 해 2월에 죽었고, 금년 봄에 장성長城 맥동麥洞에 거주하는 외숙外叔 김요선金堯善이 의병義兵에게 약탈을 당한 고로 의병대장 김영백金永伯을 장성長城 백양사白羊寺에 찾아보고, 그 비행非行을 꾸짖었더니, 영백이 사과하고 범인을 조사하여 포살砲殺한 일이 있으므로 비로소 환하게 깨달아 아뢴대, 선생이 가라사대 "정히 그러하다." 하시니라.

36 대흥리에 계실 새, 하루는 차경석, 안내성, 박공우를 데리고 앞내에 나가 목욕하실 새, 경석을 명하사 흰 소금 한 웅큼을 가져다가 물 위에 뿌리게 하시고, 물에 들어서시며 가라사대 "고기잡이를 하리라." 하시더니, 문득 경석의 다리를 잡고 가라사대 "큰 고기를 잡았다." 하시거늘, 경석이 가로대 "내 다리로소이다." 하니, 선생이 가라사대 "그렇게 되었느냐?" 하시고 놓으시니라.

37 안내성에게 일러 가라사대 "너는 반드시 농사를 부지런히 하여

밖으로 봉공奉公의 의무를 다하며, 안으로 선령先靈의 제사祭祀와 양로육영養老育英의 일을 힘써 나의 돌아오기를 기다리라." 하시니라.

38 8월에 동곡銅谷에 계실 새, 차경석이 종유從遊함으로부터 가업家業을 돌보지 않아 가산家產이 날로 기울어지는지라. 그 아우 윤칠輪七이 불평히 생각하되, 선생을 따르면 복을 받는다 하더니 이제 복은 멀어지고 가난과 괴로움이 따라드니, 이는 한갓 무혹誣惑에 불과함이라. 내가 선생께 가서 질문하리라 하고 동곡으로 오다가 도중에서 비를 만나고 진흙에 엎드러져서 의복을 망쳐가지고 선생께 와 뵈이니, 선생이 놀란 빛으로 일러 가라사대 "이 부근에 의병이 출몰하므로 관병이 사방으로 정찰하니, 만일 네가 비를 무릅쓰고 걸어온 모양을 보면 의병으로 오인하여 곤욕을 줄 것이니, 궁벽한 곳에 은거하여 내가 부를 때까지 기다리라." 하시고, 형렬로 하여금 잘 숨기게 하였다가 내일에 윤칠을 부르사 돈 15냥을 주시며 가라사대 "내가 수일 후에 정읍으로 가리니, 돌아가서 기다리라." 윤칠은 무렵에 싸였을 뿐 아니라 수일 후에 정읍으로 오시겠다는 말씀을 듣고 마음이 좀 풀려서 질문은 후일로 미루고 돌아가니라.

39 수일 후에 선생이 고부古阜 와룡리臥龍里에 가사, 경석에게 명을 전하사대, 나를 보려거든 고부古阜 학동學洞으로 오라 하시거늘, 다음날에 경석이 학동으로 와서 뵈이니, 선생이 돈 15원을 주시며 가라사대 "너를 부르기는 이 일극一極을 주려 함이라. 내가 윤칠을 두려워서 네 집에 가지 못하노라." 경석이 돈을 받고 황송스러워 여쭈어 가로대 "무슨 일로 그리하시나잇까?" 가라사대 "일전에 윤칠이 살기를 띠고 동곡에 왔는데, 돈이 아니면 풀기 어렵기로 돈 3원을 주어서 돌려보냈노라." 경석이 황망히 돌아와서 윤칠을 불러 물으니, 과연 사실을 자백하니라.

40 다음날에 학동을 떠나실 새, 공우에게 일러 가라사대 "나의 이번 길은 한 사람의 절을 받기 위함이니, 이번에 받은 절이 천하에 널리 미치리라." 하시니라.

41 기유년 절일節日에 경석이 그 선조先祖에 제사 지내려 하거늘, 선생이 그 준비한 찬수饌需를 가져오라 하사, 여러 종도와 함께 잡수시며 가라사대 "이것이 곧 절사節祀라." 하시니, 그 후로는 매양 절사節祀와 기신忌辰을 당하면 천사天師께 흠향하시게 하니라.

42 선생이 개고기를 즐기사 가라사대 "이 고기는 상등인上等人의 음식이니라." 종도들이 그 이유를 물은데 가라사대 "이 고기를 농민이 즐기나니, 이 세상에 상등인은 곧 농민이라. 선천先天에는 도가道家에서 이 고기를 기忌하였으므로 망량魍魎이 응하지 아니하였느니라."

43 하루는 김자현이 그 조모祖母의 장례를 행하려고 상여를 이동하여 정해진 곳으로 향하거늘, 선생이 동곡銅谷 앞에 금광金鑛터를 가리키며 이곳에 매장하라 하시니, 자현이 듣지 않거늘, 선생이 가라사대 "화룡천년畫龍千年에 진룡眞龍이 이름을 모른다." 하시니라.

44 하루는 종도에게 일러 가라사대 "내가 고부古阜 고리故里에 가면 모든 족속의 항렬이 높은 사람을 대할 때에 반드시 항렬을 따라서 말하게 되나니, 이것은 윤리상 전통이라, 무슨 관계가 있으리오마는 모든 신명神明은 그 불경한 언사를 그르게 여겨 반드시 벌을 주나니, 그러므로 나는 이 일을 어려워서 친족과 교통을 희소하게 하노라."

45 하루는 형렬을 명하사 광찬과 갑칠에게 태을주太乙呪를 많이 읽으

라 하시고, 김병선金炳善(광찬의 조카)에게 도리원서桃李園序를 구송口誦 천독千讀하라 하시고, 경석과 내성에게 시천주주侍天主呪를 혀와 입술을 움직이지 말고 많이 묵송默誦하라 하시니라.

46 4월에 용두치에 머무르실 새, 광찬에게 일러 가라사대 "네가 김병욱의 집에 있으면서 내가 전하는 글을 일일이 깨끗하게 써서 가져오라." 하시고, 형렬로 하여금 글을 전하여 정서淨書하여 온 후에, 광찬에게 일러 가라사대 "이 글을 세상에 전함이 가可하냐?" 대하여 가로대 "뜻대로 하소서." 선생이 가라사대 "정읍井邑에 한 책을 두었으니, 그 글이 나타나면 세상이 다 알리라." 하시고, 드디어 불사르신 후에 동곡銅谷으로 돌아오시니라. 그 글은 다만 광찬의 기억된 대로 1절節을 전하여 온 것이 이러하니라. 「사지상직야士之商職也, 농지공업야農之工業也, 사지상농지공직업야士之商農之工職業也. 기외타상공其外他商工, 유소留所(의유궐문疑有闕文) 만물자생萬物資生, 수치羞恥, 방放, 탕蕩, 신神, 도道, 통統. 춘지기방야春之氣放也, 하지기탕야夏之氣蕩也, 추지기신야秋之氣神也, 동지기도야冬之氣道也. 통이기지주장자야統以氣之主張也. 지심대도술知心大道術. 무신戊申 12월月 24일日 좌선左旋

사삼팔四三八　천지망량주장天地魍魎主張
구오일九五一　일월조왕주장日月竈王主張
이칠육二七六　성신칠성주장星辰七星主張

운運　지기금지원위대강至氣今至願爲大降
무남녀노소아동영이가지無男女老少兒童咏而歌之
시고영세불망만사지是故永世不忘萬事知
시천주조화정영세불망만사지侍天主造化定永世不忘萬事知

47 하루는 김덕찬에게 양지洋紙 1매枚를 주시며 칠성경七星經을 쓰라 하시니, 덕찬이 글자 모양의 대소大小를 물은대, 가라사대 "뜻이 가는 대로 쓰라." 하시므로, 덕찬이 뜻대로 쓰니 지면에 가득하고 다만 세 글자를 쓸만한 여백이 남았거늘, 이에 그 여백에 칠성경七星經 세 글자를 쓰라 하사 불사르시니라.

48 하루는 전주全州 김준찬金俊贊의 집에 계실 새, 김낙범金洛'範에게 물어 가라사대 "근일에 관묘關廟에 치성致誠이 있느냐?" 대하여 가로대 "있나이다." 가라사대 "그 신명神明이 이 지방에 있지 않고 멀리 서양西洋에 가사 대란大亂을 일으키나니, 치성은 헛된 일이니라."

49 하루는 차경석, 김광찬, 황응종 등을 앞에 세우신 후에, 공우에게 몽치를 들리고 윤경에게 칼을 들리사, 하여금 "너희들이 이후에도 지금 스승을 모시고 있듯이 변개變改함이 없겠느냐? 일후日後에 만일 마음을 변개함이 있으면, 이 몽치로 더숙이를 칠 것이요, 이 칼로 할복割腹을 하리라."고 경고하여 써 굴복케 하시니라.

50 매양 동곡銅谷 앞 큰 나무 아래에서 소풍하시며, 금산金山 안과 용화동龍華洞을 가리켜 가라사대 "이곳이 내 묘지墓址라. 장차 꽃밭이 될 것이요, 이곳에 인성人城이 쌓이리라." 하시고, 또 「천황지황인황후天皇地皇人皇後에 천하지대금산사天下之大金山寺」라고 말씀하시니라.

51 하루는 여러 종도에게 일러 가라사대 "대운大運을 받으려 하는 자는 서전서문書傳序文을 많이 송독誦讀하라." 하시고, 또 가라사대 "「차생어수천재지하且生於數千載之下, 이용강명어수천재지전而欲講明於數千載之前, 역이난의亦已難矣.」의 1절節은 청수淸水를 떠 놓고 읽을만한 구절이라."

하시니라.

52 하루는 종도들에게 일러 가라사대 "도통道通이 건감간진손이곤태乾坎艮震巽離坤兌에 있나니라." 하시니, 유찬명이 모시고 있다가 큰 소리로 건감간진손이곤태를 읽고 나가니라.

53 최덕겸이 여쭈어 가로대 "천하사天下事는 어떻게 되오릿가?" 선생이 「자축인묘진사오미신유술해子丑寅卯辰巳午未申酉戌亥」를 쓰시며 가라사대 "이러하리라." 자현이 가로대 "이것을 해석하기 어려우니이다." 선생이 다시 그 위에 「갑을병정무기경신임계甲乙丙丁戊己庚辛壬癸」를 쓰시고, 경석에게 일러 가라사대 "이 두 줄은 베 짜는 바디와 머리 빗는 빗과 같으니라." 하시니라.

54 또 가라사대 "24절후문節候文이 좋은 글인데, 세상 사람은 다 모르나니라. 속언에 절후節候를 철이라 하고, 어린아이의 무지몽매無知蒙昧한 것을 철부지不知라 하여, 소년도 지각知覺을 차린 자에게는 철을 안다 하고, 노인도 몰지각하면 철부지한 아이와 같다 하나니라.

55 또 형렬에게 일러 가라사대 "대상大祥이란 상자祥字는 상서祥瑞라는 상자祥字니라.

56 하루는 공사公事를 행하시고 「대장부대장부大丈夫大丈婦」라 써서 불사르시니라.

57 하루는 모처某處에서 젊은 부인이 남편 상喪을 당한 후에 순절殉節하였다 하거늘, 선생이 들으시고 가라사대 "악독한 귀신鬼神이 무고

히 인명을 살해한다." 하시고, 글을 써서 불사르시니 이러하니라. 「충효열국가지대강忠孝烈國家之大綱, 연국망어충然國亡於忠, 가망어효家亡於孝, 신망어열身亡於烈.」

58 하루는 김송환金松煥에게 고시古詩를 외워주시니 이러하니라. 「소년재기발천마少年才氣拔天摩, 수파용천기세마手把龍泉幾歲磨, 석상오동지발향石上梧桐知發響, 음중율여유여화音中律呂有餘和, 구전삼대시서교口傳三代詩書教, 문기천추도덕파文記千秋道德波, 피폐이성현사가皮幣已成賢士價, 가생하사원장사賈生何事怨長沙.」

59 선생이 자기에게 대하여 심히 불경하며 능욕하는 사람에게는 더욱 예禮로써 우대하시므로 종도 중에 혹 불가하게 생각하는 자가 있으면 곧 일깨워 가라사대 "저들이 나에게 불경함은 나를 모르는 연고라. 만일 나를 잘 알면 너희들과 조금도 다름이 없으리라. 저희들이 나를 알지 못하고 불경하며 능욕함을 내가 어찌 개의하리오?" 하시니라.

60 하루는 종도들에게 일러 가라사대 "과거에는 도통道通이 나지 아니하였으므로 음해를 이기지 못하여 성사成事되는 일이 적었으나, 이후로는 도통이 났으므로 음해하려는 자가 도리어 해害를 입으리라."

61 또 가라사대 "야소교도耶蘇教徒는 야소耶蘇의 재림再臨을 기다리고, 불교도佛教徒는 미륵彌勒의 출세出世를 기다리고, 동학신도東學信徒는 최수운崔水雲의 갱생更生을 기다리나니, 누구든지 한 사람만 오면 각기 저의 스승이라 하여 따르리라."

62 또 가라사대 "내가 출세出世할 때에는 천지가 진동하고 뇌성벽력

이 크게 일어나리니, 잘못 닦은 사람은 죽지는 아니하나 앉을 자리가 없어서 참석하지 못할 것이오, 갈 때에는 따라오지 못하고 엎드러지리라."

63 하루는 종도들에게 일러 가라사대 "대인大人의 행차行次에는 삼초三哨가 있나니, 갑오甲午에 1초哨가 되었고, 갑진甲辰에 2초哨가 되었고, 손병희孫秉熙는 3초哨를 맡았나니, 3초哨 끝에는 대인大人이 나오나니라." 하시고, 손병희의 만사輓詞를 지어 불사르시니 이러하니라. 「지충지의군사군知忠知義君事君, 일마무장사해민一魔無藏四海民, 맹평춘신배명성孟平春信倍名聲, 선생대우진일신先生大羽振日新.」

64 하루는 박공우가 선생께 여쭈어 가로대 "도통道通을 주시옵소서." 선생이 꾸짖어 가라사대 "이 무슨 말이냐? 각各 성姓에 선령신先靈神 1명씩이 천상공정天上公庭에 참열參列하여 있나니, 이제 만일 한 사람에게 도통道通을 주면, 모든 선령신들이 모여들어 편벽됨을 힐난할지라. 그러므로 나는 사정私情을 쓰지 못하노라. 이후에 일제히 그 닦은 바를 따라 도통道通이 열리리니, 공자孔子는 다만 72인만 통예通藝를 시켰으므로 얻지 못한 자는 모두 함원含寃하였나니라. 나는 누구에게나 그 닦은 바에 따라서 도통을 주리니, 상재上才는 7일이요, 중재中才는 14일이요, 하재下才는 21일 만이면 각각 성도成道하게 되리라."

65 또 가라사대 "선천영웅시대先天英雄時代에는 죄罪로써 먹고 살며, 후천성인시대後天聖人時代에는 선善으로써 먹고 사나니, 죄로써 먹고 사는 것이 장구長久하랴 선으로써 먹고 사는 것이 장구하랴? 이제 후천중생後天衆生으로 하여금 선으로써 먹고 살게 할 도수度數를 짜 놓았노라."

66 고부古阜 교동校洞 신경수申京守가 돼지 한 마리를 기르다가 도둑 당하여 잃어버리고 선생께 와서 그 사유를 고한대, 선생이 가라사대 "그 돼지를 찾지 말라. 네가 전생前生에 그 사람의 집에 가서 돼지를 잡아 온 일이 있었나니라."

67 또 가라사대 "창생蒼生이 대죄大罪를 지은 자는 천벌天罰을 받고, 소죄小罪를 지은 자는 인벌人罰 혹은 신벌神罰을 받느니라."

68 세속世俗에 전하여 내려온 모든 의식儀式과 허례虛禮를 그르게 여겨 가라사대 "이는 묵은 하늘이 그르게 꾸민 것이니, 장차 진법眞法이 나오리라."

69 제례진설법祭禮陳設法을 보시고 가라사대 "이는 묵은 하늘이 그릇 정한 것이니, 모든 찬수饌需는 깨끗하고 맛있는 것이 귀한 것이요, 그 놓여 있는 위치로 인하여 귀중하게 되는 것은 아니니라."

70 상복喪服을 보시고 미워하여 가라사대 "이는 걸인乞人 죽은 귀신이 지은 것이니라."

71 하루는 종도에게 일러 가라사대 "나의 일은 어떤 탕자蕩者의 일과 같으니, 고대古代에 어떤 사람이 지조志操가 굳지 못하여 방탕히 지내더니, 하루는 홀로 생각하되 내 일생에 아무것도 성취한 바 없고 이제 한갓 노쇠에 이르게 되니 어찌 한恨할 바 아니리오? 이로부터 개심改心하여 선인仙人을 찾아 선학仙學을 배우리라." 하고, 조용히 오랜 시간이 흐른 뒤에 문득 심신心神이 날아올라 회오리바람을 타고 승천昇天하여 한 선인仙人을 만나니, 그 선인이 가로대 "네가 이제 방탕을 뉘우치고

선학仙學을 뜻하니 그 뜻이 매우 아름답도다. 내가 너에게 선학仙學을 가르치리니, 네가 깨끗한 곳에 도장道場을 세우고 다수의 동학同學을 모아 기다리라. 내가 장차 그곳에 가서 선학仙學을 전수하리라." 그 사람이 명을 받든 후에 선인仙人과 헤어지고 정신을 수습하니, 기미氣味가 맑아지는지라. 이날로부터 깨끗한 곳을 가리고 동지를 구하니, 그의 방탕했던 전일의 습관에 회의하여 듣고 따르는 자가 적고, 다만 그와 평소에 기미氣味가 투합된 자 몇 명이 모여서 잔치를 베풀고 도장道場을 열었더니, 문득 천공天空으로부터 오운五雲이 찬란하고 선악仙樂이 청량하게 들리더니, 이윽고 그 선인仙人이 도장에 내려와서 일제히 선학仙學을 전수하였나니라.

72 또 가라사대 "나의 일은 여동빈呂洞賓의 일과 같으니, 여동빈이 인간人間 세상에서 인연이 있는 자를 가려 장생술長生術 을 전하려고 빗 장사로 변장하여 길가에서 외쳐 가로대 '이 빗으로 빗으면 흰 머리가 검어지고, 굽은 허리가 펴지고, 쇠한 기력이 강장强壯하여지고, 늙은 얼굴이 젊어지나니, 이 빗 값이 1,000냥이로라.' 하거늘, 세상 사람이 허탄하게 생각하여 믿고 좇지 아니하므로 한 노파에게 시험하니, 과연 말했던 것과 같은지라. 모든 사람이 그제야 다투어 모여드니, 동빈洞賓이 드디어 승천昇天하니라."

73 또 가라사대 "48장將을 늘여 세우고, 옥추문玉樞門을 열 때에는 정신 차리기가 어려우리라."

74 속언俗言에 짚으로 만든 계룡鷄龍이라 하나니, 세상이 막 일러주는 것을 모르나니라.

75 차경석에게 일러 가라사대 "동학東學은 차정으로 망하였나니라."

76 또 가라사대 "운수運數를 열어주어도 이기어 받지 못하면, 그 운수가 본처本處로 돌아오기도 하고 또 남에게 그 운수를 빼앗기기도 하나니라."

제 5장
치병治病

1 임인년에 선생이 의법醫法을 화정리花亭里 이경오李京五에게 처음 베푸시니라. 이경오는 대원사大院寺 주지住持 박금곡朴錦谷과 친분이 있으므로 그 병세가 위독함을 금곡에게 말하여 의사醫師를 널리 구하여 주기를 청하니, 금곡이 선생의 신성神聖하심을 앎으로 그 일을 아뢰어 신방神方을 베풀어주시기를 간청하거늘, 선생이 경오에게 가 보시니, 그 병증病症은 왼쪽 발 무명지無名指가 저리고 쑤시어 오후로부터 새벽까지 다리가 부어올라 다리 전부가 큰 기둥과 같이 되었다가, 아침으로부터 부기浮氣가 내려 정오正午에는 원상태를 회복하여 이렇게 3~4년 동안을 촌보를 옮기지 못하고 앉은뱅이가 되어 있더라. 선생이 가라사대 "이 병증이 진실로 괴이하도다. 모든 일이 적은 일로부터 큰일을 헤아리나니, 내가 이 병病으로써 표준을 삼아 천하의 병을 다스리기에 시험하리라." 하시고, 손으로 만져 내리신 후에 처마에서 떨어지는 빗물을 받아서 씻으라 명하셨더니, 경오가 명하신 대로 처마 물을 받아 씻음에 곧 나으니라.

2 전주全州 우묵곡宇默谷 이경오의 어린아이가 복통이 있어서 여러 날 대소변을 불통하여 생명이 위독하거늘, 경오가 어린아이를 안고 와서 고쳐주시기를 청한대, 선생이 어린아이를 앞에 눕히시고 손으로 배를 내려 만지시니, 곧 소변을 통하는지라. 그릇에 소변을 받아서 두었다가 내어본즉, 그릇 바닥에 무슨 분말이 침전되어 있거늘, 선생이 가라사대 "이것은 당분糖粉이라. 어린아이가 많이 먹으면 한문汗門이 막히고 이러한 병이 발하기 쉬우니 주의하라." 하시니라.

3 계묘년 3월에 전주부全州府에 머무르실 새, 장효순張孝淳의 딸이 어릴 적부터 회복蛔腹을 앓아 매년 3~4회를 한 달 남짓씩 고통하더니, 이 해에는 수개월을 이어서 고통함에 생명이 위태하게 되었거늘, 효순이 그 일을 아뢰고 고쳐주시기를 애걸하니, 선생이 그 사위를 부르사 부부끼리 벽을 사이에 두고 서로 등을 맞추어 서라 하시니, 그 사위가 명하신 대로 함에 처妻의 통증은 곧 낫고, 그 증세를 옮겨서 앓거늘, 선생이 손으로 만져 낫게 하시니라.

4 김윤근金允根이 묵은 치질로 수십 년을 앓아오다가 이 해에는 더욱 심하여 기동起動을 못 하고 누웠거늘, 선생이 불쌍히 여기사 매일 아침에 시천주侍天呪 7번씩 읽으라 하셨더니, 윤근이 그대로 하여 수일 만에 곧 나으니라.

5 고부인古阜人 이도삼李道三이 간질이 있어 고쳐주시기를 청하거늘, 선생이 가라사대 "나를 따르라." 하시고, 누워서 자지 못하게 하였더니, 식후食後가 되면 복통이 발하고 대변에 담痰이 섞여 나오다가 14일 만에 나으니라.

6 갑진년 9월 10일에 함열咸悅 회선동會仙洞 김보경金甫京의 집에 가시니, 개가 심히 짖고 나오더라. 이때에 보경이 병들어 누워서 크게 위독하므로 선생께 고쳐주시기를 청하거늘, 선생이 웃으며 가라사대 "주인의 병은 이미 저 개에게 옮겼으니 근심 말라." 하시더니, 과연 보경의 병은 곧 회복되고, 그 개는 병들어 3일 만에 죽으니라.

7 12월에 동곡銅谷에 이르시니, 김갑진金甲振이 수년 된 나병으로 얼굴 부분과 수족에 부종浮腫이 나고 눈썹 털이 빠졌더니, 선생의 신성神聖하심을 듣고 와 고쳐주시기를 애달게 청하거늘, 선생이 갑진으로 하여금 정문正門 밖에서 방을 향하여 서게 하시고 김형렬과 그 외 몇 명으로 하여금 대학경大學經 1장章 장하章下를 송독誦讀케 하신 후에 돌려보내시더니, 이로부터 갑진의 병이 쾌차하니라.

8 동곡리銅谷里 앞에서 술장사하는 전순일全順一이 오랜 병으로 오랫동안 고통하다가 선생께 뵈입기를 지극히 원하거늘, 선생이 한공숙韓公淑을 데리고 그 집에 가사, 순일에게 일러 가라사대 "내가 있는 곳에 술 한 상을 차려 오라." 하시고, 또 일러 가라사대 "의사醫師가 떠나니, 환자는 문밖에 나와 송별하라." 하시니, 순일이 억지로 사람을 붙들고 일어나서 문밖에 나와 송별함에 병세가 곧 쾌차하니라. 그 후로 순일이 술상을 차려 오지 아니하거늘, 선생이 가라사대 "그 사람이 구미口味를 얻지 못하여 괴로우리라." 하시더니, 과연 순일이 구미가 돌아서지 아니하여 수개월을 괴로워하니라.

9 또 그 이웃집에 술장사하는 김사명金士明의 아들 성옥成玉이 6~7세가 되었는데 어느 날 급병에 걸려 죽거늘, 반나절이 넘도록 살리려고 백방으로 주선하여도 회생할 희망이 없는지라. 할 일 없이 그 모친이

죽은 아이를 안고 동곡약방銅谷藥房에 다다르니, 선생이 그 바깥문에 당도할 때에 미리 아시고 문득 가라사대 "약방의 운수를 막으려고 시체를 안고 오는 자가 있다." 하시더라. 성옥의 모친은 시체를 선생의 앞에 누이고 곡소리를 내면서 살려주시기를 애걸하거늘, 선생이 웃으시며 시체를 무릎 위에 올려 누이시고 배를 만져 내리시며 허공을 향하여 「미수眉叟 시켜 우암尤菴 부르라.」고 큰소리로 외치신 후에 침을 흘려서 죽은 아이의 입에 넣으시니, 죽은 아이가 문득 항문으로 추한 액체를 쏟으며 큰소리를 치고 회생하거늘, 이에 쌀밥을 지어서 먹이시고, 걸려서 돌아가게 하시니라. (성옥은 지금 장년인데 동곡에 거주함)

10 동곡銅谷 김창여金昌汝가 수년 된 적체積滯로 음식을 먹지 못하여 형용이 초췌하거늘, 선생이 불쌍히 여기사 평상 위에 누이신 후에 배를 어루만지시며, 형렬을 명하사 「조래천하팔자곡調來天下八字曲, 누류인간삼월우淚流人間三月雨, 규화세침능보곤葵花細忱能補袞, 평수부종빈읍결萍水浮踵頻泣玦, 일년월명임술추一年月明壬戌秋, 만리운미태을궁萬里雲迷太乙宮, 청음교무이객소清音鮫舞二客簫, 왕겁오비삼국진往劫烏飛三國塵.」이라는 글을 읽어주었더니 그 후로 창여의 체증이 전쾌되니라.

11 전주 용두치 김모金某가 앉은뱅이로서 교자轎子를 타고 와서 고쳐주시기를 애걸하거늘, 선생이 그 사람을 앞에 앉히시고 담뱃대를 들어 올리시며 가라사대 "이 담뱃대를 따라 차차 일어서라." 하시니, 그 사람이 그 서서히 들어 올리는 담뱃대를 따라서 무릎과 다리를 점점 펴며 일어서거늘, 이에 형렬을 명하사 「예고신曳鼓神, 예팽신曳彭神, 석란신石蘭神, 동서남북중앙신장東西南北中央神將, 조화조화운오명령훔造化造化云吾命令吽」이라는 글을 읽은 후에 그 사람으로 하여금 뜰 안에 구보驅步케 하시고 광찬을 명하사 회초리로 종아리를 때려 빨리 걷게 하시

고 교자를 버리고 도보로 돌려보내실 새, 사례금 30냥을 받아 큰길가 주점에 나가사 내왕하는 행인을 불러 술을 사 주시며 가라사대 "다리를 펴 주니 고맙다." 하시니라.

12 금구金溝 수류면水流面 구미동龜尾洞 최운익崔雲益의 아들이 병들어 죽을 지경에 이르렀으므로 운익이 와서 살려주시기를 청하거늘, 선생이 가라사대 "그 병자의 형모가 심히 누추하여 일생에 한恨을 품었으므로 그 혼魂이 이제 중국 심양瀋陽에 있어서 돌아오기를 싫어하니 어찌할 수 없노라." 운익이 그 병자의 형모를 보는 듯이 알아 말씀하심을 신성神聖하게 여기며 회생치 못하리라는 말씀에 더욱 슬퍼하여 굳이 약을 청하는지라. 선생이 사물탕四物湯 한 첩을 지으사, 첩지貼紙에 구월음九月飮이라 써 주시니, 운익이 약을 가지고 집에 돌아간즉, 그 아들은 벌써 죽었더라. 운익이 돌아간 후에 종도들이 구월음九月飮의 뜻을 물은대 가라사대 "「구월장시황어여산하九月葬始皇於驪山下」라 하였으니, 살지 못할 뜻을 표시함이로라. 만일 굳이 약을 청하여 얻지 못하면 한恨을 품을 것이므로 그 뜻을 위로하기 위하여 약을 주었노라." 하시니라.

13 동곡銅谷 박순여朴順汝의 모친이 나이가 60여 세에 병들어 매우 위독하여 회춘될 희망이 없으므로 치상治喪 물품을 준비하고 장례葬禮에 쓸 술까지 빚어넣었더니, 선생이 들으시고 순여의 집에 가사 순여로 하여금 시장에 가서 초종初終에 쓰는 모든 물건을 쓰이지 않게 하여 주라는 심고心告를 성의껏 하고 돌아오라 하시고, 사물탕四物湯 한 첩을 달이신 후, 그 병실病室 정문 밖 계단 아래서부터 12보步를 행하사 땅을 장방형長方形으로 파고 그 약을 부으며 가라사대 "병이 이미 장기葬期에 이르렀으니, 약을 땅에 써야 되리라." 하시고 돌아오시니, 병자는 이로부터 곧 회생하니라. 이때에 순여가 시장으로부터 돌아오거늘, 선

생이 물어 가라사대 "시장에서 누구에게 심고心告하였느냐?" 순여가 대하여 가로대 "선생님께 심고하였나이다." 선생이 웃으시고 그 빚어 넣었던 술을 가져오라 하사, 이웃 사람들을 불러 나누어 먹이시니라.

14 병오년 3월에 경성京城 황교黃 橋 김영선金永善의 집에 머무르실새, 이웃에 있는 오의관吳議官이 3년 전부터 폐병에 걸리어 이미 위급한 지경에 이르렀더니, 영선에게 선생의 신성神聖하심을 듣고 와 뵈인 후, 고쳐주시기를 간청하거늘, 선생이 글을 써 주시며 가라사대 "이것을 그대의 침실에 간직해 두라." 오씨가 그대로 하였더니, 그날 밤부터 잠을 잘 자고 모든 다른 병증도 다 끌려 완쾌하니라.

15 오의관吳議官의 처가 어릴 적부터 청맹靑盲이 되어 앞을 보지 못하더니, 그 남편의 병이 쾌차되었음을 듣고 눈을 뜨게 하여 주시기를 애원하는지라. 선생이 그 맹인의 침실 정문에 이르사 양산대로 땅을 그어 돌리신 후에 흰 소금을 조금 먹이시고 해가 쪼이는 곳에서 사성음四城飮 한 첩을 달여서 땅을 파고 부으시니, 그 눈이 환하게 밝아지니라. 오의관 부부는 크게 감읍하여 지성으로 선생께 공양하며 일행의 경비를 부담하니라.

16 동곡 부근에 사는 김도일金道一이 선생께 심히 거만하더니, 복통이 발하여 여러 날 고통하거늘, 선생이 도일에게 가 보시고 손으로 그 흉부로부터 배꼽 위까지 만져 내리고 돌아오시더니, 그 후로는 배꼽 위의 복부에는 통증이 없어지고 배꼽 아래 복부에는 통증이 의연한지라. 도일이 사람을 보내어 선생께 다시 만져 주시기를 청하니, 선생이 도일을 불러오사 방 안에 누이시고 문밖에서 거닐으시다가 들어오시며 문득 도일을 꾸짖어 가라사대 "네가 어찌 어른의 앞에 누웠느냐?"

하시고 종도들을 명하사 일으켜 쫓아내시니, 도일이 크게 분노하여 돌아갔더니, 그 병이 그때부터 곧 쾌차하거늘, 도일이 비로소 그 꾸지람이 약이었음을 깨달으니라. 종도들이 꾸지람으로 치료하시는 이유를 물은대, 가라사대 "그 병증은 회충의 작용이라. 내가 한번 만짐에 회충이 배꼽 아래에 내려가서 감히 대두하지 못하는데, 만일 다시 만지면 녹아서 죽을 뿐 아니라 사람의 생명까지 위태할지라. 그러므로 병자를 분노케 하여 회충이 그 기운을 타고 올라와서 본처로 돌아 안정을 얻게 한 것이니, 이것이 의술이니라."

17 도일이 병이 나은 후로 요통이 나서 풀리지 아니하여 지팡이를 짚고 선생께 와 뵈이니, 선생이 가라사대 "병이 나은 뒤에 오히려 지팡이를 짚고 다님은 웬일이뇨?" 도일이 대하여 가로대 "요통이 나서 그러하나이다." 선생이 광찬을 명하사 그 지팡이를 꺾어버리셨더니 이로부터 요통이 곧 쾌차하니라.

18 다시 도일을 명하사 가라사대 "서쪽 하늘에 붉은 구름이 떠 있는가 보라." 하시니, 도일이 나가 보고 복명하여 가로대 "붉은 구름이 떠 있나이다." 선생이 가라사대 "금산金山을 얻기가 어렵다." 하시니라.

19 형렬이 각통脚痛으로 인하여 발한두통發寒頭痛하며 음식을 전폐하고 괴로워하거늘, 선생이 64괘卦를 암송하라 명하시니, 형렬이 그대로 함에 곧 한기寒氣가 물러가며 두통이 그치고 각통도 전쾌하거늘, 극히 이상히 여겨 그 이유를 물은대, 선생이 가라사대 "팔괘八卦 가운데 오행五行의 이치가 있고, 약藥은 곧 오행의 기운을 응함인 까닭이라." 하시니라.

20 정미년 봄에 전주全州 이서면伊西面 불가지佛可止 김성국金成國의 집에 계실 새, 같은 면 관동鸛洞(함새몰)에 사는 문치도文致道가 선생의 이름을 듣고 찾아와 뵈이려 할 새, 오는 길에 이성동伊城洞 송대유宋大有에게 들려 동행하려 하였더니, 송대유는 마침 손님이 있어서 동행하지 못하고 그 종제從弟를 동행케 하며 가로대 "내 종제가 폐병으로 고통한 지 수년에 위급한 지경에 이르렀으니, 강선생姜先生께 말씀을 잘 하여 좋은 약을 얻어줌을 바라노라." 하며 돈 2원을 그 종제에게 주며 가로대 "이것을 약소하나 가지고 가서 술값이나 한때 공양하라. 그리고 갚을 때에 이자는 없이 하라." 병자가 그 돈을 받았다가 갚으라는 말을 듣고, 1원을 돌려주며 가로대 "1원이면 족합니다." 하고 치도를 따라서 선생께 와 뵈이니라. 치도가 선생께 그의 병세를 아뢰고 고쳐 주시기를 청한대, 선생이 가라사대 "인색한 자는 병을 고치지 못 하나니라." 치도가 대하여 가로대 "이 사람이 원래 가난하여 인색할 거리가 없나이다." 선생이 가라사대 "주는 것을 가지고 오지 아니하였으니, 어찌 인색이 아니리오? 병이란 저의 믿음과 성의로 낫느니라." 치도는 이 말씀을 듣고 그 신성神聖하기 비교할 바가 없음에 놀라고 병자는 부끄러워하여 돌아가니라. 치도가 돈 1원을 내어 김성국에게 부탁하여 약간의 술과 안주를 준비하여 선생께 올리니, 선생이 물어 가라사대 "이것이 어디서 난 것이냐?" 하시니, 성국이 치도의 공양임을 아뢰거늘, 선생이 가라사대 "그 돈이 오늘 저녁에 많은 증식을 얻을 것인데, 부질없는 일이로다." 하시니, 대개 그 돈은 그날 저녁에 노름 자본을 하려 했던 것이라. 치도가 더욱 놀라서 천신天神의 강세降世이신 줄로 믿으니라. 치도가 물러감을 고한대, 선생이 가라사대 "병자는 오늘 저녁부터 보리밥을 먹게 하라. 그러면 병세가 곧 끌리리라." 치도가 명을 받들고 병자에게 그대로 일렀더니, 과연 보리밥으로써 얼마 안 가 전쾌하니라.

21 정미년에 형렬의 사촌 동생 준상俊相의 처妻가 좌우 발바닥에 종창腫脹이 나서 모든 약에 효험을 보지 못하고 마침내 죽을 지경에 이르렀거늘, 준상이 와서 고쳐주시기를 청한대, 선생이 가라사대 "그 환부가 곧 용천혈龍泉穴이라. 다스리기 어려울 것이니 죽는 날만 기다릴 수밖에 없을 것이요. 만일 성의를 다하여 다스리려 할진대 100냥의 금전을 소비하여야 하리라." 준상이 여쭈어 가로대 "가세가 매우 빈핍하여 100냥의 금전을 준비하기 어려우니 집이라도 팔 수밖에 없나이다." 선생이 가라사대 "그러면 그 집을 내게 팔아라." 준상이 드디어 승낙하고 매도문서를 써 올리니, 선생이 받아서 불사르고 손가락으로 물을 찍어서 환부를 만져 낫게 하여 주신 후에, 그 집은 준상으로 하여금 전과 같이 거주하게 하시고, 다만 쪽방 한 칸을 수리하여 약국藥局을 여시니라.

22 동곡 박순여가 반신불수증으로 오랫동안 자리보전을 하다가 활동력을 전부 상실하였으므로 선생께 사람을 보내어 고쳐주시기를 청하거늘, 선생이 김자현에게 물어 가라사대 "순여의 병을 다스림이 옳으냐? 그대로 두어 죽게 함이 옳으냐? 네가 마음을 풀어야 하리라." 자현이 이상히 여겨 가로대 "살려주심이 옳으니이다." 선생이 가라사대 "순여가 네게 불평을 끼친 일이 많으니, 그러면 너와 함께 가서 치료하리라." 하시고, 자현을 데리고 순여의 집에 이르사, 휘파람을 한 번 부시고 병든 다리를 주물러 내리시며 끓인 물 한 그릇을 먹이셨더니, 그 병이 곧 완쾌되니라. 대저 자현이 사교 관계로 순여에게 불평을 가졌는데, 선생이 그 일이 척이 되어 있음을 아시고 물으심이니라.

23 동곡銅谷 이재헌李載憲의 처가 병이 든 지 수년에 형해形骸만 남았거늘, 재헌이 선생께 와 뵈입고 고쳐주시기를 간청하니, 선생이 가라

사대 "그 병은 환자가 평소에 타인에게 악언惡言을 많이 하여 그 보응으로 발한 것이니, 날마다 회개하면 병이 저절로 나으리라." 재헌이 명하신 대로 그 처를 효유曉諭하여 날마다 허물을 뉘우치게 하였더니, 그 뒤로 곧 나으니라.

24 용암리 앞 주점에 지나실 새, 그 주모가 연주나력連珠瘰癧으로 말기에 이르러서 선생께 고쳐주시기를 애걸하거늘, 선생이 글을 써서 그 집 개에게 던지시니, 그 개는 곧 엎드러져 죽고 주모의 병은 곧 나으니라.

25 박공우의 처가 겨울에 물을 긷다가 빙판에 엎드러져서 허리와 다리를 크게 다쳐 움직이지 못하고 누웠거늘, 공우가 크게 걱정하여 청수淸水를 떠 놓고 멀리 선생의 계신 곳을 향하여 그 처의 상처를 낫게 하여 주시기를 지극한 정성으로 발원하였더니, 그 처가 곧 나아 일어나니라. 그뒤에 공우가 선생께 와 뵈인대, 선생이 웃으시며 가라사대 "네가 내환內患으로 얼마나 염려하였느냐?" 하시니라.

26 무신년에 차경석의 소실小室이 손가락 끝에 바늘이 찔린 것이 독이 나서 점점 팔이 저리다가 마침내 반신불수가 되었거늘, 선생이 60간지干支를 쓰시고, 한 간지干支씩 읽으심을 따라서 상했던 손가락 끝으로 힘껏 짚으라 하신 후에, 다시 명하사 술잔을 들고 거닐게 하시니, 이로부터 혈기가 유통되어 곧 쾌차하니라.

27 대흥리 부근 거사막巨沙幕에 사는 장성원張成遠의 어린아이가 병들어서 낮이면 낫고 밤이면 신열身熱과 기침으로 잠을 자지 못하고 수개월 동안 고통하거늘, 성원이 병든 아이를 안고 와 고쳐주시기를 청

한대, 선생이 가라사대 "이 병의 근원은 곧 서양西洋으로부터 멀리 건너온 비별飛鼈이니, 낮이면 나가 놀고 밤이면 들어오는 것이라. 불가불 다른 곳으로 옮겨야 나을 터인데, 산으로 옮기면 금수도 또한 생명이요, 바다로 옮기면 어별魚鼈도 또한 생명이니, 전선電線에 붙여서 사방으로 흩어가게 하리라." 하시고, 성원을 명하사 철사鐵絲 몇 척尺을 구하여 병든 아이의 머리 위에 둘렀다가 전주電柱 밑에 버리라 하시니, 성원이 그대로 하여 곧 나으니라.

28 김경학의 8세 된 어린아이가 병들어 여러 날을 고통하거늘, 선생이 병실에 들어가 보시고 꾸짖어 가라사대 "너의 부친이 들어오는데 일어나지 아니하니 그런 도리가 어디 있느냐?" 하시니, 병든 아이가 두려워하여 일어나니 곧 병이 나으니라. 경학이 부친이라는 말씀을 이상히 여겨 생각하니, 일찍 풍속을 따라 금산사金山寺 미륵불彌勒佛에 판 일이 있었는데, 선생은 곧 미륵불彌勒佛이신 까닭이러라.

29 그 후에 경학이 병들어 위독하거늘, 선생이 아시고 사물탕四物湯을 달여서 땅에 붓고 달의 색을 우러러보게 하시니, 곧 나아 일어나니라.

30 김낙범金洛範이 천포창으로 고통하다가 하루는 선생이 용두치龍頭峙에 계실 새, 낙범이 지극한 정성으로 시봉하더니, 선생이 문득 진노하사 꾸짖어 가라사대 "네가 어찌 어른 앞에서 그렇게 태만하느냐?" 하시니, 낙범이 다만 머리를 조아리고 한편으로는 송구하게 생각하며 한편으로는 이상히 여기다가 그 후에 집으로 가서 허물을 생각하되 깨닫지 못하고 송구히 지내더니, 그 후로 천포창이 곧 쾌차하거늘, 비로소 선생의 진노와 견책이 곧 약藥임을 깨달으니라.

31 수류면水流面 회평리會坪里에 사는 18~19세 된 소년 광부礦夫가 큰 돌에 상하여 다리가 부러지고 근육이 떨어져 마침내 그대로 굳어서 다리가 구부러지고 굽혔다 펴지 못하므로 선생께 와서 고쳐주시기를 애걸하거늘, 선생이 가라사대 "남의 눈에 눈물을 흘리게 하면 내 눈에는 피가 흐르나니라." 하시며, "몸을 뛰어서 골절과 혈맥을 충동케 하라." 하시니, 그 소년이 몸을 솟아 한번 뛰매 즉시 그 굽었던 다리가 펴져 임의로 굽혔다 펴게 되니라.

32 동곡銅谷 이정삼李正三이 발저종髮底腫이 발하여 크게 고통하거늘, 선생이 보시고, 광찬을 명하사 백호를 쳐 주시니, 그 종기가 곧 나으니라.

33 동곡에서 술장사하는 평양댁의 아들이 5세인데 왼쪽 앉은뱅이가 되어 서지도 못하므로 선생께 안고 와서 고쳐주시기를 청하거늘, 선생이 가라사대 "내일 아침에 소고기와 참기름을 조금 먹이고 안고 오라." 하시니, 평양댁이 가난한 까닭에 소고기는 사 먹이지 못하고 참기름만 먹인 후에 안고 와서 그 사유를 아뢰니, 선생이 누우사 아무 말씀도 아니하신지라. 평양댁이 심히 미안하여 병든 아이를 때리며 가로대 "병신이 되려거든 차라리 죽으라." 하니, 병든 아이가 울며 문득 다리를 펴고 일어나서 피하여 달아나거늘, 평양댁이 그 광경을 보고 매우 기뻐하여 선생께 감사하되, 선생은 아무 말씀도 아니하시니라.

34 황응종黃應鍾이 선생을 뵈이려고 태인泰仁 새올 최창조崔昌祚의 집에 이르니, 마침 곡哭소리가 들리거늘, 응종이 들어가지 아니하고, 창조를 불러내서 온 사유를 말하니, 창조가 들어가서 선생께 고한 후에 나와서 일러 가로대 "이제 내 집에 계시나 지금 보시는 일이 있으니,

조금 기다리라." 하므로, 응종이 그 앞 여관에 나가서 기다리려 하더니, 다시 곧 부르시거늘, 들어가 선생께 뵈이니, 선생이 창조의 7세 된 아들을 무릎 위에 뉘어 안으셨는데, 곧 숨이 떨어진 시체러라. 대저 창조의 아들이 그 전날에 급병急病으로 인하여 죽었으므로 창조가 선생의 계신 곳으로 찾아가 죽은 아이를 회생케 하여 주시기를 애원하여, 선생이 그때에 방금 창조의 집에 오사, 죽은 아이를 살리려 하심이라. 손으로 죽은 아이의 복부를 만지시고, 수저로 깨끗한 물을 떠서 죽은 아이의 입에 넣으니, 죽은 아이가 왼쪽 다리를 움직이거늘, 선생이 꾸짖어 가라사대 "네가 어찌 어른 앞에 누웠느냐?" 하시니, 죽은 아이가 문득 눈을 뜨고 정신을 차려 일어나거늘, 선생이 모든 사람에게 사담私談을 금하시며 가라사대 "이 아이가 머나먼 천릿길을 돌아왔으니, 조용히 있어야 할지라. 내실內室로 옮겨 누이고 미음을 달여 먹이라." 하셨더니, 다음날에 그 아이가 외실外室에 나오거늘, 그 입에 참기름을 바르시고 밥을 먹이시니라.

35 그 후에 손병욱孫秉旭의 처가 병들어 죽을 지경에 이르거늘, 황응종이 그 사유를 선생께 고하니, 선생이 응종을 데리고 병욱의 집에 이르사, 병실 문밖에 앉아 한담閑談하시더니, 응종이 병욱에게 선생께 대접할 술을 준비하라 하거늘, 선생이 들으시고 가라사대 "내가 먹을 술은 있으니, 준비하지 말라." 하시더니, 과연 병욱의 장모가 선생의 왕림하심을 알고 술과 안주를 가지고 오니라. 선생이 술을 마시신 후에 응종에게 일러 가라사대 "와병臥病에 인사人事가 끊어지니, 환자를 붙들어 일으키라." 하시니, 응종이 환자를 붙들어 일으키거늘, 다시 가라사대 "병은 이미 나았으나, 이후로 잉태는 못하리라." 하시더니, 과연 그 후로는 잉태하지 못하니라.

36 선생의 부친이 병들어서 위독하거늘, 황응종이 선생께 병이 든 소식을 아뢰려고 동곡銅谷에 이르러 선생이 계신 곳을 물으니, 전주全州 능소陵所에 계시다 하거늘, 다시 그곳으로 가니, 동곡에서 거리가 70리러라. 능소에 이르러 선생께 뵈입고 병 소식을 아뢴대, 선생이 술을 주신 후에 돈 10원을 주시며 가라사대 "날은 이미 졌으나, 불쾌한 마음을 두지 말고 곧 돌아가다가 청도원淸道院 김송환金松煥의 집에 들어가 자고, 내일에 동곡銅谷 김갑칠金甲七에게 가서 나의 두루마기 한 벌을 가지고 집에 돌아가 부친에게 입히고, 이 돈으로 보신할 음식을 사서 잘 공양하라." 응종이 날은 이미 저물었으나 감히 명을 거스리지 못하고 능소를 떠났더니, 걸은 지 한 시간이 못 되었는데, 뜻밖에 길옆에 석비石碑가 보이거늘, 자세히 살피니 곧 청도원이라. 응종이 놀라서 생각하되 능소에서 여기까지가 60리인데 한 시간이 못 되어 당도하게 됨은 반드시 선생의 도력道力에 밀려옴이라 하니라. 송환의 집에 들어가 자고 다음날 아침에 동곡銅谷에 들려 두루마기를 가지고 객망리客望里에 이르러서 그 부친에게 두루마기를 입히니, 곧 정신이 회생하여 판별력이 생기거늘, 이에 보신할 음식을 사서 공양하니 원기도 곧 회복되니라.

37 김준찬金俊贊의 모친이 다년간 견비통을 앓아 팔을 굽혔다 펴지 못하고 고통하더니, 형 덕찬德贊이 선생을 모시고 이르거늘, 준찬이 그 소실小室의 침실을 치우고 선생을 모셨더니, 선생이 가라사대 "네 모친이 견비통으로 고통하느냐?" 준찬이 대하여 가로대 "그러하니이다." 또 사사로운 말을 하다가 가라사대 "밖 인심은 좋은데, 안 인심이 좋지 못하도다." 하시거늘, 준찬이 이상히 여겨 내실에 들어가 살피니, 소실小室이 자기의 침실을 치운 것을 불평히 여겨 노기를 띄우고 있으므로, 준찬이 잘 위로하니라. 다음날에 그 모친의 견비통이 저절로 나아 굽

히고 펴기를 임으로 하니, 이로부터 준찬은 크게 경복敬服하여 선생을 따르니라.

38 황응종의 아들이 병들어 위독하거늘, 응종이 청수淸水를 떠 놓고 선생이 계신 곳을 향하여 낫게 하여 주시기를 발원하니, 그 병이 곧 낫는지라. 다음날에 동곡銅谷에 와서 선생께 뵈이니, 선생이 물어 가라사대 "어제 구름을 타고 내려다본즉 네가 손을 비비고 있었더니 어찌 된 일이냐?" 하시거늘, 응종이 그 사유를 아뢴대, 선생이 웃으시니라.

39 김준찬의 아들이 병들어 죽을 지경에 이르거늘, 빨리 동곡銅谷에 와 선생께 그 사유를 아뢰니, 선생이 아무 말씀도 아니하시므로 마음이 초조하여 곧 돌아가기를 고한대, 선생이 만류하사 밤을 지내고 가라 하시므로, 명을 어기지 못하여 뜬눈으로 밤을 새우고 다음날 이른 아침에 집으로 돌아가니, 병든 아이가 나아서 쾌활하게 노는지라. 그 병세가 쾌차된 때를 물으니, 선생께 병세를 아뢰던 시각과 일치하니라.

40 김준상의 처가 흉복통이 있어서 1년에 두세 차례씩 지루하게 고통하여 형용形容이 초췌할 뿐 아니라 가사家事를 수습하지 못하여 살림이 항상 그럭저럭하여 집안 꼴을 이루지 못하거늘, 준상이 선생께 그 사유를 아뢰어 고쳐주시기를 청한대, 선생이 불쌍히 여기사 사성음四聖飮 한 첩을 지어 주시며 옷장 속에 깊이 감추어두라 하시거늘, 준상이 명하신 대로 하였더니, 그 후로는 그 증세가 다시 발작하지 아니하니라.

41 대흥리 신재인申才人의 아들이 흉복통으로 죽을 지경에 이른지라. 신재인이 선생께 와서 고쳐주시기를 청하거늘, 선생이 가라사대 "돼지

한 마리를 삶아서 오라." 재인이 명하신 대로 행하려 하더니, 문득 다시 가라사대 "멀지 않아 돼지고기 세 조각이 이르리니, 돼지를 잡지 말라." 하시더니, 이윽고 차윤경이 제사 지낸 집에 가서 술상을 가져오니, 과연 술상에 돼지고기 세 조각이 있는지라. 드디어 재인에게 주어 그 아들에게 먹이게 하시니, 흉복통이 곧 나으니라.

42 대개 종도 가운데 무슨 병이 있어 와서 고하는 자가 있으면, 그 증세의 여하를 물으신 후에는 아무 치료법을 베풀지 않아도 나으며, 만일 위독한 지경에 이른 사람이면 그 증세를 가늠하여 앓으시면 곧 나았나니, 가령 복통이 있는 사람이면 문득 배가 아프다고 한번 말씀하시고, 머리가 아픈 사람이면 머리가 아프다고 한번 말씀하실 따름이니라. 그러므로 하루는 형렬이 여쭈어 가로대 "병을 낫게 해 주시며, 아이를 낫게 해 주시고도 아무 말씀을 아니하시니, 그 공功을 알아줄 사람이 없겠나이다." 선생이 가라사대 "병만 낫고 아이만 나으면 가可할지니, 공을 알 필요가 있으리오?" 공덕을 남에게 알게 하려는 것은 소인小人의 일이라 하시니라.

제 6장
천지공사天地公事

1 임인년 4월에 김형렬의 집에 머무르사 명부공사冥府公事를 행하시며 일러 가라사대 "명부공사의 심리審理를 따라서 인세人世의 모든 일이 결정되나니, 명부冥府의 혼란으로 말미암아 세계도 또한 혼란케 되느니라." 하시고, "최수운崔水雲, 전명숙全明淑, 김일부金一夫로 명부冥府의 정리공사正理公事를 주主케 한다." 하시면서, 날마다 글을 써서 불사르시니라.

2 김형렬의 집이 가난하여 보리밥으로써 선생께 공양하더니, 8월 추석절秋夕節을 당하여 할 일 없이 솥을 팔아서 명절 음식을 준비하려 하니, 선생이 가라사대 "솥이 들썩이니 미륵불彌勒佛이 출세出世하리로다." 하시고, 형렬로 하여금 쇠꼬리 한 개를 구하여 불을 피우고 두어 번 둘러낸 후에, 형렬을 명하사 태양을 보라 하시니, 형렬이 우러러봄에 햇무리가 둘러 있더라. 선생이 가라사대 "이제 천하대세天下大勢가 병이 들어 큰 종기를 이룬 것과 같도다. 내가 종기를 파破하였노라." 하시니라.

3 계묘년 봄에 선생이 형렬과 모든 종도에게 일러 가라사대 "고대古代에는 동서양東西洋이 교통交通이 없었으므로 신명神明도 또한 넘나들지 못하였더니, 이제는 기차와 윤선輪船으로 수출입輸出入되는 화물표貨物表를 따라서 통행하므로, 조선신명朝鮮神明을 서양으로 들여보내어 역사役事를 시키려 하노니, 재주財主를 얻어서 길을 띄워야 할지라. 재주財主를 천거하라." 김병욱이 전주부호全州富豪 백남신白南信을 천거하거늘, 선생이 남신에게 물어 가라사대 "가진 재산이 얼마나 되느냐?" 남신이 대하여 가로대 "30만 냥은 되나이다." 또 물어 가라사대 "20만 냥으로써 그대의 생활은 넉넉히 하겠느냐?" 대하여 가로대 "그러하리이다." 또 가라사대 "이제 쓸 곳이 있으니, 돈 10만 냥을 들이겠느냐?" 남신이 가만히 생각하다가 드디어 허락하거늘, 이에 10일로 한정하여 증서를 받아서 병욱에게 맡기셨더니, 기한이 이름에 남신이 돈을 준비하여 각지刻紙로 12매를 올린대, 선생이 글을 써서 불사르시고, 또 병욱에게 맡기신 증서를 불사르신 후에 각지 12매는 돌려주시며 가라사대 "돈은 이미 요긴하게 써서 일을 잘 보았으니 다행이라." 하시니, 남신은 현금으로 쓰지 아니하신 것을 미안히 여기고, 다시 여쭈어 가로대 "현물現物의 시세時勢를 보아서 무역貿易하여 이익을 증식함이 어떠하니잇까?" 선생이 가라사대 "그것은 불가하니라." 하시고, 또 가라사대 "남신의 일이 용두사미龍頭蛇尾와 같다." 하시니라.

4 그 뒤에 선생이 여러 종도에게 일러 가라사대 "이 지방을 수호하는 모든 신명神明을 서양西洋에 보내어 큰 난리를 지으리니, 이 뒤로는 외인外人들이 주인 없는 빈집 들 듯하리라. 만일 모든 신명이 일을 마치고 돌아오면 제 집 일은 제가 맡아 하리라."

5 이 해 여름에 김병욱이 관찰부觀察府의 위촉으로 남원南原에 가서

오랫동안 체류하여 세금을 감독하여 거두니라. 이때에 조정朝廷은 러시아와 결탁하여 일본을 억제하고자 할 새, 일본에 망명한 박영효朴泳孝 일파를 친일파親日派로 지목하여 그 당파黨派를 대거 박멸하니, 병욱이 또한 연루가 된 지라. 10월에 경성京城으로부터 다수의 순검대巡檢隊가 돌연히 전주부全州府에 이르러 병욱을 수색하다가, 남원에 있는 줄 알고 밤늦게 남원으로 향하니라. 이때에 선생이 남원南原에 이르사, 병욱을 찾아서 그가 거둔 세금을 여관 주인에게 보관하게 하고 곧 동행하사 뜰 밖에 나가시니, 병욱은 그 연유를 모르더라. 10여 리를 가사 병욱의 조상묘祖上墓 재사齋舍에 들어 계시사, 묘지기를 명하여 남원에 가서 형세를 살펴 오라 하시니, 묘지기가 명을 받들고 곧 남원에 갔다가 돌아와 다수의 경성京城 순검대가 이르러 병욱을 수색하는 상황을 고하니, 병욱이 비로소 크게 두려워하니라. 다음날에 교자轎子를 준비하여 병욱을 태우고 전주全州로 길을 돌리사 서원규徐元圭의 약국藥局으로 들어가시니, 원규가 병욱을 보고 크게 놀라 가로대 "그대가 어찌 사지死地를 벗어났으며, 또 어찌 이러한 위지危地로 들어왔느뇨? 너무 급한 화禍이므로 통지할 겨를이 없어 그대의 가족은 다만 경황이 없어 조처할 바가 없어서 통곡으로 지낼 따름이니라." 하거늘, 병욱이 그 자세한 경과를 들으니, 경성의 순검이 전주全州를 떠나서 남원南原에 도착할 때와 자기가 선생을 따라 남원을 탈출할 때가 겨우 1~2시간의 차이가 있는지라. 병욱이 탄식하여 가로대 "선생은 실로 천신天神이시라. 만일 선생의 구원이 아니었더라면 어찌 사지死地를 벗어났으리오?" 하니라. 그때에 순검들이 남원에 가서 병욱을 찾지 못하고 전주로 돌아와서 사방으로 크게 찾으니라. 원규의 약국이 큰길가의 통로에 있으므로 병욱이 그 숨을 만한 장소가 되지 못함을 근심하거늘, 선생이 가라사대 "모든 것을 나를 신뢰하여 근심을 풀어버리라. 내가 장차 네 일을 끄르리라." 하시니라. 병욱이 원규의 약국에 오랫동안 머무르되, 아는 사람의 출입이 없고 또 어두운 밤에는 선생이 거리낌 없이 병욱을 데리고 거리에 다니며 소풍하되 한번도 아는 사람의 눈에 띄지 아니하니라.

6 선생이 병욱에게 일러 가라사대 "내가 너의 화액禍厄을 풀기 위하여 일로전쟁日露戰爭을 재촉하여 일본을 도와서 러시아의 세력을 몰아 쫓아내리라." 하시니, 종도들이 그 말씀을 믿지 않아 서로 이르되 "한 사람의 화액을 끄르기 위하여 두 나라의 전란을 재촉케 한다함도 허탄의 극한 바이거니와 약소한 일본을 도와 천하막강의 러시아 세력을 몰아 쫓아낸다 함은 더욱 허황한 말이라." 하더니, 12월에 일러전쟁日露戰爭이 발발하여 일본군이 승세勝勢를 타서 국경을 통과하니, 이에 국금國禁이 해이해져서 박영효朴泳孝의 혐의가 드디어 끌니니라.

7 그때에 선생이 병욱에게 물어 가라사대 "일본과 러시아가 국가의 허약을 타서 서로 세력을 각축하니, 조정朝廷은 당파黨派가 분립하여 혹은 일본을 친선親善하려 하며, 혹은 러시아와 결탁하려 하니, 그대는 어떤 주의主義를 옳게 여기느냐?" 병욱이 대하여 가로대 "인종人種의 다름과 동서東西의 차이로 하여 일본을 친선하고 러시아를 멀리함이 옳다 하나이다." 선생이 가라사대 "그대의 말이 이치가 있느니라. 이제 만일 서양세력을 물리치지 아니하면 동양은 영구히 서양인의 유린한 바 되리라. 그러므로 서양세력을 물리치고 동양을 안보함이 옳으니, 일본인이 천지의 큰 일꾼이 되나니라." 하시고, 이에 천지대신문天地大神門을 열고 날마다 공사公事를 행하사, 49일을 한 도수度數로 하여 동남풍東南風을 불리시더니, 미처 기한에 며칠이 차지 못하여 한 사람이 와서 병을 고쳐주기를 간절히 애걸하는지라. 선생이 공사公事에 전심傳心하사 그 사람의 애걸하는 말을 듣지 못하고 아무 대답이 없으시니, 그 환자가 드디어 한恨을 품고 돌아가더니, 그 후로 문득 동남풍이 그

치거늘, 선생이 그제야 깨달으시고, 사람을 그 환자에게 보내사 공사公事의 전심傳心으로 인하여 듣지 못하신 사실을 고하여 안심하게 하시고 곧 병을 낫게 하여 주시니, 바람이 다시 계속하는지라. 선생이 가라사대 "한 사람이 원한을 품음에 능히 천지의 기운을 막는다." 하시니라. 그 후로 러시아군이 해륙海陸으로 연패連敗하니라.

8 동학신도東學信徒가 갑오년의 참패를 당한 후에 감히 대두하지 못하고 잠재한 세력을 지켜오다가 일로전쟁日露戰爭의 기회를 타서 일본과 결탁하여 일진회一進會를 조직하니, 사방이 향응하여 요원의 세력을 드러냄에 인민은 갑오년의 난폭을 돌이켜 두려운 마음을 품은지라. 선생이 종도에게 일러 가라사대 "저들의 거동에는 각기 자력을 들이게 할 것이요, 갑오년과 같이 백성에게 해를 끼치지 못하게 하리니, 이는 내가 솔선率先하여 모범을 지음이 가하니라." 하시고, 약간의 밭과 집을 팔아서 전주부全州府에 이르러 모든 걸인에게 나누어주시더니, 과연 일진회원이 마침내 각자의 재산을 탕진하거늘, 선생이 가라사대 "저들이 나를 본받으니 살려줌이 옳으니라." 하시고, 관冠을 벗고 삿갓을 쓰시며 의복은 안이 검고 밖이 희게 하사 가라사대 "저들이 흑의黑衣를 입으니, 나도 흑의를 입노라." 또 하늘을 가리켜 가라사대 "저 구름이 속은 검고 밖은 흼이 나를 모형함이라." 하시니라.

9 병오년 2월에 선생이 여러 종도를 데리고 익산益山 만중리萬中里 정춘심鄭春心의 집에 이르사, 승의僧衣 한 벌을 지어 벽에 걸고 사명당四明堂을 외우시며 산하대운山河大運을 돌리실 새, 7일간을 방에 불을 넣지 아니하시고, 춘심을 명하사 쇠머리 한 개를 삶아서 문 앞에 놓은 후에 "배를 실어 나르리라." 하시고, 정성백鄭成伯을 명하사 승의僧衣를 부엌에서 불사르시니, 문득 뇌성이 기적汽笛소리와 같이 발하며, 석탄

연기가 코를 찌르며 온 집안의 대들보가 폭풍에 동요되는 배 속과 같아서 한 방에 있는 사람이 모두 함께 거꾸러져서 혹 구토도 하며 혹 정신을 잃으니, 이때에 참여한 사람은 소진섭蘇鎭燮, 김덕유金德裕, 김광찬金光贊, 김형렬金亨烈, 김갑칠金甲七. 정춘심鄭春心, 정성백鄭成伯과 그 가족이라. 김덕유는 문밖에서 꺼꾸러지고, 춘심의 가족은 각기 그 침실에서 기절하고, 김갑칠은 인사불성하며 호흡을 통하지 못하거늘, 선생이 청수淸水를 갑칠의 입에 흘려 넣으며 부르시니 곧 소생된지라. 차례로 청수를 얼굴에도 뿌리며 혹 먹이기도 하시니, 모두 정신을 회복하니라. 김덕유는 폐병으로 중한 지경에 이르렀던 바 이로부터 완쾌되니라. 선생이 가라사대 "육정육갑六丁六甲을 쓸어들일 때에는 살아날 사람이 적으리라." 하시니라.

10 그 후에 동곡銅谷으로 돌아오사 며칠을 지내신 후에 다시 대공사大公事를 행하시려고 경성京城으로 떠나실 새, 가라사대 "전함戰艦은 순창淳昌으로 돌려대리니, 형렬은 지방을 잘 지키라." 하시고, 또 모든 사람을 명하사 각자의 소원을 기록하여 오라 하사, 그 종이로 안경을 싸 넣으신 후에 정남기鄭南基, 정성백鄭成伯, 김갑칠金甲七, 김광찬金光贊을 데리시고 군산群山으로 가서 기선汽船을 타기로 하시고, 신원일辛元一과 그 외 4인은 대전大田으로 가서 기차汽車를 타라 하시며, 가라사대 "이는 수륙병진水陸竝進이라." 하시니라. 또 신원일에게 명하여 가라사대 "너는 먼저 입경入京하여 「천자부해상天子浮海上」이라 써서 남대문南大門에 붙이라." 원일이 명을 받들고 일행을 거느리고 대전으로 떠나니라.

11 선생이 군산에 이르사 여러 종도에게 물어 가라사대 "바람을 걷고 감이 옳으냐? 놓고 감이 옳으냐?" 하시니, 광찬이 대하여 가로대

"놓고 감이 옳으니이다." 하거늘, 이에 모든 사람으로 하여금 오매烏梅 다섯 개씩 준비하라 하시고, 기선汽船을 타시니, 바람이 크게 일어나서 배가 심히 요동하여 모든 사람이 어지러워 구토하거늘, 각기 오매를 입에 물어 안정케 하시고, 이날 밤에 갑칠을 명하사 각 사람의 소원을 기록한 종이로 싼 안경을 북쪽으로 향하여 바닷물에 던지라 하시니, 갑칠이 배 위에 올라서 방향을 판별치 못하여 주저하거늘, 선생이 다시 불러들여 물어 가라사대 "어찌 빨리 던지지 아니하느냐?" 갑칠이 대하여 가로대 "방향을 판별치 못한 연고입니다." 가라사대 "전광電光이 발하는 곳으로 던지라." 갑칠이 명을 받들고 다시 배 위에 올라 살피니, 문득 전광이 발하거늘, 이에 그 방향으로 던지니라. 다음날에 인천仁川에 내리사 곧 기차를 바꾸어타시고 경성京城에 이르러 각자 금연禁煙하라 하시고, 광찬의 인도로 황교黃橋에 있는 그의 종제從弟 영선永善의 집에 드시니, 신원일 일행은 먼저 당도하였더라.

12 원일은 당도 즉시에 「천자부해상天子浮海上」이라는 글자를 써서 남대문에 붙이니, 온 경성京城이 크게 소동하여 인심이 흉흉하므로 조정朝廷은 엄중히 경계하더라. 경성에서 여러 가지 법을 행하시고, 십여 일 후에 모든 종도를 다 돌려보내시고, 오직 광찬만 머무르게 하시다가, 수일 후에 다시 만경萬頃으로 보내시며, 통지가 있기까지 기다리라 하시니라.

13 4월 그믐에 선생이 만경萬頃 김광찬이 머무는 곳에 이르시니, 이때에 최익현崔益鉉이 충남忠南 홍주洪州에서 의병義兵을 일으킴에 마침 날이 가물어 인심이 흉흉하여 서로 편안히 업무에 종사하지 못하고, 의병에 들어가는 자가 날로 증가하여 군세軍勢가 크게 일어나거늘, 이에 수일 동안 만경萬頃에 머무르시면서 비를 많이 내리시니, 인심이 비

로소 안정되어 각기 농토로 돌아가므로 의병의 형세가 드디어 위축되어 최익현은 마침내 순창淳昌에서 체포되니라.

14 선생이 최익현이 사로잡혔다는 소식을 들으시고 만경萬頃을 떠나 익산益山 만중리萬中里로 가시며 가라사대 "금번 최익현의 움직임을 일찍 진압하지 아니하면 조선朝鮮 전 국토가 참화慘禍 속에 들어 무고한 생민生民이 전멸을 당할지라. 최익현의 거사擧事가 한갓 창생만 사멸死滅에 몰아넣을 뿐이니, 내가 어찌 차마 볼 바리요? 그러므로 이제 공사公事로써 진압하였노라." 하시고, 최익현의 만장輓章을 지어 종도에게 주시니, 「독서최익현讀書崔益鉉, 의기속검극義氣束劍戟, 시월대마도十月對馬島, 예예산하고曳曳山河교」이라. 그 후에 과연 그러하니라.

15 이 공사公事를 마치시기 전에 경성京城에서 김갑칠을 돌려보내실 때에 명하여 가라사대 "동곡銅谷에 가서 형렬과 성백과 함께 49일 동안을 매일 종이 등 1개씩 합력하여 만들고, 또 각기 짚신 한 켤레씩을 지어두라." 하시므로, 갑칠이 돌아와서 일일이 명하신 대로 행하였더니, 그 후에 선생이 만경萬頃으로부터 동곡銅谷에 이르사, 종이 등에 각기 「음양陰陽」 두 글자를 쓰신 후에, 모두 불사르시고, 갑칠에게 은행銀杏 2개를 구하여 오라 하시니, 갑칠이 사방으로 구하여도 얻지 못하다가, 그의 사촌 형에게 두 개가 있음을 발견하여 가져다드리니, 종이 등 사른 재 속에 넣은 후에 다시 갑칠을 명하사 그 재를 모두어 가지고 앞 내에 가서 한 줌씩 물에 띄워 내리며 하늘을 우러러보라 하시거늘, 갑칠이 명하신 대로 하여 하늘을 우러러보니, 구름이 재를 집어 띄우는 대로 물에 떨어져서 피어 흐르는 모양과 같이 무듸무뒤 피어나더라.

16 그 후에 「전주동곡해원신全州銅谷解冤神, 경주용담보은신慶州龍潭報恩神」이라 써서 형렬의 집 벽 위에 붙이시니라.

17 그 후에 군산群山에 가사 또 공사公事를 보시고 글을 써서 불사르시니 이러하니라. 「지유군창지地有群倉地, 사불천하허事不天下虛, 왜만리청만리양구만리倭萬里淸萬里洋九萬里, 피천지허彼天地虛, 차천지영此天地盈.」

18 정미년 가을에 순창淳昌 용암龍巖에 머무르시며 공사公事를 행하실 새, 종도에게 일러 가라사대 "허미수許眉叟가 중수重修한 성천成川 강선루降仙樓 1만萬 2천千 고물은 녹祿줄이 붙어 있고, 금강산金剛山 1만萬 2천千 봉峯은 겁기怯氣가 끼어 있으니, 이제 그 겁기를 제거하리라." 하시고, 김형렬을 명하사 김광찬과 이도삼으로 더불어 동곡銅谷에 가서 백지白紙를 1방촌方寸씩 오려서 시자侍字를 써서 사방의 벽에 붙이되, 한 사람이 하루에 400자字씩 써서 10일에 마치라. 그리고 그동안에 아침저녁으로 청수淸水 24그릇씩 길어 놓고 밤이면 칠성경七星經을 21번씩 염송念誦하라 하시거늘, 형렬이 명하신 대로 행한 후에, 갑칠을 농암으로 보내어 일을 다 마쳤음을 고하니, 선생이 양羊 한 마리를 사 주시며 가라사대 "나의 돌아가기를 기다리라." 하시니라. 그 후에 선생이 동곡에 이르사, 양을 잡아 그 피를 1만萬 2천千 시자侍字의 머리에 바르시고, 가라사대 "그 글자 모양이 아라사 병정兵丁과 같다." 하시고, 또 가라사대 "사기沙器는 김제金堤로 보내리라." 하시더니, 마침 김제金堤 수각水閣 임상옥林相玉이 이르거늘, 청수淸水 긷던 사기沙器를 개정국에 씻어주시며 가라사대 "인부人夫를 많이 부릴 때에 쓰라." 하시니라.

19 순창淳昌 피노리避老里에 계실 새, 황응종이 이르거늘, 선생이 가라사대 "고부古阜 사람이 오니 바둑판을 가히 운전하리라." 하시고, 「영

웅소일대중화英雄消日大中華, 사해창생여낙자四海蒼生如落子.」라는 글을 외우시고, 그 후에 최수운崔水雲과 전명숙全明淑의 원冤을 끄르신다 하사, 사명기司命旗를 각 1폭씩 지어서 높은 솔가지에 달았다가 다시 떼어서 불사르시니라.

20 12월에 고부古阜 와룡리臥龍里에 이르사, 신경수의 집에 머무르시며 종도 20여인을 같은 마을 문공신의 집에 모으시고, 「천지지주장天地之主張, 만물지수창萬物之首唱, 음양지발각陰陽之發覺.」이라 쓰시며, 기국棋局 중앙에다 다섯 장점將點을 배열함과 같이 정의情誼 이자二字를 지면紙面 네 귀퉁이와 중앙에 열서列書하사, 문공신의 집 벽 위에 붙이시고, 요堯의 역상일월성신경수인시曆像日月星辰敬授人時를 해설하여 가라사대 "천지天地가 일월日月이 아니면 공각空殼이요, 일월은 지인知人이 아니면 허영虛影이라. 당요唐堯가 비로소 일월日月의 법을 알아서 때를 백성에게 알렸으니, 천혜天惠와 지리地利가 이로부터 인류에게 유루遺漏없이 향유享有케 되었나니라." 하시고, 박공우에게 일러 가라사대 "후천後天 오만년五萬年 첫 공사公事를 행할 터인데, 공우가 아니면 못할지니, 공사公事를 말하라." 공우가 지식이 없어서 말씀드릴 바를 모른다 하여 겸양하다가 오랜 후에 여쭈어 가로대 "선천先天에는 청춘소부青春少婦가 수절守節한다 하여 빈 규방閨房을 지켜 적막히 늙어버리는 것이 불가하오니, 후천後天에는 이 폐해를 없애사 젊은 과부寡婦는 젊은 홀아비를, 늙은 과부는 늙은 홀아비를 각각 가려서 친구들을 일일이 청하여 공중예석公衆禮席을 버리고 예禮를 갖추어 개가改嫁케 하시는 것이 좋을 줄 아나이다." 선생이 칭찬하사 가라사대 "네가 아니면 이 공사公事를 못 하겠으므로 네게 맡겼더니, 대단히 잘하였도다. 이제 결정한 공사公事가 오만년五萬年을 내려가느니라."

21 또 공신公信의 집 문門에 공문孔門을 뚫어 놓고, 공우를 위시하여 모든 종도를 둘러서게 하시고, 담뱃대를 들며 가라사대 "서로 교대하여 물초리를 문 구멍에 대고 입으로 북소리를 하며 돌라." 종도들이 명하신 대로 몇 번 함에 사방에서 천고성天鼓聲 이 크게 발하는지라. 이에 천지대신문天地大神門을 열고 공사公事를 행하실 새, 김형렬, 김자현, 문공신, 박장근, 이화춘 등 20여 인의 종도에게 일러 가라사대 "너희는 문공신의 집에 있어 비록 관리가 올지라도 두려워하지 말고 나의 주소를 묻거든 숨기지 말고 실지를 고하라. 만일 관리에게 붙들려서 화액禍厄을 당하기에 두려움이 있거든 각자 해산하라." 모든 사람은 다만 이상히 알 따름이러니, 마침 소관小管 면장面長 양모梁某와 동리同里 이장里長이 문공신의 집에 들어오거늘, 선생이 문득 꾸짖어 가라사대 "너희들이 어찌 이런 천지공사天地公事 장場에 들어오느뇨?" 하시거늘, 면장과 이장이 그 말씀을 듣고, 의병義兵으로 오해하여 관부官府에 고발하니라.

22 11월 25일에 무장武裝 순검巡檢 수십 인이 돌연히 문공신의 집을 포위하고 모든 사람을 포박한 후에 선생의 거처를 묻거늘, 모든 사람이 비로소 선생의 말씀을 깨닫고 신경수의 집에 계심을 직고直告하니, 순검들이 다시 달려가서 선생을 붙들어 합合 21인을 고부경무청으로 체포하니라. 이 일이 나기 전에 김광찬과 박공우는 정읍井邑 차경석의 집으로 보내시고, 신원일은 태인泰仁 신경원의 집으로 보내시니, 대개 박공우는 여러 번 관재官災에 곤욕을 당하였음을 아시고 그 화禍를 면하게 하심이오, 광찬과 원일은 성질이 과도하게 강함을 꺼리어 불참케 하심이러라. 26일에 경관警官이 선생과 여러 종도를 신문한 후에 모두 옥중에 구금하니라.

23 이 먼저 선생이 이 일에 쓰기 위하여 약간의 금전을 준비하여 갑칠에게 맡기사, 경석에게 전하라 하셨더니, 갑칠은 이 일이 난 후에 정읍井邑에 가서 그 금전을 경석에게 전하니, 경석이 고부古阜로 와서 침구와 식사를 차입하니라. 간수看守 중에 형렬과 자현을 아는 사람이 있어서 그의 편의를 돕기 위하여 다른 조용한 옥방獄房으로 옮기거늘, 형렬이 간수에게 청하여 선생까지 옮기게 되니라. 선생이 다른 방으로 옮기신 후에 형렬과 자현에게 일러 가라사대 "삼인회석三人會席에 관장官長의 공사公事를 처결한다 하니, 우리 3인이면 무슨 일을 해결치 못하리오?" 또 자현에게 가만히 일러 가라사대 "비록 십만대중十萬大衆이 이러한 화액禍厄에 빠졌을지라도 추호秋毫의 상해傷害가 없이 다 끌리게 하여 데리고 나가리니, 안심하라." 하시니라. 섣달 그믐날 밤에 뇌전雷電이 크게 발하거늘, 선생이 가라사대 "이는 서양西洋에서 천자신天子神이 넘어옴이라." 하시고, 또 가라사대 "천자신은 넘어왔으나 너희들이 혈심血心을 가지지 못하므로 인하여 장상신將相神이 응하지 아니한다." 하시니라.

24 무신년 원일元日에 눈이 크게 내리고 일기日氣가 몹시 춥거늘 선생이 가라사대 "이는 대공사大公事를 처결함이라." 하시니라. 경관이 여러 사람을 취조하여도 아무 의병義兵의 증거를 얻지 못하고, 선생의 말씀은 미친 소리로 돌리더라. 정월 10일에 옥문을 열고 여러 사람을 석방한 후, 오직 선생만 남겨두었다가 30일 경칩절驚蟄節에 또 석방하니라.

25 이때에 차경석과 안내성이 금전 120냥을 가지고 와서 새 옷을 지어 드리려 하거늘, 선생이 금지하시고, 그 금전을 모든 순검과 빈궁한 사람에게 나누어주시고, 3일을 머무신 후에 와룡리 황응종의 집으로

가시니, 차경석이 따르니라.

26 감옥에 계셨을 때에 모든 종도들은 선생께서 천지를 개벽開闢하사 선경仙境을 열어 각기 복록을 마련하여 주실 줄 믿더니, 뜻밖에 이런 화지禍地에 빠지게 되니, 이는 허무한 말로 우리를 속임이라 하여, 모두 선생을 원망하고, 문공신, 이화춘, 박장근 3인은 더욱 분노하여 자주 패설悖說을 발하며 경관에게 선생을 험담하더니, 3월에 이르러 이화춘은 의병義兵에게 포살砲殺되고, 박장근은 의병에게 구타를 당하여 뼈가 부러진지라. 선생이 들으시고 문공신에게 일러 가라사대 "너도 마음을 고치라. 그렇지 아니하면 천노天怒가 있으리라." 또 가라사대 "이화춘은 귀신鬼神으로나 좋은 곳에 가게 하리라." 하시고, 글을 써서 불사르시니라.

27 2월 2일에 본댁으로부터 태인泰仁 신경원의 집에 이르사, 그곳에서 1개월 동안 머무르실 새, 최창조에게 명하여 가라사대 "돼지 한 마리를 잡아서 계란으로 전야를 부쳐 대나무 그릇에 담아서 깨끗한 곳에 두고, 또 나의 의복 한 벌을 지어두라. 장치 쓸데가 있노라." 창조가 명을 받들고 돼지고기 전야와 의복을 만들어두니라.

28 3월에 동곡銅谷에 이르사 형렬에게 명하여 가라사대 "네가 태인泰仁에 가서 신경원과 최내경을 데리고 백암리 최창조의 집에 가서 일찍이 준비하여 둔 나의 의복 한 벌을 3인이 한 가지씩 나누어 입고, 돼지 한 마리를 잡아서 삶은 후, 오늘 저녁 인적이 그칠 때를 기다려 그 집 정문 밖에 땅을 파고 그 앞에 청수淸水 한 그릇과 화로火爐를 놓고, 깨끗한 그릇에 호주胡酒와 문어文魚와 전야를 넣고, 그 위에 두부로 덮어 그 구덩이 속에 넣고, 다시 한 사람은 돼지고기 전야를 들어 청수와

화로를 넘기고, 한 사람은 그것을 받고, 한 사람은 다시 받아 그 구덩이 속에 넣은 후에, 흙으로 덮으라 하여 상세히 일러주고 빨리 돌아오라." 형렬이 명을 받들고 태인에 가서 일일이 지휘한 후에 빨리 돌아와 집에 들어서니, 밤이 깊고 검은 구름이 하늘을 덮어서 폭우가 쏟아지며 뇌전雷電이 크게 일어나는지라. 선생이 물어 가라사대 "이때쯤 일을 행하겠느냐?" 형렬이 대하여 가로대 "행할 때가 꼭 되었겠나이다." 선생이 가라사대 "변산邊山과 같은 불덩이가 나타나 구르면 온 세계가 초토焦土가 될지라. 그러므로 이제 그 불을 묻었노라." 하시니라.

29 4월에 백남신으로부터 돈 1,000냥을 가져오사 동곡銅谷 김준상의 집에 방 1칸을 수리하고 약국을 벌이실 새, 목공木工 이경문을 불러 약장과 궤를 제조하라 명하시고, 그 장광척촌長廣尺寸과 제조방법을 일일이 가르치시며 기한을 정하여 완공하라 하셨더니, 목공이 기한 내에 완공하지 못하거늘, 선생이 목공으로 하여금 그 재목材木을 한곳에 모아놓고, 그 앞에 꿇어앉게 하신 후에, 그 기한을 어김을 꾸짖으시며, 한 봉서封書를 목공에게 주어 불사르시니, 문득 마른 하늘에 번개가 번쩍이는지라. 목공이 두려워 떨며 땀을 흘리더라. 다시 명하사 속히 완공하라 하시니, 목공은 수전증이 나서 한 달이 넘은 후에 비로소 완공하거늘, 선생이 목공에게 일러 가라사대 "약장藥藏에 번개가 들어야 할지니, 네가 몸을 깨끗이 씻고 의관을 정제하고 깨끗한 물 한 그릇을 약장 앞에 놓은 후에, 성심誠心으로써 절하라." 목공이 명하신 대로 행하니, 문득 맑은 하늘에 번개가 크게 발하더라. 약장과 궤를 약방에 안치한 후에 갑칠을 명하사 매일 이른 아침에 약방을 깨끗하게 청소하시며, 창문을 단단히 닫아 사람의 출입을 금하시고, 21일을 지낸 뒤에 비로소 방을 쓰실 새, 통감通鑑, 서전書傳 각 1질秩과 철연자鐵研子, 약도藥刀 등 모든 약국 기구를 비치하시니라.

30 그 후에 전주 용두치에 이르사 박공우에게 일러 가라사대 "천지에서 약藥 기운이 평양平壤으로 내렸으니, 네가 내일 평양에 가서 약재藥材를 구하여 오라." 하시거늘, 공우가 명을 받들고 행장을 수습하여 다시 명령이 있기를 기다리더니, 이날 밤에 글을 써서 불사르시고, 수일 후에 동곡銅谷으로 돌아오사, 밤나무로 약패藥牌를 제조하사 패면牌面에 「만국의원萬國醫院」이라 새기고, 자획字劃에 경면주사鏡面朱砂를 박으신 후에, 공우에게 명하여 가라사대 "이 약패를 원평院坪 길거리에 붙이라." 공우가 명을 받들고 원평으로 가려 하거늘, 선생이 물어 가라사대 "이 약패를 원평에 붙일 때에 경관이 물으면 어떻게 대답하려 하느뇨?" 공우가 대하여 가로대 "만국의원萬國醫院을 설립하여 죽은 자를 다시 살리며, 눈이 먼 자를 보게 하며, 앉은뱅이를 걷게 하며, 그 외 모든 크고 작은 병을 다 낫게 한다 하겠나이다." 선생이 가라사대 "네 말이 옳으니, 꼭 그대로 하라." 하시고 약패를 불사르시니라.

31 약장은 아래에 큰 칸을 두고, 위로 약을 넣는 칸이 종縱으로 3, 횡橫으로 5 합合 15칸인데, 한가운데 칸에 「단주수명丹朱受命」이라 쓰시고, 그 속에 목단피牧丹皮를 넣고, 「열풍뇌우불미烈風雷雨不迷」라 쓰시고, 또 칠성경七星經을 양지洋紙에 종縱으로 쓰신 후 그 말미에 「우보상최등양명禹步相催登陽明」이라 횡橫으로 써서 약장 위로부터 뒤로 내려 붙였으며, 궤櫃 안에는 「팔문둔갑八門遁甲」이라 쓰시고, 그 글자를 눌러서 「설문舌門」 두 글자를 낙인烙印하신 후, 그 주위에 24점點을 홍색紅色으로 찍으시니라.

32 그 후에 전주全州로부터 약재를 매입하셨는데, 마침 비가 오거늘, 선생이 가라사대 "이 비는 약탕수藥湯水니라." 하시니라.

33 약재는 24종種인데 인삼人蔘이 들지 아니하였거늘, 황응종이 여쭈어 가로대 "속언俗言에 「약국에 인삼이 빠지지 않는다.」 하는데, 어찌 이 24종 가운데 약중영장藥中靈長이 되는 인삼이 들지 아니하였나잇까?" 선생이 가라사대 "삼정蔘精은 가는 곳이 있나니라." 응종이 가로대 "어디로 가니잇까?" 가라사대 "형렬亨烈에게로 갔느니라." 하시니라.

34 약국 벽 위에 「사농공상士農工商, 음양陰陽」과 또 그 외 여러 글자를 많이 써 붙이시고, 백지白紙로 배접한 후에, 자현을 명하사 그 뜻이 가는 대로 밥주발을 대고 배접한 곳을 오려 떼게 하니, 음자陰字가 나타나거늘, 선생이 가라사대 "정正히 합合하도다. 음陰과 양陽을 말할 때에 음陰을 먼저 읽나니, 이는 지천태地天泰니라." 하시며, 또 가라사대 "약장은 안장농安葬櫳이며, 또 신독神櫝이니라." 하시고, 또 가라사대 "이 종이를 뜯을 날이 속히 이르러야 하리라." 하시니라.

35 그 후에 약국에 비치한 모든 물목物目을 기록하사 박공우와 김광찬에게 주시며 가라사대 "이 물목기物目記를 금산사金山寺에 가지고 가서 그곳에 봉안奉安된 석가불상釋迦佛像을 향하여 마음으로 다른 곳으로 이안移安한다는 생각을 하면서 불사르라." 하시니, 두 사람이 금산사에 가서 명하신 대로 행하니라.

36 선생이 가라사대 "중천신中天神은 후사後嗣를 두지 못한 신명神明이요, 황천신黃泉神은 후사를 둔 신명이라. 중천신은 의탁依託이 없어서 황천신에게 붙어 물과 밥을 얻어먹어 왔나니, 그러므로 원한을 품었다가 이제 내게 하소연을 하므로 이로부터는 중천신에게 복을 맡겨 편사偏私가 없이 균분均分하게 하려 하노라."

37 하루는 여러 날 동안 글을 쓰신 양지洋紙로 크게 권축卷軸을 만드신 후에, 광찬, 형렬, 갑칠, 윤근, 경학, 원일 등에게 명하사 가라사대 "너희는 창구멍을 굳게 막고, 방 안에서 이 글 축軸을 화로에 불사르되, 연기가 방 안에 가득 차게 하여 다 소화燒火한 뒤에 문을 열라. 일을 하려면 화지진火地晋도 하여야 하나니라." 모든 사람이 명하신 대로 거행할 새, 연기가 방 안에 충만하여 호흡을 통하기 어려우므로 윤근, 원일은 밖으로 나가고 남은 사람은 다 타기를 기다려서 문을 여니라.

38 하루는 황응종이 이르거늘, 선생이 가라사대 "황천신黃泉神이 이르니 황건역사黃巾力士의 숫대를 불사르리라." 하시고, 갑칠을 명하사 짚 한 뭇을 축여 잘라서 숫대를 만들어 화로에 불사르시니라.

39 하루는 백암리 최창조의 집에 계시사, 창조를 명하사 포대布袋를 지어서 조租 세 말과 짚 재를 혼합하여 넣은 후에, 황응종에게 일러 가라사대 "이 포대를 가지고 너의 집에 가서 항아리에 물을 붓고 그 속에 담아두고 매일 한 번씩 물을 둘러 저으며 또 먹는 소금 일곱 사발을 빚어 넣으라. 내가 3일 후에 너의 집에 가리라." 응종이 명령을 받들고 돌아가서 그 포대를 물에 담가두고 매일 한 번씩 둘러 저으니, 물빛이 회색灰色이 되고 하늘빛도 또한 3일간을 회색이 되어 햇빛이 나지 아니하더라.

40 3일 후에 선생이 응종의 집에 이르러 가라사대 "이제 산하山河의 대운大運을 거두어들이리라." 하시고, 이날 밤에 백지白紙로 승모僧帽를 만들어서 응종의 머리에 씌우시고 포대에 넣었던 벼를 꺼내어 그 집 사방에 뿌리며 백지白紙 120매枚와 양지洋紙 4매에 글을 써서 먹는 소금에 합쳐서 깊은 밤 인적이 없을 때를 타서 시금 흙 가운데 묻고, 승

모僧帽 쓴 대로 세면洗面하라 하시니, 응종이 명하신 대로 함에 양미간兩眉間에 콩알과 같은 큰 사마귀가 생겨서 손에 거치더라. 다음날 아침에 벼 뿌리던 곳을 두루 살피니, 하나도 남아있는 것이 없더라.

41 그 후에 박공우에게 마음으로 육임六任을 정하라 하시거늘, 공우가 마음으로 육임을 생각하여 정할 새, 한 사람을 생각하니, 선생이 문득 불가하다 하시거늘, 다시 다른 사람으로 바꾸어 정하였더니, 이날 저녁에 공우가 마음으로 정한 여섯 사람을 부르사 하여금 심야深夜에 등불을 끄고 방 가운데에서 돌아다니면서 시천주侍天呪를 읽게 하시니, 문득 한 사람이 꺼꾸러지거늘, 모든 사람이 놀라 주문 소리를 그치니, 선생이 가라사대 “놀라지 말고 전과 같이 돌며 주문 소리를 계속하라.” 하시므로 다시 계속하여 한 식경食頃을 지낸 후에, 주문 소리를 그치고 불을 밝혀보니, 손병욱이 꺼꾸러져 죽었는지라. 선생이 가라사대 “이는 몸이 부정不淨한 연고라.” 하시고, 물을 머금어서 얼굴에 뿜으시니 병욱이 정신을 겨우 돌이키거늘, 불러 가라사대 “나를 부르라.” 하시니, 병욱이 목 안 소리로 겨우 선생을 부르니, 기운이 곧 회복되는지라. 이에 일러 가라사대 “시천주侍天呪에 큰 기운이 박혀 있도다.” 하시고, 또 일러 가라사대 “너를 그대로 두었더라면 밭두둑 사이에 엎드러져서 소와 말에게 밟힌 바가 되었으리라.” 또 일러 가라사대 “이후에 괴병怪病이 전 세계를 맹습하여 몸 돌이킬 틈이 없이 이와 같이 인명을 죽일 때가 있으리니, 그 위급한 때에 나를 부르라.” 하시니라.

42 6월에 대흥리에 계실 새, 공우를 명하사 각처에 순회하여 여러 종도로 하여금 21일간을 잠자지 말고 매일 새벽에 한 시간씩만 자라 하시니라. 경석이 여러 날 자지 못하므로 심히 피곤하여 밭가에 혼도하거늘, 선생이 가라사대 “천자天子를 도모하는 자는 다 죽으리라.” 하

시니라.

43 하루는 여러 종도에게 일러 가라사대 "이제 천하에 수기水氣가 고갈하였으니, 수기를 돌려야 하리라." 하시고, 그 뒷산 피난동避亂洞 안씨安氏 재실齋室에 가사 그 앞 우물을 댓가지로 한번 저으시고 가라사대 "음양陰陽이 고르지 못하니, 재실에 가서 어떠한 연고인지 물으라." 안내성이 명을 받들고 재실에 들어가 물으니, 재지기는 3일 전에 죽었고, 그 처妻만 있거늘, 돌아와서 사실을 아뢴대, 또 가라사대 "다시 행랑에 가서 보라. 딴 기운이 지지支持하여 있도다." 내성이 그 행랑에 들어가서 보니, 행상行商하는 남녀 두 사람이 들어있거늘, 돌아와서 사실을 고한대, 선생이 이에 재실 마루 위에 오르사 모든 사람으로 하여금 서쪽 하늘을 바라보고 만수萬修를 소리높여 부르라 하시며 가라사대 "이 가운데 동학가사東學歌詞를 가진 자가 있으니 가져오라." 하시니, 과연 한 사람이 가사를 내어 올리고 물러가거늘, 선생이 그 책 가운데 칸을 펴고 한 절을 읽으시니 하였으되 「시운벌가벌가詩云伐柯伐柯여, 기측불원其則不遠이라. 목전지사目前之事 쉽게 알고, 심량心量 없이 하다 가서, 말래지사末來之事 같잖으면, 그 아니 내 한恨인가?」라 하니라. 처음에 가는 소리로 한번 읽으시니 백일白日에 문득 뇌성雷聲이 발하거늘, 다시 크게 읽으시니 뇌성이 대포 소리와 같이 일어나서 천지를 진동하며 화약 냄새가 코를 찌르고 또 지진이 강렬히 일어나서 모든 사람이 정신을 잃고 엎드러지거늘, 선생이 내성을 명하사 각기 일으키시니라.

44 하루는 선생이 태인泰仁 새올에서 백암리白巖里로 가실 새, 공우가 모셨더니, 문득 관운장關雲長의 용모로 변하사 돌아보시며 물어 가라사대 "내 얼굴이 관운장의 용모와 같으냐?" 하시니, 공우는 놀라서 어떻

게 대답하는 것이 좋을지 몰라서 알지 못한다고 대답하였더니, 그와 같이 세 번을 물으시므로, 이에 대하여 가로대 "관운장과 흡사하나이다." 하니, 그 후로는 본 모습을 회복하시고, 경학의 집에 이르러 공사公事를 행하시니라.

46 다음날에 한공숙韓公淑이 이르거늘, 선생이 친히 술을 부으사 공숙에게 주며 가라사대 "내 일을 많이 하였으니, 술을 마시라." 공숙이 대하여 가로대 "선생의 일을 한 바가 없나이다." 가라사대 "한 일이 있나니라." 공숙이 어리둥절하여 술을 받아 마시고, 이슥히 앉았다가 여쭈어 가로대 "지난 밤 꿈에는 한 일이 있나이다." 선생이 가라사대 "꿈에 한 일도 또한 일이니라." 좌우가 공숙에게 그 꿈을 물으니, 공숙이 가로대 "꿈에 선생께서 내 집에 이르사 천하의 호구戶口를 작성하여 오라 하시기로 응답하고 오방신장五方神將을 불러서 작성하여 올림에 선생께서 받아들이신 것을 보았노라."

47 하루는 공우에게 「천지대팔문天地大八門, 일월대어명日月大御命, 금수대도술禽獸大道術, 인간대적선人間大積善, 시호시호時乎時乎 귀신세계鬼神世界.」라 써 주시며, 신경수의 집 벽 위에 붙이라 하사 가라사대 "경수의 집에 수명소壽命所를 정하노니, 네가 모든 사람을 대할 때에 그 선善한 점만 취하여 호의를 가질 것이오, 혹 악惡한 점이 보일지라도 잘 용서하여 증오심을 두지 말라." 하시니라. 이때에 공우는 신경수의 집에 함께 거주하는 고로 공우를 시키심이러라. 또 형렬에게 일러 가라사대 "법法이란 것은 서울로부터 비롯하여 만방萬方에 펴져 내리는 것이므로 「경京」자 이름을 가진 사람의 기운을 써야 할지라. 그러므로 경수京守의 집에 수명소를 정하노라." 하시고, 인하여 김경학金京學의 집에 대학교大學校를 정하시고, 신경원辛京元의 집에 복록소福祿所를 정

하시니라.

48 하루는 동곡에 계실 새, 형렬에게 일러 가라사대 "내가 이제 화둔火遁을 묻었으니, 너의 집에 불을 주의하라. 만일 너의 집에 화재가 나면 화신火神의 세력이 확대하여 전 세계에 큰 재앙을 끼치리라." 형렬이 놀라서 집안사람을 엄중히 감독하여 종일토록 불을 조심하니라.

49 하루는 동곡에서 밤중에 글을 쓰시며 김보경에게 명하사 가라사대 "동쪽 하늘에 별이 나타났는가 보라." 보경이 밖에 나가서 우러러보고 대하여 가로대 "검은 구름이 하늘을 가려서 별이 보이지 아니하나이다." 선생이 문을 여시고 동쪽 하늘을 향하여 입으로 한 번 부시니, 구름이 흩어지고 별이 나타나니라.

50 9월에 선생이 양지洋紙 일곱 조각에 각기 「병자기이발病自己而發」과 「장사병쇠왕관대욕생양태포葬死病衰旺冠帶浴生養胎胞」를 써서 봉하여 형렬에게 주시며 가라사대 "전주부全州府에 가서 모모某某 일곱 사람에게 나누어주고 돌아오라." 여러 종도가 그 뜻을 물은대 선생이 가라사대 "말하여도 모를 것이요, 성편成編 후에는 스스로 알게 되리라." 형렬이 명을 받들고 전주부에 이르러 김낙범, 김병욱, 김광찬, 김준찬 다섯 명에게 나누어주고, 그 외 두 사람은 만나지 못하여 전하지 못하고 돌아왔더니, 선생이 기다려서 전하지 아니함을 꾸짖으시니라.

51 10월에 김낙범을 명하사 흰 쌀 20말을 약국에 들여 두었더니, 형렬이 마침 양식이 떨어져 갑칠로 하여금 그 흰 쌀에서 반 말을 갈라내었더니, 선생이 아시고 꾸짖으시니라.

52 이 달에 고부古阜 와룡리臥龍里에 이르사 가라사대 "이제 무질서와 혼란을 바루려면 황극신皇極神을 옮겨와야 하리니, 황극신은 청국淸國 광서제光緖帝에게 응기應氣하여 있다." 하시며, 또 가라사대 "황극신이 이 땅으로 옮겨 오게 될 기연機緣은 송우암宋尤菴의 만동묘萬東廟 창설로부터 발원發源되었나니라." 하시고, 여러 종도에게 명하사 매일 밤에 시천주侍天呪를 송독케 하시고, 친히 곡조를 먹이사 며칠을 지낸 후에 가라사대 "이 소리가 운상運喪하는 소리와 같다." 하시고, 또 가라사대 "운상하는 소리를 어로御路라 하나니, 어로는 곧 인군人君의 길이라. 이제 황극신의 길을 틔웠노라." 하시더니, 그때에 광서제가 붕崩하니라.

54 11월 28일에 선생이 정읍 대흥리 차경석의 집에 이르사 포정소布政所를 정하시고, 공사公事를 행하시니 대략 아래와 같으니라.

55 하루는 양지洋紙에 24방위方位자를 돌려쓰시고, 중앙에 「혈식천추도덕군자血食千秋道德君子」라 쓰신 후에, 가라사대 "천지가 간방艮方으로부터 시작되었다 하나, 그것은 그릇된 말이오, 24방위에서 한꺼번에 이룬 것이라." 하시고, 또 가라사대 "이 일은 남조선南朝鮮 배질이라. 혈식천추도덕군자의 신명神明이 이 배를 운행하고, 전명숙全明淑이 도사공都沙工이 되었나니라. 이제 그 신명神明들에게 어떻게 하여 만인萬人의 앙모仰慕를 받으며 천추千秋에 혈식血食을 그침 없이 받아오게 된 이유를 물은즉, 모두 일심一心에 있다고 대답하니, 그러므로 일심을 가진 자가 아니면 이 배를 타지 못하리라." 하시고, 모든 법을 행하신 후에 불사르시니라.

56 이때에 황극수皇極數를 돌리시며 여러 종도들에게 소원所願을 물으시고, 다시 경석에게 소원을 물으시니, 경석은 열지裂地를 원하거늘,

선생이 가라사대 "너는 병부兵部가 마땅하다." 하시니, 경석이 불쾌히 여기는지라. 선생이 가라사대 "직신直臣이 아니면 병권兵權을 맡기기 어려움으로 이제 특히 네게 맡기노라." 하시니라.

57 하루 밤에는 여러 종도를 경석의 집 앞 버드나무 아래에 벌여 세우시고, 북쪽으로 향하여 휘파람을 한 번 부시니, 문득 방장산方丈山으로부터 한 줄기의 구름 노을이 일어나서 사방을 둘러 문턱을 이루니라.

58 하루는 여러 종도에게 명하사 전고前古 이래의 모든 명장名將을 써 들이라 하시니, 경석이 물어 가로대 "창업군주創業君主도 명장의 열列에 들겠나잇까?" 가라사대 "그러하니라." 경석이 상고上古로부터 창업創業한 모든 군주君主와 명장을 일일이 기록하고, 최종에 전명숙全明淑을 써서 올린대, 선생이 가라사대 "왜 전명숙은 끝에 썼느뇨?" 경석이 대하여 가로대 "좌로부터 보시면 전명숙이 수위首位가 되나이다." 선생이 가라사대 "네 말이 옳다." 하시고, 여러 종도에게 일러 가라사대 "전명숙은 만고명장萬古名將이라. 백의한사白衣寒士로 일어나서 능히 천하를 움직였다." 하시니라.

59 이때에 경석에게 일러 가라사대 "전일前日에는 네가 나의 말을 좇았거니와 이제는 내가 네 말을 좇으리니, 모든 일을 묻는 대로 잘 생각하여 대답하라." 하시고, 물어 가라사대 "서양인西洋人이 발명한 모든 이기利器를 그대로 두어야 옳으냐? 걷어버려야 옳으냐?" 경석이 대하여 가로대 "그대로 두는 것이 이어용利於用이 될 듯하나이다." 선생이 가라사대 "네 말이 옳으니, 저들의 이기利器가 천상天上으로부터 내려온 것이니라." 하시고, 또 여러 가지를 물으신 후에 공사公事로써 결정하시니라.

60 또 안내성으로 하여금 곤봉으로 마루장을 치라 하시며 가라사대 "이제 병고病痼에 빠진 인류를 구활救活하려면 일등방문一等方文이라야 감당할 것이오, 이등방문二等方文은 불가하리라." 하시며, 또 박공우에게 곤봉을 들리사 경석을 난타하며 마음을 변하지 아니하겠느냐 하여 다짐을 받으시고, 고부인高夫人에게 무도巫度를 붙이시니라.

61 하루는 종이 수數가 30매枚인 양지책洋紙册에 앞 15매에는 면마다 「배은망덕망사신背恩忘德萬死身, 일분명一分明, 일양시생一陽始生」이라 쓰시고, 뒤 15매에는 면마다 「작지부지성의웅양作之不止聖醫雄藥 일음시생一陰始生」이라 쓰신 후에, 경면주사鏡面朱砂 가루와 그릇 한 개를 놓고, 광찬에게 일러 가라사대 "이 일은 살길과 죽을 길을 결정하는 것이니, 잘 생각하여 말하라." 광찬이 여쭈어 가로대 "선령신先靈神을 부인 혹은 박대하는 자는 살 기운을 받기 어려울 것이로소이다." 선생이 묵연默然히 오래 계시다가 가라사대 "네 말이 가可하다." 하시고, 그릇을 종이로 싸서 주사朱砂 가루를 묻혀가지고, 책의 면面마다 찍어 돌리시며 가라사대 "이것이 마패馬牌라." 하시니라.

62 기유년 정월 1일에 현무경玄武經이 탈고되거늘, 안내성의 집에서 흰 병甁에 물을 담은 후에 양지洋紙에 글을 써서 권축卷軸을 지어 병의 입구를 막아 놓고 그 앞에 백지白紙를 깔고 백지 위에 현무경玄武經 상하편上下篇을 놓아 두었더니, 선생이 화천化天하신 후에 경석이 내성에게 와서 현무경을 빌려 가면서 병의 입구를 막은 권축을 빼어서 펴보니, 「길화개길실吉花開吉實, 흉화개흉실凶花開凶實」이라는 글이 쓰여있더라.

63 2일에 모든 일을 마치시고 3일에 고사告祀를 행하려 하실 새, 차

문경車文京이 술에 취하여 역모逆謀한다는 소리를 높이 외치니, 이 말이 천원병참川原兵站에 들려 군병軍兵이 출동하려 하는지라. 선생이 아시고 경석에게 일러 가라사대 "너는 집을 지키고 나를 대신하여 내일 자정子正에 문틈을 굳게 봉封하고 모든 제사 음식은 화로에 구우며, 술병은 마개만 열고 지극한 정성으로 심고心告하라. 이것이 곧 고사告祀니라." 하시고 떠나시니라. 3일 새벽에 경석이 명하신 대로 행한 후에 날이 밝으니, 총을 가진 병사兵士 수십 명이 쇄도하여 선생을 수색하다가 얻지 못하고 돌아가니라.

64 이날에 선생이 백암리 김경학의 집으로 가시니, 경석이 공우와 윤경을 보내어 경과의 전말과 무사히 된 사유를 고하니, 선생이 가라사대 "내가 공사公事를 행한 후에 경석을 시험함이러니, 무사히 겪어내니 다행이라." 하시니라.

65 하루는 (년도 미상) 선생이 모든 종도에게 물어 가라사대 "일년 중에 가장 속도로 장성하는 물건이 무엇이뇨?" 모두 대나무로써 대답하거늘, 선생이 가라사대 "대나무의 기운이 만물에 특장特長하니, 그 기운을 덜어 쓰리라." 하시더니, 그 해에 대나무가 크게 흉년이 드니라.

66 백암리로부터 동곡약방銅谷藥房에 이르러 계실 새, 모든 종도를 벌여 앉히시고 「삼국시절수지지어사마소三國時節誰知止於司馬昭」를 큰 소리로 송독케 하시니라.

67 하루는 경석의 동생 윤경輪京이 이르거늘, 선생이 일러 가라사대 "천지에서 현무玄武가 쌀을 부르니, 네 형의 기운을 써야 할지라. 돌아가서 네 형에게 입술과 혀와 목을 움직이지 말고 시천주侍天呪를 암송暗

誦하되 기거동작起居動作에 잠시라도 쉬지 말라고 지휘하라." 하시니라.

68 하루는 약방에 종도 8인을 벌려 앉히시고 사물탕四物湯 한 첩을 지어 그 첩지貼紙에 인형人形을 그리사 두 손으로 합하여 위로 드시고 시천주侍天呪 3번을 읽으신 후에, 8인에게 차례로 돌려서 그와 같이 시키시고, 「남조선南朝鮮 배가 범피중류泛彼中流로다.」라고 창唱하시며 가라사대 "하륙下陸하였으니 풍파風波는 없으리라." 하시니라.

69 하루 밤에는 약방에 계시사 36만신萬神을 쓰시고 또 관운장주關雲長呪를 쓰사 모든 사람으로 하여금 각기 700번씩 심송心誦하라 하시며 가라사대 "이제 국가國家에나 사가私家에나 화둔火遁을 묻었는데, 날마다 바람이 불다가 그치고 학담으로 넘어가니, 사람이 많이 죽을까 하여 그리하노라." 하시니라.

70 하루는 용두치에 계실 새, 광찬으로 하여금 방약합편方藥合編에 있는 약명藥名에 주묵朱墨으로 비점批點하여 불사르시니라.

71 하루는 모든 종도에게 일러 가라사대 "이제 청국淸國 일을 볼 터인데, 너무 길이 멀어 길을 나서기가 어려우므로 청주淸州 만동묘萬東廟에 가서 천지신문天地神門을 열고자 하나, 또한 가기가 불편하니, 다만 음동音同을 취하여 청도원淸道院에 그 기운을 붙여서 일을 보려 하노라." 하시고, 형렬과 공우를 데리고 청도원으로 가실 새, 청도원 산꼭대기에 이르사 성황묘城隍廟 마루에 쉬어 누우시며 좀 지체하여 가자 하시고, 잠깐 졸리시다가 다시 일어나시며 가라사대 "아라사 군사가 내 군사라." 하시고, 김송환의 집에 이르사 글을 써서 불사르시고, 그 날 밤에 유찬명의 집에서 머무르시면서 천지대신문天地大神門을 열고

공사公事를 행하실 새, 무수한 글을 써서 불사르시니라.

72 하루는 선생이 약방藥房 대청 위에 앉으시고 유찬명을 대청 아래에 앉히사 순창淳昌 오선위기五仙圍碁와 장성長城 옥녀직금玉女織錦과 무안務安 호승예불胡僧禮佛과 태인泰仁 군신봉조君臣奉詔를 쓰이시고, 또 청주淸州 만동묘萬東廟를 쓰이사 불사르시니라. 이때에 찬명이 좀 방심하였더니, 선생이 가라사대 "신명神明이 먹줄을 잡고 있는데, 네가 어찌 방심하느냐?" 하시니라.

73 하루는 찬명으로 하여금 권지卷紙에 28수宿자를 좌로부터 횡서橫書한 후에 끊어서 자로 재이니, 1척尺이 차거늘 이에 불사르시니라.

74 하루는 양지책洋紙册에 무수히 글을 써서 1매枚씩 오려 떼이사 다시 종도들을 명하사 임의대로 무수히 찢은 후에 한 조각씩 헤어서 불사르시니 합合 383매枚라. 한 조각이 부족하다 하사, 두루 찾으니, 인형人形 그린 한 조각이 요 밑에 있거늘, 선생이 가라사대 "이것이 곧 황극수皇極數라. 당요唐堯 때에 나타났던 수數가 이제 다시 나타난다." 하시니라.

75 하루는 용두치에 계시사 숙사宿舍 마당에 촛불을 밝히시고, 「천유일월지명天有日月之明, 지유초목지위地有草木之爲, 천도재명天道在明, 고인행어일월故人行於日月, 지도재위地道在爲, 고인생어초목故人生於草木.」이라 써서 불사르시니, 구름이 하늘에 가득 차고 바람이 급히 불며 비가 내리되, 촛불을 꺼지지 아니한지라. 선생이 유찬명을 명하사 서북쪽 하늘에 별이 나타났는가 보라 하시니, 찬명이 우러러 살핌에 다만 구름 사이에 별 한 개가 보이거늘 그대로 아뢰니, 다시 동남쪽 하늘을 보라

하시거늘, 또 우러러보니 구름이 많이 흩어지고 별이 많이 보이는지라 그대로 보고한대, 선생이 가라사대 "서북쪽은 살아날 사람이 희소하고, 동남은 살 사람이 많으리라." 하시니라.

76 하루는 종도에게 일러 가라사대 "오늘은 청국淸國 만리창 신명神明이 이르러오니, 접대하여야 하리라." 하시고 술을 사서 마시시니라.

77 하루는 청국淸國 기우제祈雨祭를 지내리라 하시고, 집에서 기르던 돼지 한 마리를 잡아서 찜하여 소주를 마시시고, 여러 종도에게도 나누어 먹이시니라.

79 하루는 이도삼에게 일러 가라사대 "사람을 해害하는 물건을 낱낱이 세이라." 하시니, 도삼이 호랑이, 표범, 승냥이, 늑대로부터 모기, 이, 빈대, 좀까지 자세히 세어 고한대, 선생이 가라사대 "후천後天에는 사람을 해하는 물건은 다 없애리라." 하시니라.

80 하루는 종도에게 일러 가라사대 "내가 천지공사天地公事를 맡아봄으로부터는 연사年事를 맡아서 일체의 아표신餓莩神을 천상天上으로 올려보냈으니, 차후로는 굶어 죽는 폐가 없으리라."

81 선생이 천지공사天地公事를 마치신 후 「포교오십년공부종필布敎五十年工夫終筆」이라 써서 불사르시고, 모든 종도에게 일러 가라사대 "이윤伊尹이 오십五十에 사십구년四十九年의 잘못을 알고 드디어 성탕成湯을 도와 대업大業을 이루었나니, 그 도수度數를 썼노라. 이제 내가 천지의 운로運路를 갱정更正하여 물샐 틈 없이 도수度數를 굳게 짜 놓았으니, 그 도수에 돌아 닿는 대로 새 기틀이 열리리니, 너희들은 다만 마음을

한결같이 가져 타락치 말고 나아가라. 이제 9년 동안 행하여 온 개벽공사開闢公事의 확증確證을 천지에 질정質正할 터이니, 너희들도 참관하여 믿음을 굳게 하라. 오직 천지는 말이 없으니, 뇌성雷聲과 지진地震으로 표징하리라." 하시고, 글을 써서 불사르시니, 문득 천둥과 지진이 아울러 크게 일어나더라.

제 7장
전교傳敎

1 선생이 김경학의 집에 대학교大學校를 정하시고 가라사대 "학교는 이 학교가 크리라. 이제는 해원시대解冤時代라. 천인賤人에게 교敎를 전傳하리니, 무인巫人 6명을 불러오라." 경학이 명을 받들고 무인巫人을 불러오니, 선생이 명하사 관건冠巾을 벗기고 각 사람의 앞에 청수淸水를 놓이고 그 청수를 향하여 네 번씩 절을 시키신 후에, 시천주侍天呪 3번을 읽으시며, 각인各人으로 하여금 따라 읽게 하시고, 성명姓名을 물으신 후, 청수를 마시라 하사 가라사대 "이것이 곧 복록福祿이라." 하시니라.

2 동곡에 계실 새, 종도 9인을 벌려 앉히시고 일러 가라사대 "이제 교운敎運을 전하리라." 하시며, 갑칠을 명하사 청죽靑竹 1가지를 임의로 잘라 오라 하사, 그 마디 수를 세이니, 모두 10절節이거늘, 또 명하사 그 1절節을 절단하시며 가라사대 "이 한 마디는 두목頭目이라. 왕래와 순회를 임의로 할 것이오, 남은 9절은 수교자受敎者의 수數와 상부相符하도다. 하늘에 별이 몇 개나 나타났는가 우러러보라." 갑칠이 밖에 나

가서 우러러보니, 검은 구름이 하늘에 가득하고 다만 하늘 중앙이 열려서 별 9개가 빛을 발하였거늘, 그대로 아뢴대, 선생이 가라사대 "이는 수교자受教者의 수와 상응함이라." 하시니라.

3 정미년 겨울에 고부古阜 와룡리臥龍里에서 모든 종도에게 오주五呪를 가르치시며 가라사대 "이 글은 천지의 진액津液이라." 하시니, 이러하니라.

시천지가가장세일월일월만사지侍天地家家長世日月日月萬事知

시천지조화정영세불망만사지時天地造化定永世不忘萬事知

복록성경신수명성경신지기금지원위대강福祿誠敬信壽命誠敬信至氣今至願爲大降

명덕관음팔음팔양지기금지원위대강明德觀音八陰八陽至氣今至願爲大降

삼계해마대제신위원진천존관三界解魔大帝神位願趁天尊關 성제군聖帝君

4 대흥리 차경석의 집에 계실 새, 양지洋紙 전면全面에 인형人形을 그려서 벽에 붙이시고 제사祭祀 절차와 같이 위位를 설設한 후에, 모든 종도를 명하사 그곳을 향하여 절하고 마음으로 소원을 고하라 하시며, 선생이 인형人形 앞에 서시더니, 식式을 마침에 물어 가라사대 "누구에게 심고心告하였느냐?" 대하여 가로대 "선생께 소원을 고하였나이다." 선생이 웃으시며 가라사대 "개가 산 제사祭祀를 받았도다." 하시니라.

5 기유년 봄에 선생이 관운장주關雲長呪를 써 주시며 가라사대 "이 글이 대차력주大借力呪라." 하시니 이러하니라.

천하영웅관운장의막처근청천지팔위제장육정육갑육병육을소솔제장일별병영사귀엄엄급급여율령사파아天下英雄關雲長依幕處近聽天地八位諸將六丁六甲六丙六乙所率諸將一別屛營邪鬼唵唵急急如律令娑婆啊

6 하루는 선생이 종도들을 둘러앉히시고 오주五呪를 써서 한 사람에게 주어 읽히시고, 만인萬人에게 전하라 하사 다짐을 받으신 후에, 그 사람으로 하여금 다시 그와 같이 다른 사람에게 전하여 연차連次로 돌려서 서로 전수傳受케 하시니라.

7 하루는 종도들에게 물어 가라사대 "최수운崔水雲의 50년 공부는 시천주侍天呪로 일관하였고, 김경소金京訴(충남忠南 비인인庇仁人)는 50년 공부로 태을주太乙呪를 얻었나니, 이제는 신명해원시대神明解冤時代라. 동일한 50년 공부에 누구를 해원解冤함이 옳으냐?" 광찬이 대하여 가로대 "선생의 처분대로 하사이다." 선생이 가라사대 "시천주侍天呪는 이미 행세行世되었으니, 태을주太乙呪를 쓰라." 하시고, 읽어주시니 이러하니라.

홈치홈치태을천상원군홈리치야도래홈리함리사파아吽哆吽哆太乙天上元君吽哩哆耶都來吽哩喊哩娑婆啊

8 선생이 유찬명과 김자현에게 일러 가라사대 "각기 10만인萬人에게 포교布敎하라." 하시니, 찬명은 승낙하고 자현은 승낙하지 아니하거늘, 독촉하사 승낙을 받으신 후에, 일러 가라사대 "평천하平天下는 내가 하리니, 치천하治天下는 너희들이 하라. 치천하오십년공부治天下五十年工夫니라."

9 이때에 태인 화호리 부근에 태을주太乙呪가 매우 널리 전파된다 하거늘, 선생이 가라사대 "이는 문공신文公信의 소위所爲라. 시기가 아직 이르니 그 기운을 걷으리라." 하시고, 약방 벽 위에 「기동북이고수氣東北而固守, 이서남이교통理西南而交通」이라 쓰시고, 문밖에 반석 위에 물형物形을 그리고 점을 치신 후에, 종이에 태을주太乙呪와 김경소金京訴를 써 붙이고, 일어나서 절하여 가라사대 "내가 김경소에게 받았노라." 하

시고, 칼 한 개, 붓 한 개, 부채 한 개, 먹 한 개를 반석 위에 벌여 놓으시고, 모든 종도들로 하여금 뜻이 가는 대로 들라 하시니, 유찬명은 칼을 들고, 김형렬은 부채를 들고, 김자현은 먹을 들고, 한공숙은 붓을 드는지라. 이에 네 사람을 약국 네 귀퉁이에 갈라 앉히고, 선생은 정중앙에 서사 「이칠육二七六, 구오일九五一, 사삼팔四三八」을 한번 읽으신 후에 종도 세 사람으로 하여금 종이를 지폐紙幣와 같이 절단하여 벼루갑 속에 채워 넣은 후에 한 사람으로 하여금 한 조각씩 집어내어 등우鄧禹를 부르고, 다른 한 사람에게 전하며, 다른 한 사람도 그와 같이 받은 후에, 청국지면淸國知面이라 읽고, 다시 이상과 같이 하여 마성馬成을 부른 후에 일본지면日本知面이라 읽고, 또 그와 같이 하여 오한吳漢을 부른 후에 조선지면朝鮮知面이라 읽어서 28인과 24인을 다 마치기까지 종잇조각을 집으니, 그 종잇조각 수가 맞으니라.

10 매양 공사公事를 행하실 때에 글이나 물형物形을 써서 불사르시므로 그 물형은 뜻을 알 수 없고, 다만 그 글이나 기록하려 하나, 선생이 금지하시며 가라사대 "문명文明은 후일에 나느니라." 하시므로, 문명文明의 기록은 없고, 다만 몇 구절을 전하여 온 것은 그때에 종도들이 한번 보아서 기억된 것이니라.

11 선생이 공사公事를 행하실 때에나 어느 곳에 자리를 정하고 머무르실 때에는 반드시 종도에게 정심正心을 명하시고, 혹 방심放心하는 자가 있으면 마음을 보는 듯이 일깨우시며, 혹 주무실 때를 타서 방심하는 자가 있을지라도 문득 보는 듯이 마음을 거두라고 명하시니라.

12 또 처음 배움을 따르려는 자에게는 반드시 일생에 지은 허물을 일일이 생각하여 마음으로 사赦하여 주기를 빌라 하시되, 만일 잊고 생

각하지 못한 일이 있으면 일일이 깨우쳐 깨닫게 하시며, 또 반드시 그 몸을 위하여 척신神과 모든 장애를 맑혀 주시니라.

제 8장
법언法言

1 선생이 김형렬에게 일러 가라사대 "남 잘되는 것을 부러워 말고, 남은 복福이 많으니 남은 복을 구하라. 호한呼寒(새 이름)신천유불사信天猶不死니라.

2 차경석에게 일러 가라사대 "온갖 일이 욕속부달欲速不達이라. 사람 기르기가 누에 기르기와 같아서 성숙成熟의 조만早晩이 인공人工에 있나니라.

3 안내성에게 일러 가라사대 "네가 불의不義로써 남의 자제子弟를 유인하지 말며, 남의 보패寶貝를 탐내지 말며, 남과 서로 투쟁하지 말며, 도한屠漢과 무인巫人에게 천대하지 말라."

4 춘무인春無仁이면 추무의秋無義라. 농가에서 가을이 온 후에 곡종穀種을 갊아두는 것은 오직 토지를 믿는 연고니, 이것이 곧 신로信路니라.

5 모든 종도에게 일러 가라사대 "한고조漢高祖는 소하蕭何의 덕德으로 써 천하를 얻었나니, 너희들은 아무것도 베풀 것이 없으니, 오직 언덕言德을 잘 가지라. 말을 선善하게 하면 남 잘되는 여음餘蔭이 밀려서 점점 큰 복福이 되어 내 몸에 이르고, 말을 악惡하게 하면 남 해치는 여앙餘殃이 밀려서 점점 큰 화禍가 되어 내 몸에 이르나니라."

6 형렬에게 일러 가라사대 "망하는 세간살이는 아낌없이 버리고 새 배포를 꾸미라. 만일 애석히 여겨 놓지 않고 붙들면 몸까지 따라 망하나니라."

7 속된 말에 화복禍福이라 이르나니, 복보다 화가 앞선다 함이라. 화禍를 견디어 잘 받아야 복福이 이어 이르나니라.

8 나는 해마解魔로 위주爲主하는 고故로 나를 따르는 자는 모든 복마伏魔가 발동하나니, 복마伏魔의 발동을 잘 받아 이겨야 복福이 이어 이르나니라.

9 속된 말에 무척 잘 산다 이르나니, 척이 없어야 잘 산다 함이라. 사람에게 원억冤抑을 짓지 말라. 척이 되어 보복하나니라. 또 남을 미워하지 말라. 그의 신명神明이 먼저 알고 척이 되어 갚느니라.

10 이웃 사람이 맛 없는 음식을 주어서 먹고 병이 들지라도 그 사색辭色을 내지 말라. 이도 또한 척이 되나니라.

11 대군大軍을 통솔하고 적지敵地를 쳐들어감이 영광 중에 영광이로되, 인명人命을 사지死地로 몰아넣는 것이므로 악척이 되어 앞을 막느

니라.

12 나는「생장염장生長斂藏」사의四義를 쓰노니, 이것이 무위이화無爲而化니라.

13 천지의 조화로도 풍우風雨를 지으려면 무한한 공력을 들이나니, 공부하지 않고 아는 법은 없나니라. 정북창鄭北窓 같은 재주로도 입산삼일入山三日에 시지천하사始知天下事라 하였나니라.

14 모든 일을 있는 말로 지으면 천지가 부수려하여도 못 부술 것이오, 없는 말로 꾸미면 부서질 때에 여지餘地가 없나니라.

15 사람을 쓸 때에는 남녀와 노약의 구별이 없나니, 진평陳平은 야출동문여자오천인夜出東門女子五千人 하였나니라.

16 말을 듣고 실행하지 아니하면 바위에 물 주기와 같으니라.

17 악惡을 악惡으로 갚으면 피로 피를 씻기와 같으니라.

18 풍역취이식風亦吹而息하나니, 동정動靜이 각기 때가 있나니라.

19 이제 모든 일에 성공이 없음은 혈심血心 가진 자가 없는 연고니, 만일 혈심만 가지면 못 되는 일이 업나니라.

20 최익현崔益賢이 순창淳昌에서 사로잡히거늘, 선생이 종도에게 일러 가라사대 "일심一心의 힘이 크니라. 동일한 탄환 속에서 임낙안林樂

安은 목숨을 잃었고, 최면암崔勉菴은 목숨을 보전하였으니, 이는 일심의 힘을 인함이라. 일심一心 하는 자는 한 손가락을 튕겨 능히 만리萬里 밖의 큰 배를 깨뜨리나니라."

21 천지간에 가득 찬 것이 신神이니, 풀잎 하나라도 신神이 떠나면 마르며, 흙 바른 벽이라도 신神이 떠나면 무너지나니라.

22 사람이 만일 나를 치면 그의 손을 만져서 위로할지니라.

23 나의 말은 늘지도 줄지도 않고 부절符節과 같이 합合하나니라.

24 식불언食不言이라 하였으니 남의 먹는 일을 말하지 말며, 침불언寢不言이라 하였으니 남의 누행陋行을 말하지 말라.

25 내가 비록 서촉西蜀에 있을지라도 일심一心하는 자에게는 찾으리라.

26 세상 사람이 전명숙全明淑의 힘을 많이 입었나니, 1결結에 80냥兩의 무거운 세금을 30냥으로 경감하게 한 자는 전명숙이라. 언론상이라도 그의 이름을 해하지 말라.

27 김병욱에게 일러 가라사대 "남은 어찌하든지 너는 전명숙全明淑의 이름을 해하지 말라. 너의 영귀榮貴에는 전명숙의 힘이 많으니라."

28 위천하자爲天下者는 불고가사不顧家事라 하나니, 제갈량諸葛亮의 불성공不成功은 유상팔백주有桑八百株로 인함이니라.

29 천존天尊과 지존地尊보다 인존人尊이 높으니, 이제는 인존시대人尊時代니라.

30 유찬명에게 일러 가라사대 "훼동도자毁東道者는 무동거지로無東去之路하고, 훼서도자毁西道者는 무서거지로無西去之路니라."

31 외식外飾을 버리고 음덕陰德을 힘쓰라. 덕德은 음덕陰德이 크니라.

32 가장 두려운 것은 박람박식博覽博識이니라.

33 모든 종도에게 일러 가라사대 "과실이 있거든 다 생각하여 풀어버리라. 만일 하나라도 남아있으면 신명身命을 그르치나니라."

34 부친에게 말씀을 전하사대 일생에 지은 허물을 날마다 생각하여 끌으시라 하시니라.

35 마음은 성인聖人의 바탕으로 닦고, 일은 영웅英雄의 도략韜略을 취하라.

36 천지 안에 있는 말은 하나라도 거짓말이 없나니라.

37 색色은 사람의 정기精氣를 없애서 흩어지게 하는 것이니, 볼 때에 익히 보고 마음에 두지 말라.

38 대인大人의 말은 구천九天에 사무치나니, 나의 말은 한 마디라도 땅에 떨어지지 아니하리라.

39 뱀도 사람의 천거를 얻어야 용龍이 되나니, 남에게 말을 좋게 하면 덕德이 되나니라.

40 모든 일을 알기만 하고 취사取捨를 못하면, 모르는 것만 같지 못하나니, 될 일을 못되게 하고 못될 일을 되게 하여야 하나니라. 손빈孫臏의 재주는 방연龐涓으로 하여금 모지마릉暮至馬陵케 하는데 있고, 제갈량諸葛亮의 재주는 조조曹操로 하여금 화용도華容道에 만나게 함에 있나니라.

41 나의 일은 남 죽을 때에 잘살자는 것이오, 남 살 때에는 영화榮華와 복福을 누리자는 일이니라.

42 술수術數는 삼국시절三國時節에 나서 해원解冤하지 못하고, 이제야 비로소 해원되나니라.

43 삼생三生의 연緣이 있어야 나를 좇으나니라.

44 한신韓信이 한고조漢高祖의 추식이식推食而食과 탈의이의脫衣而衣를 감격하여 괴철蒯徹의 말을 쓰지 아니하였나니, 한신이 한고조를 저버림이 아니오, 한고조가 한신을 저버림이니라.

45 동학가사東學歌詞에 세 기운이 박혔으니, 말은 소장蘇張의 변辯이오, 앎은 강절康節의 지식이오, 글은 이두李杜의 문장文章이 있나니라.

46 현대에 허다한 주의主義로 허다한 단체를 모임은 추성후秋成後에 오곡五穀을 거두어 결속結束함과 같으니라.

47 천하사天下事는 생사生死 두 길에 그치나니, 우리의 부단한 노력은 하룻밤에 세 때 벌이하는 일이니라.

48 부귀한 자가 빈천을 즐기지 아니하며, 강강剛强한 자가 유약柔弱을 즐기지 아니하며, 지혜로운 자가 어리석음을 즐기지 아니하나니, 그러므로 빈천하고 병들고 어리석은 자가 내 사람이 되나니라.

49 나를 모르는 자가 나를 헐뜯나니, 내가 헐뜯음으로써 갚으면 나는 더욱 우열愚劣한 자가 되나니라.

50 한 사람의 원한冤恨이 천지天地를 막히게 하나니라.

51 남의 비소誹笑를 비수匕首로 알며, 남의 조소嘲笑를 조수潮水로 알아 대장大將이 비수를 얻어야 적진敵陣을 헤치며 용龍이 조수潮水를 얻어야 천문天門에 오르나니라.

52 이때는 해원시대解冤時代라. 사람도 무명無名한 사람이 기세氣勢를 얻고, 땅도 무명無名한 땅에 길운吉運이 도나니라.

53 보화寶貨라는 글자에 낭패狼貝라는 패자貝字가 붙어 있나니라.

54 차경석이 전날의 과오를 생각하여 심히 근심하거늘, 선생이 일러 가라사대 "일찍 모든 허물을 생각하여 일일이 끌러버리라 하였는데, 어찌 이제까지 남겨두었느냐? 금후로는 다시 생각하지 말라."

55 형렬이 여쭈어 가로대 "세상 사람이 선생을 광인狂人으로 여기나이

다." 선생이 가라사대 "전일에 거짓말로 행세行世할 때에는 신인神人이라 호칭하더니, 이제 참말을 하는 때는 도리어 광인狂人으로 아는도다."

56 일꾼 된 자 마땅히 씨름판을 본받을지니, 씨름판에 뜻을 두는 자는 판밖에 있어서 술과 고기를 많이 먹고 기운을 잘 길러 끝판을 꼬누고 있나니라.

57 동학가사東學歌詞에 일렀으되, 「제 소위 추리推理한다고, 생각나니 그뿐이라.」 하였나니, 너희들이 이곳을 떠나기를 싫어함은 의혹이 증가하는 연고니, 이곳은 곧 선방仙房이니라.

58 어떤 사람이 연사年事를 물은대, 가라사대 "칠산七山 바다에 고기잡이도 먹을 사람을 정하여 놓고 잡히나니, 농사도 또한 먹을 사람을 정하여 놓고 될지라. 그러므로 굶어 죽지는 아니하리라."

59 여러 종도들이 도술道術을 가르쳐주시기를 청한대, 가라사대 "이제 가르쳐줄지라도 들어가지 않고 밖으로 흘러서 바위에 물 주기와 같으리니, 쓸 때에 열어주리라."

60 어떤 사람이 선생을 비방하되 종이만 보면 사지四肢를 못 쓴다 하거늘, 선생이 들으시고 일러 가라사대 "내가 신미생辛未生이라. 통속通俗에 미未를 양羊이라 하나니, 양은 종이를 잘 먹나니라."

61 모든 종도에게 일러 가라사대 "너희들이 이제는 이렇듯 친숙하되, 후일에는 눈을 거듭 떠 바로 보지 못하리니, 마음을 바로 가지고 수련을 잘하라. 동학가사東學歌詞에 「많고 많은 저 사람에, 어떤 사람

그러하고, 어떤 사람 저러한가?」라 함과 같이 탄식줄이 나오리라."

62 어떤 사람이 말하되 증산甑山은 진실로 폭 잡기 어렵다 하거늘, 선생이 들으시고 가라사대 "사람이 마땅히 폭 잡기 어려워야 할지니, 만일 폭을 잡히면 범속凡俗에 지나지 못하나니라."

63 동학가사에 일렀으되 「운수運數는 길어지고, 조갓은 잠시로다.」 하였으니, 지도자志道者의 명감明鑑이니라.

64 대학大學에 일렀으되 「물유본말物有本末하고, 사유종시事有終始하니, 지소선후知所先後면 즉근도의卽近道矣라.」 하였으니, 일꾼된 자의 명감明鑑이니라.

65 자고自古로 상통천문上通天文과 하찰지리下察地理는 있었으나, 중통인의中通人義는 없었나니라.

66 위징魏徵은 밤이면 상제上帝를 섬기고, 낮이면 태종太宗을 도왔다 하거니와, 나는 사람의 마음을 빼었다 질렀다 하노라.

67 근래의 풍속에 어린아이에게 통감通鑑을 읽히는 풍습이 성행하나니, 이는 초입初入을 시비是非로써 넣는 것이라. 어찌 해당該當하리오?

68 생유어사生有於死하고 사유어생死有於生 하나니, 나를 좇는 자는 먼저 망하고 들어서야 하나니라.

69 생각에서 생각이 나오나니라.

70 죄는 남의 천륜天倫을 끊는 것보다 더 큰 것이 없나니라.

71 이제 모든 선령신先靈神이 발동하여 그 선자선손善子善孫을 모든 척신神의 손에서 빼앗아 덜미를 쳐 내세우나니라.

72 속된 말에 맥脈 떨어지면 죽는다 이르나니, 연원淵源을 잘 바루라.

제 9장
개벽開闢과 선경仙境

1 선생이 가라사대 "이제 혼란무륜混亂無倫한 말대末代의 천지를 개조하여 새 세상을 열고 비겁否劫에 침륜沈淪한 인신人神을 광도廣度하여 각기 안정을 누리게 하리니, 왕고往古에 미증유未曾有라. 구종舊宗의 계속도 아니며, 전성前聖의 조술祖述도 아니오, 오직 내가 처음 짓는 일이라. 비유하건대 부모가 모은 재산을 항상 얻어쓰려면 쓸 때마다 얼굴빛을 치어다 보임과 같이 쓰러진 집을 고쳐서 살려면 불안과 두려움이 따르나니, 그러므로 새 배포를 꾸미는 것이 옳으니라.

2 대범 판 안에 드는 법으로 일을 꾸미려면 세간에 들켜서 저지를 받나니, 그러므로 판밖에 남 모르는 법으로 일을 꾸미는 것이 완전하니라.

3 크고 작은 일을 물론하고 신도神道로써 이화理化하면 현묘불측玄妙不測한 공功을 거두나니, 이것이 곧 무위이화無爲而化라. 이제 신도神道를 조화調和하여 모든 일을 도의道義에 전칙典則하여 무궁한 선경仙境의

융운隆運을 정하리니, 제 도수度數에 돌아 닿는 대로 새 기틀이 열리리라. 과거에 임진정란壬辰靖亂의 책임을 최풍崔風이 담당하였으면 3일일에 불과하고, 진묵震默이 담당하였으면 3개월을 넘지 않고, 송구봉宋龜峯이 담당하였으면 8개월에 끄르리라 하나니, 이는 선불유仙佛儒의 법술이 서로 다름을 이름이라. 고대古代에는 판이 적고 일이 간단하여 한 가지만 전용專用하더라도 능히 난국亂局을 바룰 수 있거니와, 이제는 판이 넓고 일이 복잡하여 여러 법을 혼용混用하지 않고는 능히 혼란을 끄르지 못하나니라.

4 선천先天에는 상극지리相克之理가 인간사물人間事物을 맡아 다스림으로 모든 인사人事가 도의道義에 어그러져 원한이 맺히고 쌓여 삼계三界에 가득 차서 마침내 여기厲氣의 충발衝發을 이루어 인간 세상에 모든 참혹한 재앙이 생기나니라. 그러므로 이제 천지도수天地度數를 바르게 정하며 신명神明을 조화調和하여 만고萬古의 원冤을 끄르고, 상생相生의 도道로써 선경仙境을 열고 조화도장造化道場을 세워 무위지화無爲之化와 불언지교不言之敎로 화민정세化民靖世 할지니라. 무릇 머리를 들면 조리條理가 펴임과 같이 인륜기록人倫記錄의 원시原始요 원冤의 역사의 처음인 요堯임금의 아들 단주丹朱의 깊은 원冤을 끄르면, 그 이하 수천 년 동안 쌓여 내리는 일체의 원冤이 마디와 고가 풀릴지라. 대저 단주丹朱로써 불초不肖히 여겨 요堯가 두 딸을 순舜에게 주고, 드디어 천하를 선양禪讓함에 단주丹朱는 깊이 원冤을 품어 그 분울한 기운의 충동으로 마침내 순舜이 창오蒼梧에서 붕어崩御하고, 두 왕비가 소상瀟湘에 빠지는 참사慘事를 이루었나니, 이로부터 원冤의 뿌리가 깊이 박혀 세대世代의 추이推移를 따라 더욱 발달하여 드디어 천지에 가득하고 인간 세상을 폭파함에 이르렀나니, 그러므로 단주해원丹朱解冤으로 처음을 삼아 모든 천하를 맑히려는 큰 뜻을 품고 시세가 불리하여 한恨을 머금고 구

족九族이 죽는 참화慘禍를 당하고 의탁할 곳이 없어 천 년 동안이나 헤매다니는 만고역신萬古逆神을 그 다음으로 하여 각기 원한과 억울함을 끌러 혹은 행위行爲를 심리審理하여 곡해曲解를 바루며 혹은 안탁安托을 붙여 영원히 안정을 얻게 함이 곧 선경건설仙境建設의 첫걸음이니라.

5 원래 역신逆神은 곧 시대와 기회가 시킨 바라. 그 회포懷抱를 이루지 못하여 원한이 하늘을 찌르거늘, 세상 사람은 사리事理를 잘 이해하지 못하고 그들을 질시하여 유례없는 악평을 가하여 일상용어에 흉악의 우두머리로 칭하니, 역신逆神은 이를 혐오하므로 만물 가운데 시비가 없는 별자리로 붙여 보내리라. 하늘도 명천明天과 노천老天의 시비가 있고, 날도 수한水旱의 시비가 있고, 땅도 후척厚瘠의 시비가 있고, 때도 한서寒暑의 시비가 있으되, 오직 별자리는 시비가 없나니라.

6 대개 예로부터 각 지역을 할거割據하는 모든 족속族屬의 분열과 투쟁은 지운地運의 불통일不統一로 인함이라. 그러므로 산하山河의 대운大運을 통일함이 인류 화평의 원동原動이 되나니라.

7 전주全州 모악산母岳山은 순창淳昌 회문산回文山과 대립하여 우뚝 솟아 부모산父母山(복서卜書에 문文은 부父로 통용함)이 되었으니, 부모는 일가一家의 장長으로 가족을 양육하고 통솔하는 의義가 있음과 같이, 지운地運을 통일하려면 부모산으로써 종주宗主를 삼을지라. 이제 모악산을 위주하여 회문산의 오선위기五仙圍碁를 응기應氣하고, 배례拜禮받 군신봉조君臣奉詔(태인泰仁)와 승달산僧達山 호승예불胡僧禮佛(무안務安)과 손룡巽龍 선녀직금仙女織錦(장성長城)의 기령氣靈을 통합하여 이로써 본종本宗을 삼아 대지大地의 종령鍾靈을 집중集中할지니, 궁을가弓乙歌에 일렀으되 「사명당四明堂이 갱생更生하니, 승평시대昇平時代 불원不遠이라.」 하였나니,

이를 이름이니라.

8 선천先天에는 위무威武로써 훌륭한 보배를 삼아 복리福利와 영귀榮貴를 이 길에서 구하였나니, 이것이 상극相克의 유전流傳이라. 아무리 이기利器라도 쓸 곳이 없으면 폐기한 바 되고, 비열한 것도 쓸 곳이 있으면 취한 바 되나니, 이제 서양에서 온 무기武器의 폭위暴威에는 짝이 틀리어 대적할 것이 없으리니, 전쟁은 장차 종국終局을 고하리라. 그러므로 모든 무술武術과 병사兵事를 멀리하고, 그 비록 비열한 일이라도 의통醫統을 알아두라. 인명人命을 많이 구활救活하면 보은報恩줄이 찾아들어 영원한 복을 얻으리라.

9 이제 하늘도 뜯어고치고 땅도 뜯어고쳐 물 샐 틈 없이 짜 놓았으니, 제 한도에 돌아 닿는 대로 신기운新機運이 전개할지니라. 또 신명神明으로 하여금 사람의 뱃속에 출입하게 하여 그 체성體性을 고쳐 쓰리니, 이는 비록 목석木石이라도 기운을 붙이면 쓰임이 되는 연고라. 오직 어리석고 가난하고 천하고 약한 것을 편히 하여 마음과 입과 뜻으로부터 일어나는 모든 죄를 조심하고, 사람에게 척을 짓지 말지어다. 부하고 귀하고 지혜롭고 강권強權을 가진 자는 모든 척에 걸리어 콩나물 뽑히듯 하리니, 묵은 기수氣數가 채워 있는 곳에 대운大運을 감당하기 불능한 까닭이라. 부호의 집 창고와 대청에는 살기와 재앙이 가득히 채워 있나니라.

10 원래 인간人間에서 하고 싶은 일을 행하지 못하면 분통이 터져서 큰 병을 이루나니, 그러므로 이제 모든 일을 풀어놓아 각기 자유행동에 맡겨 먼저 난도亂道를 지은 후에 진법眞法을 내이리니, 오직 모든 일에 마음을 바르게 하라. 사위詐僞는 모든 죄의 근본이오, 진실眞實은 만

복萬福의 근원이라. 이제 신명神明으로 하여금 사람에게 임감臨監하여 마음에 먹줄을 잡히어 사정邪正을 감정하여 번갯불에 달리리니, 마음을 바루지 못하고 거짓을 감행하는 자는 지기至氣가 돌 때에 심담心膽이 파열하고 골절이 어긋나리라. 운수運數는 좋건마는 목 넘기가 어려우리라.

11 서양인西洋人 이마두利瑪竇가 동양에 와서 천국天國을 건설하려고 여러 가지 의도意圖를 발하였으나, 쉽사리 모든 폐단을 고치고 이상理想을 실현하기 불능하여 마침내 뜻을 이루지 못하고 다만 천상天上과 지하地下의 경계를 개방하여 예로부터 각기 맡은 지역을 고수하여 서로 넘나들지 못하던 신명神明으로 하여금 서로 교통케 하고 그 사후에 동양의 문명신文明神을 인솔하고 서양에 돌아가사 다시 천국天國을 건설하려 하였나니, 이로부터 지하신地下神 이 천상天上에 올라 모든 묘법妙法을 받아 본 내려 사람에게 혜식慧識을 열어주어, 인간 세상에 모든 문화와 이기利器를 계발啓發하여 천국天國의 모형模型을 본떴나니, 이것이 현대의 문명이라. 그러나 이 문명은 다만 물질과 사리事理에 기예技藝를 정통하였을 뿐이오, 실제로는 도리어 인류의 교만과 잔폭殘暴을 증장增長하여 패법悖法과 비의非義로 천도天道에 항쟁하며 자연을 정복하려는 기세를 가져 하늘을 업신여기고 신神을 모멸함이 극도에 달하니, 이에 신神의 권위가 실추되고 삼계三界가 혼란하여 천도天道와 인사人事가 떳떳한 상태를 어기므로, 원시元始의 모든 신성불보살神聖佛菩薩이 회합하여 삼계의 혼란과 신인神人의 비겁否劫을 슬피 여겨 구원함이 급함을 구천九天에 호소하므로, 내가 이에 서양西洋 대법국大法國 천계탑天階塔에 내려와 삼계를 두루 살피고 천하에 대순大巡하다가 석가모니釋迦牟尼의 당래불當來佛 찬탄설게讚歎說偈에 의거하여 승僧 진표眞表가 당래當來의 비음秘音을 감통하고 모악산母岳山 금산사金山寺에 금신金身

을 세워 지극한 마음으로 기원하여 오던 곳에 멈추어 30년을 지내면서 최제우崔濟愚에게 천명天命과 신교神敎를 내려 대도大道를 드러내게 하였더니, 제우가 능히 유문儒門의 구습을 초월하고 진법眞法을 천명하여 써 신인神人의 표극表極을 지으며 대도大道의 참빛을 열지 못하므로, 드디어 갑자甲子로써 천명과 신교를 거두고 담당자에게 인민人民을 보호할 명령을 붙인 후에 신미辛未로써 스스로 인간 세상에 강림하였노라.

12 후천後天에는 천하일가天下一家하여 위무威武와 형벌을 사용하지 않고 조화造化로써 중생을 이화理化할지니, 관직에 있는 자는 직위를 따라 화권化權이 열리므로 분수에 넘치는 참월僭越의 폐단이 없고, 주민은 원한, 학대, 탐욕, 어리석음과 모든 번뇌가 그치므로 성음소모聲音笑貌에 평화가 넘쳐 흐르고, 동정어묵動靜語默이 도덕에 합치하며, 쇠병사장衰病死葬을 면하여 불노불사不老不死하며, 빈부의 차별이 폐지되고, 아름다운 음식과 진귀한 옷이 필요에 따라 보배 그릇에 화현化現하며, 모든 일은 자유욕구에 응하여 천신天神이 수종隨從하며, 운거雲車를 타고 푸른 창공에 비상飛翔하여 먼 곳을 가고 험한 곳을 건널 때의 요구에 사용하고, 천문天門이 나직하여 오르내림이 자재自在하며, 지견知見이 밝아져서 과거, 미래, 현재 시방세계十方世界의 일체사를 통달하며, 수화풍水火風 삼재三災가 자취를 감추어 상서로움이 무르녹아 청화명려淸和明麗의 낙원樂園으로 화化하리라.

13 치우蚩尤가 난亂을 일으켜 큰 안개를 지음으로 황제黃帝가 지남거指南車로써 평정하였나니, 작란자作亂者도 조화造化요, 정란자靖亂者도 조화造化라. 최수운崔水雲은 동세動世를 맡았고, 나는 정세靖世를 맡았나니, 전명숙全明淑의 동動은 곧 천하의 난亂을 동動하게 하였나니라.

14 이때는 천지성공시대天地成功時代라. 서신西神이 명命을 맡아 만유萬有를 재제宰制하여 뭇 이치를 모아서 크게 이루나니, 이른바 개벽開闢이라. 만물이 가을바람에 혹 말라 떨어지고, 혹 성숙도 됨과 같이 참된 자는 과일을 얻어 그 수壽가 영원히 번창할 것이오, 거짓된 자는 말라 떨어져 길이 멸망할지라. 그러므로 혹 신위神威를 떨쳐 불의不義를 숙정肅正하고, 혹 인애仁愛를 베풀어 의인義人을 돕나니, 생生을 구하는 자와 복을 구하는 자는 힘쓸지어다.

16 신농씨神農氏가 경농耕農과 의약醫藥을 가르침으로부터 천하가 그 후택厚澤을 입어왔으나, 그 공덕을 앙모仰慕하여 보답하지 않고, 강태공姜太公이 제잔금폭除殘禁暴의 묘략妙略을 전수傳授함으로부터 천하가 그 덕을 입어왔으나, 그 공덕을 앙모하여 보답하지 아니하니, 어찌 도의道義에 합合하리오? 이제 해원시대解冤時代를 당하여 모든 신명神明이 신농神農과 태공太公의 은혜를 보답하리라.

18 용력술勇力術을 배우지 말라. 기차汽車와 윤선輪船으로 백만 근을 운송하리라. 축지술縮地術을 배우지 말라. 운거雲車를 타고 바람을 타고 날아서 만리萬里나 떨어진 곳도 순식간에 도달하리라.

19 바둑도 한 수만 높으면 이기나니, 남 모르는 공부를 하여 두라. 이제 비록 장량張良과 제갈諸葛이 두름으로 날지라도 어느 틈에 끼인지 모르리라. 선천개벽先天開闢 이래로 수한도병水旱刀兵의 겁재劫災가 서로 번갈아들어 그칠 새 없이 인간 세상을 진탕殄蕩하였으나 아직 병겁病劫은 크게 없었나니, 얼마 후에는 병겁이 전 세계를 맹습하여 인류를 전멸全滅케 하되 활방活方을 얻지 못하리니, 모든 기사묘법奇事妙法을 다 버리고 의통醫統을 알아두라. 내가 천지공사天地公事를 맡아봄으로부

터 이 동토東土에 모든 큰 겁재劫災를 물리쳤으나, 오직 병겁病劫은 그대로 두고 너희에게 의통醫統을 붙여주리니, 멀리 있는 진귀한 약품을 중하게 말고 순일純一한 마음으로 의통을 알아두라. 몸 돌이킬 여가가 없이 홍수洪水 밀리듯 하리라.

20 나의 말은 곧 약藥이라. 말로써 사람의 마음을 위안도 하며, 말로써 병든 자를 일으키기도 하며, 말로써 죄에 걸린 자를 끄르기도 하나니, 이는 내 말이 곧 약藥인 까닭이라. 충언忠言이 역이逆耳나 이어행利於行이라 하니, 나의 말을 잘 믿을지어다.

21 진묵震默이 봉곡鳳谷에게 참해慘害를 입은 후에 원冤을 품고 동양東洋의 도통신道統神을 거느리고 서양西洋에 건너가사 문화계발文化啓發에 종사하였나니, 이제 그를 해원解冤하여 고토故土로 돌려와 선경건설仙境建設에 종사케 하리라.

22 현하現下의 대세가 오선위기五仙圍碁와 같아 두 신선은 서로 판을 대하고, 두 신선은 각기 훈수하고, 한 신선은 주인이라 수수방관袖手傍觀하고 다만 공궤供饋만 맡었나니, 그러므로 연사年事만 흠이 없이 공궤지절供饋之節만 빠지지 아니하면 주인의 책임은 다하나니, 만일 바둑을 마치고 판이 흩어지면 판과 바둑은 주인에게로 돌리나니라.

23 현하現下의 대세가 씨름판과 같으니, 애기판과 총각판이 지난 뒤에 상씨름으로 판을 마치나니라.

24 현하의 대세가 가구판의 도박과 같으니, 같은 끝수에 말수末手가 먹느니라.

제 10장
문명文明

1 병유대세病有大勢
병유소세病有小勢

대병무약大病無藥, 소병혹유약小病或有藥. 연이대병지약然而大病之藥, 안심안신安心安身
대병지약大病之藥, 사물탕四物湯 팔십첩八十貼

시천주조화정영세불망만사지侍天主造化定永世不忘萬事知
지기금지원위대강至氣今至願爲大降
대병출어무도大病出於無道
소병출어무도小病出於無道
득기유도즉得其有道則, 대병물약자효大病勿藥自效, 소병물약자효小病勿藥自效
지기금지사월래至氣今至四月來
의통醫統
망기부자무도忘其父者無道

망기군자무도忘其君者無道

망기사자무도忘其師者無道

세무충世無忠, 세무효世無孝, 세무열世無烈, 고천하개병故天下皆病

유천하지병자有天下之病者, 용천하지약用天下之藥, 궐병내유厥病乃愈

성부聖父

성자聖子 원형이정元亨利貞, 천지도술약국天地道術藥局, 재전주동곡在全州銅谷, 생사판단生死判斷

성신聖神

대인대의무병大仁大義無病

삼계복마대제신위원진천존관성제군三界伏魔大帝神位遠鎭天尊關聖帝君

지천하지세자유천하지생기知天下之勢者有天下之生氣

암천하지세자유천하지사기暗天下之勢者有天下之死氣

동유대성인왈동학東有大聖人曰東學

서유대성인왈서학西有大聖人曰西學, 도시교민화민都是教民化民

공자노지대사구孔子魯之大司寇

맹자선설제량지군孟子善說齊梁之君

근일일본문신무신병무도통近日日本文神武神並務道通

조선국상계신중계신하계신朝鮮國上計神中計神下計神, 무의무탁無依無托, 불가불문자계어인不可不文字戒於人

궁상각치우宮商角徵羽 , 성인내작聖人乃作, 선천하지직先天下之職, 선천하지업先天下之業. 직자의야職者醫也, 업자통야業者統也.

성지직성지업聖之職聖之業

2 천하분운天下紛紜, 자작사당自作死黨, 이불안성상지심以不安聖上之心, 이불안성부지심以不安聖父之心, 이불안교사지심以不安教師之心

3 체면장體面章

유세무신십이월칠일維歲戊申十二月七日

도술강일순감소고우道術姜一淳敢昭告于

황공복지문안惶恐伏地問安, 기체후氣體候, 만사만충불효무서신萬死不忠不孝無序身, 읍축어군어부어사泣祝於君於父於師

기체후대안천만복망복망氣體候千萬伏望伏望

4 천지귀신축문天地鬼神祝文

소원인도所願人道, 원군불군願君不君, 원부불부願父不父, 원사불사願師不師, 유군무신有君無臣, 기군하립其君何立. 유부무자有父無子, 기부하립其父何立, 유사무학有師無學, 기사하립其師何立. 대대세세大大細細, 천지귀신수찰天地鬼神垂察.

5 불지형체佛之形體, 선지조화仙之造化, 유지범절儒之凡節

6 무내팔자無奈八字, 지기금지원위대강至氣今至願爲大降

욕속부달欲速不達, 시천주조화정영세불망만사지侍天主造化定永世不忘萬事知

구년홍수九年洪水, 칠년대한七年大旱, 천추만세세진千秋萬歲歲盡

불선유佛仙儒

일원수육십삼합길흉도수一元數六十三合吉凶度數

십이월이십육일十二月二十六日, 재생신再生身, 강일순姜一淳

오주五呪

천문지리풍운조화天文地理風雲造化, 팔문둔갑육정육갑八門遁甲六丁六甲, 지혜용력知慧勇力, 도통천지보은道通天地報恩

성사聖師

의통醫統 경주용담慶州龍潭

무극신无極神 대도덕봉천명봉신교大道德奉天命奉神敎, 대선생전여율령大先生前如律令, 심행선지후각審行先知後覺, 원형이정元亨利貞, 포교오십년공부布敎五十年工夫

8 시侍

천天

주主

조造 경주용담보은신慶州龍潭報恩神

화化 법法 년年

정定

영永 지기금지원위대강至氣今至願爲大降 월月

세世

불不

망忘 사師 일日

만萬

사事 전주동곡해원신全州銅谷解冤神

지知

9 일삼오칠구一三五七九

이사육팔십二四六八十

성기국成器局 총묘천지신塚墓天地神 기지천지신基址天地神 운運 영대사해박靈臺四海泊 득체得體 득화得化 득명得明

10 도전어야천개어자道傳於夜天開於子 철환천하허령轍環天下虛靈

교봉어신지벽어축敎奉於晨地闢於丑 불신간아족지각不信看我足智覺

덕포어세인기어인德布於世人起於寅　복중팔십년신명腹中八十年神明

12 한담서화閑談舒話, 가기풍진可起風塵, 한담서화閑談舒話, 능소풍진能掃風塵

13 천지종용지사天地從容之事, 자아유지自我由之. 천지분란지사天地紛亂之事, 자아유지自我由之

14 인생세간하자미人生世間何滋味, 왈의曰衣, 왈식曰食, 의식연후왈색야衣食然後曰色也

고지어의식색도도故至於衣食色之道, 각수천지지기야各受天地之氣也. 혹세무민자惑世誣民者, 기인취물자欺人取物者, 역수천지지기야亦受天地之氣也.

15 불수편애편악왈인不受偏愛偏惡曰仁, 불수전강전변왈예不受專强專便曰禮, 불수전시전비왈의不受全是全非曰義, 불수자총자명왈지不受恣聰恣明曰智, 불수남물남욕왈신不受濫物濫欲曰信.

16 덕무이명德懋耳鳴, 과징비식過懲鼻息

17 천하자기신고부운회天下自己神古阜運回, 천하음양신전주운회天下陰陽神全州運回, 천하통정신정읍운회天下通情神井邑運回, 천하상하신태인운회天下上下神泰仁運回, 천하시비신순창운회天下是非神淳昌運回.

18 잠심지하潛心之下, 도덕존언道德存焉. 반장지간反掌之間, 병법재언兵法在焉.

19 비인정불가근非人情不可近, 비정의불가근非情義不可近, 비의회불가근非義會不可近, 비회운불가근非會運不可近, 비운통불가근非運通不可近, 비통령불가근非通靈不可近, 비영태불가근非靈泰不可近, 비태통불가근非泰統不可近.

20 정심수신제가치국평천하正心修身齊家治國平天下, 위천하자불고가사爲天下者不顧家事. 걸악기시야桀惡其時也, 탕선기시야湯善其時也. 천도교걸어악天道教桀於惡, 천도교탕어선天道教湯於善, 걸지망桀之亡, 탕지흥湯之興, 재이윤在伊尹.

21 만국활계남조선萬國活計南朝鮮, 청풍명월금산사淸風明月金山寺, 문명개화삼천국文明開化三千國, 도술운통구만리道術運通九萬里.

22 세계유이차산출世界有而此山出, 기운금천장물화紀運金天藏物華, 응수조종태호복應須祖宗太昊伏, 도인하사다불가道人何事多佛歌.

23 궐유사상포일극厥有四象包一極, 구주운조낙서중九州運祖洛書中, 도리불모금수일道里不暮禽獸日, 방위기맹초목풍方位起萌草木風, 개벽정신흑운월開闢精神黑雲月, 편만물화백운송遍滿物華白雲松, 남아숙인선삼재男兒孰人善三才, 하산불양만고종河山不讓萬古鍾.

24 구마일도금산하龜馬一道今山河, 기천년간기만리幾千年間幾萬里, 포운태운양세계胞運胎運養世界, 대도일월왕성령帶道日月旺聖靈.

25 금옥경방시역려金屋瓊房視逆旅, 석문태벽검위사石門苔壁儉爲師, 사동초미수능해絲桐蕉尾誰能解, 죽관현심자불리竹管絃心自不離, 포락효성상가리

匏落曉星霜可履, 토장춘류일상수土墻春柳日相隨, 혁원옹필유하익革援甕畢有何益, 목사경우의양이木耜耕牛宜養頤.

26 면분수구심생신面分雖舊心生新, 지원급사속망망只願急死速亡亡, 허면허소거래간虛面虛笑去來間, 불토심정견여의不吐心情見汝矣, 세월여유검극중歲月汝遊劍戟中, 왕겁망재십년호往劫忘在十年乎, 부지이지지부지不知而知知不知, 엄상한설대홍로嚴霜寒雪大洪爐.

27 원형이정도일월元亨利貞道日月, 조인장부통명명照人臟腑通明明.

28 영세화장건곤위永世花長乾坤位, 대방일출간태궁大方日出艮兌宮.

29 경지영지불의쇠經之營之不意衰, 대곡사로결대병大斛事老結大病, 천지권우경지사天地眷佑境至死, 만사아손여복장漫使兒孫餘福葬.

30 일월무사치만물日月無私治萬物, 강산유도수백행江山有道受百行.

31 천시천비수도도天是天非修道道, 불구속지득장생不求俗地得長生.

32 심심황하수心深黃河水, 구중곤륜산口重崑崙山.

제 11장
인고문명引古文明
(종도들에게 외어주사 잘 기억하여 두라 하신 것)

1 삼인동행칠십리三人同行七十里, 오로봉전이십일五老峯前二十一, 칠월칠석삼오야七月七夕三五夜, 동지한식백오제冬至寒食百五除.

2 보습금강경步拾金剛景, 청산개골여青山皆骨餘, 기후기려객其後騎驢客, 무흥단주저無興但躊躇.

3 아득장생비태청我得長生飛太淸, 중성요아참요장衆星要我斬妖將, 악역최절사마경惡逆摧折邪魔驚, 섭강리두제광령躡罡履斗濟光靈, 천회지전보칠성天回地轉步七星, 우보상최등양명禹步相催登陽明, 일기혼돈간아형一氣混沌看我形, 엄엄급급여율령唵唵急急如律令.

4 일신수습중천금一身收拾重千金, 경각안위재처심頃刻安危在處心.

제 12장
화천化天

1 무신년에 선생이 고부인高夫人에게 일러 가라사대 "내가 비록 죽을지라도 마음을 변개變改함이 없겠느냐?" 대하여 가로대 "어찌 변개할 리가 있사오리까?" 선생이 다시 글 한 수를 외어주시니 이러하니라. 「무어별시정약월無語別時情若月, 유기래처신통조有期來處信通潮」

2 또 고부인高夫人에게 일러 가라사대 "내가 없으면 여덟 가지 병病으로 어떻게 고통하리오? 그 중에 단독丹毒이 크리니, 이제 그 독기毒氣를 제거하리라." 하시고, 그 손등에 침을 바르시니라.

3 또 일러 가라사대 "내가 없으면 그 크나큰 세 살림을 어떻게 홀로 맡아서 처리하리오?" 하시니, 고부인高夫人은 어느 외처外處에 출행出行하실 말씀으로 알았더라.

5 기유년 2월에 김자현을 데리시고 김제金堤 내주평內住坪 정남기鄭南基의 집에 가사 일러 가라사대 "이 길은 나의 마지막 길이니, 처족妻族

들을 일일이 찾으리라." 하시고, 등촉燈燭을 들리시고 밤이 늦도록 여러 집을 찾으신 후, 다음날 새벽에 수각리水閣里 임상옥林相玉의 집에 가시사 공사公事를 행하시고, 만경萬頃 삼가리三街里에 이르사 쉬시며 가라사대 "금일 오후에 백홍白虹이 관일貫日하리니, 내가 잊어버리더라도 네가 잘 살펴보라." 하시더니, 과연 오후에 백홍白虹이 관일貫日하니라.

6 3월에 김자현에게 일러 가라사대 "학질瘧疾로도 사람이 상傷하느냐?" 대하여 가로대 "학질이 3일 되는 때에는 거적을 가지고 달려든다 하오니, 이 말이 상傷한다는 말일 것이외다." 가라사대 "진실로 그러하리라." 하시고, 전주全州로 가셨더니 그 후에 자현의 80 고령高齡의 조모祖母가 문득 학질을 앓아 3일째 되는 날 사망하거늘, 선생이 돌아오사 가라사대 "학질로 상傷한다 함이 옳도다." 하시고, 그 준비하여 놓은 관棺 안에 누우시며 가라사대 "내 몸에 맞는다." 하시더니, 그 후에 자현을 불러 가라사대 "관재棺材 한 벌을 준비하여야겠으니, 박춘경朴春京의 집에서 판매하는 관재棺材 중에 잘 맞을 것으로 가려오라. 내가 장차 죽으리라." 자현이 가로대 "선생이시여, 어찌 이런 상서롭지 못한 말씀을 하시나이까?" 선생이 가라사대 "네가 내 말을 믿지 아니하는도다." 하시니라.

7 하루는 모든 종도에게 일러 가라사대 "나의 얼굴을 잘 익혀두라. 후일에 출세出世할 때에는 눈이 부시어 보기 어려우리라." 또 가라사대 "예로부터 신선神仙이란 말은 전설傳說로만 내려왔고, 본 사람은 없었나니, 오직 너희들은 신선을 보리라."

8 또 가라사대 "사람의 죽음길이 먼 것이 아니라 문턱 밖이 곧 저승이니, 나는 죽고 살기를 뜻대로 하노라."

9 하루는 모든 종도에게 일러 가라사대 "이 세상이 너무 악惡하여 몸 둘 곳이 없으므로 장차 깊이 숨으려 하노니, 어디가 합당하리오?" 신원일이 대하여 가로대 "변산邊山 속에 은벽처隱僻處가 많으니, 그곳으로 가사이다." 선생이 대답하시지 아니하시니라.

10 또 가라사대 "내가 금산사金山寺로 들어가서 불양답佛養畓이나 차지하리라."

11 또 가라사대 "내가 금산사金山寺로 들어가리니, 나를 보고 싶거든 금산사로 오라."

13 황응종에게 일러 가라사대 "내가 없을 때에 네가 나를 보지 못하여 애통하며 이곳에 내왕하는 거동이 내 눈에 삼연森然히 나타나노니, 내가 네 등 뒤에 있어도 너는 보지 못할 것이요, 내가 찾아야 서로 만나리라."

14 또 모든 종도에게 일러 가라사대 "내가 이제 몸을 피하려 하노니, 너희들이 능히 찾겠느냐?" 모두 대하여 가로대 "찾겠나이다." 선생이 가라사대 "너희들은 나를 찾지 못할 것이요, 내가 너희들을 찾아야 만나보게 되리라."

15 속된 말에 이제 보니 수원水原나그네라 하나니, 누구인지 모르고 대하다가 다시 보니 낯이 익고 아는 사람이라는 말이니, 낯을 잘 익혀 두라.

16 또 가라사대 "내가 장차 열 석 자의 몸으로 오리라."

17 6월 초순에 모든 종도에게 6월 20일에 동곡약방銅谷藥房으로 모이라고 통지通知를 발하시니라.

18 20일에 모든 종도가 동곡銅谷에 회집하니, 선생이 앞에 일렬로 돌려 앉히고 물어 가라사대 "너희들이 나를 믿느냐?" 모두 대하여 가로대 "믿나이다." 또 가라사대 "죽어도 믿겠느냐?" 모두 가로대 "죽어도 믿겠나이다." 하니, 대개 종도들은 천하사天下事를 하려는데 위지危地에 들어가서 죽을지라도 믿겠느냐는 뜻으로 알았더라.

19 이때 선생이 돈 40원을 궤 안에 감추어두사 다른 곳에 쓰지 못하게 하시니라.

20 이때에 갑칠에게 장령將令을 붙여 서양西洋으로부터 우사雨師를 넘겨오신 후에 (제 4장에 이미 나타남), 유찬명이 여쭈어 가로대 "이러한 묘법妙法을 세상 사람이 다 알지 못하오니, 원컨대 세상 사람으로 하여금 널리 알게 하소서." 선생이 가라사대 "너는 내가 길게 살기를 바라는도다." 하시고, 고시古詩를 외어주시니 이러하니라. 「치자곡모문하지稚子哭母問何之, 위도청산채약지謂道青山採藥遲, 일락서산인불견日落西山人不見, 갱장하설답제아更將何說答啼兒」 또 남원南原 양진사楊進士의 자만시自輓詩를 외우시니 이러하니라. 「시중이백주중령詩中李白酒中伶, 일거청산진적료一去青山盡寂寥, 우유강남양진사又有江南楊進士, 자고방초우소소鷓鴣芳草雨蕭蕭」

21 21일 밤에 선생이 김송환으로 하여금 김자현을 부르사 물어 가라사대 "네가 나를 믿느냐?" 자현이 대하여 가로대 "내가 만일 믿음이 부족할진대 고부화란古阜禍亂 끝에 곧 배반하였을 것이외다." 선생이 가

라사대 "네 말이 옳도다. 내가 이제 일이 있어서 장차 어디로 떠나려 하노니, 돌아오도록 잘 믿고 있으라. 만일 내 그늘을 벗어나면 죽나니라." 자현이 청하여 가로대 "내가 모시고 따라가려 하나이다." 가라사대 "너는 갈 곳이 못 되나니라."

22 22일에 형렬을 불러 물어 가라사대 "네가 나를 믿느냐?" 대하여 가로대 "믿나이다." 가라사대 "성인聖人의 말은 한 마디도 땅에 떨어지지 아니하나니, 고대古代에 자사子思는 성인聖人이라, 위후衛候에게 말하되 「약차불이若此不已, 국무유의國無遺矣」라 하였으나, 위후衛候가 그 말을 사용하지 않았으므로 위국衛國이 참혹히 멸망하였나니, 나의 말도 또한 땅에 떨어지지 아니할지니 오직 너는 나의 말을 믿으라."

23 또 형렬에게 물어 가라사대 "네가 내 사무事務를 담당하겠느냐?" 형렬이 대하여 가로대 "재질이 둔하고 배운 바가 없사오니, 어찌 능히 담당하오리까?" 선생이 가라사대 "미유학양자이후未有學養子而後에 가자야嫁者也라. 순舜이 경역산耕歷山하고 어뇌택漁雷澤하고 도하빈陶河濱할 때에 선기옥형璿璣玉衡을 알지 못하였나니 당국當局하면 아느니라."

24 또 일러 가라사대 "모든 일에 삼가 무한유사지불명無恨有司之不明하라. 마속馬謖은 공명孔明의 친우로되 처사處事를 잘못하므로 휘루참지揮淚斬之 하였나니라."

25 이 달 중순부터 식사를 폐하시고 소주燒酒만 마시시다가 22일에 형렬을 명하사 보리밥을 지어오라 하시니, 곧 지어 올리거늘, 선생이 보시고 다시 가져다 두라 하시더니, 반나절을 지난 후에 명하사 다시 가져오니, 밥이 쉬었거늘 가라사대 "이는 절록絶祿이니라." 하시니라.

26 23일에 약방藥房 대청 위에 누우셨다가 다시 뜰에 누우시고, 또 사립문 밖에 누우셨다가 형렬에게 업혀서 형렬의 집에 가서 누우셨다가 다시 약방으로 돌아오사 이렇게 4~5 차례 왕복하시니, 형렬이 매우 피곤하거늘, 경석이 가늠하여 2회를 왕복한 후에 또 다섯 사람을 시켜 사지四肢와 머리를 각각 붙들어 떠 매이고 약방으로 가서 누우사 가라사대 "죽고 살기는 쉬우니, 몸에 있는 정기精氣를 흩으면 죽고, 모으면 사나니라." 하시며, 경석으로 하여금 「전라북도全羅北道 고부군古阜郡 우덕면優德面 객망리客望里 강일순姜一淳 호남湖南 서신사명西神司命」이라 써서 불사르시니라.

27 이날 밤에 박공우를 침실로 불러들여 같이 주무실 새, 밤이 깊어진 후에 공우에게 일러 가라사대 "네 입술과 혀에 곤륜산崑崙山을 달라. 무진년戊辰年 동지冬至에 기두起頭하며 묻는 자가 있으리니, 의통인패醫統印牌 한 벌을 전하라. 좋고 나머지가 너희들의 차지가 되리라." 하시니라.

28 24일 이른 아침에 경석을 불러들이사 흘겨보시며 가라사대 "똑똑치도 못한 것이 무슨 정鄭가냐?" 하시니라.

29 24일 신축일 사시巳時에 선생이 형렬을 명하사 꿀물 한 그릇을 가져오라 하사 마시시고, 형렬에게 몸을 의지하시고 개연히 화천化天하시니라. 형렬, 경석 등 모든 종도들이 선생의 시체를 방 안에 모시고 문을 닫고 나와 탄식하여 가로대 "허망한 일이로다. 대인大人의 죽음이 어찌 이렇게 아무 이상이 없이 잠드는 것과 같으리오?" 하니, 문득 비가 뿌리며 뇌성雷聲이 크게 발하고 전광電光이 번쩍이더라.

30 이날에 고부古阜 본댁本宅에 부고訃告를 알려서 선생의 부친을 모셔오고 궤 안에 감추어둔 돈으로 치상治喪하니라.

제 13장
선생의 이표異表

1 선생이 가라사대 "나는 곧 미륵彌勒이니, 나를 보고 싶거든 금산미륵金山彌勒을 보라." 하시고, 또 가라사대 "금산미륵은 여의주如意珠를 손에 들었으나 나는 입에 물었노라." 하시며, 아랫입술 안에 붉은 점을 보이시더라.

2 또 가라사대 "나는 곧 삼리화三離火로라."

3 또 가라사대 "나는 곧 천지일월天地日月이로라."

4 선생의 면모面貌는 원만圓滿하사 금산미륵金山彌勒과 같으시니라.

5 선생은 왼쪽 손바닥에 임자壬字 무늬와 오른쪽 손바닥에 무자戊字 무늬가 있으시더라.

6 선생은 양미간兩眉間에 불표佛表가 있으시더라.

제2부

『대순전경』 초판 영인본

昭和四年七月二十七日 印刷
昭和四年七月三十 日 發行

大巡典經

定價金壹圓五拾錢

版權所有

編輯兼發行人 京城府冷洞七一ㅡ三番地 李祥昊

發行所 全羅北道金堤郡水流面金山里龍華洞 東華教會道場

印刷人 京城府太平通一丁目 小川三之介

印刷所 京城府太平通一丁目 每日申報社

發賣元 京城府武橋町三二番地 李咸英

大巡典經出版費醵出者名簿

趙鶴九 金百圓	金達鉉 金拾圓	高用眞 金拾圓
趙桂成 金百圓	張錫恒 金拾圓	李學俊 金拾圓
姜景昊 金百圓	徐允華 金拾圓	金甲培 金七圓
片起雲 金五十圓	尹龍俊 金拾圓	金時俊 金五圓
明在德 金四十圓	黃道善 金拾圓	金鍾洙 金五圓
李炳健 金拾圓	李和俊 金拾圓	姜辛媛 金五圓
張斗恒 金拾圓	金京天 金拾圓	金東洙 金五圓
張祉恒 金拾圓	姜泓杓 金拾圓	韓昌植 金五圓
金東禹 金拾圓	安性恒 金拾圓	

第十三章 先生의異表

一 先生이가라사대 나는곳彌勒이니 나를보고십거든 金山彌勒을보라하시고 ᄯᅩ가라사대 金山彌勒은 如意珠를손에들엿스나 나는입에물엿노라하시며 下唇안에朱點을보이시더라

二 ᄯᅩ가라사대 나는곳三離火로라

三 ᄯᅩ가라사대 나는곳天地日月이로라

四 先生의面貌는圓滿하사 金山彌勒과갓흐시니라

五 先生은 左手掌에壬字紋과 右手掌에戊字紋을有하시더라

六 先生은兩眉間에佛表를有하시더라

至에 起頭하며뭇는者가잇스리니 醫統印牌한벌을傳하라 좃코남어지가 너희들의차지가되리라하시니라

二八 二十四日早朝에 京石을불너들이사 흘겨보시며가라사대 뚝々치도못한것이 무슨鄭가이냐하시니라

二九 二十四日辛丑巳時에 先生이亨烈을命하사 蜜水一器를가저오라하사 마스시고 亨烈에게몸을의지하시고 溘然히化天하시니라 亨烈京石等모든從徒들이 先生의屍體를房中에모시고門을닷고나와 歎息하야가로대 허망한일이로다 大人의죽엄이엇지이러케아모異狀이업시 睡眠함과갓흐리오하니 문득비가쌰리며 雷聲이大發하고 電光이閃爍하니라

三〇 이날에 古阜本宅에通訃하야 先生의父親을모서오고 机中에藏置한돈으로治喪하니라

다시가저오니 밥이쉬엿거늘 가라사대 이는絶祿이니라하시니
라

二六 二十三日에 藥房廳上에누섯다가 다시뜰에누시고 또사
립門밧게누섯다가 亨烈에게업혀서 亨烈의집에가누섯다가 다
시藥房으로도라오사 이렷케四五次往復하시니 亨烈이매우疲困
하거늘 京石이가름하야二回를往復한後에 또다섯사람을식혀
四肢와머리를各〻붓드러떠메이고 藥房으로가서누으사 가라사
대죽고살기는쉬우니 몸에잇는精氣를홋흐면죽고 모으면사나니
라하시며 京石으로하여금 『全羅北道古阜郡優德面客望里姜一淳
湖南西神司命』이라써서불살으시니라

二七 이날밤에 朴公又를寢室로불너들여 가치주므실새 夜深
한後에 公又다려일너가라사대 네唇舌에崑崙山을달라 戊辰冬

大巡典經 第十二章 二五—二七 二四七

이慘滅하엿나니 나의말도또한쌍에떠러지지아니할지니 오직너
는나의말을미드라

二三 또亨烈다려무러가라사대 네가내事務를擔當하겟나냐 亨
烈이對하야가로대 才質이鈍薄하고所學이업사오니 엇지能히擔
當하오릿가 先生이가라사대 未有學養子而後에嫁者也라 舜이
耕歷山하고 漁雷澤하고 陶河濱할때에 璿璣玉衡을알지못하엿
나니 當局하면아나니라

二四 또일너가라사대 모든일에삼가하야 無恨有司之不明하라
馬謖은孔明의親友로되 處事를잘못함으로 揮淚斬之하엿나니라

二五 이달旬間부터 食事를廢하시고 燒酒만마스시다가二十二
日에 亨烈을命하사麥飯을지어오라하시니 곳지어올니거늘 先
生이보시고 다시가저다두라하시더니 半日을지난後에 命하사

鷓鴣芳草雨蕭〻

二一 二十一日夜에 先生이金松煥으로하여금 金自賢을불으사 무러가라사대 네가나를밋나냐 自賢이對하야가로대 내가만일 미듬이 不足할진대 古阜禍亂끗헤곳背反하엿슬것이외다 先生이가라사대 네말이옴토다 내가이제일이잇서서 將次어대로떠나려하노니 도라오도록잘밋고잇스라 만일내그늘을벗어나면죽나니라 自賢이請하여가로대 내가모시고따라가려하나이다 가라사대너는갈곳이못되나니라

二三 二十二日에 亨烈을불너무러가라사대 네가나를밋나냐 對하야가로대밋나이다 가라사대 聖人의말은 한마듸도땅에떠러지지아니하나니 古代에子思는聖人이라 衛侯다려말하되 『若此不已國無遺矣』 라하엿스나 衛侯가그말을不用하엿슴으로 衛國

大巡典經 第十二章 二〇―二三 二四五

로대밋나이다 또가라사대죽어도밋겟나냐 모다가로대죽어도밋겟나이다하니 대개從徒들은 天下事를하려는대 危地에드러가서죽을지라도밋겟느냐는뜻으로알엿더라

一九 이째 先生이돈四十圓을櫃中에藏置하사 다른곳에쓰지못하게하시니라

二〇 이째에 甲七에게將令을부처 西洋으로부터雨師를넘겨오신後에 (第四章에已現함) 柳贊明이엿주어가로대 이러한妙法을世人이다알지못하오니 願컨대世人으로하여금널니알게하소서 先生이가라사대 너는내가길게살기를바라는도다하시고 古詩를외여주시니이러하니라 『稚子哭母問何之、 謂道靑山採藥遲 日落西山人不見、 更將何說答啼兒』 또南原楊進士의自挽詩를외우시니이러하니라 『詩中李白酒中伶、 一去靑山盡寂寥、 又有江南楊進士

一四 또모든從徒다려일너가라사대 내가이제몸을避하려하노니 너희들이能히찻겟나냐 모다對하야가로대 찻겟나이다 先生이 가라사대 너희들은나를찻지못할것이오 내가너희들을차저야 만나보게되리라

一五 俚言에 이제보니水原나그내라하나니 누구인지모르고대하다가 다시보니낫이익고아는사람이라는말이니 낫을잘익혀두라

一六 또가라사대 내가將次열석자의몸으로오라라

一七 六月旬間에 모든從徒에게 六月二十日에銅谷藥房으로모이라고 通知를發하시니라

一八 二十日에 모든從徒가銅谷에會集하니 先生이압헤一列로돌녀안치고 무러가라사대 너희들이나를밋나냐 모다對하야가

九 하로는 모든從徒다려일너가라사대 이世代가념우惡하야
몸둘곳이업슴으로 將次깁히숨으려하노니 어대가合當하리오
辛元一이對하야가로대 邊山속에隱僻處가만흐니 그곳으로가사
이다 先生이對答치아니하시니라

一〇 또가라사대 내가金山寺로들어가서 佛養畓이나차지하리
라

一一 또가라사대 내가金山寺로들어가리니 나를보고십거든
金山寺로오라

一三 黃應鍾다려일너가라사대 내가업슬쌔에 네가나를보지못
하야 哀痛하며이곳에來往하는거동이 내눈에森然히낫허나노니
내가네등뒤에잇서도 너는보지못할것이오 내가차저야서로맛나
리라

한다함이올토다하시고 그準備하여논棺안에누으시며가라사대
내몸에맛는다하시더니 그後에自賢을불너가라사대 棺材한벌을
準備하여야하겟스니 朴春京의집에서 販賣하는棺材中에 잘마
즐것으로갈혀오라 내가將次죽으리라 自賢이가로대 先生이시
여 엇지이런상서롭지못한말삼을하시나잇가 先生이가라사대
네가내말을밋지아니하는도다하시니라
七 하로는 모든從徒다려일너가라사대 나의얼골을잘익혀두라
後日에出世할째에는 눈이부시어보기어려우리라 ⊗또가라사대
예로부터神仙이란말은 傳說로만나려왓고 본사람은업섯스나
오직너희들은神仙을보리라
八 또가라사대 사람의죽엄길이먼것이아니라 문턱밧기곳저승
이니 나는죽고살기를뜻대로하노라

大巡典經 第十二章 六一八 二四一

五 己酉二月에 金自賢을다리시고 金堤內住坪鄭南基의집에가사 일녀가라사대 이길은나의마즈막길이니 妻族들을一々히차즈리라하시고 燈燭을들니시고 終夜토록여러집을차즈신後 翌日새벽에 水閣里林相玉의집에가시사 公事를行하시고 萬頃三街里에이르사 쉬시며가라대 今日午後에白虹이貫日하리니내가이저버리드라도 네가잘삶혀보라하시더니 果然午後에白虹이貫日하니라

六 三月에 金自賢다려일녀가라사대 瘧疾로도사람이傷하나냐 對하야가로대 瘧疾이세즉차에는 거적가지고달녀든다하오니 이말이傷한다는말일것이외다 가라사대진실로그러하리라하시고 全州로가셧더니 그後에自賢의八十高齡의祖母가 문듯瘧疾을알어 세즉되는날死亡하거늘 先生이도라오사가라사대 瘧疾로傷

第十二章 化天

一 戊申에先生이高夫人다려일너가라사대 내가비록죽을지라도 마음을變改함이업겟나냐 對하야가로대 엇지變改할理가잇사오릿가 先生이다시글한수를외여주시니이러하니라 『無語別時情若月 有期來處信通潮』

二 또高夫人에게일너가라사대 내가업스면 여덟가지病으로 엇더케苦痛하리오 그中에丹毒이크리니 이제그毒긔를除去하리라하시고 그손등에춤을발으시니라

三 또일너가라사대 내가업스면 그크나큰세살님을 엇더케홀로맛터서處理하리오하시니 高夫人은 어느外處에出行하실말삼으로알엇더라

第十一章 引古文明 (從徒들에게외여주사 記憶하여두라하신것)

一 三人同行七十里 五老峯前二十一 七月七夕三五夜 冬至寒食百五除

二 步拾金剛景 青山皆骨餘 其後騎驢客 無興但躊躇

三 我得長生飛太淸 衆星要我斬妖將 惡逆摧折邪魔驚 躡罡履斗濟光靈 天回地轉步七星 禹步相催登陽明 一氣混沌看我形 唵々急々如律令

四 一身收拾重千金 頃刻安危在處心

二八 永世花長乾坤位 大方日出艮兌宮

二九 經之營之不意衰 大斛事老結大病 天地眷佑境至死 漫使兒孫餘福葬

三十 日月無私治萬物 江山有道受百行

三一 天是天非修道々 不求俗地得長生

三二 心深黃河水 口重崑崙山

二三 厥有四象包一極 九州運祖洛書中 道里不暮禽獸日 方位起萠草木風 開闢精神黑雲月 遍滿物華白雪松 男兒孰人善三才 河山不讓萬古鍾

二四 龜馬一道今山河 幾千年間幾萬里 胞運胎運養世界 帶道日月旺聖靈

二五 金屋瓊房視逆旅 石門苔壁儉爲師 絲桐蕉尾誰能解 竹管絃心自不離 匏落曉星霜可履 土墻春柳日相隨 革援甕畢有何益 木耜耕牛宜養頤

二六、面分雖舊心生新 只願急死速亡々 虛面虛笑去來間 不吐心情見汝矣 歲月汝遊劍戟中 往刧忘在十年乎 不知而知々不知 嚴霜寒雪大洪爐

二七 元亨利貞道日月 照人臟腑通明々

十六 德懋耳鳴過懲鼻息

十七 天下自巳神古阜運回天下陰陽神全州運回天下通情神井邑運回天下上下神泰仁運回天下是非神淳昌運回

十八 潛心之下道德存焉反掌之間兵法在焉

十九 非人情不可近、非情義不可近、非義會不可近、非會運不可近 非運通不可近、非通靈不可近、非靈泰不可近 非泰統不可近

二十 正心修身齊家治國平天下、爲天下者不顧家事桀惡其時也湯善其時也天道敎桀於惡天道敎湯於善桀之亡湯之興在伊尹

二一 萬國活計南朝鮮 清風明月金山寺 文明開化三千國 道術運通九萬里

二三 世界有而此山出 紀運金天藏物華 應須祖宗太昊伏 道人何事多佛歌

成器局　塚墓天地神　基址天地神
運　靈臺四海泊　得體　得化　得明

十　道傳於夜天開於子　轍環天下虛靈
敎奉於晨地闢於丑　不信看我足智覺
德布於世人起於寅　腹中八十年神明

十二　閑談叙話可起風塵閑談叙話能掃風塵

十三　天地從容之事自我由之天地紛亂之事自我由之

十四　人生世間何滋味曰衣曰食衣食然後曰色也
故至於衣食色之道各受天地之氣也惑世誣民者欺人取物者亦受
天地之氣也

十五　不受偏愛偏惡曰仁不受專强專便曰禮不受全是全非曰義不受
忿聽忿明曰智不受濫物濫欲曰信

造化法　慶州龍潭報恩神　年
定
永　至氣今至願爲大降　月
世
不　師　日
忘　全州銅谷解冤神
萬
事
知

九　一三五七九
二四六八十

佛仙儒

一元數六十三合爲吉凶度數

十二月二十六日再生身姜一淳

五呪

天文地理風雲造化八門遁甲六丁六甲知慧勇力道通天地報恩

聖師

醫統 慶州龍潭

旡極神 大道德奉天命奉神敎大先生前如律令審行先知後覺元亨

利貞布敎五十年工夫

八

侍

天

主

維歲戊申十二月七日
道術姜一淳敢昭告于
惶恐伏地問安　氣體候　萬死不忠不孝無序身　泣祝於君於
父於師
氣體候大安千萬伏望伏望

四

天地鬼神祝文
所願人道願君不君願父不父願師不師有君無臣其君何立有父無
子其父何立有師無學其師何立大々細々天地鬼神垂察

五

佛之形體、仙之造化、儒之凡節

六

無奈八字至氣今至願爲大降
欲速不達侍天主造化定永世不忘萬事知
九年洪水七年大旱千秋萬歲々盡

暗天下之勢者有天下之死氣

東有大聖人曰東學

西有大聖人曰西學都是敎民化民

孔子魯之大司寇

孟子善說齊梁之君

近日日本文神武神並務道通

朝鮮國上計神中計神下計神無依無托不可不文字戒於人

宮商角徵羽 聖人乃作先天下之職先天下之業職者醫也業者統也

聖之職聖之業

二 天下紛紜自作死黨以不安聖上之心以不安聖父之心以不安敎師之心

三 體面章

醫統

忘其父者無道
忘其君者無道
忘其師者無道
世無忠世無孝世無烈是故天下皆病
有天下之病者用天下之葯厥病乃愈

聖父
聖子　元亨利貞奉天地道術葯局在全州銅谷生死判斷
聖神
　大仁大義無病
三界伏魔大帝神位遠鎭天尊關聖帝君
知天下之勢者有天下之生氣

第十章 文明

一 病有大勢
病有小勢
大病無藥小病或有藥然而大病之藥安心安身
大病之藥四物湯八十貼
侍天主造化定永世不忘萬事知
至氣今至願爲大降
大病出於無道
小病出於無道
得其有道則大病勿藥自効小病勿藥自効
至氣今至四月來

二四 現下의大勢가 가구판의賭博과갓흐니 갓흔끗수에 末手가먹나니라

이는내말이곳葯인ㅅ닭이라 忠言이逆耳나利於行이라하니 나의말을잘미들지어라

二一 震默이鳳谷에게慘害를닙은後에 寃을품고 東洋의道統神을거나리고 西洋에건너가서 文化啓發에從役하엿나니 이제그를解寃하야 故土로돌녀와 仙境建設에從役케하리라

二二 現下의大勢가 五仙圍碁와如하야 二仙은서로局을對하고 二仙은各히訓手하고 一仙은主人이라 垂手傍觀하고 다만供饋만맛혓나니 그럼으로年事만無欠하야 供饋之節만빠지아니하면 主人의責任은다하나니 만일바둑이맛치고 판이헛치면 판과바둑은主人에게로돌니나니라

二三 現下의大勢가 시름판과갓흐니 애기판과총각판이지난뒤에 상시름으로판을맛치나니라

一九 바둑도한수만놉ᄒᆞ면이기나니 남모르는공부를하여두라 이제비록張良諸葛이두름으로날지라도 어느틈에세인지모르리라 先天開闢以來로 水旱刀兵의刧災가 서로替番하야 그칠새업시 人世를殄蕩하엿스나 아ᄌᆞᆨ病刧은크게업섯나니 當來에는病刧이 全世를猛襲하야 人類를全滅케하되 活方을엇지못하리니 모든 奇事妙法을다버리고 醫統을알어두라 내가天地公事를맛터봄으로부터 이東土에모든큰刧災를물니쳣스나 오직病刧은그대로두고 너희에게醫統을부처주리니 멀니잇는珍貴藥品을重히말고 純一한마음으로醫統을알어두라 몸도리킬餘暇가업시 洪水밀니듯하리라

二〇 나의말은곳藥이라 말로써사람의마음을慰安도하며 말로써病든者를이르키기도하며 말로써罪에걸닌者를풀으기도하나니

或凋落도되고或成熟도됨과갓치 참된者는碩果를어더其壽永昌할
것이오 거즛된者는凋落하야길이滅亡할지라 그럼으로或神威를
떨처 不義를肅正하고 或仁愛를베풀어 義人을돕나니 生을求
하는者와 福을求하는者는힘쓸지어다

一六 神農氏가 耕農과醫藥을가라침으로부터 天下가그厚澤을
닙어왓스나 그功德을仰慕하야報答치안코 姜太公이 除殘禁暴
의妙畧을傳授함으로부터 天下가그德을닙어왓스나 그功德을仰
慕하야報答치아니하니 엇지道義에合하리오 이제解冤時代를當
하야 모든神明이 神農과太公의恩惠를報答하리라

一八 勇力術을배호지말라 汽車輪船으로百萬斤을運輸하리라
縮地術을배호지말라 雲車를타고御風而行하야 萬里之遠을頃刻
에達하리라

衰病死葬을免하야 不老不死하며 貧富의差別이廢하고 美味와
珍衣가所要를隨하야 寶盒에化現하며 모든일은自由慾求에應하
야 天神이隨從하며 雲車를타고碧空에飛翔하야 適遠涉險의具
에用하고 天門이나직하야 升降이自在하며 知見이迴澈하야
過去未來現在十方世界의一切事를通達하며 水火風三災가屏跡하
야 禎祥이무르녹아 淸和明麗의樂園으로化하리라

一三 蚩尤作亂하야大霧를지음으로 黃帝가指南車로써定하엿나
니 作亂者도造化오 靖亂도者造化라 崔水雲은動世를맛텻고
나는靖世를맛텻나니 全明淑의動은 곳天下의亂을動케하엿나니
라

一四 이때는 天地成功時代라 西神이司命하야 萬有를宰制하
야 衆理를集而大成하나니 일은바開闢이라 萬物이가을바람에

로 내가이에西洋大法國天階塔에降하야 三界를周視하고 天下에大巡하다가 釋迦牟尼의當來佛讚歎說偈를爲據하야 僧眞表가當來의秘音을感通하고 母岳山金山寺에金身을建하야 至心祈願하여오든곳에止하야 三十年을지내면서 崔濟愚에게天命과神敎를내려 大道를首唱케하엿더니 濟愚ㅣ能히儒門의舊型을超越하고 眞法을闡明하야 써神人의表極을지으며 大道의眞光을열지못함으로 드대여甲子로써 天命과神敎를거두고 當宁에게人民攝護의命을부친後 辛未로써스사로人世에降하엿노라

三 後天에는天下一家하야 威武와刑辟을不措하고 造化로써衆生을理化할지니 居官者는職位를隨하야化權이열님으로 逾分僭越의弊가업고 住民은 寃恨 克虐 貪淫 瞋痴와모든煩惱가그침으로 聲音笑貌에平和가洋溢하고 動靜語默이道德에合致하며

能하야 마참내뜻을이루지못하고 다만天上과地下의境界를開放하야 예로부터各히境域을固據하야 서로넘나들지못하든神明으로하여금 서로交通케하고 그死後에 東洋의文明神을引率하고西洋에歸하야 다시天國을建設하려하엿나니 일로부터地下神이天上에올나 모든妙法을바더본내려 사람의게慧竅를열어주어 人世에모든文化와利器를啓發하야 天國의模型을본떳나니 이것이現代의文明이라 그러나이文明은 다만物質과事理에 技藝를精極하엿슬뿐이오 實際로는도로혀 人類의驕肆와殘暴를增長하야悖法과非義로 天道를抗爭하며 自然을征服하려는氣勢를呈하야傲天과慢神이極에達하니 이에神威가墜失하고 三界가混亂하야天道와人事가常度를어김으로 元始의모든神聖佛菩薩이會合하야三界의混亂과神人의否刼을悲悶하야 救治의急을九天에呼籲함으

氣數가채워잇는곳에 大運을堪當키不能한所以라 富豪家의府庫와廳舍에는 殺氣와災殃이가득히채워잇나니라

一〇 元來人間에서 하고십흔일을行치못하면 憤통이터저서大病을이루나니 그럼으로이제모든일을풀어노아 各히自由行動에맛기여 몬저亂道를지은後에 眞法을내이리니 오직모든일에마음을발으게하라 詐僞는모든罪의근본이오 眞實은萬福의根源이라 이제神明으로하여곰 사람에게臨監하야 마음에먹줄을잡히여 邪正을勘定하야 번개불에달니리니 마음을발우지못하고詐僞를甘行하는者는 至氣가돌재에 心膽이破裂하고 骨節이錯違하리라 運數는좃컨마는 목넘기가어려우리라

一一 西洋人利瑪竇가東洋에來하야 天國을建設하려고 여러가지意圖를發하엿스나 容易히모든痼廢를고치고 理想을實現키不

廢棄한바되고 卑劣한것도 쓸곳이잇스면取한바되나니 이제西
來武器의暴威에는 짝이들니어對伍할것이업스리니 戰爭은將次
終局을告하리라 그럼으로모든武術과兵事를멀니하고 비록卑劣
한일이라도 醫統을알어두라 人命을만히救活하면 報恩줄이차
저들어 永恒의福을어드리라

九 이제하늘도뜨더고치고 땅도뜨더고처 물샐틈엽시짜노앗스
니 제限度에돌아닷는대로 新機運이展開할지니라 또神明으로
하여금 사람의腹中에出入케하야 그體性을고처쓰리니 이는비
록木石이라도 긔운을부치면 쓰임이되는연고라 오직어리석고
가난하고 賤하고弱한것을편히하야 心口意로부터이러나는모든
罪를조심하고 사람의게척을짓지말지어다 富하고貴하고智慧롭
고强權을가진者는 모든척에걸니어 콩나물뽑히듯하리니 묵은

運의不統一로因함이라 그럼으로山河의大運을統一함이 人類和平의原動이되나니라

七 全州母岳山은 淳昌回文山과對立하야 屹然히父母山 (下書에文은父로通用함) 이되엿스니 父母는一家의長으로 家族을養育統率하는義가有함과如히 地運을統一하려면 父母山으로써宗主를삼을지라 이제母岳山을爲主하야 回文山五仙圍碁를應氣하고 拜禮밧君臣奉詔(泰仁)와 僧達山胡僧禮佛(務安)과 巽龍仙女織錦(長城)의氣靈을統合하야 此로써本宗을삼어 大地의鍾靈을集中할지니 弓乙歌에일넛스되 「四明堂이更生하니昇平時代不遠이라」 하엿나니 이를일음이니라

八 先天에는 威武로써勝寶를삼어 福利와榮貴를이길에서求하엿나니 이것이相克의遺傳이라 아모리利器라도 쓸곳이업스면

朱解冤으로爲首하야 모든澄清天下의大志를懷抱하고 時不利로
써飮恨하야 九族滅夷의慘禍를當하고 無依無托하야 千載飄零
하는萬古逆神을 第一로하야 各히冤枉을샐녀 或은行爲를審理
하야曲解를바루며 或은安托을붓저 永遠히安靜을엇게함이 곳
仙境建設의初步니라

五 元來逆神은곳時代와機會의所使라 그懷抱를이루지못하야
冤恨이漲天하거늘 世人은事理를善解치못하고 그들을疾視하야
類例업는惡評을加하야 日常用語에 凶惡의首로稱道하니逆神은
此를嫌惡함으로 萬物中에無是非한星宿로부처보내리라 하늘도
明天과老天의是非가잇고 날도水旱의是非가잇고 쌍도厚瘠의是
非가잇고 새도寒署의是非가잇스되 오직星宿는是非가업나니라

六 大盖예로부터 各地域을割據하는모든族屬의紛紜爭鬪는 地

義에어그러저 寃恨이매치고싸혀 三界에充溢하야 마참내厲氣의衝發을이루어 人世에모든慘災가생기나니라 그럼으로 이제天地度數를釐正하며 神明을調和하야 萬古의寃을풀으고 相生의道로써仙境을열고 造化道塲을세워 無爲之化와 不言之敎로化民靖世할지니라 무릇머리를들면 條理가페임과갓치 人倫記錄의原始오 寃의歷史의처음인 堯子丹朱의깁흔寃을풀으면 그以下數千年동안싸혀나리는一切의寃이 마듸와고가풀닐지라 大抵丹朱로써不肖히녁여 堯가 二女를舜의게降하고 드대여天下를禪함에 丹朱는깁히寃을품어그憤鬱之氣의衝動으로 마참내舜이蒼梧에崩하고 二妃가瀟湘에빠지는 慘事를이루엇나니 일로부터 寃의뿌리가깁히박히여 世代의推移를ᄯᅡ라 더욱發達하야드대여天地에充塞하고 人世를爆破함에이르렷나니 그럼으로丹

라

三 巨細事들勿論하고 神道로써理化하면 玄妙不測之功을거두나니 이것이곳無爲以化라 이제神道를調和하야 모든일을道義에典則하야 無窮한仙境의隆運을定하리니 제度數에도라닷는대로 새긔틀이열니리라 過去에壬辰靖亂의憲責을 崔風이當하엿스면 三日일에不過하고 震默이當하엿스면 三朔에넘지안코 宋龜峯이當하엿스면 八個月에끝으리라하나니 이는仙佛儒의法術이相異함을일음이라 古代에는판이적고 일이簡單하야 한가지만專用하드라도 能히亂局을발울수잇거니와 이제는판이넓고 일이複雜하야 諸法을混用치안코는 能히混亂을끝으지못하나니라

四 先天에는相克之理가 人間事物을司配함으로 모든人事가道

第九章 開闢과仙境

一 先生이가라사대 이제混亂無倫한末代의天地를改造하야 새세상을열고 否劫에沈淪한人神을廣度하야 各히安定을누리게하리니 往古에未曾有라 舊宗의繼紹도아니며 前聖의祖述도아니오 오직내가처음짓는일이라 譬컨대 父母가모한財產을 恒常어더쓰려면 쓸새마다 얼골빗을치어다보임과갓치 쓰려진집을支任하려면 顚覆의患이싸름과갓치 남의지은것과 날근것을그대로쓰려면 不安과危惧가追隨하나니 그럼으로새배포를수미는것이올흐니라

二 대번판안에드는法으로일을수미려면 世間에들켜서阻止를밧나니 그럼으로판밧게 남모르는法으로일을수미는것이完全하니

六七 近俗에童蒙에게通鑑을닑히는風習이盛行하나니 이는初入을是非로써녓는것이라 엇지該當하리오

六八 生有於死하고 死有於生하나니 나를좃는者는 몬저亡하고들어서야하나니라

六九 생각에서생각이나오나니라

七〇 罪는 남의天倫을끈는것보다 더큰者가업나니라

七一 이제모든先靈神이發動하야 그善子善孫을모든척神의손에서쌔앗어 덜미를처서내세우나니라

七二 俚言에 脉떠러지면죽는다 일으나니 淵源을잘밝우라

六二 或이말하되 甑山은진실로폭잡기어렵다하거늘 先生이드르시고가라사대 사람이맛당히폭잡기어려워야할지니 만일폭을잡히면 凡俗에지나지못하나니라

六三 東學歌詞에일넛스되「運數는길어지고조갓흔暫時로다」하엿스니 志道者의明鑑이니라

六四 大學에일넛스되『物有本末하고事有終始하니知所先後면即近道矣라』하엿스며『其所厚者에薄하고其所薄者에厚하리未之有也라』하엿스니 일군된者의明鑑이니라

六五 自古로上通天文과下察地理는잇섯스나 中通人義는업섯나니라

六六 魏徵은 밤이면上帝를섬기고 낫이면太宗을도앗다하거니와 나는사람의마음을쌔 엿다잘넛다하노라

사람을定하여놓코잡히나니 農事도또한 며올사람을定하여놓코
될지라 그럼으로굴머죽지는아니하리라
五九 여러從徒들이 道術을가라처주시기를請한대 가라사대
이제가라처줄지라도 들어가지안코밧그로흘너서 바위에물주기
와갓흐리니 쓸쌔에열어주리라
六〇 或이先生을毁謗하되 조희만보면四肢를못쓴다하거늘 先
生이드르시고일너가라사대 내가辛未生이라 通俗에未를羊이라
하나니 羊은조희를잘먹나니라
六一 모든從徒다려일너가라사대 너희들이이제는이럿틋親熟하
되 後日에는눈을거듭써바로보지못하리니 마음을바로가지고修
煉을잘하라 東學歌詞에 「만코만흔저사람에, 엿든사람그러하고
엿든사람저러한가」 라함과갓치歎息줄이나오리라

라사대 일즉모든허물을생각하야 一々히씰너버리라하엿는대
엿지이제새지남겨두엿나냐 今後로는다시생각지말라
五五 亨烈이엿주어가로대 世人이先生을狂人으로녁이나이다
先生이가라사대 前日에거즛말로行世할때에는 神人이라稱呼하
더니 이제참말을하는대는 도로혀狂人으로아는도다
五六 일군된者 맛당히시름法을본바들지니 시름판에뜻두者는
는판밧게잇서서 술과고기를만히먹고 긔운을잘길너 끗판을싼
으고잇나니라
五七 東學歌詞에일넛스되 『제소위推理한다고 생각나니그뿐이
라』하엿나니 너희들이이곳을써나기를슬혀함은 疑惑이增長하
는연고니 이곳은곳仙房이니라
五八 或이年事들무른대 가라사대七山바다에고기잡이도 먹을

四八 富貴한者가貧賤을즐기지아니하며 剛强한者가柔弱을즐기지아니하며 智慧로운者가어리석음을즐기지아니하나니 그럼으로 貧賤하고病들고어리석은者가 내사람이되나니라

四九 나를모르는者가 나를허ㅣ나니 내가헐므로써갑흐면 나는더욱愚劣한者가되나니라

五〇 한사람의寃恨이 天地를閉塞하나니라

五一 남의誹笑를七首로알며 남의嘲笑를潮水로알나 大將이七首를어더야敵陣을헷치며 龍이潮水를어더야天門에올으나니라

五二 이때는解寃時代라 사람도無名한사람이氣勢를엇고 땅도無名한땅에吉運이도나니라

五三 寶貨라는글자에 狼貝라는貝字가붓혀잇나니라

五四 車京石이前過를생각하야 甚히근심하거늘 先生이일너가

四二 術數는三國時節에나서 解寃치못하고 이제야비로소解寃되나니라

四三 三生의緣이잇서야 나를조치나니라

四四 韓信이 漢高의推食而食와脫衣而衣를感激하야 蒯徹의言을쓰지아니하엿나니 韓信이漢高를저바림이아니오 漢高가韓信을저바림이니라

四五 東學歌詞에세긔운이박혓스니 말은蘇張의辯이오 알믄康節의知識이오 글은李杜의文章이잇나니라

四六 現代에 許多한主義로許多한團體를모임은 秋成後에五穀을거두어結束함과갓흐니라

四七 '天下事는生死兩道에그치나니 우리의不斷努力은 하로밤세재버리하는일이니라

三七 色은사람의精氣를耗散케하는것이니 볼때에익히보고 마음에두지말라

三八 大人의말은九天에사모치나니 나의말은한마듸라도 땅에떠러지지아니하리라

三九 배암도人薦을어더야 龍이되나니 남에게말을조히하면德이되나니라

四〇 모든일을알기만하고 取舍를못하면 모르는것만갓지못하나니될일을못되게하고 못될일을되게하여야하나니라 孫賓의재조는龐涓으로하여금 暮至馬陵케하는대잇고 諸葛亮의재조는曹操로하여금 華容道에만나게함에잇나니라

四一 나의일은 남죽을때에잘살자는일이오 남살때에는榮福을누리자는일이니라

大巡典經 第八章 三七—四一 一〇七

百株로因함이니라

二九 天尊과地尊보다人尊이놉흐니 이제는人尊時代니라

三〇 柳贇明다려일너가라사대 毁東道者는無東去之路하고 毁西道者는無西去之路니라

三一 外飾을버리고 陰德을힘쓰라 德은陰德이크니라

三二 가장두려운것은 博覽博識이니라

三三 모든從徒다려일너가라사대 過失이잇거든다생각하야풀어버리라 만일하나라도남어잇스면 身命을그릇치나니라

三四 父親에게말삼을傳하사대 一生에지은허물을 날마다생각하야살으시라하시니라

三五 마음은聖人의바탕으로닥고 일은英雄의韜畧을取하라

三六 天地안에잇는말은 하나도거즛말이업나니라

며 흙발은壁이라도 神이써나면눈어지나니라

二二 사람이만일나를치면 그의손을만저서慰勞할지니라

二三 나의말은 눌도줄도안코 符節과갓치合하나니라

二四 食不言이라하엿스니 남의먹는일을말치말며 寢不言이라하엿스니 남의陋行을말하지말라

二五 내가비록西蜀에잇슬지라도 一心하는者에게는차즈리라

二六 世人이 全明淑의힘을만히닙엇나니 一結八十兩의重稅를三十兩으로輕減케한者는全明淑이라 言論上이라도 그의일홈을해하지말라

二七 金秉旭다려일너가라사대 남은엇지하든지 너는全明淑의일홈을해하지말라 너의榮貴에는 全明淑의힘이만흐니라

二八 爲天下者는不顧家事라하나니 諸葛亮의不成功은 有桑八

大巡典經 第八章 二一-二八 二〇五

一五 사람을쓸때에는 男女와老弱의別이업나니 陳平은夜出東門女子五千人하엿나니라

一六 말을듯고實行치아니하면 바위에물주기와갓흐니라

一七 惡을惡으로갑흐면 피로피를씻기와갓흐니라

一八 風亦吹而息하나니 動靜이各히때가잇나니라

一九 이제모든일에成功이업슴은血心가진者가업는연고니 만일血心만가지면 못되는일이업나니라

二〇 崔益賢이淳昌에서被擒하거늘 先生이從徒다려일너가라사대 一心의힘이크니라 同一한彈雨下에서 林樂安은喪命하고 崔勉菴은全命하엿스니 이는一心의힘을因함이라 一心하는者는一指를彈하야 能히萬里밧긔巨艦을깨트리나니라

二一 天地間에充塞한것이神이니 풀닙하나라도神이써나면마르

에게寃抑을짓지말라 척이되여報復하나니라 또남을뮈워하지말
라 그의神明이몬저알고 척이되여갑나니라

一〇 리웃사람이맛업는飮食을주어서 먹고病들지라도 그辭色
을내지말라 이도또한척이되나니라

一一 大軍을統御하고敵地를처들어감이 榮則榮矣로되 人命을
死地로驅入한者임으로 악척에되야압흘막나니라

一二 나는『生長斂藏』四義를쓰노니 이것이無爲以化니라

一三 天地의造化로도 風雨를지으려면 無限한공력을들이나니
공부하지안코아는法은업나니라 鄭北窓갓흔재조로도 入山三日
에始知天下事라하엿나니라

一四 모든일을잇는말로지으면 天地가부스려하여도못부슬것이
오 엄는말로꾸미면 부서질재에餘地가업나니라

를어덧나니 너희들은아모것도베풀것이업스니 오직言德을잘가
자라 말을善하게하면 남잘되는餘蔭이밀녀서 점々큰福이되여
내몸에이르고 말을惡하게하면 남해치는餘殃이밀녀서 점々큰
禍가되야 내몸에이르나니라

六 亭烈다려일너가라사대 亡하는세간살이는 앗감업시 버리
고 새배포를쑤미라 만일愛惜히녁여놋치안코붓들면 몸싸지싸
라亡하나니라

七 俚言에禍福이라일으나니 福보다禍가압선다함이라 禍를견
대여잘바더야 福이니어이르나니라

八 나는解魔로爲主하는故로 나를싸르는者는 모든伏魔가發動
하나니 伏魔의發動을잘바더이겨야 福이니어이르나니라

九 俚言에무쳑잘산다일으나니 쳑이업서야잘산다함이라 사람

第八章 法言

一 先生이 金亨烈다려일너가라사대 남잘되는것을불어워말고 남은福이만흐니 남은福을求하라 呼寒(鳥名)信天猶不死니라

二 東京石다려일너가라사대 온갓일이欲速不達이라 사람길으기가 누에길으기와갓하야 成熟의早晩이人工에잇나니라

三 安乃成다려일너가라사대 네가不義로써남의子弟를誘引치말며 남의寶貝를貪내지말며 남과서로爭鬪치말며 屠漢과巫人에게下賤으로待遇하지말라

四 春無仁이면秋無義라 農家에서秋成後에穀種을갈무는것은 오작土地를밋는연고니 이것이곳信路니라

五 모든從徒다려일너가라사대 漢高祖는蕭何의德으로써 天下

一 先生이公事를行하실쌔에나 어느곳에座를定하고머므르실쌔에는 반다시從徒에게正心을命하시고 或放心하는者가잇스면 마음을보는듯이일깨우시며 或就寢하실쌔를타서放心하는者가잇슬지라도 문듯보는듯이 마음을거두라고命하시니라

二 또처음從學하려는者에게는 반다시一生에지은허물을一々히생각하야 마음으로赦하여주기를빌라하시되 만일잇고생각지못한일이잇스면 一々히開頭하야깨닷게하시며 또반다시그몸을爲하야 척神과모든障碍를맑혀주시니라

로하여금 조희를紙幣와갓치切斷하야 硯匣속에채워너은後에 一人으로하여금 一片식집어내여鄧禹를불으고 他一人에게傳하며 그紙片을바든사람도 또鄧禹를불으고 他一人에게傳하며 他一人도그와갓치바든後에 淸國知面이라닑고 다시以上과갓치하야 馬成을불은後에日本知面이라닑고 또그와갓치하야吳漢을불은後에 朝鮮知面이라닑어서 二十八人과 二十四人을다맛치기까지 紙片을집으니 그紙片數가마지니라

一○ 매양公事를行하실때에 글이나物形을써서불살으심으로 그物形은意趣를알수업고 다만그글이나記錄하려하나 先生이禁止하시며 가라사대 文明은後日에나나니라하심으로 文明의記錄은업고 다만節몃을傳하여온것은 그때에從徒들이 한번보아서記臆된것이니라

하사承諾을바드신後에 일너가라사대 平天下는내가하리니 治
天下는너희들이하라 治天下五十年공부니라

九 이쌔에 泰仁禾湖里附近에 太乙呪가喧藉히傳播된다하거늘
先生이가라사대 이는文公信의所爲라 時期가尙早하니 그긔운
을거드리라하시고 藥房壁上에 『氣東北而固守、理西南而交通』
이라쓰시고 門밧게盤石우에 物形을그리고打點하신後에 조희
에太乙呪와金京訴를써부치시고 이러나서절하야가라사대 내가
金京訴에게바덧노라하시고 刀一、筆一、扇一、墨一을盤石우에
列置하시고 모든從徒들로하여금 뜻가는대로들라하시니 柳贊
明은刀를들고 金亨烈은扇을들고 金自賢은墨을들고 韓公淑은
筆을드는지라 이에四人을葯房四隅에갈나안치고 先生은正中에
서사 『二七六、九五一、四三八』을한번읽으신後에 從徒三人으

계주어낡하지고 萬人에게傳하라하사 다짐을바드신後에 그사
람으로하여금 다시그와갓치다른사람에게傳하야 連次로돌녀서
서로傳受케하시니라

七. 하로는 從徒들에게물어가라사대 崔水雲의五十年공부는
侍天呪로一貫하엿고 金京訴(忠南庇仁人)는五十年공부로. 太乙
呪를어덧나니 이제는神明解寃時代라 同一한五十年공부에 누
구를解寃함이올흐냐 光賛이對하야가로대 先生의處分대로하사
이다 先生이가라사대 侍天呪는임의行世되엿스니 太乙呪를쓰
라하시고 낡어주시니이러하니라

吽哆々々太乙天上元君吽哩哆耶都來吽哩喊哩娑婆啊

八 先生이柳賛明、金自賢에게일너가라사대 各히十萬人에게布
敎하라하시니 賛明은承諾하고 自賢은承諾치아니하거늘 督促

三界解魔大帝神位願趁天尊關 聖帝君

四 大興里車京石의집에계실새 洋紙全面에人形을그려서壁에부치시고 祭祀節次와갖치位를設한後에 모든從徒를命하사 그곳을向하야절하고 마음으로所願을告하라하시며 先生이人形압헤서지더니 式을畢함에 무러가라사대 누구에게心告하엿나냐 對하야가로대 先生께所願을告하엿나니다 先生이우스시며가라사대내 내가산祭祀를바덧도다하시니라

五 己酉春에 先生이關雲長呪를써주시며가라사대 이글이大借力呪라하시니이러하니라

天下英雄關雲長依幕處近聽天地八位諸將六丁六甲六丙六乙所率諸將一別屛營邪鬼唵々急々如律令婆婆啊

六 하로는 先生이從徒들을둘러안치시고 五呪를써서한사람에

節을切斷하시며가라사대 이한마듸는頭目이라 往來와巡回를任
意로할것이오 남은九節은受敎者의數와相符하도다 하늘에星宿
가몃개나낫혀낫는가仰觀하라 甲七이밧게나가서우러려보니 黑
雲이滿天하고 다만하늘中央이열녀서 별九顆가放光하엿거늘
그대로復命한대 先生이가라사대 이는受敎者의數와相應함이라
하시니라
三 丁未冬에 古阜臥龍里에서 모든從徒에게五呪를가라치시며
가라사대 이글은天地의津液이라하시니이러하니라
侍天地家々長世日月日月萬事知
時天地造化定永世不忘萬事知
福祿誠敬信壽命誠敬信至氣今至願爲大降
明德觀音八陰八陽至氣今至願爲大降

第七章 傳教

一 先生이金京學의집에大學校를定하시고가라사대 學校는이學校가크라라 이제는解冤時代라賤人에게도敎를傳하리니 巫人六名을불너오라 京學이承命하고 巫人을불너오니 先生이命하사冠巾을벗기고 各사람의압헤清水를노이고 그清水를向하야 네번식절을식히신後에 侍天呪三遍을닑으시며 各人으로하여금쌀어닑게하시고 姓名을물으신後 清水를마시라하사가라사대 이것이곳福祿이라 하시니라

二 銅谷에계실새 從徒九人을벌여안치시고 일너가라사대 이제敎運을傳하리라하시며 甲七을命하사 靑竹一竿을隨意로裁斷하여오라하사 그節數를세이니 모다十節이어늘 또命하사그一

라하시고 글을써서불살으시니 문득天動과地震이아울너大發하더라

다업세이리라하시니라

八○ 하로는 從徒다려일너가라사대 내가天地公事를맛허 봄으로부터는 年事를맛더서 一切의餓莩神을 天上으로올녀보내스니 此後로는 굴머죽는弊가업스리라

八一 先生이天地公事를마치신後 『布敎五十年工夫終筆』 이라써서불살으시고 모든從徒다려일너가라사대 伊尹이五十에四十九年의非를알고 드대여成湯을도아大業을일우엿나니 그度數를썻노라 이제내가天地의運路를更正하야 물샐틈업시度數를굿게짜노앗스니 그度數에도라닷는대로새긔틀이열니리니 너희들은다만마음을한결갓치가저 隋落치말고나어가라 이제九年동안行하여온開闢公事의確證을 天地에質正할러이니 너희들도參觀하야미듬을굿게하라 오직天地는말이업스니 雷聲과地震으로表徵하리

命하사 西北天에별이낫하낫는가보라하시니 贊明이우러러삷힘에다만구름사이에 별한개가보이거늘 그대로告達하니 다시東南天을보라하시거늘 또우러러보니 구름이만히흣터지고 별이만히보이는지라 그대로復命한대 先生이가리사대 西北은살어날사람이稀少하고 東南은살사람이만흐리라하시니라

七六 하로는 從徒다려일너가라사대 오날은淸國만리창神明이이르러오니 接待하여야하리라하시고 술을사서마스시니라

七七 하로는 淸國祈雨祭를지내리라하시고 家猪一首를잡어서찜하야燒酒를마스시고 여러從徒들에게도 난호아먹이시니라

七九、하로는 李道三다려일너가라사대 사람을害하는물건을낫낫치세이라하시니 道三이虎豹豺狼으로부터 蚊虱蚤蝎까지자세히세여告한대 先生이가라사대 後天에는사람을害하는물건은

七三 하로는 贊明으로하여금 卷紙에二十八宿字를 左로부터
橫書한後에 끈어서자로재이니 一尺이차거늘 이에불살으시니
라

七四 하로는 洋紙册에無數히글을써서 一枚식올여떼이사 다
지從徒들을命하사 任意대로無數히찌즌後에 一片식헤여서불살
으시니 合三百八十三枚라 一片이不足하다하사 두루차즈니
人形그린一片이 褥밋헤잇거늘 先生이가라사대 이것이곳皇極
數라 唐堯때에낫허낫든數가 이제다시낫하난다하시니라

七五 하로는 龍頭峙에계시사 宿舍마당에燭불을밝히시고 「天
有日月之明、地有草木之爲、天道在明故人行於日月、地道在爲故
人生於草木」이라써서불살으시니 구름이하늘에가득차고바람이
急히불며비가나리되 燭불은꺼지지아니한지라 先生이柳贊明을

열고저하나 또한가기가不便하니 다만音同을取하야 清道院에 그리운을붓처서 일을보려하노라하시고 亨烈, 公又를다리고清道院으로가실새 清道院嶺巓에이르사 城隍廟마루에쉬여누으시며 좀遲滯하여가자하시고 잠간졸니시다가 다시이러나시며가라사대 아라사군사가내군사라하시고 金松煥의집에아르사 글을써서불살으시고 그날밤에柳贊明의집에서留宿하시면서 天地大神門을열고 公事를行하실새 無數한글을써서불살으시니라

七二 하로는 先生이藥房廳上에안즈시고 柳贊明을廳下에안치사 淳昌五仙園碁와 長城玉女織錦과 務安胡僧禮佛과 泰仁君臣奉詔를쓰이시고 또清州萬東廟를쓰이사 불살으시니라 이때에 贊明이좀放心하엿더니 先生이가라사대 神明이먹줄을잡고잇는대 네가엿지放心하나냐하시니라

遍을낡으신後에 八人에게順次로돌려서 그와갓치식히시고「南朝鮮배가 泛彼中流로다」라고唱하시며가라사대 下陸하엿스니風波는업스리라하시니라

六九 하로밤에는 藥房에계시사 三十六萬神을쓰시고 또關雲長呪를쓰사 모든사람으로하여금 各히七百遍식 心誦하라하시며가라사대 이제國家에나 私家에나火遁을무덧는대 날마다바람이불다가그치고 하담으로넘어가니 사람이만히죽을가하야그리하노라하시니라

七〇 하로는 龍頭峙에계실새 光贊으로하여금方藥合編에 잇는藥名에朱墨으로批點하야 불살으시니라

七一 하로는 모든從徒다려일너가라사대 이제淸國일을볼려인대 너무途遠하야跋涉키難함으로 淸州萬東廟에가서天地神門을

中에가장速度로長成하는物件이무엇이뇨 모다竹으로써對하거늘
先生이가라사대 竹의긔운이萬物에特長하니 그긔운을덜어쓰리
라하시더니 그해에대가大荒하니라

六六 白巖으로부터銅谷藥房에이르러계실새 모든從徒들을벌려
안치시고『三國時節誰知止於司馬昭』를 大聲으로 誦讀케하시
니라

六七 하로는 京石의弟輪京이이르거늘 先生이일너가라사대
天地에서 玄武가쌀을불으니 네兄의긔운을써야할지라 도라가
서네兄다려 脣舌咽喉를動치말고 侍天呪를暗誦하되 起居動作
에暫時라도쉬지말라고 指揮하라하시니라

六八 하로는藥房에 從徒八人을벌려안치시고 四物湯한貼을지
어 그貼紙에人形을그리사 두손으로合하야우드시고 侍天呪三

車文京이술을醉하야 逆謀한다는소리를高唱하니 이말이川原兵站에들니어 軍兵이出動하려하는지라 先生이알으시고 京石다려일너가라사대 너는집을직히고 나를가름하야 明日子正에門隙을緊封하고 모든祀饌은火爐에구으며 술병은막애만열고 至誠으로心告하라 이것이곳告祀니라하시고써나시니라 三日曉에京石이命하신대로行한後에 날이밝으니 擔銃兵數十人이殺到하야 先生을搜索하다가 엇지못하고도라가니라

六四 이날에 先生이白巖里金京學의집으로가시니 京石이公叉와輪京을보내여 經過의顚末과 無事히된事由를告하니 先生이가라사대 내가公事를行한後에 京石을試驗함이러니無事히겨거내니多幸이라하시니라

六五 하로는(年度未詳) 先生이모든從徒다려무러가라사대 一年

살길과죽을길을決定하는것이니 잘생각하야말하라 光賛이엿주어가로대 先靈神을否認或薄待하는者는 살긔운을밧기어려울것이로소이다 先生이默然良久에가라사대 네말이可하다하시고 보의를조희로싸서 朱砂末을뭇처가지고 册頁面마다찍어돌니시며가라사대 이것이馬牌라하시니라

六二 己酉正月一日에 玄武經이脫稿되거늘 安乃成의집에서 白瓶에물을담은후에 洋紙에글을써서 卷軸을지어瓶口를막어놋코그압헤白紙를깔고 白紙우에玄武經上下篇을노아두엿더니 先生이 化天하신後에 京石이乃成에게와서 玄武經을빌어가면서 瓶口막은軸紙를떼여서펴여보니 『吉花開吉實、凶花開凶實』이라는글이싸여잇더라

六三 二日에 모든일을맛치시고 三日에告祀를行하려하실새

대 그대로두는것이利於用이될듯하나이다 先生이가라사대 네말이올흐니 저들의器機가天上으로부터나려온것이니라하시고 또여러가지를무르신後에 公事로써決定하시니라

六〇 또安乃成으로하여금 棍棒으로마루장을치라하시며가라사대 이제病痼에沈纏한人類를救活하려면 一等方文이라야堪當할것이오 二等方文은不可하리라하시며 또朴公又에게棍棒을들니자 京石을亂打하며 마음을變치아니하겟나냐하야 다짐을바드시고 高夫人에게巫度를붓치시니라

六一 하로는 紙數三十枚인洋紙册에 前十五枚에는 頁面마다 『背恩忘德萬死身、一分明、一陽始生』이라쓰시고 後十五枚에는 頁面마다 『作之不止聖醫雄藥 一陰始生』이라쓰신後에 鏡面朱砂末과 보의(器)一介를놋코 光贊다려일너가라사대 이일은

五八 하로는 여러從徒들에게命하사 前古以來의모든名將을써
들이라하시니 京石이무러가로대 創業君主도名將의列에들겟나
잇가 가라사대그러하니라 京石이上古로부터創業한모든君主와
名將을 一々히記錄하고 最終에全明淑을써서올닌대 先生이가
라사대 웨全明淑은뭇혜써나뇨 京石이對하야가로대 左로부터
보시면 全明淑이首位가되나이다 先生이가라사대 네말이올타
하시고 여러從徒에게일너가라사대 全明淑은萬古名將이라 白
衣寒士로이러나서 能히天下를움작엿다하시니라

五九 이쌔에 京石다려일너가라사대 前日에는네가나의말을조
찻거니와 이제는내가네말을조치리니 모든일을뭇는대로 잘생
각하야對答하라하시고 무러가라사대 西洋人의發明한모든利器
를 그대로두어야올흐냐 거더버려야올흐냐 京石이對하야가로

이제그神明들에게 엿더케하야萬人에게仰慕를바드며 千秋에血食을그침업시바더오게된理由를물은즉 다一心에잇다고對答하니그럼으로一心을가진者가아니면 이배를타지못하리라하시고 모든法을行하신後에 불살으시니라

五六 이재에 皇極數를돌니시며 여러從徒들에게 所願을무르시고 다시京石에게所願을무르시니 京石은裂地를願하거늘 先生이가라사대 너는兵部가맛당하다하시니 京石이不快히녁이는지라 先生이가라사대 直臣이아니면兵權을맛기기어려움으로이제特히네게맛기노라하시니라

五七 하로밤에는 여러從徒를 京石家前柳樹下에벼려세우시고北으로向하야 휫바람을한번부시니 문듯方丈山으로부터 一條의雲霞가이러나서 四方을둘너문텩을일우니라

從徒을命하사 每夜에侍天呪를誦讀케하시고 親히調子를먹이사
몃날을지낸後에가라사대 이소리가運喪하는소리와갓다하시고
또가라사대 運喪하는소리를 御路라하나니 御路는곳人君의길
이라 이제皇極神의길을틔웟노라하사더니 그때에光緖帝가崩하
니라

五四 十一月二十八日에 先生이井邑大興里車京石의집에이르사
布政所를定하시고 公事를行하시니 大畧如下하니라

五五 하로는 洋紙에二十四方位字를돌녀쓰시고 中央에 「血食
千秋道德君子」 라쓰신後에 가라사대 天地가艮方으로부터始作
되엿다하나 그것은그릇된말이오 二十四方에서한거번에일운것
이라하시고 또가라사대 이일은南朝鮮배질이라 血食千秋道德
君子의神明이 이배를運漕하고 全明淑이都槎工이되엿나니라

府에가서 某々等七人에게分給하고도라오라 여러從徒가그意義를 무른대 先生이가라사대 말하여도모를것이오 成編後에는스사로 알게되리라 亨烈이領命하고 全州府에이르러 金洛範 金秉旭 金光贊 金俊贊五人의게分給하고 其外二人은맛나지못하야傳하지 못하고도라왓더니 先生이기다려서傳하지아니함을꾸지즈시니라

五一 十月에 金洛範을命하사 白米二十斗를藥房에들여두엿더니 亨烈이마참絶粮되여 甲七로하여금 그白米에서半斗를갈라 내엿더니 先生이알으시고꾸지즈지니라

五二 이달에 古阜臥龍里에이르사가라사대 이제無秩序와混亂을발우려면 皇極神을옴겨와야하리니 皇極神은淸國光緖帝에게 應氣하여잇다하시며 또가라사대 皇極神이이땅으로옴겨오게될 機緣은 宋尤菴의萬東廟刱設로부터發源되엿나니라하시고 여러

校를定하시고 辛京元에집에福祿所를定하시니라

四八 하로는銅谷에계실새 亨烈다려일너가라사대 내가이졔火遁을무덧스니 너의집에불을注意하라 만일너의집에서火災가나면 火神의勢力이擴大하야 全世에大禍를세치리라 亨烈이놀내여 家人을董督하야 終日토록불을조심하니라

四九 하로는 銅谷에서밤중에글을쓰시며 金甫京에게命하사가라사대 東天에별이낫허낫는가보라 甫京이밧게나가서 우러러보고對하야가로대 黑雲이하늘을가리워서 별이보이지아니하나이다 先生이門을열으시고 東天을向하야 입으로한번부시니구름이헛처지고별이낫하나니라

五〇 九月에 先生이洋紙七片에 各히 『病自已而發』 『葬死病衰旺冠帶浴生養胎胞』를써서封하야 亨烈을주시며가라사대 全州

左右가公淑에게그꿈을물으니 公淑이가로대 꿈에先生께서내집에이르사「天下의戶口를成籍하여오라하시기로 應答하고五方神將을불너서成籍하여올남에 先生께서바더드리신것을보앗노라

四七 하로는 公又에게「天地大八門、日月大御命、禽獸大道術人間大積善 時乎々々鬼神世界」라써주시며 申京守의집壁上에붓치라하사가라사대 京守의집에壽命所를定하노니 네가모든사람을對할때에 그善處만取하야 好意를가질것이오 或惡處가뵈일지라도 잘容恕하야憎惡心을두지말라하시니라 이때에公又는申京守의집에함께居住하는故로 公又를식히심이더라 또亨烈다려일너가라사대 法이란것은 서울로부터비롯하야萬方에펴여나리는것임으로 『京』字이름가진사람의긔운을써야할지라 그럼으로京守의집에壽命所를定하노라하시고 因하야金京學의집에大學

하사 各히이르키시니라

四四 하로는 先生이泰仁새올서白巖里로가실새 公又가侍從하더니 문득關雲長의形貌로變하사도라보시며 무러가라사대 내얼골이關雲長의形貌와갓흐냐하시니 公又는놀내여엿더케對答하는것이조흘지몰나서알지못한다고對答하엿더니 그와갓치셰번을물으심으로 이에對하야가로대 關雲長과恰似하니이다하니 그後로는本貌를回復하시고 京學의집에이르러公事를行하시니라

四六 翌日에韓公淑이이르거늘 先生이親히술을부으사公淑을주며가라사대 내일을만히하엿스니술을마시라 公淑이對하여가로대 先生의일을한바가업나아다 가라사대한일이잇나니라 公淑이덩둘하야술을바더마시고 이윽히안젓다가엿주어가로대 지난밤꿈에는한일이잇나이다 先生이가라사대꿈에한일도또한일이니라

운이支持하여잇도다 乃成이그行廊에드러가서보니 行商하는男女二人이 들어잇거늘 도라와서事實을告한대 先生이이에齊舍廳上에올으사 모든사람들로하여금 西天을바라고萬修를高唱케하시며가라사대 이가운대東學歌詞를가진者가잇스니가저오라하시니 果然한사람이歌詞를내여올니고물너나거늘 先生이그册中間을펴고 한절을낡으시니하엿스되「詩云伐柯々々여其則不遠이라 내압헤보는것을어길바엽지마는 이는都是사람이오不在於近이라 目前之事쉽게알고深量업시하다가서 未來之事갓잔하면그아니내恨인가」라하니라 처음에微聲으로한번낡으시니 白日에문듯雷聲이發하거늘 다시크게낡으시니 雷聲이大礮소리와갓치이러나서 天地를轟動하며 火藥내음이觸鼻하고 또地震이强烈히이러나서 모든사람이精神을일코엎드러지거늘 先生이乃成을命

갓치人命을죽일새가잇스리니 그危急한새에나를불으라하시니라

四二 六月에 大興里에계실새 公又를命하사 各處에巡廻하야 여러從徒로하여금 二十一日間을잠자지말고 每曉에한時間식만 자라하시니라 京石이여러날자지못함으로甚히疲困하야 밧가에 昏倒하거늘 先生이가라사대 天子를圖謀하는者는 다죽으리라 하시니라

四三 하로는여러從徒에게일너가라사대 이제天下에水氣가涸竭 하엿스니 水氣를돌녀야하리라하시고 그뒷山避亂洞安氏齋舍에 가사 그압우물을 댓가지로한번저으시고 가라사대陰陽이골으 지못하니 齋舍에가서엿더한緣故인지물으라 安乃成이應命하고 齋舍에들어가물으니 齊直은三日前에死去하엿고 그妻만잇거늘 도라와서事實을알왼대 또가라사대 다시行廊에가서보라 싼긔

大巡典經 第六章 四一~四三 一七五

저녁에公又의心定한六人을불으사 하여금深夜에燈불을쓰고 房가운대서돌아다니면서 侍天呪를낡게하시니 문듯한사람이꺼구러지거늘 모든사람이놀내여呪聲을그치니 先生이가라사대 놀내지말고如前히돌며呪聲을繼續하라하심으로 다시繼續하야한食頃을지낸후에 呪聲을그치고불을밝혀보니 孫秉旭이꺼구러저죽엇는지라 先生이가라사대 이는몸이不淨한연고라하시고 물을먹음어서 얼골에픔으시니 秉旭이精神을겨우도리키거늘 불너가라사대 나를불으라하시니 秉旭이목안소리로 겨우先生을불으니 괴운이곳恢復되는지라 이에일너가라사대 侍天呪에큰괴운이박혀잇도다하시고 또일너가라자대 너를그대로두엇더면 田畝사이에업드러저서 牛馬에게밟힌바가되엿스리라 또일너가라사대 이後에怪病이全世를猛襲하야 몸도리킬틈이업시 이와

고하눈빗도또한三日間을灰色이되야 햇빗이나지아니하더라
四〇 三日後에 先生이應鐘의집에이르러가라사대 이제山河의
大運을거두어들이리라하시고 이날밤에白紙로僧帽를만드러서
應鐘의머리에씨우시고 布袋에너엿든벼를쇠내여 그집四方에뿌
리며 白紙一百二十枚와洋紙四枚에 글을써서食醢(해)에調合하야
深更人跡이업슬때를타서 지금흙가운대뭇고 僧帽쓴대로洗面하
라하시니 應鐘이命하신대로함에 兩眉間에콩알과갓흔큰사마귀
가생겨서 손에거치더라 翌早에벼뿌리든곳을두루삷히니 한낫
도남어잇는것이업더라
四一 그後에 朴公又다려마음으로六任을定하라하시거늘 公又
가마음으로六任을생각하여定할새 한사람을생각하니 先生이문
듯不可하다하시거늘 다시다른사람으로밧구어定하엿더니 이날

大巡典經 第六章 三九-四一 一七五

도하여야하나니라 모든사람이命하신대로擧行할새 烟氣가房中에充滿하야 呼吸을通하기어려음으로 允根、元一은 밧그로나가고 남은사람은 다타기를기다려서門을여니라

三八 하로는 黃應鐘이이르거늘 先生이가라사대 黃泉神이이르니 黃巾力士의숫대를불살으리라하시고 甲七을命하사 집한뭇을물축여잘나서 숫대를만드러 火爐에불살으시니라

三九 하로는 白巖里崔昌祚의집에계시사 昌祚를命하사 布袋를지어서 租三斗와집재를混和하야너은後에 黃應鐘다려일너가라사대 이布袋를가지고너의집에가서 항아리에물을붓고 그속에담어두고 每日한번식물을둘너저으며 또食醯일곱사발을비저너으라내가三日後에너의집에가리라 應鐘이領命하고도라가서 그布袋를물에담어두고 每日한번식둘너저으니 물빗이灰色이되

을주시며 가라사대 이物目記를金山寺에가지고가서 그곳에奉安된釋迦佛像을向하야 마음으로다른곳으로移安한다는생각을하면서 불살으라하시니 兩人이金山寺에가서 命하신대로行하니라

三六 先生이가라사대 中天神은後嗣를두지못한神明이오 黃泉神은後嗣를둔神明이라 中天神은依托이업서서 黃泉神에게부처물과밥을어더먹어왓나니 그럼으로寃恨을품엇다가 이제내게하소연을함으로 일로부터는中天神에게福을맛기여 偏私가업지均分케하려하노라

三七 하로는 여러날동안글을쓰신洋紙로 크게卷軸을만드신後에 光贊、亨烈、甲七、允根、京學、元一等에게命하사가라사대 너희는窓戶를緊封하고 房中에서이글軸을火爐에불살으되 烟氣가房안에充滿케하야 다燒火한뒤에門을열라 일을하려면火地晋

엿주어가로대 俗言에 『藥局에仁蔘이싸지지안는다』하는대 엿지이二十四種中에, 藥中靈長이되는仁蔘이들지아니하엿나잇가 先生이가라사대 蔘精은가는곳이잇나니라 應鐘이가로대 어대로 가니잇가 가라사대 亨烈에게로갓나니라하시니라

三四 藥房壁上에『士農工商、陰陽』과 또其外여러글자를만히써부치사고 白紙로褙附한後에 白賢을命하사 그뜻가는대로食碗을대고褙附한곳을 올여쌔이니 陰字가낫허나거늘 先生이가라사대 正히合하도다 陰과陽을말할새에 陰을몬저닑나니이는地天泰니라하시며 또가라사대 藥藏은곳安葬櫳이며 또神櫝이니라하시고 또가라사대 이조희를뜨들날이 速히이르러야하리라하시니라

三五 그後에葯房에備置한모든物目을記錄하사 朴公又와金光贊

先生이가라사대 네말이올흐니 ᄶᅮ그대로하라하시고 藥牌를붙살으시니라

三一 藥藏은 아래에큰간을두고 우으로藥넛는間이 縱三橫五合十五間인대 한가운대간에 『丹朱受命』 이라쓰시고 그속에牧丹皮를넛코 『烈風雷雨不迷』 라쓰시고 또七星經을洋紙에縱書하신後 그末端에 『禹步相催登陽明』 이라橫書하야 藥藏우으로부러뒤로내려부첫스며 机안에는 『八門遁甲』 이라쓰시고 그글자를눌너서 『舌門』 二字를烙印하신後 그周圍에二十四點을紅色으로찍으시니라

三二 그後에 全州로부터 藥材를買入하섯는대 마참비가오거늘 先生이가라사대 이는藥湯水라하시니라

三三 藥材는二十四種인대 仁蔘이들지아니하엿거늘 黃應鍾이

等모든藥局器具를備置하시니라

三〇 그後에 全州龍頭峙에이르사 朴公又다려일너가라사대 天地에서藥긔운이平壤으로나렷스니 네가明日平壤에가서 藥材를求하여오라하시거늘 公又가應命하고 行裝을收拾하야 다시命令이잇기를기다리더니 이날밤에글을써서불살으시고 數日後에銅谷으로도라오사 栗木으로藥牌를製造하사 牌面에「萬國醫院」이라刻하야 字畫에鏡面朱沙를박으신後에 公又에게命하야가라사대 이藥牌를院坪길거리에부치라 公又가應命하고 院坪으로가려하거늘 先生이무러가라사대 이藥牌를院坪에부칠때에 警官이무르면 엇더게對答하려하나뇨 公又가對하여가로대 萬國醫院을 設立하야 죽은者를다시살니며 눈먼者를보게하며 안즌방이를것게하며 其外모든 大小疾病을다낫게한다하겟나이다

차시며 期限을定하야完工하라하셧더니 木工이期限內에完工치
못하거늘 先生이木工으로하여금 그材木을한곳에모하놋코 그
압헤跪坐케하신後에 그違期함을꾸지즈시며 한封書를木工에게
주어불살니시니 문득白日에번개가번적이는지라 木工이戰慄하
야쨩을흘니더라 다시命하사速히完工하라하시니 木工은手戰症
이나서 한달이넘은後에비로소完工하거늘 先生이木工다려일너
가라사대 葯藏에번개가들어야할지니 네가몸을정히싯고 衣冠
을整齊하고〃淨水一器를葯藏압헤노은後에 誠心으로써절하라
木工이命하신대로行하니 문득晴天에번개가크게發하더라 葯藏
과机를藥房에安置한後에 甲七을命하사 每日早朝에藥房을淨掃
하시며 窓戶를緊閉하야 사람의出入을禁하시고 二十一日을지
낸뒤에 비로소房을쓰실새 通鑑、書傳各一秩과 鐵研子、藥刀

전야을녓고 그우에豆腐로덥허 그구뎅이속에녓코 다시한사람은 猪肉전야를들어 清水와火爐를넘기고 한사람은그것을밧고 한사람은다시바더 그구뎅이속에너은後에 흙으로덥흐라하야 詳細히일너주고쌀니도라오라 亨烈이奉命하고泰仁에가서 一々히指揮한後에 쌀니도라와집에드러서니 밤이깁고 검은구름이하늘을덥허서 暴雨가쏘다지며雷電이大作하는지라 先生이무러가라사대 이째쯤일을行하겟나냐 亨烈이對하야가로대 行할째가꼭되엿겟나이다 先生이가라사대 邊山과갓흔불덩이가낫허나굴면 온世界가焦土될지라 그럼으로이제그불을무덧노라하시니라

二九 四月에 白南信으로부터돈千兩을가저오사 銅谷金俊相의집에 房一間을修理하고葯局을벌이실새 木工李京文을불너 葯藏과机를製造하라命하시고 그長廣尺寸과製造方法을一々히가라

곳치라 그러치아니하면天怒가잇스리라 또가라사대 李化春은
鬼神으로나조흔곳에가게하리라하시고 글을써서불살으지니라
二七 二月二日에 本宅으로붓혀 泰仁辛京元의집에이르사 그곳에
서一朔동안머므르실새 崔昌祚에게命하야가라사대 猪一首를宰
하야 鷄卵으로전야를부처 竹器에담어서淨潔한곳에두고 또내
衣服한벌을지어두라 將次쓸대가잇노라 昌祚가應命하고 猪肉
전야와衣服을만드러두니라
二八 三月에銅谷에이르사 亨烈에게命하야가라사대 네가泰仁
에가서 辛京元 崔乃敬을다리고 白巖里崔昌祚의집에가서 일
즉準備하여둔내衣服한벌을 三人이한가지식난호아입고 猪一首
를잡어서煮熬한後 오늘저녁人跡이그칠쌔를기다려 그집正門밧
게땽을파고 그압헤淸水一器와火爐를놋코 淨器에胡酒와文魚와

大巡典經 第六章 二六-二八 一六五

先生만남겨두엿다가 三十日驚蟄節에또釋放하니라

二五 이때에車京石 安乃成이 金錢一百二十兩을가지고와서 新衣를지어드리려하거늘 先生이禁止하시고 그金錢을 모든巡檢과貧窮한사람에게난호아주시고 三日을留하신後에 臥龍里黃應鍾의집으로가시니 車京石이따르니라

二六 在囚하섯슬때에 모든從徒들은 先生께서天地를開闢하사 仙境을열어各히福祿을마련하여주실줄미덧니 뜻밧게이런禍地에 빠지게되니 이는虛無한말로우리를欺誑함이라하야 모다先生을 怨망하고 文公信、李化春、朴壯根三人은 더욱憤怒하야 자조 悖說을發하며 警官에게先生을搆毁하더니 三月에이르러 李化春은義兵에게砲殺되고 朴壯根은義兵의게毆打를當하야 折骨이 된지라 先生이드르시고 文公信다려일너가라사대 너도마음을

신후에　亨烈과自賢다려일너가라사대　三人會席에官長의公事를
處決한다하니　우리三人이면　무슨일을解決치못하리오　또自賢
다려가만히일너가라사대　비록十萬大衆이이러한禍厄에싸젓슬지
라도　秋毫의傷害가업시　다살니게하야다리고나가리니　安心하
라하시니라　除夕에雷電이大發하거늘　先生이가라사대　이는西
洋에서天子神이넘어옴이라하시고　또가라사대天子神은넘어왓스
나　너희들이血心을가지지못함을因하야　將相神이應하지아니한
다하시니라

二四　戊申元日에　눈이크게나리고　日氣가酷冷하거늘　先生이
가라사대　이는大公事를處決함이라하시니라　警官이여러사람을
取調하여도　아모義兵의證據를엇지못하고　先生의말삼은狂言으
로돌니더라　正月十日에　獄門을열고여러사람을釋放한後　오직

으로拿去하니라 이일이나기前에 金光賛과朴公又는井邑車京石의집으로보내시고 辛元一은泰仁辛京元의집으로보내시니 대개朴公又는 여러번官災에困辱을當하엿슴을알으시고 그禍를免케하심이오 光賛과元一은 性質이過剛함을忌하야不參케하심이러라 二十六日에警官이先生과밋從徒를訊問한後에 모다獄中에拘置하니라

二三 이몬저先生이 이일에쓰기爲하야 若干의金錢을準備하야甲七에게맛기사 京石에게傳하라하셧더니 甲七은이일이난後에井邑에가서 그金錢을京石의게傳하니 京石이古阜로와서衾具와食事를差入하니라 看守中에 亨烈과自賢을아는사람이잇서서그의便宜를돕기爲하야 다른從容한獄房으로옴기거늘 亨烈이看守에게請하야 先生ᄭᅡ지옴기지게되니라 先生이다른房으로옴기

春等二十餘人의從徒에게 일너가라사대 너희는文公信의집에잇서 비록官吏가올지라도 畏怯치말고 나의住所를뭇거든 隱諱치말고 實告하라 만일官吏에게 붓들녀서 禍厄을當하기에 畏怯心이잇거든 各히解散하라 모든사람은 다만異常히알싸 름이러니 마창所管面長梁某와 同里々長이 文公信의집에들어오거늘 先生이문듯쑤지저가라사대 너희들이엇지 이런天地公事場에들어오나뇨하시거늘 面里長이 그말삼을듯고 義兵으로誤解하야 官府에告發하니라

二二 十二月二十五日에 武裝巡檢數十人이 突然히文公信家를包圍하고 모든사람을捕縛한後에 先生의去處를뭇거늘 모든사람이비로소 先生의말삼을깨닷고 中京守의집에계심을直告하니 巡檢들이다시달녀가서 先生을붓드러 合二十一人을古阜警務廳

다하야 謙讓하다가 良久에엿주어가로대 先天에는靑春少婦가 守節한다하야 空閨를직혀寂寞히늙어버리는것이不可하오니 後天에는이蔽害를除하사 젊은寡婦는젊은鰥夫를늙은寡婦는 늙은鰥夫를 各々가려서 知舊를一々히請하야 公衆禮席을버리고 禮를갓추어改嫁케하시는것이조흘줄아나이다 先生이賞讚하사가라사대 네가아니면이公事를못하겟슴으로 네게맛겻더니 대단히잘하엿도다 이제決定한公事가五萬年을나려가나니라

二一 또公信의집門에 孔門을뚜려놋코 公又를爲首하야 모든從徒를列立케하시고 烟竹을들며가라사대 서로替番하야 물초리를門孔에대고 입으로북소리를하며돌라 從徒들이 命하신대로몃번함에 四方에서天鼓聲이大發하는지라 이에天地大神門을열고 公事를行하실새 金亨烈、 金自賢、 文公信、 朴壯根 李化

의冤을플으신다하사 司命旗를各一幅식지어서 놉흔솟가지에다
렷다가 다시ᄯᅦ여서불살으시니라
二〇 十二月에古阜臥龍里에이르사 申京守의집에머므르시며
從徒二十餘人을同里文公信의집에모으시고 『天地之主張、萬物之
首唱、陰陽之發覺』이라쓰시며 棋局中央에다섯將點을列置함과
갓치 情誼二字를 紙面四隅와中央에列書하사 文公信의집壁上
에붓치시고 堯의曆像日月星辰敬授人時를解說하야가라사대 天
地가日月이아니면空殼이오 日月은知人이아니면虛影이라 唐堯
비가로소 日月의法을알어서 ᄯᅢ를百姓에게알렷스니 天惠와地
利가일로부터人類에게遺漏업시享有케되엿나니라하사고 朴公又
다려일너가라사대 後天五萬年첫公事를行할터인대 公又가아니
면못할지니 公事를말하라 公又ㅣ知識이업서告達할바를모른

大巡典經 第五章 一九一二〇 一五九

한사람이하로에四百字式써서十日에맛치라 그리고그동안에 朝夕으로 淸水二十四器식길어놋코 밤이면七星經三七遍식念誦하라하시거늘 亨烈이命하신대로行한後에 甲七을龍巖으로보내여일을다맛첫슴을告하니 先生이羊一頭를사주시며가라사대 나의도라가기를기다리라하시니라 그後에先生이銅谷에이르사 羊을잡어 그피를一萬二千侍字의머리에발으시고가라사대 그글자모양이 아라사兵丁과갓다하시고 또가라사대 沙器는金堤로보내리라하시더니 마참金堤水閣林相玉이이르거늘 淸水깃든沙器를狗湯에써처주시며가라사대 人夫를만히부릴째에쓰라하시니라

一九 淳昌避老里에계실새 黃應鍾이이르거늘 先生이가라사대 古阜사람이오니 바둑판을可히운전하리라하시고 『英雄消日大中華、四海蒼生如落子』 라는글을외우시고 그後에崔水雲과全明淑

하야 하늘을우러러보니 구름이 재가잡어띄우는대로물에떠러
저서펴여흐르는模樣과갓치 무듸〳〵피여나더라

一六 그後에 「全州銅谷解寃神、 慶州龍潭報恩神」 이라써서 亭烈의집壁上에부치시니라

一七 그後에群山에가사 또公事를보시고 글을써서불살으시니 이러하니라 「地有群倉地、 使不天下虛、 倭萬里淸萬里洋九萬里、 彼天地虛此天地盈」

一八 丁未秋에 淳昌籠巖에머무르시며公事를行하실새 從徒다려일너가라사대 許眉叟의重修한成川降仙樓一萬二千고물은 祿줄이붓터잇고 金剛山一萬二千峯은 怯氣가세어잇스니 이제그怯氣를除祛하리라하시고 金亭烈을命하사 金光贊李道三으로더부러銅谷에가서 白紙를一方寸式오려서 侍字를써서四壁에부치되

지어 從徒에게주시니 『讀書崔益鉉、 義氣東劍戟 十月對馬島、曳々山河橇』 아라그후에果然그러하니라

一五 이公事를맛치시기前에京城에서 金甲七을돌녀보내실새에命하야가라사대 銅谷에가서 亨烈、 成伯으로더부러 四十九日동안을 每日紙燈一個式合力하야製造하고 또각히草鞋一部式지어두라하심으로 甲七이도라와서 一々히命하신대로行하엿더니 그後에先生이萬頃으로부터銅谷에이르사 紙燈에各히『陰陽』二字를쓰신後에 다불살으지고 甲七다려銀杏一個를求하여오라하시니 甲七이四方으로求하여도 엇지못하다가 그의從兄에게一個가잇슴을發見하야 가저다드리니 紙燈살은재속에너은後에 다시甲七을命하사그재를모도와가지고 압내에가서 한줌식물에띄워내리며 하늘을우러러보라하시거늘 甲七이命하신대로

에 다시萬頃으로보내시며 通知잇기까지기다리라하시니라

一三 四月晦에 先生이萬頃金光贊의住所에이르시니 이때에崔益鉉이 忠南洪州에서擧義함에 마참날이가물어 人心이洶々하야 서로安業치못하고義兵에投入하는者가 날로增加하야 軍勢가大振하거늘 이에數日동안萬頃에머루르시면서 비를만히내리시니 人心이비로소安定하야 各히農畝로도라감으로 義兵의形勢가드대여萎縮하야 崔益鉉은마참내淳昌에서被擒하니라

一四 先生이崔益鉉被擒의報를드르시고 萬頃을써나 益山萬中里로가시며가라사대 今番崔益鉉의動을 일즉鎭壓하지아니하면 朝鮮全土가慘禍中에들어 無辜한生民이 全滅을當할지라 崔益鉉의擧事가 한갓蒼生만死滅에驅入할뿐이니 내가엇지忍見할바리오그럼으로이제公事로써鎭壓하엿노라하시고 崔益鉉의挽章을

올나서 方向을辨別치못하야躊躇하거늘 先生이다시불너들여물어가라사대 엿지ᄲᅡᆯ니더지지아니하나냐 甲七이對하야가로대 方向을辨別치못한緣故니이다 가라사대電光이發하는곳으로더지라 甲七이應命하고 다시船上에올나삷히니 문득電光이發하거늘 이에그方向으로더지니라 翌日에仁川에나리사 곳汽車를밧구어타시고 京城에이르러各히禁烟하라하시고 光贊의引導로黃橋에잇는그의從弟永善의집에드시니 辛元一一行은몬저當到하엿더라

一二 元一은當到即時에『天子浮海上』이라는文字를써서 南大門에부치니 온京城이크게騷動하야 人心이洶々함으로 朝廷은嚴重히警戒하더라 京城서여러가지法을行하시고 十餘日後에 모든從徒는다돌녀보내시고 오직光贊만머무르게하시다가 數日後

鄭南基、鄭成伯、金甲七、金光賛을다리시고 群山으로가서汽船을타기로하시고 辛元一과그外四人은 大田으로가서汽車를타라하시며 가라사대이는水陸並進이라하시니라 또辛元一에게命하야가라사대 너는몬저入京하야 『天子浮海上』이라써서 南大門에부치라 元一이領命하고 一行을거느리고大田으로떠나니라

一一 先生이群山에이르사 여러從徒에게무러가라사대 바람을겻고감이올흐냐 놋코감이올흐냐하시니 光賛이對하야가로대 놋코감이올흐니이다하거늘 이에모든사람으로하여금 烏梅五枚式準備하라하시고 汽船을타시니 바람이크게이러나서 배가甚히搖動하야 모든사람이眩暈嘔吐하거늘 各히烏梅을입에물어安定케하시고 이날밤에甲七을命하사 各人의所願을記錄한조희로싼眼鏡을 北方으로向하야바다물에던지라하시니 甲七이船上에

며 或精神을일흐니 이때에參座한者는蘇鎭變、金德裕。金光賛金亨烈、金甲七、鄭春心、鄭成伯과밋그家族이라 金德裕는門밧게서쩌구러지고 春心의家眷은各히그寢室에昏倒하고 金甲七은人事不省하며呼吸을不通하거늘 先生이淸水를甲七의입에흘녀너으며 불으시니 곳蘇甦된지라 차례로淸水를얼골에도ᄲᅮ리며或먹이기도하시니 모다精神을回復하니라 金德裕는肺病으로重期에이르럿든바 일로부터完快되니라 先生이가라사대 六丁六甲을쓰러들일때에는 살어날사람이적으리라하시니라

一〇 그後에銅谷으로도라오사 數日을지내신後에 다시大公事를行하시려고 京城으로떠나실새 가라사대 戰艦은淳昌으로돌녀대리니 亨烈은地方을잘직히라하시고 또모든사람을命하사各自의所願을記錄하여오라하사 그조희로眼鏡을싸너으신後에

盡하거늘 先生이가라사대 저들이나를본바드니 살녀줌이올흐니라하시고 冠을벗고삿갓을쓰시며 衣服은안이겸고밧기희게하사가라사대 저들이黑衣를닙으니 나도黑衣를닙노라 또하늘을가라처가라사대 저구름이속은겸근고밧힘이 나를模型함이라하시니라

九 丙午二月에先生이여러從徒를다리고 益山萬中里鄭春心의집에이르사 僧衣한벌을지어 壁에걸고 四明堂을외우시며 山河大運을돌니실새 七日間을房에불을넛치아니하시고 春心을命하사牛頭一個를煮熟하야 門압헤노은後에 배를運漕하리라하시고 鄭伯成을命하사 僧衣를부역에불살으시니 문듯雷聲이汽笛소리와갓치發하며 石炭烟氣가觸鼻하며 온집안동량이 暴風에動搖되는배속과갓하야 一室中에잇는사람이다暈倒하야 或嘔吐도하

로因하야듣지못하신事實을告하야 安心케하시고 곳病을낫게하여주시니 바람이다시繼續하는지라 先生이가라사대 한사람이寃恨을품음에 能히天地긔운을막는다하시니라 그後로露軍이海陸으로連敗하니라

八 東學信徒가 甲午의慘敗를當한후에 敢히擡頭치못하고 潛勢를保守하여오다가 日露戰役의機會를타서 日本에結托하야一進會를組織하니 四方이響應하야 燎原의勢를呈함에 人民은甲午의亂暴에鑑하야 危惧之心을품은지라 先生이從徒다려일너가라사대 저들의擧動에는 各히自力을資케할것이오 甲午와갓치民害를짓지못하게하리니 이는내가率先하야模範을지음이可하니라하시고 若干의田地와家屋을放賣하사 全州府에이르러 보든乞人의게散盡하시더니 果然一進會員이 마참내各自의財産을蕩

을親善하려하며　或은露國을結托하려하니　君은엇든主義를올히
녁이나요　秉旭이對하야가로대　人種의別과東西의殊로하야　日
本을親善하고　露國을멀니함이올타하나이다　先生이가라사대
그대의말이有理하니라　이제만일西勢를물니치지아니하면　東洋
은永久히西人의蹂躪한바되리라　그럼으로西勢를물니치고東洋을
安保함이올흐니　日本人이天地에큰일군이되나니라하시고　이에
天地大神門을열고　날마다公事를行하사　四十九日을한度數로하
야　東南風을불니시더니　밋처期限에數日이차지못하야　한사람
이와서　治病하여주시기를懇乞하는지라　先生이公事에專心하사
그사람의懇乞하는말을듯지못하고　아모對答이업스시니　그病人
이드대여恨을품고도라가더니　그後로문득東南風이그치거늘　先
生이그제야깨다르시고　사람을그病人의게보내사　公事의專心으

리라하시니라 秉旭이元圭의葯局에오래동안머므르되 知面한사람의出入이업고 또昏夜에는先生이忌憚업시 秉旭을다리고거리에다니며소풍하되 한번도아는사람의눈에띄우지아니하니라

六 先生이秉旭다려일너가라사대 내가네禍厄을풀기爲하야 日露戰爭을促成하야 日本을도와서 露勢를驅逐하리라하시니 從徒들이그말삼을不信하야 서로이르되 一人의禍厄을살으기爲하야 兩國의戰亂을促發케한다함도 妄誕의極한바어니와 弱少한日本을도와 天下莫强의露勢를驅逐한다함은 더욱虛荒한말이라하더니 十二月에 日露戰爭이勃發하야 日兵이勝勢를타서 國境을通過하니 이에國禁이解弛하여저 朴泳孝의嫌이드대여살니니라

七 그때에 先生이秉旭에게무러가라사대 日露가國家의虛弱을乘하야 서로勢力을角逐하니 朝廷은黨派가分立하야 或은日本

準備하야 秉旭을태우고全州로回程하사 徐元圭의葯局으로들어
가시니 元圭가秉旭을보고 大驚하야가로대 君이엇지死地를벗
어낫스며 ᄯᅩ엇지이러한危地로들어왓나뇨 너무急禍임으로 通
知할겨를이업서 君의家族은다만驚惶罔措하야 號哭으로지낼ᄯᅡ
름이니라하거늘 秉旭이그仔細한經過를드르니 京巡檢이全州를
ᄯᅥ나서 南原到着할ᄣᅢ와自己가 先生을ᄯᅡ라南京을脫出할ᄣᅢ가
겨우一二時間의差異가잇는지라 秉旭이歎息하야가로대 先生은
실로天神이시라 만일先生의救援이아니엿더면 엇지死地를벗어
낫스라오하니라 그ᄣᅢ에巡檢들이 南原에가서 秉旭을찻지못하
고 全州로도라와서 四下로크게차즈니라元圭의藥局이通路大街
에잇슴으로 秉旭이그幽僻치못함을근심하거늘 先生이가라사대
모든것을내게信賴하야 근심을풀어버리라 내가將次네일을살으

五 이해여름에 金秉旭이觀察府의委囑으로 南原에가서오래동안滯留하야 稅金을督收하니라 이때에朝廷은 露西亞를結托하야 日本을抑制코저할새 日本에亡命한朴泳孝一派를親日派로指目하야 그黨派를大擧剿滅하니 秉旭이또한連累가된지라 十月에京城으로부터 多數의巡檢隊가 突然히全州府에이르러 秉旭을搜索하다가 南原에滯在한줄알고 星夜로南原에發向하니라 이때에先生이南原에이르사 秉旭을차저서 그收入한稅金을 舘主에게保管케하고 곳伴行하사들밧게나가시니 秉旭은그緣由를 모르더라 十餘里를行하자 秉旭의先墓齋舍에들어계시사 墓直을命하야 南原에가서形勢를살펴오라하시니 墓直이奉命하고 곳南原에갓다가도라와 多數한京巡檢隊가이르러 秉旭을搜索하는狀況을告하니 秉旭이비로소크게두려워하니라 翌日에轎子를

이에十日로恨定하야 證書를바더서 秉旭의계맛기셧더니 期限이이름에 南信이돈을準備하야 刻紙로十二枚를올닌대 先生이글을써서불살으시고 또秉旭에게맛기신證書를불살으신後에 刻紙十二枚는 돌녀주시며가라사대 돈은임의要緊히써서 일을잘보앗스니다행이라하시니 南信은現金으로쓰지아니하신것을 未安히녁이고 다시엿주어가로대 現物의時勢를보아서 貿易하야利를增殖함이엇더하니잇가 先生이가라사대 그것은不可하니라하시고 또가라사대 南信의일이 龍頭蛇尾와갓다하시니라

四 그뒤에 先生이여러從徒다려일너가라사대 이地方을守護하는모든神明을、西洋에보내여大亂을지으리니 이뒤로는 外人들이主人업는뷘집들듯하리라 만일모든神明이 일을맛치고도라오면 제집일은제가맛허하리라

暈이둘너잇더라 先生이가라사대 이제天下大勢가 方病大腫이라 내가腫을破하엿노라하시니라

三 癸卯春에 先生이亨烈과모든從徒다려일너가라사대 古代에는 東西洋의交通이업섯슴으로 神明도또한넘나들지못하엿더니 이제는 汽車輪船으로輸出入되는貨物表를따라서通行함으로 朝鮮神明을西洋으로드려보내여 役事를식히려하노니 財主를어더서길을띄워야할지라 財主를薦擧하라 金秉旭이全州富豪白南信을薦擧하거늘 先生이南信다려무러가라사대 所持한財産이얼마나되나뇨 南信이對하야가로대 三十萬兩은되나이다 또무러가라사대 二十萬兩으로써 그대의生活은넉々히하겟나냐 對하야가로대 그러하리이다 또가라사대 이제쓸곳이잇스니 돈十萬兩을드리겟나냐 南信이默然히생각하다가 드대여許諾하거늘

第六章 天地公事

一 壬寅四月에 金亨烈의집에머무르사 冥府公事를行하시며 일너가라사대 冥府公事의審理를짜라서 人世의모든일이決定되나니 冥府의混亂으로말미얌어 世界도또한混亂케되나니라하시고 崔水雲、全明淑、金一夫로、冥府의正理公事를主케한다하시면서 날마다글을써서불살으시니라

二 金亨烈의집이貧乏하야 麥飯으로써 先生께 供養하더니 八月秋夕節을當하야 할일업시食鼎을팔아서 節饌을準備하려하니 先生이가라사대 솟이들석이니 彌勒佛이出世하리로다하시고 亨烈로하여금 牛尾한개를求하야 불을피우고두어번둘너낸後에 亨烈을命하사 太陽을보라하시니 亨烈이우러러봄에 日

輪京이祭祀지낸집에가서 酒案을가저오니 果然酒案에猪肉三片이잇는지라 드대여才人에게주어 그아들을먹이게하시니 胸腹痛이곳나으니라

四二 大概從徒中에 무슨病故가잇서 來告하는者가잇스면 그症勢의如何를무르신後에는 아모施療法이업시나으며 만일危境에이른사람이면 그症祟를가름하야알으시면 곳나엿나니 가령腹痛이잇는사람이면 문듯배가압흐다고한번말삼하시고 머리압흔사람이면 머리압흐다고한번말삼하실싸름이니라 그럼으로하로는亨烈이엿주어가로대 病을낫게하여주시며 아해를낫케하여주시고도 아모말삼을아니하시니 그공을알어줄사람이업겟나이다 先生이가라사대 病만낫고아해만나면可할지니 공을알必要가잇스리오 功德을남에게알게하려는것은小人의일이라하시니라

에집으로도라가니 病子가나어서快活히遊戲하는지라 그病勢快差된때를무르니 先生께病勢를稟하든時刻과相符하니라

四〇 金俊相의妻가 胸腹痛이잇서서 年二三回式支離하게苦痛하야 形容이憔悴할뿐아니라 家事를收拾치못하야 產業이恒常蕭然하야 家樣을이루지못하거늘 俊相이先生께그事由를알외여施療를請한대 先生이불상히녁이사 四聖飮一貼을지어주시며衣藏속에深藏하라하시거늘 俊相이命하신대로하엿더니 그後로는그症祟가다시發作되지아니하니라

四一 大興里申才人의아들이 胸腹痛으로死境에이른지라 申才人이先生께와서 施療를請하거늘 先生이가라사대 猪一首를烹宰하여오라 才人이命하신대로行하려하더니 문득다시가라사대未久에猪肉三片이이르리니 돗을잡지말라하시더니 이윽고 車

을不平히하야 怒氣를띄우고잇슴으로 俊賛이잘慰撫하니라 翌日에 그母親의肩臂痛이 제절로나어屈伸을任意로하니 일로부터俊賛은크게敬服하야先生을짜르니라

三八 黃應鍾의아들이 病들어危篤하거늘 應鍾이 淸水를떠놋코 先生의계신곳을向하야낫게하여주시기를發願하니 그病이곳낫는지라 翌日에銅谷에와서 先生께뵈이니 先生이무러가라사대어제구름을타고나려다본즉 네가손을부비고잇섯스니 엇진일이뇨하시거늘 應鍾이그事由를알왼대 先生이우스시니라

三九 金俊賛의아들이 病들어死境에이르거늘 빨니銅谷에와先生께그事由를알외니 先生이아모말삼도아니하심으로 마음이焦燥하야 곳도라오기를告한대 先生이挽留하사 밤을지내고가라하심으로 命을어기지못하야 뜬눈으로밤을새이고 翌日早朝

엿는대 뜻밧게路傍에石碑가보이거늘 자세히삶히니곳淸道院이
라 應鍾이놀내여생각하되 陵所에서여긔가六十里어늘 한시간
이못되여當到하게됨은 반다시先生의道力에말녀옴이라하니라
秋煥의집에들어자고 翌早에銅谷에들녀周衣를가지고 客望里에
이르러서 그父親에게周衣를닙히니 곳精神이回甦하야 辨別力
이생기거늘 이에滋養物을사서供養하니 元氣도곳回復되니라
三七 金俊贊의母가 多年肩臂痛을알어 팔을屈伸치못하고委痛
하더니 兄德贊이 先生을모시고이르거늘 俊贊이그小室의宿室
을치우고 先生을모셧더니 先生이가라사대 네母親이肩臂痛으
로苦痛하나냐 俊贊이對하야가로대그러하니이다 또私語하야가
라사대 밧人心은조흔대 안人心이조치못하도다하시거늘 俊贊
이異常히녁여 內室에들어가삶히니 小室이自已의宿室을치운것

鍾이病人을붓드러이르키거늘 다시가라사대 病은임의나엇스나 이後로孕胎는못하리라하시더니 果然그後로는 孕胎하지못하니라

三六 先生의父親이病들어서危篤하거늘 黃應鍾이 先生께病報를알외려고 銅谷에이르러 先生의住處를무르니 全州陵所에계시다하거늘 다시그곳으로發往하니 銅谷에서距離가七十里러라 陵所에이르러 先生께뵈입고病報를알왼대 先生이술을주신後에 돈十圓을주시며가라사대 날은임에느젓스나 不快한마음을두지말고◎곳도라가다가 淸道院金松煥의집에들어자고 明早에銅谷金甲七에게가서 나의苧周衣한벌을가지고 집에도라가父親을닙히고 이돈으로滋養物을사서잘供養하라 應鍾이날은임의저물엇스나 敢히違命치못하고 陵所를떠낫더니 行한지한時間이못되

시니 死兒가문틋눈을뜨고 精神을찰여이러나거늘 先生이모든사람에게私語를禁하시며가라사대 이아해가 머나먼千里길을往還하엿스니 沈靜히잇서야할지라 內室로옴겨누이고 미음을다려먹이라하셧더니 翌日에그아해 가外室에나오거늘 그압에眞油를발으시고 밥을먹이시니라

三五 그後에 孫秉旭의妻가 病들어死境에이르거늘 黃應鍾이그事由를先生께告하니 先生이應鍾을다리고秉旭의집에이르사病房門밧게안저閑談하시더니 鍾應이秉旭다려 先生께供待할술을準備하라하거늘 先生이들으시고가라사대 나먹을술은잇스니準備하지말라하시더니 果然秉旭의妻母가 先生의來臨하심을알고 酒肴를가지고오니라 先生이술을마스신후에 應鍾다려일너가라사대 臥病에人事絕이니 病人을붓드러이르키라하시니 應

三四 黃應鍾이先生을뵈이려고 泰仁새울崔昌祚의집에이르니 마참哭聲이들니거늘 應鍾이들어가지아니하고 昌祚를불너내서 온事由를말하니 昌祚ㅣ들어가서先生께告한後에 나와서일너가로대 이제내집에계시나 지금보시는일이잇스니 좀遲滯하라함으로 應鍾이그압旅店에나가서기다리려하더니 다시곳부르시거늘 들어가先生께뵈이니 先生이昌祚의七歲된아들을 무릅우에뉘여안으섯는대 곳氣息이떠러진屍體러라 大抵昌祚의아들이그압날에急病으로因하야死亡하엿슴으로 昌祚가先生의계신곳으로차저가 死兒를回甦케하여주시기를哀願하야 先生이그때에방장昌祚의집에오사 死兒를살니려하심이라 손으로死兒의腹部를만지시고 수저로淨水를떠서死兒의입에너으니 死兒가左脚을옴즉이거늘 先生이꾸지저가라사대 네가엇지어른압헤누엿나냐하

라

三二 銅谷李正三이 髮底腫이發하야 크게苦痛하거늘 先生이 보시고 光贊을命하사백호를처주시니 그腫이곳나으니라

三三 銅谷압헤서酒商하는平壤女의아들이 年五歲인대 坐躄이 되여起立치못함으로 先生께안고와서 施療를請하거늘 先生이 가라사대 明朝에牛肉과眞油를좀먹이고안고오라하시니 平壤女가窮乏한所致로 牛肉은사먹이지못하고 眞油만먹인後에안고와서 그事由를알외니 先生이누으사아모말삼도아니하신지라 平壤女가甚히未安하야 病兒를싸리며가로대 病身이되려거든찰하리죽으라하니 病兒가울며문득다리를펴고이러나서避하야다라나거늘 平壤女ㅣ그光景을보고 甚히깃버하야 先生께謝恩하되 先生은아모말삼도아니하시니라

실새洛範이至誠으로奉侍하더니 先生이문득震怒하사 꾸지저가라사대 네가엇지長者압헤서 그럿케怠慢하뇨하시니 洛範이다만俯首하야一方으로는悚懼히생각하며 一方으로는異常히녁이다가 그後에집으로가 허물을생각하되 깨닷지못하고悚惧히지내더니 그後로련주瘡이곳快差하거늘 비로소先生의震怒와譴責이곳葯임을깨다르니라

三一 水流面會坪里에사는十八九歲된少年礦夫가큰돌에傷하야다리가부러지고筋肉이써러저 마참내그대로구더서 다리가攣曲하야屈伸치못함으로 先生께와서 施療를哀乞하거늘 先生이가라사대 남의눈에눈물을흘리게하면 내눈에는피가흐르나니라하시며 몸을뛰여서骨節과血脈을衝動케하라하시니 그少年이몸을솟아한번뛰임에 即時그攣曲되엿든다리가 펴여任意로屈伸케되니

電線에부처서 四方으로훗터가게하리라하시고 成遠을命하사 鐵絲數尺을求하야 病兒의머리우에둘녓다가 電柱밋헤버리라하시니 成元이그대로하야곳나으니라

二八 金京學의八歲된幼兒가 病들어여러날을委痛하거늘 先生이病室에들어가보시고 쑤지저가라사대 너의父親이들어오는대일어나지아니하니 그런道理가어대잇나냐하시니 病兒가두려워하야일어나니 곳病이나으니라 京學이父親이라는말상을異常히녁여 생각하니 일즉俗例를싸라 金山寺彌勒佛에팔은일이잇섯는대 先生은곳彌勒佛이신새닭이러라

二九 그後에 京學이病들어危篤하거늘 先生이알으시고 四物湯을달여서쌍에붓고 月色을仰見케하시니 곳나어아려나니라

三〇 金洛範이뎐포瘡으로苦痛하다가 하로는先生이龍頭峙에계

가內患으로얼마나念慮하엿나냐하시니라

二六 戊申에車京石의小室이 指頭에바늘찔닌것이독이나 점々팔이저리다가 마챰내半身不遂가되엿거늘 先生이六十干支를쓰시고 한干支식닑은심을따라서 傷하엿든指頭로 힘쯧집흐라하신後에 다시命하사술잔을들고전일게하시니 일로부터血氣가流通되여 곳快差하니라

二七 大興里附近巨沙幕에사는張成遠의幼兒가 病들어서낫이면낫고 밤이면身熱과咳嗽로잠자지못하고 數朔동안苦痛하거늘 成遠이病兒를안고와 施療를請한대 先生이가라사대 이症祟는곳西洋으로부터 멀니건너온飛鼈이니 낫이면나가놀고 밤이면들어오는것이라 不可不다른곳으로옴겨야나을터인대 山으로옴기면 禽獸도또한生命이오 바다로옴기면 魚鼈도또한生命이니

先生께와뵈압고施療를懇請하니 先生이가라사대 그病은病人이
平素에 他人에게惡言을만히하야 그報應으로發한것이니 날마
다悔改하면 病이제절로나으리라 載憲이命하신대로 그妻를曉
諭하여 날마다허물을뉘우치게하엿더니 그뒤로곳나으니라
二四 龍巖里압酒店에지나실새 그酒婦가連珠瘰癧으로末境에이
르러서 先生께施療를哀乞하거늘 先生이글을써서 그집개에게
더지시니 그개는곳업드러저죽고 酒婦의病은곳나으니라
二五 朴公又의妻가 겨을에물을깃다가 氷阪에업드러저서 허
리와다리를重傷하야 起動치못하고누엇거늘 公又ㅣ크게겨정하
야 淸水를떠놋고 멀니先生의계신곳을向하야 그妻의傷處를낫
게하야주시기를 至誠으로發願하엿더니 그妻가곳나어이러나니
라 그뒤에公又ㅣ先生께와뵈인대 先生이우스시며가라사대 네

케하시고 다만한便房一間을修理하야 藥局을設하시니라

二二 銅谷朴順汝가 半身不遂症으로오래동안委席하야 活動力을全失하엿슴으로 先生께사람을보내여施療를請하거늘 先生이金自賢에게무러가라사대 順汝의病을다사림이올흐냐 그대로두어죽게함이올흐냐 네가마음을플어야하리라 自賢이異常히녁여가로대 살녀주심이올흐니이다 先生이가라사대 順汝가네게不平을세친일이만흐니 그러면너와함끠가서治療하리라하시고 自賢을다리고順汝의집에이르사 훗바람을한번부르시고 病든다리를주물너내리시며 쓸인물한그릇을떠이섯더니 그病이곳完快되니라 大抵自賢이社交關係로 順汝에게不平을가젓는대 先生이그일이쳐이되야잇슴을알으시고무르심이니라

二三 銅谷李載憲의妻가 病든지數年에形骸만남엇거늘 載憲이

가應命하고 病人에게그대로일너더니 果然麥飯으로써 未幾에
全快하니라

二一 丁未에亨烈의從弟俊相의妻가 左右발바당에腫瘡이나서
모든藥에效驗을보지못하고 마참내死境에이르럿거늘 俊相이와
서施療를請한대 先生이가라사대 그患處가곳龍泉穴이라 다사
리기어려울것이니 죽는날만기다릴수밧게업슬것이오 만일誠意
를다하야다사리랴할진대 一百兩의金錢을消費하여야하리라 俊
相이엿주어가로대 家勢가甚히貧乏하야 一百兩의金錢을出辦키
어려우니 家屋이라도放賣할밧게업나이다 先生이가라사대 그
러면그家屋을내게팔으라 俊相이드대여承諾하고 賣渡文記를써
올니니 先生이바더서燒火하시고 수가락으로물을찍어서 患處
를만저낫게하야주신後에 그집은 俊相으로하여금 如前히居住

病을고치지못하나니라 致道가對하야가로대 이사람이元來貧乏하야 吝嗇할거리가업나이다 先生이가라사대 주는것을가지고오지아니하엿스니 엇지吝嗇이아니리오 病이란저의미듬과誠意로낫나니라 致道는이말삼을듯고 그神聖無比하심을놀내고 病人은붓그러워하야 도라가니라 致道가돈一圓을내여 金成國에게부탁하야 若干의酒肴를準備하야 先生께올니니 先生이무러가라사대 이것이어대서난것이냐하시니 成國이致道의供養임을알외거늘 先生이가라사대 그돈이오날저녁에 多數한增殖을어들것인대 부질업슨일이로다하시니 대개그돈은 그날저녁에 노름資本을하려하엿든것이라 致道가더욱놀내여 天神의降世이신줄로미드니라 致道ㅣ물너감을告한대 先生이가라사대 病人은오날저녁부터 麥飯을먹게하라 그러면病祟가곳설니리라 致道

理가잇고 葯온곳五行의긔운을應함인緣故라하시니라

二〇 丁未春에 全州伊西面佛可止金成國의집에계실새 同面鶴洞(함새울)에사는文致道가 先生의聲名을듯고 차저뵈이려할새 오는길에 伊城洞宋大有에게들녀 同行하려하엿더니 宋大有는 마참손이잇서서 同行치못하고 그從弟를同行케하며가로대내從弟가 肺病으로苦痛한지數年에 危期에니르럿스니 姜先生께말삼을잘하야 良藥을어더줌을바라노라하며 돈二圓을 그從弟에게주며가로대 이것이畧小하나 가지고가서 酒肴나한때供養하라 그리고償還할때에 利息은업시하라 病人이 그돈을바덧다가 償還하라는말을듯고 一圓을돌녀주며가로대 一圓이면足하외다하고 致道를따라서 先生께와뵈이니라 致道가 先生께그의病勢를알외고 施療를請한대 先生이 가라사대 吝嗇한者는

一七 道一이病이나은後로 腰痛이나서풀니지아니하야 집행이를집고 先生께와뵈이니 先生이가라사대 病나은뒤에오히려집행이를집고다님은웬일이뇨 道一이對하야가로대 腰痛이나서그리하나이다 先生이光贊을命하사 그집행이를꺽거버리셧더니 일로부터腰痛이곳快差하니라

一八 다시道一을命하사가라사대 西天에紅雲이써잇는가보라하시니 道一이나가보고復命하야가로대 紅雲이써잇나이다 先生이가라사대 金山을엿기가어렵다하시니라

一九 亨烈이脚痛으로因하야 發寒頭痛하며 飮食을全廢하고苦悶하거늘 先生이六十四卦를暗誦하라命하시니 亨烈이그대로함에 곳寒氣가물너가며頭痛이그치고 脚痛도全快하거늘 極히異常히녁여 그理由를무른대 先生이가라사대 八卦가온대五行之

는痛症이업서지고 臍下腹部에는痛症이依然한지라 道一이사람
을보내여 先生께다시만저주시기를請하니 先生이道一을불녀오
사 房中에누이시고 門밧게서견이르시다가들어오시며 〻문듯道
一을꾸지저가라사대 네가엇지長者의압헤누엇나뇨하시고 從徒
들을命하사 일으켜逐出하시니 道一이크게憤怒하야도라갓더니
그病이그때부터곳快差하거늘 道一이비로소 그꾸지럼이葯이엿
슴을깨달으니라 從徒들이 꾸지럼으로治療하시는理由를무른대
가라사대 그病症은蛔虫의作用이라 내가한번만잠에 蛔虫이臍
下에나려가서 敢히擡頭치못하는대 만일다시만지면 녹아서죽
을뿐아니라 사람의生命까지危殆할지라 그럼으로病人을憤怒케
하야 蛔虫이그긔운을타고올나와서 本處로도라安靜을엇게한것
이니 이것이醫術이니라

生이글을써주시며가라사대 이것을그대의寢室에갈머두라吳氏가 그대로하엿더니 그날밤부터穩睡하고 모든다른症祟도다살녀完快하니라

一五 吳議官의妻가 少時로부터睛盲이되야 압을보지못하더니 그夫病이快差되엿슴을듯고 눈을뜨게하여주시기를哀願하는지라 先生이그盲人의寢室正門에이르사 陽傘대로땅을그어돌니신후에 白鹽을좀먹이시고 해쏘이는곳에서 四聖飮한貼을다려서 땅을파고부으시니 그눈이煌然히밝어지니라 吳議官의夫妻는 크게感泣하야 至誠으로先生께供養하며 一行의經用을負擔하니라

一六 銅谷附近에사는金道一이 先生께甚히倨慢하더니 腹痛이發하야여러날苦痛하거늘 先生이道一을가보시고 손으로 그胸部로부터臍上까지만저내리고도라오시더니 그後로는臍上腹部에

場에가서 初終에쓰는모든물건을쓰이지안케하여주라는心告를
誠意끗하고도라오라하시고 四物湯한貼을달이신後 그病室正門
밧階下로부터 十二步를行하사 땅을長方形으로파고 그藥을부
으며가라사대 病이임의葬期에이르럿스니 藥을땅에써야되리라
하시고도라오시니 病人은일로부터곳回甦하니라 이재에順汝ㅣ
市場으로부터도라오거늘 先生이무러가라사대 市場에서누구에
게心告하엿나뇨 順汝對하야가라사대 先生님께心告하엿나이다
先生이우스시고 그비저너엿든줄을가저오라하사 이웃사람들을
불너 난호아먹이시니라

一四 丙午三月에 京城黃橋金永善의집에머무르실새 이웃에잇
는吳議官이 三年前부터肺病에걸니어 임의危期에이르럿더니
永善에게先生의神聖하심을듯고와뵈인後 施療를懇請하거늘 先

支那瀋陽에잇서서 도라오기를슬혀하니 엿지할수업노라 雲益이 그病子의形貌를보는듯이알어말삼하심을 神聖히녁이며 回甦치못하리라는말삼에 더욱슯허하야 구지藥을請하는지라 先生이四物湯한貼을지으사 貼紙에九月飮이라써주시니 雲益이藥을가지고집에도라간즉 그아들은발서죽엿더라 雲益이도라간後에從徒들이九月飮의뜻을무른대 가라사대 「九月葬始皇於驪山下」라하엿스니 살지못할뜻을表示함이로라 만일구지藥을請하야엿지못하면 恨을품을것임으로 그뜻을慰勞하기爲하야 藥을주엿노라하시니라

一三 銅谷朴順汝의母가 年이六十餘에 病들어매우危篤하야 回春될希望이업슴으로 治喪諸具를準備하고 葬禮에쓸술까지비저녀엿더니 先生이들으시고 順汝의집에가사 順汝로하여금市

哀乞하거늘 先生이그사람을 압헤안치시고 烟竹을들어올니시
며 가라사대 이烟竹을싸라 차々이려서라하시니 그사람이
그徐々히들어올니는烟管을싸라서 무릅과다리를漸々펴며이러서
거늘 이에亨烈을命하사 「曳皷神、 曳彭神、 石蘭神、 東西南北中
央神將、 造化々々云吾命令吽」 이라는글을닑은後에 그사람으로
하여금 庭中에驅步케하시고 光贊을命하사 회초리로종아리를
싸려쌜니것게하시고 轎子를버리고徒步로돌녀보내실새 謝金三
十兩을바다 큰길가酒店에나가자 來往行人을불너 술을사주시
며가라사대 다리를펴주니고맙다하시니라

一二 ※金溝水流面龜尾洞崔雲益의아들이 病들어死境에이르럿슴
으로 雲益이와서 살녀주시기를請하거늘 先生이가라사대 그
病人의形貌가甚히醜陋하야 一生에恨을품엇슴으로 그魂이이제

를만져나리시며 「眉叟삭혀尤菴붙으라」 고큰소리로웨치신後에 춤을흘녀서死兒의입에녀으시니 死兒가문득肛門으로醜汁을소드며 큰소리를치고回甦하거늘 이에米飮을지어서먹이시고 결녀서도라가게하시니라 (成玉은現今壯年인대銅谷에居住함)

一〇 銅谷金昌汝가 累年積滯로飮食을먹지못하야 形容이憔悴하거늘 先生이불상히녁이사 平床우에누이신後에 배를어르만지시며 亨烈을命하사 「調來天下八字曲、淚流人間三月雨、葵花細忱能補袞、萍水浮踵頻泣玦 一年月明壬戌秋、萬里雲迷太乙宮淸音鮫舞二客簫 往劫烏飛三國塵」 이라는글을닑어주엿더니 그後로昌汝의滯症이全快되니라

一一 全州龍頭峙金某가 안즌방이로서 轎子를타고와서施療를

라하시니 順一이强作하야 사람을붓들고이러나서 門밧게나와
送別함에 病勢가곳快差하니라 그後로順一이酒案을차려오지아
니하거늘 先生이가라사대 그사람이口味를엇지못하야 辛苦하
리라하시더니 果然順一이 口味가도라서지아니하야 數朔을辛
苦하니라

九 또그이웃집에酒商하는金士明의아들成玉이 六七歲되엿는대
어느날急病에걸녀죽거늘 半日이넘도록살니려고 百方周旋하여
도 回甦할餘望이업는지라 할일업시 그母가死兒를안고 銅谷
藥房에다다르니 先生이그外門에當到할쌔에미리알으사고 문듯
가라사대 藥房이運否하려고 屍體를안고오는者가잇다하시더라
成玉의母는 屍體를先生의압헤누이고 號哭하면서살녀주기를
哀乞하거늘 先生이우스시며 死體를무릅우에올녀누이시고 배

生께施療를請하거늘 先生이우스시며가라사대 主人의病은 암
의저개에게옴겻스니 근심말나하시더니 果然甫京의病은곳快復
되고 그개는病들어 三日만에죽으니라

七 十二月에銅谷에이르시니 金甲振이積年된癩病으로 面部와
手足에浮腫이나고 眉毛가빠젓더니 先生의神聖하심을듯고와
施療를哀請하거늘 先生이甲振으로하여금 正門밧게서房을向하
야서게하시고 金亨烈과그外數人으로하여금 大學經一章々下를
誦讀케하신後에돌녀보내시더니 일로부터甲振의病이全快하니라

八 銅谷里前에서 酒商하는全順一이 長病으로오래동안委痛하
다가 先生께뵈입기를至願하거늘 先生이韓公淑을다리고그집에
가사 順一다려일너가라사대 나잇는곳에酒案一床을차려오라하
시고 또일너가라사대 醫師가써나나니 病人은門밧게나와送別하

을連痛함에生命이危殆에瀕하거늘　孝淳이그일을알외고　施療하
시기를哀乞하니　先生이그女婿를불으사　夫婦새리壁을間隔하야
서로등을마추어서라하시니　그女婿ㅣ命하신대로함에　妻의痛症
은곳낫고　그症勢를옴겨서알커늘　先生이손으로만저나수시니라

四　金允根이　무근痔疾로數十年을알어오다가　이해에는　더욱
甚하야起動을못하고누엿거늘　先生이불상히녁이사　每朝에侍天
呪七遍식닑으라하섯더니　元根이그대로하야數日만에곳나으니라

五　古阜人李道三이癎疾이잇서　施療를請하거늘　先生이가라사
대　나를따르라하시고　누어서자지못하게하엿더니　食後이면腹
痛이發하고　大便에痰이석겨나오다가　十四日만에나으니라

六　甲辰九月十日에　咸悅會仙洞金甫京의집에가시니　개가甚히
짓고나오더라　이때에甫京이病들어누어서　크게危篤함으로　先

大巡典經　第五章　三一六　一一七

의病을다사리기에試驗하리라하시고 손으로만저내리신後에 簷末로부터쩌러지는雨水를바더서씻으라命하셧더니 京五ㅣ命하신대로簷水를바더씻음에곳나으니라

二 全州宇默谷李敬五의幼兒가 腹痛이잇서여러날大小便을不通하야 生命이危篤한지라 京五가幼兒를안고와서 施療하심을請한대 先生이幼兒를압헤눕히시고 손으로배를내려만지시니 곳小便을通하는지라 그릇에小便을바더서두엇다가 내여본즉 그릇바닥에무슨粉末이沈澱되여잇거늘 先生이가라사대 이것은糖粉이라 幼兒가만히먹으면 汗門이막히고 이러한病이發하기쉬우니 注意하라하시니라

三 癸卯三月에 全州府에머무르실새 張孝淳의女가 幼時로부터러蛔腹을알어 每年三四回를月餘式苦痛하더니 이해에는 數朔

第五章 治病

一 壬寅에 先生이醫法을花亭里李京五의게 처음베푸시니라
李京五는大院寺住持朴錦谷과親誼가잇슴으로 그病勢가危篤함을錦谷의게말하야 醫士를넓니求하여주기를請하니 錦谷이先生의神聖하심을암으로 그일을稟告하야 神方을베플어주시기를懇請하거늘 先生이京五를가보시니 그病症은左足無名指가저리고쑤시어 午後로부터새벽새지다리가부어올나 다리全部가큰기동과갓치되엿다가 아참으로부터浮氣가내려 正午에는原狀을回復하야 이러케三四年동안을 寸步를옴기지못하고 坐躄이되여잇더라 先生이가라사대 이病症이진실로怪異하도다 모든일이 적은일로부터큰일을혜아리나니 내가이病으로써準的을삼아 天下

서와처가로대 이밧으로밧으면 흰머리가검어지고 굽은허리가
펴여지고 衰한氣力이强壯하여지고 늘근얼골이절머지나니 이
밧갑이千兩이로라하거늘 世人이虛誕하게생각하야信從치아니함
으로 한老婦에게試驗하니 果然所言과갓혼지라 모든사람이
그제야 다투어모아드니 洞賓이드대여昇天하니라
七三 또가라사대 四十八將느려세우고 王樞門을열쌔에는 精
神차리기어려우리라
七四 俚言에 집으로만든鷄龍이라하나니 世上이막일너주는것
을모르나니라
七五 東京石에게일너가라사대 東學은차정으로亡하엿나니라
七六 또가라사대 運數를열어주어도이긔여밧지못하면 그運數
가本處로도라오기도하고 또남에게그數를運쌔앗기기도하나니라

야 飄然히昇天하야 한仙人을만나니 그仙人이가로대 네가이제放蕩을뉘웃치고 仙學을뜻하니 其志가嘉尙이라 내가네게仙學을가라치리니 네가淨地에道場을設하고 多數한同學을모아기다리라 내가장차臨場하야仙學을傳授하리라 그사람이聽命한後에 仙人을辭하고 精神을收拾하니 氣味가灑落한지라 이날로부터淨地를갈히고同志를求하니 그의放蕩한前習에懷疑하야 聽從한者가적고 다만그와平素에氣味가投合된者幾個人이會合하야宴을設하고道場을開하엿더니 문듯天空으로부터 五雲이燦爛하고 仙樂이淸亮히들니더니 俄而오그仙人이臨場하야 一齊히仙學을傳授하엿나니라

七二 또가라사대 나의일은呂洞賓의일과갓흐니 呂洞賓이人間에有緣者를갈혀 長生術을傳하려고 빗장사로變裝하야 街道에

六八 世俗에傳하여나려온모든儀式과虛禮를글으게녁여가라사대
이는묵은하늘이글으게꾸민것이니 將次眞法이나리라

六九 祭禮陳設法을보시고가라사대 이는묵은하늘이글읏定한것
이니 모든饌需는 깻긋하고맛잇는것이貴한것이오 그노혀잇는
位置로因하야 貴重케되는것은아니니라

七〇 喪服을보시고 미워하야가라사대 이는亡人죽은귀신이지
은것이니라

七一 하로는 從徒다려일너가라사대 나의일은엇든蕩者의일과
갓흐니 古代에엇든사람이 志操가堅實치못하야 放蕩히지내더
니 하로는홀로생각하되 내一生에아모것도成就한바업고 이제
한갓老衰에이르게되니 엇지恨할바아니리오 일로부터改心하야
仙人을차저仙學을배우리라하고 默然良久에 문득心神이飄揚하

하엿나니라 나는누구에게나 그닥근바에따라서道通을주리니上才는七日이오 中才는十四日이오 下才는二十一日만이면 各々成道하게되리라

六五 또가라사대 先天英雄時代에는 罪로써먹고살며 後天聖人時代에는 善으로써먹고사나니 罪로써먹고사는것이長久하랴 善으로써먹고사는것이長久하랴 이제後天衆生으로하여금 善으로써먹고살게할度數를짜노앗노라

六六 古阜校洞申京守가 猪一首를飼畜하다가 盜失하고 先生께와서그事由를告한대 先生이가라사대 그돗을찻지말라 네가前生에그사람의집에가서 돗을잡어온일이잇섯나니라

六七 또가라사대 蒼生이大罪를지은者는天罰을밧고 小罪를지은者는人罰或은神罰을밧나니라

리라

六三 하로는 從徒들에게일너가라사대 大人의行次에三哨가잇나니 甲午에一哨가되엿고 甲辰에二哨가되엿고 孫秉熙는三哨를맛텃나니 三哨끗헤는大人이나오나니라하시고 孫秉熙의挽詞를지어불살으시니이러하니라 「知忠知義君事君、一魔無藏四海民孟平春信倍名聲、 先生大羽振日新」

六四 하로는 朴公又가先生께엿주어가로대 道通을주시옵소서 先生이꾸지저가라사대 이무슨말이뇨 各姓에先靈神一名式이天上公庭에參列하여잇나니 이제만일한사람에게道通을주면 모든先靈神들이모아드러 偏僻됨을詰難할지라 그럼으로나는私情을쓰지못하노라 이後에 一齊히그닥근바를따라 道通이열니리니孔子는다만七十二人만通藝를식엿슴으로 엿지못한者는모다含寃

곳일깨워가라사대 저들이나에게不敬함은 나를모르는緣故라
만일나를잘알면 너희들과조금도다름이업스리라 저희들이나를
알지못하고 不敬하며凌辱함을 내가엇지介意하리오하시니라
六〇 하로는 從徒들에게일너가라사대 過去에는道通이나지아
니하엿슴으로 陰害를이긔지못하야 成事되는일이적엇스나 이
後로는道通이낫슴으로 陰害하려는者가 도로혀害를닙으리라
六一 또가라사대 耶蘇敎徒는耶蘇의再臨을기다리고 佛敎徒는
彌勒의出世를기다리고 東學信徒는崔水雲의更生을기다리나니
누구든지한사람만오면 각히저의스승이라하야ᄯᅡ르리라
六二 또가라사대 내가出世할ᄯᅢ에는 天地가震動하고 雷聲霹
靂이大作하리니 잘못닥근사람은 죽지는아니하나 안질자리가
업서서參席하지못할것이오 갈ᄯᅢ에는ᄯᅡ라오지못하고 업드러지

五六 하로는公事를行하시고『大丈夫大丈婦』라 써서 불살으시니라

五七 하로는 某處에서少婦가夫喪을當한後에殉節하엿다하거늘 先生이들으시고가라사대 惡毒한鬼神이 無故히人命을殺害한다 하시고 글을써서불살으시니이러하니라 『忠孝烈國家之大綱然國亡於忠家亡於孝身亡於烈』

五八 하로는 金松煥에게古詩를외워주시니이러하니라 『小年才氣拔天摩、 手把龍泉幾歲磨、 石上梧桐知發響、 音中律呂有餘和、 口傳三代詩書敎、 文記千秋道德波、 皮幣已成賢士價 賈生何事怨長沙』

五九 先生이自己에게對하야 甚히不敬하며凌辱하는사람에게는 더욱禮로써優待하심으로 從徒中에或不可히생각하는者가잇스면

兌에잇나니라하시니　柳贊明이侍坐하엿다가　大聲으로乾坎艮震巽離坤兌를낡고나가니라

五三　崔德兼이엿주어가로대　天下事는엇더케되오릿가　先生이『子丑寅卯辰巳午未申酉戌亥』를　쓰시며가라사대　이러하리라

白賢이가로대　이것을解釋하기어려우니이다　先生이다시그우에「甲乙丙丁戊己庚辛壬癸」를　쓰시고　京石다려일너가라사대　이두줄은　뵈ᄧᆞ는바듸와　머리빗는빗과갓ᄒᆞ니라하시니라

五四　또가라사대　二十四節候文이조ᄒᆞᆫ글인대　世人은다모르나니라　俚言에節候를철이라하고　어린아해의無知蒙然한것을철不知라하야　少年도知覺을차란者에게는　철을안다하고　老人도沒知覺하면　철不知한兒孩와갓다하나니라

五五　또亨烈다려일너가라사대大祥이란祥字는祥瑞라는祥字니라

後에도 지금스승을모시고잇듯이 變改함이업겟나냐 日後에만일마음을變改함이잇스면 이몽치로더숙이를칠것이오 이칼로割腹을하리라」 고警告하야 써屈服케하시니라

五〇 매양銅谷압大樹下에서소풍하시며 金山안과龍華洞을가라처가라사대 이곳이내墓址라將次꼿밧이될것이오 이곳에人城이싸이리라하시고 또「天皇地皇人皇後에天下之大金山寺」라고말삼하시니라

五一 하로는여러從徒들에게일너가라사대 大運을바드려하는者는 書傳序文을만히誦讀하라하시고 또가라사대「且生於數千載之下而欲講明於數千載之前亦已難矣」의一節은 淸水를떠놋코읽을만한句節이라하시니라

五二 하로는 從徒들에게일너가라사대 道通이乾坎艮震巽離坤

是故永世不忘萬事知」

侍天主造化定永世不忘萬事知」

四七 하로는 金德贊에게洋紙一枚를주시며 七星經을쓰라하시니 德贊이字樣의大小를무른대 가라사대隨意하여쓰라하심으로德贊이뜻대로쓰니 紙面에滿載하고 다만三字쓸만한餘白이남엿거늘 이에그餘白에七星經三字를쓰라하사 불살으시니라

四八 하로는 全州金俊贊의집에계실새 金洛範에게무러가라사대 近日에關廟에致誠이잇나냐 對하야가로대잇나이다 가라사대 그神明이이地方에잇지아니하고 먼니西洋에가서 大亂을일으키나니 致誠은헛된일이니라

四九 하로는 車京石、金光贊 黃應鍾을압헤셰우신後에 公又에게몽치를들니고 輪京에게칼을들니사 하여금 『너희들이 이

대로하소서 先生이가라사대 井邑에한冊을두엿스니 그글이낫
허나면 世上이다알이라하지고 드대여불살으신後에 銅谷으로
도라오시니라 그글은다만光贊의記憶된대로 一節을傳하여온것
이이러하니라『士之商職也 農之工業也 士之商農之工職業也 其
外他商工、留所(疑有闕文)萬物資生、羞耻、放、蕩、神、道、統
春之氣放也 夏之氣蕩也 秋之氣神也 冬之氣道也 統以氣之主
張者也』 知心大道術 戊申十二月二十四日左旋

四三八 天地魍魎主張
九五一 日月竈王主張
二七六 星辰七星主張

運 至氣今至願爲大降
無男女老少兒童咏而歌之

든族屬의高行者를對할때에 반다시行列을따라서말하게되나니 이것은倫理上傳統이라 무슨關係가잇스리오마는 모든神明은그 不敬한言辭를글니녁여 반다시罰을주나니 그럼으로 나는이일을어려워서 親族과交通을稀少케하노라

四五 하로는 亨烈을命하사 光贊、甲七에게 太乙呪를만히닑으라하시고 金炳善(光贊의姪)에게 桃李園序를口誦千讀하라하시고 京石、乃成에게 侍天主呪를唇舌不動하고 만히默誦하라하시니라

四六 四月에 龍頭峙에 머무르실새 光贊다려일너가라사대 네가金秉旭의집에잇스면서 내가傳하는글을 一々히淨書하야가저오라하시고 亨烈로하야 금글을傳하야 淨書하여온後에 光贊다려일너가라사대 이글을世上에傳함이可하냐 對하야가로대 뜻

備한饌需를가저오라하사 여러從徒들로더부러잡수시며가라사대
이것이곳節祀라하시니 그後로는매양節祀와忌辰을當하면 天師
께供享하니라

四二 先生이狗肉을즐기사가라사대 이고기는上等人의飮食이니
라 從徒들이그理由를무른대 가라사대 이고기를農民이즐기나
니 이世上에上等人은곳農民이라 先天에는道家에서이고기를忌
하엿슴으로 魍魎이應치아니하엿나니라

四三 하로는 金自賢이그祖母의葬禮를行하려고 運轝하야所定
地로向하거늘 先生이銅谷암헤金礦터를가라치시며 이곳에埋葬
하라하시니 自賢이듯지안커늘 先生이가라사대 畵龍千年에眞
龍이이름을모른다하시니라

四四 하로는 徒從다려일너가라사대 내가古阜故里에가면 모

三九 數日後에 先生이 古阜臥龍里에가사 京石에게傳命하사대 나를보랴거든 古阜學洞으로오라하시거늘 翌日에京石이學洞으로와서뵈이니 先生이돈十五圓을주시며가라사대 너를불으기는이一極을주려함이라 내가輪七을두려워서 네집에가지못하노라 京石이돈을밧고 惶懼하야엿주어가로대 무슨일로그리하시나잇가 가라사대 日前에輪七이殺氣를띄고 銅谷에왓는대돈이아니면풀기어렵기로 돈三圓을주어서돌녀보냇노라 京石이慌忙히도라와서 輪七을불너무르니 果然事實을自白하니라

四〇 翌日에學洞을써나실새 公又다려일너가라사대 나의이번길은 한사람의절을밧기爲함이니 이번에바든절이 天下에넓이밋치리라하시니라

四一 己酉節日에 京石이그祖先에享祀하려하거늘 先生이그供

治하야家產이날로零替하는지라 그아우輪七이不平히생각하되 先生을따르면福을밧는다하더니 이제福은멀어지고貧苦가따라드니 이는한갓誣惑에不過함이라 내가先生께가서質問하리라하고 銅谷으로오다가 途中에서비를만나고 진흙에업드러저서 衣服을망처가지고 先生께와뵈이니 先生이놀낸빗으로일너가라사대 이附近에義兵이出沒함으로 官兵이四方으로偵察하니 만일네가冒雨行路한모양을보면 義兵으로誤認하야困辱을줄것이니 僻處에隱居하야 내가불을때싸지기다리라하시고 亨烈로하여금잘隱匿케하엿다가 翌日에輪七을불으사 돈十五兩을주시며가라사대 내가數日後에井邑으로가리니 도라가서기다리라 輪七은무렴에싸엿슬뿐아니라 數日後에井邑으로오시겟다는말삼을듯고 마음이좀풀녀서 質問은後日로밀우고도라가니라

잇슴으로 비로소恍然히깨달어알왼대 先生이가라사대 正히그러하다하시니라

三六 大興里에계실새 하로는 車京石、安乃成、朴公又를다리고 압내에나가沐浴하실새 京石을命하사 白鹽一掬을가저다가 물우에뿌리게하시고 물에들어서시며가라사대 고기잡이를하리라하시더니 문득京石의다리를 잡고가라사대 큰고기를잡엿다하시거늘 京石이가로대 내다리로조이다하니 先生이가라사대 그럿케되엿나냐하시고노으시니라

三七 安乃成다려일너가라사대 너는반다시農事를부즈런히하야 밧그로奉公의義務를다하며 안으로先靈의祭祀와 養老育英의일을힘써나의도라오기를기다리라하시니라

三八 八月에銅谷에계실새 車京石이從游함으로부터 家業을不

히가라치시리라 永學이그말을조차 先生께師事하기를請한대 先生이許諾하시더니 문듯크게꾸지즈시거늘 永學이한편오로는 恐惧하고 한편으로는憤하야 門外로나간자라 이윽고永學을불너가라사대 너를꾸지즌것은 네몸에잇는두쳑神을물니치려함이니 너는不平히생각지말라 永學이가로대 무슨쳑神이낫가쌔닷지못하겟나이다 가라사대 네가十八歲에殺人하고 今年에도殺人하엿나니 잘생각하여보라 永學이생각하니 十八歲에南原에서 全州吏金某와交語하다가 그無禮한말에怒하야 火爐를던저그頭部를打傷하엿더니 일로부터呻吟하다가 翌年二月에身死하엿고 今年春에 長城麥洞에居住하는外叔金堯善이 義兵에게掠奪을當한故로 義兵大將金永伯을 長城白羊寺에차저보고 그非行을꾸지젓더니 永伯이謝過하고 犯人을調査하야砲殺한일이

가서로和解하면 天下가다和平하리라하시니라
三四 하로는 金亨烈이出行하엿다가 耶蘇敎人에게 無數한凌
辱을當하고도라와서 先生께그事由를알외니 先生이가라사대
淸水一器를써여놋코 스사로허물을삷혀뉘웃치라 亨烈이命하신대로
하엿더니 그後에그사람이病들어서死境에이르럿다가 어렵게回
春하엿다하거늘 亨烈이듯고알왼대 先生이가라사대 이後로는
그런일을當하거든 조금도그를원망치말고 스사로몸을삷히라
만일허물이네게잇는때에는 그허물이다풀닐것이오 허물이네게
업는때에는 그毒氣가근본으로도라가나니라
三五 七月에 白巖里에계실새 金永學이京學의薦引으로와뵈이
거늘 七日이지나도록더부러말삼치아니하시니 永學이크게憤恚하
는지라 公又 元一이일너가로대 誠意로써師事하기를請하면밝

차가서救해내려하엿더니 그개가다지우물에서뛰여나와 다른곳으로가더이다 先生이가라사대 俚言에姜姓을개라하나니 네가삶을올케수엿다하시니라

三二 朴公又가三年동안先生을侍從하며 天地公事에만히奉公하엿는대 매양公事後에는 各處從徒에게巡廻演布하라命하시며가라사대 이일이곳天地의大巡이라하시니라

三三 戊申六月에 先生이光贊에게무러가라사대 네가平居에나를엇더한사람으로稱呼하엿나냐 對하야가로대 村兩班아라고稱呼하엿나이다 또무러가라사대 村兩班은너를엇더한사람이라고稱呼하겟나냐 對하야가로대 邑아전이라할것이외다 先生이가라사대 村兩班은邑아전다려 邑아전놈이라하고 邑吏는村兩班다려 村兩班놈이라하나니 이것이다不平줄이라 이제너와내

簡、今因程子所定、而更考經文 別有序次如左」

二九 또亨烈에게 秦誓章을외워주시며 잘記憶하라하시니이러하니라「如有一介臣斷々猗、無他技、其心休休焉、其如有容、人之有技若已有之、人之彥聖、其心好之、不啻如自其口出、是能容之以保我子孫黎民、尙亦職有利哉 人之有技、冒疾以惡之、人之彥聖而違之、俾不達、是不能容、以不能保我子孫黎民 亦曰殆哉」

三〇 또亨烈다려일너가라사대 녀는모든말을뭇는者가잇거든듯고實行이야하든지아니하든지 바른대로일너주라하시니라

三一 하로는 泰仁白巖里金京學이와뵈읍거늘 先生이命하사金白善의집에留宿케하시고 翌日에白善의집에이르사 京學다려昨夜에꿈본것을말하라하시니 京學이엿주어가로대 꿈에一匹狗가 떼싹지아니한우물에빠지는 것을보고 죽을가念慮하야 쯔

니이러하니라 『處世柔爲貴、剛强是禍基、發言常欲訥、臨事當如癡 急地尙思緩、安時不忘危、一生從此計、眞個好男兒』

二五 또亨烈에게古詩를외워주시니이러하니라 『明月千江心共照長風八隅氣同驅』

二六 하로는 亨烈을命하사 紙片에六十四卦를點치고 二十四方位字를둘너쓰이사 太陽을向하야불살으시며가라사대 與我同居하자하시고 亨烈을도라보시며가라사대 잘밋는者에게海印을傳하여주리라하시니라

二七 또가라사대 선배는 반다시몸에紙筆墨을가저야하나니라

二八 또亨烈다려일너가라사대 선배는大學經一章〃下를 알어두어야하나니라하시고 외워주시니이러하니라 『右經一章蓋孔子之言而曾子述之、其餘十章則曾子之意而門人記之也 舊傳頗有錯

二一 그後에 井邑에계실새 京石다려일너가라사대 너는今後로出入을廢하고 집을직히라 이것이自獄度數니라

二二 十一月에 銅谷에이르사 公事를行하시고 亨烈다려일너가라사대 내가머리를짝그리니 너도또한머리를짝그라 亨烈이마음으로는 즐겨하지아니하나 强然히應諾하엿더니 또甲七을불너가라사대 내가머리짝그리니 明日大願寺에가서 錦谷住持를불너오라하시거늘 亨烈이크게근심하엿더니 그뒤에다시말삼치아니하시니라

二三 하로는 亨烈에게 古書一章을외워주시며 잘服膺하라하시니이러하니라 『夫用兵之要、在崇禮而重祿、禮崇則義士至、祿重則志士輕死、故祿賢不愛財、賞功不逾時、則士卒並、敵國削』

二四 그後에 또亨烈에게 古詩를외워주시며 잘記憶하라하시

가사 그머음을불너무르사대 昨夜에무슨본일이잇섯나냐 머음이對하야가로대 어재밤꿈에 한老人이籠岩을열고 甲胄와長劍을내여주며 이것을가저다가 主人을차저傳하라함으로 내가바더다가 이房에두엿는대 곳車京石의안존자리니이다하니라 大抵그地方에서는 籠岩속에甲胄와長劍이드러잇는대 將軍이나면 내여가리라는俗言이傳하여오니라

二〇 그後에 淳昌으로부터도라오실새 泰仁古縣里杏坍에이르사 京石다려일너가라사대 孔子가杏坍에서講道하엿나니 이제 여긔서 네게한글을傳하리라하시고 古書一章을외워주시며 잘 服膺하라하시니이러하니라 『夫主將之法、 務攬英雄之心、 賞祿有功 通志於衆、 與衆同好靡不成、 與衆同惡靡不傾、 治國安家得人也 亡國敗家失人也、 含氣之類、 咸願得其志』

이相繼從游하니라

一八 이때에 金光贊은銅谷에잇서 車京石의從游함을厭惡하야 가로대 京石은本來東學餘黨으로 一進會에參加하야 不義를만히行하엿거늘 이제道門에들임은 先生의不正大하심이라 우리가힘써마음을닥거온것이 다쓸대업게된다하고 날마다先生을원망하거늘 亨烈이민망하야 先生께와뵈입고 光贊의不平가진일을告하며가로대 엇지이런性格가진者를門下에두셧나잇가 先生이가라사대 龍이물을求할때에 비록荊棘이當道할지라도避치아니하나니 도라가서잘撫諭하라하시니라

一九 하로는 京石에게 「溪分洙泗派、峯秀武夷山、襟懷開霽月談笑止狂瀾 活計經千卷、行裝屋數間 小臣求闕道、非偷半日閑」의古詩를외워주시고 京石을다리고 淳昌龍巖朴壯根의집에

『朝鮮江山名山이라 道通君子다시난다』하엿스니 이일을일음이
니라 東學信者間에崔水雲이更生하리라고傳하나 죽은者가다시
사라오지못하는것이오 내가곳代先生이로라

一五 翌日에 松內를써나 井邑大興里로向하실새 公又를도라
보시며가라사대 만낫슬적에하지니 公又가문듯東學歌詞에『만
나기만만나보면 너의집안운수로다』라는句節이感悟되야 드대
여따라나서니라

一六 이날大興里京石의집에이르사 글을써서西壁에붓치시니
문듯雷聲이大作하거늘 先生이速하다하시고 그글을떼여무릅밋
헤너으시니 雷聲이곳그치는지라 公又는크게驚服하고 村人은
뜻밧게일어나는白日雷聲을異常히녁이니라

一七 이後에 東學信者安乃成 文公信 黃應鍾 申京守、朴壯根等

대 이길은南朝鮮배 질이니 짐을채워야써나리라하시니 모든사람은그意味를알지못하니라 다시써나시며가라사대 大陣은日行三十里라하시니 京石이聞命하고 里程을헤아려서 古阜松內에이르러 知友朴公又의집으로先生을모시니 公又도또한東學信徒로서 마참四十九日間禱天하든째려라

一四 先生이京石公又다려일너가라사대 이제만날사람만낫스니通情神이나온다 나의일은 비록父母兄弟妻子라도모르는일이니나는西洋大法國天啓塔天下大巡이라 東學呪에『侍天主造化定』이라하엿스니 내가天地를開闢하고 造化政府를열어서 人天의混亂을安定케하려하야 三界를周視하다가 너의東土에그처 殘疲에헤매인民衆을 몬저건지려함이니 나를밋는者는 無窮한寧福을어더 仙境의樂을누리리니 이것이참東學이라 弓乙歌에

모든일이더욱凡常치아니할뿐아니라 東學歌詞에 「如狂如醉저냥
반을 간곳마다싸라가서 지질한그고생을 누구다려한말이며」
라는句節에感悟하야 드대여써나지아니하고 十日間을머무르면
서 師事하기를固請하거늘 先生이일너가라사대 네가나를쌀으
려면 모든일을全廢하고 나의가르치는바에一心하여야할지니
이제도라가서 모든일을整理하고 다시이곳으로차자오라 京石
이이에하직하고 집에도라가서 모든일을整理하고 六月一日에
다시龍巖里에와서 先生께뵈압고 井邑으로가시기를懇乞하니
先生이다시拒絕하시다가 三日後에야許諾하여가라사대 내가깁
흔목물에싸저서 허덕거리다가 겨우벗어나서 발목물에當하엿
는대 이제네가 다시깁흔물로쓸어들인다하시니라

一三 水砧幕을써나院坪에이르사 群衆을불너술을주시며가라사대

여말삼을請하니 先生이溫和하게對答하신지라 京石이禮畢에무
러가로대 失禮이오나무슨業을하시나잇가 先生이웃으시며가라
사대 醫業을行하노라 또무러가로대 어느곳에머무르시나잇가
가라사대 나는東亦客西亦客天地無家客이로라하시더라 京石은
元來東學信徒로서 孫秉熙를조치다가 모든것이마음에合하지아
니하야 다시길을고치려하든차이라 이날先生을뵈임에 모든行
儀가凡俗과다름에 異常히녁여짐짓떠나지아니하고 저물기를기
다려서 先生의도라가시는곳을따라가니 곳龍巖里水碓幕이라
그食事와凡節이너무粗率하야 一時라도견대기어렵더라 先生이
京石의떠나지아니함을괴로워하사 물너가기를督促하되 京石이
떠나지아니하고 自己의집으로가시기를懇請하니 先生이或震怒
도하시며 或凌辱도하시며 或驅逐도하시되 京石의觀察에는

一〇 하로는 從徒다려일너가라사대 이世上에學校를넓이세워 사람을가라침은 將次天下를크게文明케하야 써天地의役事를식히려함인대 現下의學校敎育이 學人으로하여금 卑劣한功利에빠지게하니 그럼으로판밧게서成道하게되엿노라

一一 丁未四月에 辛元一을다리고 泰仁關王廟祭員辛敬彦의집에가서머무르실새 敬彦과辛京元、 金京學、 崔昌祚、 崔乃敬、 崔德兼等이從遊하니라

一二 五月에 龍巖里水砧幕에서머무르실새 그압酒店에서 井邑人車京石을만나시니라 京石이全州로가는길에 이酒店에서午飯을먹고떠나려할새 先生이대삿갓에푸단님으로 金自賢等數人을다리고오시니 京石이 그소탈한가운대 싹々한긔운을 띄신儀表와 純眞한가운대 巧飾이업스신言語動止을보고 非凡히녁

『千里湖程孤棹遠、萬方春氣一筐圓』을외워주시며『先王文明이
아닐넌가』라고心告하고바드라하시고『時節花明三月雨、風流酒
洗百年塵』을외워주시며『先生先靈先王合德文明이아닐넌가』라
고心告하고바드라하시고『風霜閱歷誰知巳、湖海浮游我得顏、驅
情萬里山河友、供德千門日月妻』를외워주시며『우리의得意秋가
아닐넌가』라고心告하고바드라하신後에『時勢를斟酌컨대 大人
輔國正知身、磨洗塵天運氣新、遺恨警深終聖意 一刀分在萬方心』
이라唱하시며가라사대 이글은閔泳煥의挽章이니『一刀分在萬方
心』으로하야 世事알게되리라하시고 또가라사대『四五世無顯
官先靈生儒學死學生、一二三十不功名子孫入書房出碩士』라하시니라

九 丙午十月에 耶蘇教堂에가사 모든儀式과教義를閱見하신後
에 從徒다려일너가라사대 足히取할것이업다하시니라

責하거늘 先生이가라사대 아즉言行이덜풀녀서 毒氣가남어잇도다「惡將除去無非草、好取看來總是花」니라 말은마음의소리오 行事는마음의자최라 말을善하게하면 福이되여 점々큰福을일우어 내몸에이르고 말을惡하게하면 禍가되여점々큰禍를일우어 내몸에이르나니라

七 乙巳八月에 咸悅會仙洞金甫京의집에이르사 累月間滯留하실새 甫京이 咸悅邑人金光賛을薦擧하야 從游케하고 또蘇鎭燮과 臨陂軍屯里金性化等이 相繼從游하니라

八 하로는 先生이少時에지으신글이라하사「運來重石何山遠、粧得尺椎古木秋」를從徒들에게외워주시며「先生文明이아닐넌가」라고心告하고바드라하시고「霜心玄圃淸寒菊、石骨靑山瘦落秋」를외워주시며「先靈文明이아닐넌가」라고心告하고바드라하시고

는길에 張孝淳의死亡한消息을들은지라 亨烈이先生께復命하고
이어서 孝淳의死亡을報하야가로대 이사람은우리손에죽어야할
것인대 절로病死하엿스니恨스러운일이로소이다 先生이가라사
대 그것이무슨말이뇨 죽은사람은불상하니라하시니라

五 先生이비록至賤한사람을對할지라도 반다시尊敬하시더니
亨烈의奴子池南植에게도 恒常尊敬하시거늘 亨烈이엿주어가로
대 이사람은곳나의奴子오니 尊敬치말으소서 先生이가라사대
이사람이그대의奴子이니 내게는아모關係가업나니라하시며 또
일너가라사대 이마을에는 兒少로부터熟習이되여 倉猝間에말
을고치기어려울지나 다른곳에가면 엿든사람을對하든지 다尊
敬하라 이後로는 嫡庶의名分과 班常의區別이업나니라

六 하로는 亨烈이엇든親族에게不合意한일이잇서서 모질게叱

第四章 門徒의從游와訓誨

一 壬寅四月에 金亨烈의집에머무르사 公事를行하시니 亨烈과金自賢 金甲七、金甫京、韓公淑等이 次第로從游하니라

二 癸卯正月에 全州府에巡游하사 徐元奎藥局에머무르시니 元奎와金秉旭、張興海、金允贊等이從游하니라

三 張興海가 그幼子를甚히사랑하거늘 先生이興海다려일너가라사대 福은우으로부터나리는것이오 아래에서치올으지아니하는것이니 父母를잘敬愛하라하시니라

四 甲辰六月에 金亨烈의집에이르사 亨烈다려 全州府에가서 金秉旭에게만날期會를約定하고오라命하시니 亨烈이領命하고 全州에가서秉旭을만나 그翌日夜半에만나기로約定하고 도라오

안코 命하신곳에가면 반다시무슨일이잇더라

一〇七 가물때에비를주실새 淸水동우에小便을좀타면 그비로
因하야穀類가豊穰하고 蟲災가잇슬때에는 苦草가루를뜰어너으
면 곳蟲災가것치더다

一〇八 더울때에出行하시면 구름이日傘과갓치 太陽을가리워
볏이쬐이지아니하니라

엿스니할일업다하시더니 그後에곳死亡하니라

一〇四 從徒들이 매양근심된일이잇슬때에 그事由를先生께稟告하면 無爲中에自然히풀니게되는대 만일稟告한後에도 오히려근심을놋치아니하면 慰勞하야가라사대 내가임의알엿스니 근심하지말라하시니라

一〇五 매양從徒들에게 일을命하심에 반다시期日을定하여주사 어긔지안케하시며 만일命을바든者가 或그期日에日氣의不調로因하야 어김이잇슬가念慮하면 先生이일깨워가라자대 내가너희에게 엿지不調한날을일녀주겟나냐하셧나니 大抵先生의定하여주신날은 한번도不調한때가업섯나니라

一〇六 매양從徒들어느곳에보내시되 使命을말삼치아니하신때가만히잇셧스나 從徒들은恒常그럿케經驗하엿슴으로 다시뭇지

一〇二 매양月夜에길을가실쌔에 구름이달을가렷스면 손으로달을向하야右旋하야 구름을둥그럿케열어헛치사 달빗을내빗최이며 目的地에達하신後에 다시손으로달을向하야左旋하시면구름이다시合하야 原狀대로回復되니라

一〇三 院坪市場金京執의酒店에 단골主人을定하시고 오랫동안逗留하실새 누구든지 先生의말삼을憑托하야酒食을請하면代金有無를不計하고 다許諾하더니 泰仁靑石골姜八文이 酒食을만히먹은後에 돈을携帶한것을 主人에게發見되엿스나 先生의말삼이잇다고거즛憑托하야 돈을支拂치안코갓더니 일로부터挾滯하야脹症을일우어 死境에이르거늘 申京守가그事由를알왼대 先生이對答지아니하시더니 그後에또危急함을來告하거늘가라사대 못슬일을行하야神明에게罪를어더 그릇죽엄을하게되

코 上下衣를벗고 清水압헤合掌하고서잇스라 이제네게將令을 붓처서 西洋으로부터雨師를불너넘겨 萬民의渴仰을풀어주리라 甲七이命하신대로하야水盆압헤섯스니 문득西天으로부터黑雲이 이러나며 大雨滂沱하거늘 이에命하사清水를쏘다버리고 옷을 닙으라하시며 모든從徒다려일너가라사대 너희들도잘修鍊하면 모든일이마음대로되리라하시니라

一〇一 이때에 清州에서恠疾이猖獗하고 羅州에도熾盛하야 人心이洶々한지라 先生이가라사대 南北에서마조려지니 장차 無數한生命이殄滅되리라하시고 이에글을써서불살으시며가라사대 내가이것을代贖하리라하시고 亨烈을命하사 新衣五件을 急히지어서 한벌식갈어닙으시고 泄瀉하여버리신後에가라사대弱者가걸니면 다숙겟도다하시더니 그後로 恠疾이곳寢息되니라

하심으로 德賛이應命하고 龍巢里에갓다가 金議官집門압헤서
醉한사람을만나 悖辱을만히當하고 憤을이긔지못하야되도라오
거늘 先生이門밧게나서바라보시고 웃어가라사대 웨자지아니
하고도라오나냐하시며 술을수어가라사대 사람을사핌에 마음
을참되게할것이어늘 엇지마음을스사로속이나냐하시니 德賛이
처음에는 先生이無故히龍巢里에보내여悖辱을當하게하신것을
不平히녁엿다가 이말삼을듯고 비로소 先生의말삼뜻헤 속으로
는실업시알면서거짓應諾한것을洞燭하사 실업슨醉한사람을만나
도록懲罰하신줄을깨닷고 일로부터는더욱두려워하야 비록一思
一念이라도삼가하니라

一〇〇 六月에銅谷에계실새 從徒들이 오래동안날이가문것을
격정하거늘 先生이甲七다려일너가라사대 清水一盆을길어다놋

려오라 말삼이맛치자 白巡檢이그집압흐로지나거늘 京元이나가서 先生의계신곳을알니니 白巡檢이곳뛰여들어와서 先生을捕縛하는지라 先生이公又에게命하야가라사대 네게잇는돈百兩을내게傳하고 崔昌祚의집에갓다오라하시니 公又가應命하고가거늘 또應鍾과京元을불너 各히다른곳으로보내시고 白巡檢에게돈百兩을주시며가라사대 그대를만나려고 이곳에서기다린지오래엿노라 이것을적다말고用에보태여쓰라 白巡檢이致謝한後捕縛을풀으고물너가니 大抵그가先生을붓드러서 돈을쌔앗으려하는줄을알으시고 그所欲을채워주심이러라

九九 하로는 全州佛可止金成國의집에계실새 金德賛이侍側하다가 先生의무슨말삼끗헤 속으로는실업게알면서 거즛應諾하엿더니다시일너가라사대 이제龍巢里金議官의집에가서자고오라

面으로는京學을불으고 一面으로는官府에告하야 術客을잡어懲治하려함이라 京學이집을써나邑으로가다가 中路에서巡檢에게붓들녀 帶同되여집으로되도라와서 先生을찻다가업슴으로 崔昌祚의집까지왓다가 찻지못하고도라가니라

九七 五日에銅谷에이르시니 數日後에泰仁으로부터 無事히된顚末을報告하거늘 가라사대 井邑일은하로公事인대 京石에게맛겻더니一朝에살으고泰仁일은하로아참公事인대 京學에게맛겻더니一日을걸녓스니 京石이京學보다낫다하시고 쏘가라사대京石은兵判가음이오 京學은爲人이直腸이라 돌니기어려우니돌니기만하면善人이되리라하시니라

九八 하로는 公又、應鍾을다리시고 泰仁邑旅舍에이르사 辛京元다려일너가라사대 오날은白巡檢만나야하겟을스니 그를다

대 그神明이寃恨을품엿다가 이제와서나에게解寃을求함으로 엿더케하면解寃이되겟나냐고무르니 그神明이 내가日本服을슬혀하는줄을알고 日服을닙으라함으로 내가이제그神明을慰勞함이로라하시니라

九六 大興里에서 戊申臘月公事를行하시고 己酉正月三日에 官災를避하사 白巖里金京學의집으로가셧더니 泰仁邑에서 京學의兄이사람을보내여 京學을불너가거늘 先生이발을만지시며 가라사대 俚言에발福이라하나니 모르는길에 잘가면幸이오 잘못가면不幸이라함을일음이라하시고 곳떠나사 獨行으로崔昌祚의집에가셧다가 다시그압松林을通하야 崔德兼의집으로가서 머무르시니 모든사람이계신곳을알지못하니라 元來京學의兄은 京學이術客에게迷惑하야 家産을돌보지아니한다는말을듯고 一

九四 거긔서大興里로가려면 兩條路가分岐되야 한길은井邑郡을通過하는大路오 한길은狹路라 輪京이 어느길로行할것을무른대 先生이가라사대 君子엿지狹路로行하리오하시고 大路를取하야 井邑郡을通過하시니 左右側에 外人의商店이만히잇스되 한사람도밧게나선者가업더라 大興里에니르사 高夫人의眼疾을낫게하시고 因하야 戊申臘月公事를行하시니라

九五 하로는 京石의黑周衣한벌을가저오라하사닙으시고 內衣를벗으신後에 긴수건으로허리를매시고 모든從徒에게무러가라사대 이러하면日本人과갓흐냐 모다對하야가로대 갓흐니이다 다시벗으시고가라사대 내가幼時에 書塾에서글배을새에 한아해로더부러며희롱을하다가 그아해가나에게지고 울며도라가서 다시오지아니하고 다른書塾에通學하다가 그後에病들어죽엿는

곳소투원酒店에이르니 店主가말하되 先生께서새올崔昌祚의집으로가시면서 車輪京이와뭇거든 그곳으로보내라하셧다하거늘 輪京이새올로갈새 日本兵數百人이道中에留陣하야 居住와出行理由를뭇더라 새올에이르러先生께뵈이니 날이임의저물더라 이날밤에輪京을命하사 밤이맛도록자지말고밧게잇서 놀라하시고 닭의소리가난後에 輪京을다리고 白巖里로向하야떠나시니라

九三 白巖里金京學의집에이르사 朝飯을잡수시고 다시井邑으로가실새 或압서기도하고 或뒤서기도하사 四五步를걸으신後에가라사대 이길에는外人을對하는것이不可하다하시고 井邑老松亭에이르사가라사대 좀遲滯함이可하다하시고 半時辰을지내신後에 다시떠나사 그모퉁이큰못가에이르니 馬兵이만히오다가 되도라간자최가잇더라

네가술을즐기니 酒量을보리라하시고 술을만히주지거늘 公又가連하여바더마시고醉한지라 다시가라사대 한잔술밧게못된다하시더니 이後로는一二杯만마서도 곳醉하야더마시지못하니라

九一 金德賛이 그子婚을지내려할새 모든사람이物品과金錢으로扶助하거늘 先生이가라사대 나는扶助할것이업스니 日氣로나扶助하리라하시더니 이때에天候가連日險惡하야 甚히憂慮하든中인대 그期日에이르러서는 例外로溫和하니라

九二 十一月에 亨烈다려일너가라사대 내가井邑으로가리니이길이吉行이라 이後에일을네게알니리라하시더니 이날에車輪京이와뵈입고 高夫人이眼疾로苦痛함을알외니 가라사대 이제도라갓다가 明日에泰仁살포정에서나를만나라 輪京이곳도라갓다가 翌日에살포정으로오니 先生이아즉오시지아니하엿거늘

만타하되 七星이 나려 나지아 니한일을 發表한者가업다하시니
라

八九 崔昌祚의집에서 公又다려무러가라사대 녜가눈을만히흘
겨보앗나냐 對하야가로대그러하엿나이다 다시일러가라사대
집으로도라가라하시거늘 公又가先生께하직하고 집으로도라올
새 길에서부터눈이가렵고붓더니 집에이름에 眼疾이大發하야
한달동안을苦痛하다가 하로는밤을쉬고일어나니 씻은듯이나엿
는지라 곳先生께와뵈이니 가라사대眼疾로辛苦하엿나냐 對하
야가로대그러하엿나이다 先生이웃으시더라 元來公又는性質이
慓悍하야 싸홈을즐기고 눈짓이곱지못하더니 일로부터는 性質
이부드럽고 눈짓이고아지니라

九〇 公又가술이過하야酒失이만터니 하로는先生이가라사대

사라 德贊이가로대무슨줄이니잇가 가라사대좀더기다리라하사
더니 이욱고 朴公又가술과熟鷄를가저와서 先生께올니니라

八七 이해겨울어느날아참에 大興里로부터 泰仁새올崔昌祚의
집으로가실새 朴公又는해 가올으면길이즐가하야 즌신발을하엿
더니 先生이보시고 진신발을하엿나냐하시며 손으로東嶺에솟
아올으는해를向하야 세번을누르시니 해가올으지못하다가 살
포정旅舍에들어쉬시니 그제야해가문듯놉히솟아올으더라

八八 崔昌祚의집에일으사 霹靂表를무드시니 即時雷聲이大發
하야 天地가 震動하거늘 곳거드시고 翌日에銅谷藥房에이르
시니 辛元一이엿주어가로대 震默大師는 七星을七日동안가두
엿다하니 올흐니잇가 가라사대 이제試驗하리라하시고 이날
부터三個月동안 七星을가두신後에가라사대 現世에天文學者가

하거늘 黃應鍾이보고놀내여 先生께告한대 가라사대 (음)이는不平한말을하다가 竈王에게罰을바듬이라하사고 글을써주사秉旭의妻로하여금 부억에불살으며謝過하라하시니 秉旭의妻가그대로하야곳나으니라

八五 大興里에계실새 公又다려무러가라사대 네가남과싸홈을만히하엿나냐 對하야가로대 그리하엿나이다 다시일너가라사대 네게豹丹이들어서싸홈을잘하니 이제豹丹을쌔여내고 人丹을너흐리라하시더니 이後로는公又의性質이溫和하게되야 싸홈을즐기지아니하고 或싸홈하는사람이잇스면 恐怖心이생겨서곳멀니避하니라

八六 八月어느날 金德贊이先生께엿주어가로대 오날내妹家에잔채가잇스니 소풍겸하야나어가사이다 가라사대내술을몬저마

가잘되더라하야　서로그런일을等閑視하엿슴을後悔하더니　문듯
南基는손을흔들며　流暢한口調로日本語를말하고　永西는喪人이
라　喪巾을흔들며일어나서　喪服소매로북치는흉내를내이면서
歌舞를演奏하야　汗出沾背하거늘　一座가大笑하는지라　先生이
웃으시며가라사대　너희는早速히도所願을成就하엿다하시니　兩
人이비로소精神을차려　붓그러워하는지라　다시일너가라사대
大人을배우는者　맛당히마음을正大히하야　그칠곳을알어야할것
이오　한가지라도分外의생각을가지며　실엿슨말을함이不可하다
하시니라

八四　하로는　孫秉旭의집에가시니　從徒들이만히모엿슴으로
秉旭이그妻를식혀서午飯을지을새　日氣가甚히더움으로　그妻가
괴롭게녁여　부엌에서홀로不平한말을하엿더니　문듯喎斜症이發

일너가라사대 모든일을義롭게할지어늘 엿지이려케無禮를行하나냐하시더라〻鄭巡檢이全州에가서 다시書信으로돈四十圓을請求하거늘 先生이亨烈로하여금 若干의돈을求하여보내시며가라사대 義롭지못한사람이라하시더니 몃칠後에 鄭巡檢이古阜로도라가다가 井邑한다리에서 群盜에게被殺된지라 先生이들으시고가라사대 巡檢은盜賊을懲治하는職責을가졋거늘 도로혀非義의物을즐기니 盜賊에게죽음이當然치아니하랴 이것이다神明의行하는바니라하시니라

八三 하로는 金永西와鄭南基가와뵈인後에 兩人이서로私語로酬酌하되 南基는日本語學배운사람을불어워하야가로대 近來에는日本語를通한사람은 顯達도쉽고돈버리도容易하더라하며 永西는俳優를불어워하야가로대 近來에는劇戲를잘하여도 돈버리

救活하는上帝시라하니라

八一 泰仁白巖里金明七이 山中傾斜地를新墾하야 烟草를심엿는대 肥料를施하야 붓을하엿더니 문득急雨가나림으로 明七이가삼을치녀울어가로대 내農事는烟草栽培뿐인대 施肥培土한後에 이렷케急雨가나라니 沙汰가미러내려서 다버라게되라라하거늘 先生이들으시고불상히녁여가라사대 근심을풀으라 그災害를免케하여주리라하시더니 비개인後에明七이가보니 조금도被害가업고 他人의耕作은 全部沙汰의害를닙어서 이해에烟農이大凶하니라

八二 하로는 丁槐山의酒店에지나실새 마창古阜禍亂에知面된鄭巡檢이이르거늘 先生이술을사서待接하섯더니 ᄯᅥ날ᄯᅢ에돈十圓을請求하며 족기속에손을너어 돈十圓을훔처가거늘 先生이

써주시며 가라사대 이글을京元에게傳하야 한번보고곳불살으라하시니 그글은이러하니라『天用雨露之薄則必有萬邦之怨、地用水土之薄則必有萬物之怨、人用德化之薄則必有萬事之怨 天用地用人用統在於心、心也者鬼神之樞機也門戶也道路也 開閉樞機出入門戶、往來道路神、或有善、或有惡、善者師之、惡者改之、吾心之樞機門戶道路大於天地』京元이奉讀한後에 곳불살넛더니그後로는警官의調査가그치니라

七九 金秉旭의差人金允根이 先生께와뵈입고稟하되 近日에날이가물어서 作物이다말으오니 先生은喜雨를주사 萬民의焦燥를눅키소서 先生이德贊을命하사 그길으는家猪一首를잡어서烹宰하야 여러從徒들로더부러 함께잡수실새 밋처맛치지못하야雷雨가大作하거늘 允根이踴躍하야가로대 先生은진실로萬民을

보지안코가시거늘 從徒들이민망하야 엿주어가로대 저사람이
무슨일로저러는지모르나 그情狀이可矜하니 돌녀보내심이엇더
하니잇가 先生이도라보시고 몸에가졋든붓을빼여먹을찍으사
喪人의이마에한墨點을처주시며가라사대 네褓子를저川邊에버리
라하시니 그喪人이命하신대로 褓子를버리고울며가거늘 先生
이가라사대 저사람이罪를만히지엿스니 제罪에제가죽나니라
그褓子는行妖하는器具니 몃時間을지낸뒤가아니면 펴보지말라
하시거늘 그뒤에從徒들이 褓子를펴보니 돌을싼것이러라 그
喪人은 그곳에서울며떠난뒤로 곳失性하야 四方으로뒤여다니
다가 몃칠後에죽으니라

七八 하로는 辛京元이急히사람을보내여稟하되 警官의調査가
甚하야 날마다와서先生의住所를뭇나이다 先生이來人에게글을

七六 白南信의族人龍安이 都賣釀酒業의免許를엇고 全州府中에잇는數百小賣酒家의家釀를禁止하니 이때에先生이龍頭峙金周甫酒店에계실새 周甫의妻가가삼을치며가로대 다른버리는업고 다만酒業으로家眷이사러왓는대 이제釀酒業을廢하면 무슨버리로사러가리오하거늘 先生이불상히녁이사 從徒다려일너가라사대 엿지男將軍만잇스리오 맛당히女將軍도잇스리라하시고 紙片에女將軍이라써서불살으시니 周甫妻가문득神氣를어더서 府中을돌며號令하야 頃刻에數百酒婦를統率하고 龍安의집을襲擊하야 形勢가不穩하거늘 龍安이大驚하야 群衆에게謝過하고 都賣經營을中止하니라

七七 하로는 從徒들을다리고 全州多佳町을지나실새 한喪人이뒤를따르며 살려주시기를哀乞하며떠나지못하되 先生이도라

骨차진事由를告하거늘 先生이가라사대 그盜賊은엿더케措處하
엿나뇨、秉旭이對하야가로대 警務廳으로보내엿나이다하는지라
先生이가라사대 잘說諭하야 들녀보내는것이可하거늘 엿지그리
하엿나뇨하시고 靑衣一件을지어오라하사 불살으시며가라사대
懲役에나處하게하리라하시더니 果然그사람이處役하니라 從徒
들이반다시處暑節에찻게된새닭을무른대 先生이가라사대 매양
私事라도 天地公事의度數에붓처두기만하면 그度數에이르러
公私가다함께씀니나니라하시더라

七五 金德賛이 先生께恒常倨傲하더니 하로는公事를行하실새
크게雷電을發하시니 德賛이두려워하야避席하거늘 先生이가라
사대 네가罪지은바업거늘 엇지두려워하나뇨 德賛이더욱惶怯
하야所措를莫知하더니 그後로는 先生을極히敬畏하니라

者는 모르오니 무슨功을알리잇가 先生이가라사대 그의알고
모름이무슨關係가잇느냐하시니라 南信이命하신대로 幽僻한白
雲亭에處하더니 七月에그墓下洞長이 自發的으로洞會를열고議論
하되 우리가이墓下에居하야 道義上泛然히지낼수업스니 擧洞이
出動하야 附近을搜索하되 만일頭骨을찻는者가잇스면 墓主에
게말하야 厚賞케함이可하다하고 洞民을總動員하야 附近山麓
을搜索하니 이때에墓賊이生覺하되 墓主가安然히잇서 大金을
費하야頭骨을차지려하지아니하니 찰하리이機會에頭骨을가저가
면 盜名도免하고 相當한厚賞을어드리라하고 그頭骨을가지고
洞長에게가서告하되 내가各方에搜索하야 다행히차젓다하거늘
洞長이그사람을다리고白雲亭에오니 이날이處暑節이러라

七四 先生이이날早朝에 龍頭峙에가섯더니 金秉旭이와서 頭

意가업스니 鋤種한것을다시가라서 豆太나심을수밧게업다하며길게歎息하거늘 先生이드르시고가라사대 移種한것을가라서다른穀種을심음은 恠變이아니냐하시며 柳漢弼을압세우고 그곳에가사그慘狀을보시고 西天을向하야雨師를부르시니 문듯黑雲이피여나며急雨가나리거늘 漢弼은 엇진싸닭인지알지못하고다만預知術이잇는가하야 異常히녁이더라

七三 六月에 金秉旭이委人하야 白南信의親墓에墓賊이들어서頭骨을盜去하엿다는事由를稟達하니 先生이사흘밤을明燭하사喪家와갓치지내시고 南信에게傳言하사대 頭骨을차지려힘쓰지말고 幽僻한곳에處하야 外人의交際를끈으라 處暑節에는 盜賊이스사로頭骨을가저오게하리라하시니라 이때에사흘밤徹夜하는것은從徒들이질기지아니하야가로대 이갓치힘을드리되 當事

이니라 또일녀가라사대 現今朝鮮의情勢는 失業者가增加하야
賭博으로業하는者가續出하리니 日後에法禁이嚴刻하여지면 그
들은饑餓에빠질수밧게업슬지라 그럼으로 이제祿을붓처주엿노
라하시니라

七一 하로는 여러從徒를다리고 益山裡里를지나실새 津頭에
이르니 船夫가업고배만떠잇거늘 先生이親히櫓를저어건너신後
에 하늘을우러러보시고웃으시거늘 모다우러러보니 구름과갓
흔異常한긔운이 櫓저어가는模型을일우어 徐々히떠가더라

七二 그後에泰仁今上里에지나실새 마참날이가무러서 移秧을
못하더니 東學信徒柳漢弼이 그前日에구름이세임을보고 비가
올줄밋어 말은논에 鋤種으로모를옴겻더니 이내비가오지아니하
야 苗가말으거늘 極히焦悶하야가로대 가뭄이이러케甚하야雨

열니리니 本妻를사랑하야 저바리지말라하시고 淋病을낫게하
여주시니라
七○ 하로는 龍頭峙旅舍에서 金德賛、金俊賛等數人을다리시
고 公事를行하신後에 마참雜技軍이모아들어 윳판을벌리니
이것은先生의一行을誘引하야 金錢을쌔앗으려함이라 先生이가
라사대 저들의願을일우어줌도또한解寃이라하시고 돈五十兩을
놋코 윳을치실새 말삼대로윳이저서 頃刻間에그들의돈八十兩
을다쌔앗은後에 품싹이라하시며五錢을남기시고 七十九兩五錢
을돌녀주시며가라사대 이것이다不義의일이니 各히집에도라가
서 職業을求하야 安堵하라하시니 그들이크게感服하고도라가
니라 從徒들이 말삼대로윳이지는法을무르니 가라사대 더지
는法을一定하야變改치아니하면 그리되나니 이도또한一心의法

六八 天道教主孫秉熙가 教徒의信念을鼓舞키爲하야 湖南各地에巡廻할次로 全州에와서머물거늘 先生이公又다려일너가라사대 네가全州에가서 孫秉熙를돌녀보내고오라 邪說로群衆을誣惑하야 疲弊가極度에達하엿스니 그의巡廻가不可하니라 公又가領命하고 翌日에發程하려하다가 다시命하지아니하심으로 異常히녁여停止하엿더니 數日後에 孫秉熙가預定을고처京城으로도라갓다는報가들니니라

六九 金甫京이熊浦에小室을두고 本家를돌보지아니하거늘 先生이글을써주어가라사대 네小室을對하야불살으라 그러면조흔일이잇스리라 甫京이그대로하엿더니 뜻밧게淋病에걸녀서 本家로도라와月餘를머물럿더니 그小室이다른곳으로간지라 先生이甫京을불너경계하야가라사대 이제는家室이安靜하야 吉運이

엿는대 어대셔든지머무르시다가 다른곳으로써나려하실때에는 밤이면月暈이나려나고 낫이면日暈이나려나는것을徵驗하엿슴으로 어느때든지日月暈만나려나면 出行하실줄알고 몬저신발과 行裝을단속하야 命을기다리면 반다시불으사 가자하시며出發하엿나니 大抵先生은 어대를가시든지 미리말삼을아니하셧더라

六七 하로는 井邑수통店에서留宿하실새 公又가侍側하엿더니 李道三이와서 그이웃버들里에서 二十歲쯤된女子가 범에게물녀갓다는말을告한대 先生이公又다려 하눌에蟲星(俗에좀성이라함)이보이는가보라하심으로 公又가나가서우러러보고 나려나잇슴을告하니 先生이木枕으로마루장을치시며 蟲星아엿지사람을害하나냐하시더니 翌日에그女子가살어왓는대 衣服은破裂되고 몸의傷害는크지아니하더라

하거늘 先生이들으시고가라사대 너희들의말이有理하니 보리를업세여버리자하셧더니 四月에大旱하야 牟麥이枯死함에 農民이크게騷動하는지라 從徒들이그事由를告하야가로대 이제만일麥凶이들면 餓死하는者가만흐리이다하거늘 先生이ᄭᅮ지저가라사대 前者에너희들이 보리를업세여버림이可하다하고 이제다시麥凶을呼訴하나냐 내일은비록戱談한마대라도 度數에박히여 天地에울녀나가나니 이後로는모든일에 실업슨말을삼가하라하시고 全州龍頭峙에가사 金洛範을命하야 거친麥飯한그릇과 土醬한그릇을가저오라하사가라사대 窮民의飮食이이러하리라하시고 土醬에밥을말아셔다잡수시니 문듯黑雲이이러나며비가나려서 牟麥이勃然히生氣를어더서 豐作을일우니라

六六 公又가從遊함으로부터 先生의巡遊하실때에 만히陪從하

龍虎大師의긔운을公又에게붓쳐보앗더니 그긔운이적다하시니라

六四 하로는 公又를다리고井邑으로가실새 公又다려 『風雲造化』를心誦하라하심으로 公又가그대로心誦하다가 문듯이저버리고 그릇 『天文地理』를心誦하더니 先生이도라보아가라사대 그릇차지니다시生覺하라하시거늘 公又놀내여生覺하니 果然그릇차젓는지라 일로부터고처心誦하며 大興里까지왓더니 이날밤에비와눈이섯겨오거늘 先生이가라사대 네한번그릇生覺함으로因하야 天氣가한글갓지못하다하시니라

六五 戊申二月에 從徒를다리고어대를가실새 보리밧가으로지내시더니 從徒들이서로말하되 此世에貧富의差別로因하야 穀類中에오직먹기어려운보리가 貧民의食糧이되여 먹을때에恒常괴로움이만흐니 보리를업세여버려야 衆生이괴로움을免하리라

로도라오자」 라고노레를連唱하엿더니 銅谷에이르러先生께뵈이니 가라사대내가네집에가기를願하나냐하시거늘 公又가깃버하며가로대 至願이로소이다하고 先生을모시고도라오다가 龍巖里水砧幕에들어쉬실새 門을열고南天을바라보시며 놉다々々하시거늘 公又가바라보니 구름이가득세엿는대 하늘이方席한닙널비쯤通하며 바람이쓸々불고 눈이나리는지라 先生이公又다려일너가라사대 나와親舊로지내자하시니 公又는그말삼이惶恐하기도하고 恠異하게도녁엿더니 또가라사대 긔운이적다하시거늘 公又ㅣ不知中에엿주어가로대 바람이좀더불리이다하엿더니 果然바람이크게부는지라 또가라사대 나와親舊로지내자하며긔운이적다하시거늘 公又또가로대바람이놉하지리이다하엿더니 그째는風勢大作하야 沙石을날니는지다 先生이가라사대

땀을흘니며 連하야소리를질음에 家人이驚慌罔措하야 엇지할
줄을모르는지라 이욱고先生이도라보시며가라사대 엇지그럿케
困苦를當하나냐하시니 그제야能히屈伸하며 精神을도리키거늘
家人이그緣由를무르니 對하야가로대 뜻밧게精神이慌迷하며
숨이막혀서呼吸을通치못하며 骨節이구더저서屈伸을못하엿노라
하거늘 先生이무러가라사대 그때에네가삼이답々하더냐 對하
야가로대 甚히답々하야 暫時라도견댈수업더이다 先生이가리
사대 그所遭로써 네父親의가삼을해아려보아라 너의父親에게
그럿케不敬한말을하엿스니 그가삼이엇더하엿스랴 今後로는허
물을뉘웃처 다시는그리하지말지어다하시니라

六三 十一月에 銅谷에계실새 朴公又가뵈이려오는길에 偶然
히興이나서 『모지러가자 모지러가자 부처님모지고 우리집으

大巡典經 第三章 六二—六三 五一

것을洞察하심이며 또天地造化를任意로쓰시는것을볼진대 分明히 하누님의降臨하심이無疑하다고生覺하니라

六〇 하로는 先生이車京石에게일너가라사대 너는降靈을바더야하리라하시고『元皇正氣來合我身』을닑히시며 房門을열으시니 京石이문득放聲大哭하다가 이윽고그치거늘 先生이가라사대 그우름은 神明에게罰을當하는소리라하시니라

六一 하로는京石에게일너가라사대 너의先墓九月山金盤死雉의穴蔭을옴겨오리라하시고 京石으로하여금舞蹈케하시고 公又로북을치이시니라

六二 하로는 鄭南基의집에이르시니 南基의弟가 무슨일로父親에게叱責을當하고 不遜한말로對答한後에 밧그로나갓다가다시안으로向하야들어오더니 문득문압헤웃둑서서 動作을못하고

에이르사 旅舍에드러쉬시니 문듯雷聲이일어나며 雷光이大發하야집에나리려하거늘 先生이虛空을向하야수지즈시니 雷電이곳그치는지라 公又는 先生이井邑에서 글을써서壁에붓처 雷聲을大發케하시고 또이번에한말삼으로 雷電을그치게하심을보고는 비로소先生께서 天地造化를任意로쓰시는줄알고 일로부터더욱敬畏하더니 하로는 先生이公又다려일너가라사대 네가오래동안食告를잘하엿스나 이제만날사람만낫스니 食告는나에게로돌닐지어다하시니 公又가더욱깃버하야 平生所願을일운줄깨다르겨서 곳그리하겟나이다라고對答하니라 元來公又는 다른東學信徒의通例와갓치 『大神師應感』이라는生覺으로 食告를하지안코 恒常『하누님뵈여지이다』라는祈願으로 食告를하엿더니 이제先生의말삼하시는바를듯건대 반다시마음으로生覺하는

愉快히놀더니 先生이禁止하사가라사대 저虛空을보라 나는모든일을함부로하기어려우니라 從徒들이모다우러러보니 구름과갓흔異常한긔운이 彈琴하는形狀과 五六人의列坐한모형을일우어 虛空에떠잇더라

五八 中伏日에 先生이從徒다려일너가라사대 오날電光이나지아니하면 蟲災가생겨農作을害하리니 잘삷히라하시거늘 모다注意하야저물도록삷히되 電光이나지아니하는지라 先生이하늘을向하야가라사대 天地가엇지 生民의災害를이럿케도라보지아니하나뇨하시며 말은집을싼어서 火爐불에쬬저서살으시니 문듯北方에서電光이發하는지라 또가라사대 北方사람만살고 他方사람은다죽어야올흐냐하시니 다시四方에서電光이번적이더라

五九 하로는 辛元一、朴公又外三四人을다리시고 泰仁살포정

만하기다행이라 네마음을잘풀어 加害者를恩人과갓치生覺하라 그러면곳快復되리라 公又가그말삼에크게服膺하야 加害者를憎惡하든마음을풀어바리고 後日에만나면 밧다시禮待하겟다는生覺을두엇더니 數日後에 川原耶蘇敎會에 十二郡牧師가會集하야 大傳道會를開催한다하거늘 先生이公又다려일너가라사대 네傷處를낫게하기爲하야 十二郡牧師를 召集하엿노라하시더니 그後三日만에 公又의傷處가全快하니라

五六 하로는 가물치膾를올엿더니 先生이잡수신後에 門밧게 건이르지다가 하늘을우러러보시고 우서가라사대 그긔운이싸르다하지시거늘 從徒들이하늘을우러러보니 구름과갓흔異常한긔운이 가물치모양을일우어 虛空에써서東天으로向하여가더라

五七 하로는 從徒五六人이 琴師를불너서 伽耶琴을타게하고

大巡典經 第三章 五五―五七 四七

사고 學仙菴으로소창하려갈새 中路에暴雨가크게몰녀오거늘 先生이烟竹으로 모라오는비를向하야 한번두르시니 문득비가 다른곳으로몰녀가더니 學仙菴에當到한後에 비가나리니라

五五 六月부터數朔동안 井邑大興里車京石의집에계실새 朴公又가從遊하기一朔前에 川原市場에서 耶蘇敎人과交爭하다가 큰돌에마저서 가삼뼈가傷하야 一時昏倒하엿다가 겨우回甦하야 數旬間治療를바든後에 겨우行起는하되 아즉까지胸部에손을대지못하고 起臥에크케苦痛을感하는中임으로 그事實을先生께告達하니 先生이가라사대 네가前者에어느길가에서 남의胸部를처서死境에이르게한일이잇스니 그일을生覺하야잘뉘웃치라 또네가몸이快復한後에는 加害者를차저서죽이려고生覺하나 너에게傷害를바든者의척神이 그에게붓허서報復한바이니오히려그

喪도아니하고乳兒를버리고逃亡함으로 老婦는少婦를조차맛나서
幼兒를다려다길으라고哀乞하되 少婦가듯지안코頡頏하다가 문
듯落雷를마저서少婦가죽엿스니 일로볼진대 天道가昭明하다하
거늘 元一이도라와서 그들은말을告하니 先生이가라사대 내
가오날아참에 物望里酒店을지날ᄯᅢ에 한少婦가 이슬을ᄯᅥᆯ며ᄲᅡᆯ
니지나가더니 그後로老婦가달녀오며 少婦의자최를뭇는故로
그事由를자세히들으니 實로人道上容恕치못할罪惡이라 하물며
그作配는 저희들세리지은것이라하니 大抵父母가지어준것은人
緣이오 스사로지은것은天緣이라 人緣은오히려고칠수잇스되
天緣은고치지못하는것이어늘 이제人道에悖戾하고 天緣에沒義
하니 엇지天怒가업스리오하시니라

五四 五月五日端陽節에 從徒들과里中人이聯合하야 先生을모

四四 를기다리라하시니 亨烈이奉命하고 泰仁에이르러 元一을만나
서함께자고 翌日에元一로더부러下馬亭에이르니 마참市日임으로
사람이만히모아들더라 先生이亨烈、元一을만나서 길가술집에
坐定하시고 元一을불너가라사대 내가오날霹靂을쓰리니 술을
가저오라 元一이술을올님에 잔을잡으사 두어번두르신後에마
스시니 문듯바람이이러나고 暴雨가쏘다지며 霹靂이大發하니
라 이윽고비가개이거늘 元一을命하야가라사대 辛京元의집에가
면알일이잇스리니 빨니갓다오라 元一이應命하고 京元의집에
가니 마참나무장사가비를避하야 京元의집에드러와서말하되
나는오날놀나운일을보앗노라 나무를지고오는길에 老婦와少婦
가 길에서싸호는것을보앗는대 그內容을들은즉 少婦는老婦의
子婦로서 乳兒를난지七日이못되야 昨夜에夫喪을當한지라 治

겨서시기를빌거늘 先生이우스시며빗겨서시니 말이바르소달녀
가니라

五二 藥房에계실새 하로는早朝에해가쪄서압제비山봉오리에
반은좀오르거늘 先生이여러從徒다려일너가라사대 이러한難局
에處하야 靖世의뜻을품은者 能히日行을더추는權能을가지지못
하면不可할지니 내이제試驗하여보리라하시고 축인담배세대를
가타피우시되 해가山巔을솟아오르지못하더니 先生이烟竹을쪠
여땅에더지시니 해가문듯數丈을솟으니라

五三 丁未四月에 古阜客望里로부러泰仁으로가실새 몬저辛元
一을보내사 사관을定하라하시고 翌日에客望里를쪄나 그압酒
店에이르사 亨烈다려일너가라사대 나는여긔서留宿하리니 너
는몬저泰仁에가서 元一과함께자고 明日早朝에 下馬亭에서나

야잡으려하거늘 先生이가라사대 너히는잡을공부를하라 나는
살닐공부를하리라하시더니 일로부터雉群은만히나리되 한마리
도網罟에걸리지아니하니라

五〇 佛可止로부터 全州로向하실새 東南으로부터大雨가모라
오거늘 先生이길가운대흙을파고 춤을밧허무드시니 모라오든
비가 문득두갈래로난호여 한갈래는東天으로向하고 한갈래는
西天으로向하야 몰녀가니라

五一 黃應鍾、金甲七을다리고 院坪을지나실새 院坪압다리를
건너시면서 왼발로길을한번구르시고 길가에서시더니 이윽고
乘馬客三人이오다가 다리건너便에이르러 馬足이땅에붓허서옴
기지못함으로 御者가無數히힘드려쓸다가 할일업시멈추고섯더
니 한御者가말곱비를놋코 다리를건너와서 先生께절하고 빗

不便이極甚하오니 請컨대公衆의交通便宜를爲하야 길을얼어곳
게하여지이다하거늘 先生이許諾하시고 줄을가저오라하사마스
시니 그날밤부터 길이얼어붓허서 歲末새지녹지아니하니라
四八 金益贊을다리고 全州細川(세내)을지나실새 日人獵師가
雁群이만히나려안즌곳에 獵銃을견으고發射하려하거늘 先生이
가라사대 君子不忍見이라하시고 왼발로땅을한번구르시며서시
니 그獵銃이發射되지못하는지라 獵師는異常히녁여 銃을檢査
하되理由를알지못하고 無數히힘드리며헤매든차에雁群이다멀리
날러가거늘 先生이발을옴겨길을行하시니 獵銃은그제야發射되
니라
四九 佛可止金成國의집에머무르실새 雉群이만히덧밧에나리거
늘 成國이金德贊으로더부러 網罟를만히만들어 덧밧에張羅하

褓子를보시고가라사대 어房은安閑한工夫房이라 속모르는사람을 그대로바더드리지아니하나니 그褓를살너뵈이라 그가운대반다시 戰爭의張本이잇스리라 泰潤이붓그러운빗으로 그褓를살으니 그叔姪間에金錢關係로爭訟하는書類가잇는지라 泰潤이엿주어가로대 이런不美한일이잇슴으로 先生의神聖하심을듯고解決策을무르려와서 붓그러운마음으로 참아稟達치못하엿나이다 先生이가라사대 戰爭은家族戰爭이큰것이니 一家의亂이天下의亂을쇠러내나니라하시고 한封書를주시며가라사대 이封書를 그대족하의집에가서불살으라하시거늘 泰潤이그대로하엿더니 그後로果然和解되니라

四七 이달에 辛元一이乾材藥局을배셜하고 貿藥하려公州令市에갈새 先生씌와뵈입고엿주어가로대 方今길이질어서 行人의

신後에 小室을어더서 아들을나앗더니 이일을일으심이라 秉旭이甚히虛誕히녁이거늘 先生이가라사대 先天에는埋白骨而葬之로대 後天에는不埋白骨而葬之라하시니라 그後에玄贊이또뭇거늘 가라사대 明堂은임의썻거니와 이제發蔭이되엿나니라하시니 大抵玄贊도 明堂을許諾하신後에 退俗하야 娶妻하고아들을나앗슴으로 이일을일으심이러라

四五 金甲七이親墓를緬禮하기爲하야 모든器具를準備하엿더니 先生이일너가라사대 내가너를爲하야 緬葬하여주리라하시고 準備한棺槨과모든物品을 모다불살니신後에 그재를압내에버리며 하늘을보라하시거늘 甲七이命하신대로하면서 하늘을우러러보니 문득異常한구름이 北天으로부터南天까지뻣쳣더라

四六 十月에 全州府人文泰潤이 와뵈이거늘 先生이그携帶한

물을채워부으시고 소으로저으신後에 마시시며여러從徒에게난호아주시니 그맛이本來비졋든술과갓흐니라

四四 하로는 金山寺青蓮菴僧金玄贊다려일너가라사대 明堂쓰기를願하나냐하시니 玄贊이對하야가로대 平生至願이로소이다하거늘 先生이가라사대 그러면밋고잇스라하시고 그後에또金秉旭다려일너가라사대 明堂을쓰려나냐하시니 秉旭이對하야가로대 至願이로소이다하거늘 先生이가라사대 그러면밋고잇스라하시더니 그後數年이되도록 다시그에對한말삼을아니하심으로 兩人은다만先生의뜻만바라고잇다가 하로는秉旭이엿주어가로대 前者에許諾하신明堂은 언제나주려하시나잇가 先生이가라사대 네가아들을願함으로 그때에明堂을쓰엿나니 임의發蔭되엿나니라하시니 元來秉旭이無子함을恨하다가 明堂을許諾하

만지시니곳나으니라

四一 銅谷암해서 酒店營業하는丁槐山이 極히貧寒하되 매양先生을至誠으로供待하더니 正月에 先生이그집에들니시니 槐山이先生께供待하려고 狗湯을土鼎에끌이다가 문득土鼎이깨여짐에 槐山의妻가落膽하야 울고섯거늘 先生이矜惻히녁이사辛京元을命하사 그의經營하는鐵店에서 鐵鼎一座를가저다주엿더니 일로부터槐山의家勢가 漸々裕足하여지니라 그後에槐山이泰仁方橋로移居할새에 그鐵鼎을 環坪鄭東朝에게팔엿더니槐山은도로貧寒하여지고 東朝는裕足하게되엿슴으로 모든사람이그鐵鼎을福鼎이라稱하니라

四二 하로는 龍華洞朴奉敏의酒店에이르사 술을차즈시니 마참술이떠러젓다하거늘 先生이술을비젓든그릇을 가저오라하사

면害가잇스리라하시고 親히그血痕을빨아 毒氣를除하시니라
三八 十二月에 咸悅로부터銅谷으로가실새 길이심히질어서 行路가困難한지라 先生이『御在咸羅山下』라써서불살으시니 泥路가곳어러서구더지거늘 이에말은신발로登程하시니라
三九 丙午正月三日에 銅谷에계실새 여러從徒에게 一晝夜동안 言語와吸烟을禁하시니라
四〇 五日에 모든從徒다려일너가라사대 오날은 好笑神이올것이니 너희는우슴을조심하라 만일웃는者가잇스면 이神明이公事를보지아니하고 도라가리니 그가한번가면 어느때다시올지모르리라하시거늘 여러사람이特別히조심하더니 뜻밧게鄭成伯이웃음으로 一座가다함씌웃으니라 그날午後에 成伯이문득惡寒大痛하야 三日間을委席하더니 先生이압헤눕히시고 어르

시니 元一이일로부터두려워하야 無禮한言辭로 先生께괴롭게
한일을뉘웃치고 元一의아우는 그兄이先生께追從하고 家事를
돌보지아니함을뮈워하야 恒常先生을詬辱하더니 兄으로부터이
事實을듯고는 先生씌詬辱한罪의報應으로 家屋이倒壞됨이아닌
가하야 일로부터마음을고치니라

三七 그後에 古阜立石里朴昌國의집에이르시니 昌國의妻는先
生의親妹라 마참벗은발로밧게다니는것을보시고 민망히녁여가
라사대 이도랑에毒蛇가잇스니 벗은발노물면엿지하리오하시고
길게휘바람을부시니 문득큰毒蛇한마리가 풀밧흐로부터나와서
뜰밋헤이르러 머리를들고가만히잇더니 이윽고昌國이 밧그로
부터들어오다가 毒蛇를보고大驚하야 곳喪杖을드러打殺하거늘
先生이 그피가쟝에잇슴을보시고가라사대 이피를벗은발로밟으

리시니 문득그方面으로구름이모아들어 大雨注下하고 開巖寺附近은晴朗하더라 先生이元一을命하사 速히집에往還하라하시니 元一이承命하고집에도라간즉 그아우의집이大雨에倒壞되고그眷屬이自巳의집에모혀잇거늘 元一이悲慘을이긔지못하야 곳도라와서 先生께그事由를告白하니 先生이일너가라사대 開闢이란이러케쉬운것이라 天下를水國化하야 모든것을淪沒케하고우리만사라잇스면 무슨福利가되리오 大抵濟生醫世는聖人의道오 災民革世는雄伯의術이라 이제天下가雄伯에게괴로운지오랜지라 내가相生의道로써化民靖世하리니 새세상을보기가어려운것이아니라 마음을고치기가어려우니 너는이제로부터 마음을잘고치라 大人을공부하는者는 恒常남살니기를生覺하여야하나니 엿지億兆를死滅케하고 홀로잘되기를圖謀함이올흐리오 하

며 公事를行하심도累回를經하엿스되 時代의現狀은 少毫도變
改함이업사오니 弟子의疑惑이날로滋甚하나이다 先生이시여
하로밧비이世上을뒤집어서 仙境을建設하시와 남의嘲笑를一身
에注集치안케하시고 애닯게기다리는우리에게榮華를주시옵소서
하거늘 先生이일너가라사대 人事는機會가잇고 天理는度數가
잇나니 그機會를지으며 度數를運化함이 當然한일이라 이제
機會와度數를어기고 억지로私權을쓰면 이는天下에災를세침이
며億兆의生命을쌔앗음이니 참아할일이아니니라하시되 元一이
더욱구지請하야가로대 方今天下가混亂無道하야 善惡을가리기
어려우니 맛당히速히殄滅하고 새운수를열으심이올흐니이다하
거늘 先生이괴로히녁이사 七月에元一과밋數三從徒를다리고
邊山開巖寺에가사 수가락으로물을찍어서 扶安石橋로向하야뿌

듭前과갓치顚覆됨으로 할일업시工事를中止하고 依幕을치고지
내더니 하로는엇든사람이지내다가 그景狀을보고 矜惻히녁여
自進하야겨우三四時間을費하야 집을改築하여주고 賃金도要求
치안코가니라 大抵그改築에는、普通木工十餘日품을要할工事임
으로 이웃사람은크게異常히녁이되 從徒들은 모다泰仁山上에
서말삼하신일을生覺하야 그被禍한것은 반다시神明解散時의膺
懲이오 다시그神奇한求助를바든것은 先生께서矜惻히녁이사
神將을보내여工作케하심이라고生覺하니라

三六 매양天地公事를行하실새 모든從徒다려 마음을잘닥거
압헤오는조흔世上을구경하라하심으로 從徒들이 하로밧비그셰
상이이르기를希望하더니 하로는辛元一이固請하여가로대 先生
께서天地를開闢하야 새世上을建設한다하신지가 임의日久하오

山에서나려와 事由를探聞하니 辛京玄의酒店이 群衆의襲擊을
바더 家藏什物과酒缸이 모다破損無遺하엿더라 元來辛京玄이
酒業을經營함에 邑中少年의同情을어더서 多益을보앗더니 그
後로少年들이窮乏하여집에 京玄이甚히冷待하거늘 少年들이그
無義함을怒하야 이럿케襲擊함이라 翌日에 先生이京玄의집에
가시니 京玄夫妻가號泣하며 他處로옴기려하거늘 先生이일너
가라사대 元來利害得失이 모다自身에잇고 位置에잇지아니하
나니 이後로는삼가하야 모든사람에게溫情을베풀라 그러면前
路가펴이고 營業이다시興旺하리라하시니라

三五 그달밤에 吳東八의酒店에는 뜻밧게우뢰갓흔소리가나며
집이제절로드날녀서 뜰밧게顚覆되고 人畜과家產은 아모傷害
가업는지라 東八이材木을收拾하야 집을改築하다가 二回나거

大巡典經 第三章 三四－三五 三一

다고謝絶하엿다하시니라

三三 이後로數朔동안 客望里압酒店에서 公事를行하실새 從徒의來往이頻繁하야 店主吳東八이돈을만히모핫더니 그後에經用이不足함을보고 甚히冷待하거늘 모든從徒가그無義함을怒한대 先生이일너가라사대 至愚無學한무리가 엇지義理를알리오 우리가만일그無義함을怒하면 그가반다시大禍를바드리니 나의過次에 德을흘니지못하고 도로혀禍를세치면 엇지穩當하리오하시니라

三四 그後에 泰仁邑에이르사 夜半에여러從徒를다리시고 山에올나公事를行하신後에 일너가라사대 이제大神明이會集하엿스니 그解散솟헤는慘酷한膺懲이잇스리라 말삼을맛치시자 문듯泰仁邑에서群衆의高喊소리가나는지라 從徒들이先生을모시고

하시고 花亭里李京五에게 돈七十兩을請求하시니 京五가돈이
업다고謝絶하거늘 他處에서 七兩을辦備하사가라사대 이七兩
이能히七十兩을代하리라하시고 亨烈을다리고 全州龍頭峙酒店
에이르사 行人을만히請하야 술을먹이시고 조희에글을써서
그집문돌저귀와문고리를聯結하시더니 이날夕暮에이르러 一進
會와吏屬이和解하야 四門을열고 一進會를入城케하니라 이날
에消費하신돈이六兩이라 先生이亨烈다려일너가라사대 古人은
바독한點으로 十萬兵을물니쳣다하는대 나는돈六兩으로 吏會
의交爭을쓸녓스니 내가古人만갓지못하다하시니라

三二 同日에 火賊이李京五의집을襲擊하야 돈七十兩을奪去하
거늘 先生이드르시고가라사대 그돈에賊神이犯하엿슴을알고
活人하는일에나쓰기爲하야 請求하엿더니 京五가듯지안코 업

將次用處가잇노라하시니　元一父子가깃버하야許諾하더니　이해에果然風災가업고　七山海上에서　元一父의漁業이가장興旺하야大金을어든지라　先生이元一父의게專人하사　許諾한돈千兩을보내라하시니　元一의父가　前約을어긔고보내지아니하거늘　先生이元一다려일너가라사대　이는大人을欺罔함이라　내일은모든것을神明으로더부러作定하는것임으로　한가지라도사사로히못하노니　今後로는君의父의漁業이撤廢케되리라하시더니　그後로는一尾의魚도잡히지아니함으로　드대여漁業을廢止하니라

三一　三月에　一進會와全州吏屬이　서로交爭하야　崔昌權이府內吏民을모아　四門을堅閉하고　一進會의入城을막으며　四方으로通文을發하야　民兵을募集하야　一進會를剿滅코저하거늘　先生이가라사대　어렵게살어난것이　또죽게되니　救助하여주리라

쓰르리니 근심치말라하시더니 그後에朴御使가 權直相을罷免하려고 全州府에드러오자 때마침朴御使免官秘訓이 全州府에到着하니라

三〇 乙巳正月晦日에 先生이亨烈로더부러 扶安成根里李桓九의집에가사 여러날머무르실새 桓九가扶安邑人辛元一을자조薦擧하거늘 先生이元一을부르지니 元一이와뵈입고 先生을自己집으로모서다가供養하니 元一의父와弟가 先生을밋지아니하고 오래머무르심을슬혀하는지라 元一이請하야가로대 家親이本來漁業을즐겨하야 해마다經營하다가 去年에暴風으로因하야 큰損害를보앗스니 請컨대今年에風災를업게하사 漁業을興旺케하여주시면 家親을爲하야多幸하겟나이다하거늘 先生이가라사대 그일은어렵지안니하니 多益을어든後에 돈千兩을난호아오라

저 命하신바를傳하니 秉旭이先生씌와뵈입고가로대 나의無能으로는 물ᄭᅳᆯ틋하는民擾를鎭壓할수업사오니 오직先生의神威만밋나이다 先生이가라사대 내가가름하야鎭壓하리라하시고 그날밤부터 雨雪을크게나리시며 天氣를酷寒케하시니 防寒의設備가업시 露營에모혓든群衆은 할일업시解散하야 잡으로도라가고 雨雪은三日을繼續함으로 群衆은다시모이지못하고 騷亂은스사로平定되니라

二九 十二月에院坪에계실새 그때에御使朴齊斌이 全北七邑郡守를罷免하고 將次全州에出道하려함에 郡守權直相의地位도危殆하게된지라 金秉旭은當時全州陸軍將校로서 權直相과友誼關係가잇슬뿐아니라 또한脣齒의關係가잇슴으로 그일을근심하야 先生씌그對策을뭇거늘 先生이가라사대 그일은無事하도록

金을免除하여버리니라

二七 九月十日에 咸悅會仙洞金甫京의집에가시니 甫京이엿주어가로대 이附近에는 近日에盜賊이出沒하야 밤마다村落을劫掠하는대 내집이비록饒足치는못하나 外間에서는 富豪라稱함으로 實로危懼하와 마음을놋치못하오니 請컨대盜難을免케하여지이다하거늘 先生이우스시며 그문압헤춤을밧흐시고 일너가라사대 今後로는마음을노으라 盜賊이제절로멀니가리라하시더니 果然그後로는盜賊의자최업서지니라

二八 十一月에 全州府에이르시니 마참民擾가이러나서 人心이洶々하거늘 甫京다려일너가라사대 金秉旭이國家의重鎭에處하엿스니 人民의動搖를잘鎭撫하야 써그職責을다하여야할지라 그方略을엿더케定하엿는지 秉旭에게무러오라 甫京이秉旭을차

며 만일갑지아니하면 警務廳에告訴하야 獄中에다썩히면서밧
겟다고 威脅하는지라 이날밤에士成父子가 春心의집에와서
先生께뵈입고이事實을告하며 無事하도록살녀주시기를懇乞하거
늘 先生이叔京에게命하사 白木一疋을사오라하사 衣服을지어
닙으신後에 叔京다려일너가라사대 이後로는근심을풀라 일이
順調로풀니리라 白木一疋은 곳債權債務間에 길을닥는것이니
라하시더니 그後에巡檢이와서 叔京을잡어가려하거늘 叔京이
巡檢으로더부러 債主의집에가서 償還을延期하기로하고 和解
를請하되 債主가듯지안코固執하거늘 그母가아들을불너우지저
가로대 저어런은네父親의친구인대 이제獄에가두려하니 이는禽
獸의行爲를하려함이라하고 곳그證書를때아서불살어버리니 債
主가할일업서 叔京에게謝過한後에 드대여告訴를取下하고 債

가天地公事를 • 몸에띈緣故니다 甲七아領命하고도라갈새 얼마
아니가서비가始作하야 • 頃刻間에河川아漲溢하는지라 일로부터
水量아充足하야 數日間에移秧을맛치니라

二五 六月에 亨烈을다리고 泰仁新培를지나실새 그里中에엿
든집이失火하야 모진바람에火勢가猛熱하거늘 先生이만망히녁
여가라사대 져불을그대로두면 이바람에全洞이焦土될것이니맛
불을노아救하리라하시고 亨烈을命하사 섭으로써불을퇴우시니
瞬息間에 바람이자고불이꺼지니라

二六 八月二十七日에 益山萬中里黃士成의집에이르시니 마참
엿든사람이怒氣를띄고잇거늘 다시同里鄭春心의집으로옴기시니
라 元來士成의父叔京이 全州龍進面龍巖里黃參奉에게 債務가
잇섯더니 黃參奉이쥭은後에 그아들이專人하야 債金을督促하

나가서謝過하고 그緣由를무러보라하거늘 巡檢이올히녁여 곳先生의뒤를따르며 謝過한後에緣由를무르니 先生이가라사대 今夜에는事務를廢하고 다른곳으로몸을避하라하시거늘 巡檢이命하신대로 即時몸을避하엿더니 이윽고夜深하야 火賊이몰녀와서 酒婦들亂打하며 巡檢의去處를무르니 이는여러火賊이巡檢을죽이랴고 預約한일이잇슴이라 翌日에巡檢이 先生의留하시는곳을차져와서 再生의恩을感謝하니라

二四 五月에 先生이屈峙에계실새 甲七이銅谷으로부터와뵈이거늘 先生이무러가라사대 너의地方에農況이엇더하뇨 甲七이對하야가로대 旱災가甚하야 移秧을못함으로 民心이騷然하니이다 先生이가라사대 네가비를빌러왓도다 네게雨師를붓치노니 곳도라가되 길에서비를맛날지라도 回避치말라 —그것은네

이엿더하니잇가 棺材한벌價額이十五兩이니이다 先生이가라사대 그도조흐니잘가려두라하시고 집에도라가시니 永學이임의죽엇거늘 그棺材를가져다가治葬하시니라

二三 十五日에 金甲七을다리시고 扶安、古阜等地를巡遊하실새 昏夜에古阜黑巖酒店을지나시니 이ᄶᅢ에火賊이熾盛하야 白晝에橫行함으로 巡檢一人이 微服으로夜巡하기爲하야 이酒店에드럿거늘 先生이酒婦에게일너가라사대 져사람에게酒食을주지말라 만일酒食을주엇다가 갑을밧지못하면 不贍한營業에損害가아니냐하시니 巡檢이그말삼에憤怒하야 先生을毆打하며 無禮한말을한다고수짓거늘 先生이우서가라사대 다죽은屍體에게마져서 무엇이압흐랴하시고 밧그로나가시니 酒婦가巡檢다려일으되 져사람의말이異常하니 반다시무슨까닭이잇슬지라

사「骨暴沙場纒有草、魂返故國弔無親」이란 一句詩를 永學에게
傳하사 써戒惧省悟케하시되 永學이 종시 省悟치아니하니라
二二 그後에 永學이 病들어죽게되거늘 先生이 드르시고 金甲
七을다리고 집으로가실새 中途에서 한酒店에 드시니 한사람이
허리가굽어서 엽되여,기여다니거늘 先生이 그허리를펴지못한理
由를무르시니 그사람이對하되 十餘年前부터곱사가되여서 고치
지못하엿나이다하거늘 先生이 손으로그허리를주물너펴주시며가
라사대 謝金十五兩(今三圓)을가저오라하시니 그사람이瞬間에
허리를펴後에 짓버뛰놀며가로대 先生은實로再生之恩이잇사오
니 그恩惠를報答할진대 山岳이오히려가뱌우나 只今몸에所持
金이업사오니 무엇으로酬答하오릿가 先生이 가라사대 物品도
可하니라 그사람이對하되 내가棺材장사를하오니 棺材로드림

니라

二〇 이때에 先生이李直夫의집에머무르시나 直夫의父治安이當年의命數를묻거늘 先生이白紙一枚에 글을써서블살으시고다시글을써서緊封하야주시며가라사대 急한일이잇거든열어보라하신지라 治安이깁히갈머두엿더니 그後에그子婦가 難産으로危境에이르럿슴을듯고 그일을가르치심인가하야 그封書를가지고간즉 임의順産하엿거늘 다시갈머두엿더니 歲末에이르러 [illegible]治安이病들어危篤한지라 直夫가封書를떼여보니 小柴胡湯二貼이라써엿거늘 그藥을써서곳快復되니라

二一 二月에 屈峙에계실새 永學다려大學을낡으라하셧더니永學이듯지아니하고 術書에沈味하거늘 先生이喟然히歎息하야가라사대 멀지아니하야永學을訣別하리라하시고 李道三을命하

야 長房廳으로부터도라가지게한것은 白南信에게바든돈二千萬兩의證書가잇슴을알고 돈을要求하려함이러라

一九 翌日에 孝淳이元圭의집에가서 先生의안계심을보고 大怒하야 殺人犯으로逃避하엿다하고 四方으로搜索하더라 그때에 先生의省率은 全州郡亂田面花亭里李京五家狹室에移居하엿는대 孝淳의家族이 花亭里에와서行悖하니라 金亨烈은 孝淳의일을알지못하고 先生의消息을드르려고 花亭里에오니 孝淳의家人이亨烈을結縛하야 元圭의집으로가서 先生의行方을뭇되가르키지아니함으로 그들은더욱憤怒하야 亨烈과元圭를無數히毆打하니라 일로因하야 先生의省率은 泰仁屈峙로避禍하고 亨烈은元圭의집에서 乘夜逃避하고 元圭는그들의連日行悖에견대지못하야 藥局을廢鎖하고 家眷을거느리고 益山으로避禍하

孝淳은本來性質이慓悍하야 府中人이天動이라고號하는터인대 病兒의死亡함을보고 大怒하야 先生을원망하야가로대 이는故意로藥을그릇일러죽임이라 손으로만져서 죽은사람을일으키며 말한마대로 危殆한病을곳칭은내가甞見한바이니 만일故意가아니면 물은姑捨하고 흙을먹엿슬지라도 그神異한道術로 能히낫게하엿슬것이라하고 드대여棍棒을가지고와서 先生을亂打하야 流血이淋漓케한지라 先生이비로소깨어이러나시니 孝淳이先生을結縛하야 長房廳으로갓다가 문득뉘우친듯이 살느며가로대 이것이다나의잘못이라 幼兒가急症으로죽엿거늘 엿지先生을원망하리오하고 前交를回復하기를請하며 自家로同行하기를求하거늘 先生이듯지아니하시고 徐元圭의집으로가서留하시고 翌日에李直夫의집으로가시니라 대개孝淳이 先生을容恕하로 그아들이 父南基로더부러 夏雲洞에이르니 先生이그일을 알으시고 南基의無義함을꾸지즈사 그아들의神力을다거두신後에 돌녀보내시니라

一七 甲辰正月에 白南信이官厄에걸니어 깁히隱居하야 所措를莫知하고 金秉旭을通하야 先生께解難하여주시기를懇乞하거늘 先生이가라사대 富貴한者는돈을써야하나니 돈十萬兩 (今金二萬圓) 의證書를가져오라 南信이곳十萬兩의證書를올녓더니 그後로南信의禍厄이곳풀니는지라 先生이그證書를불살으시니라

一八 十五日에 先生이술을마스시고 혼몽히주므실새 張興海의幼兒가 急病이發하야瀕死함으로 興海의父孝淳이急히와서施療를請하거늘 先生이누어일지아니하시고 혼몽中에 冷水나먹이라말삼하셧더니 孝淳이病兒에게冷水를먹임에 곳死亡하는지라

一五 先生의親弟永學이 恒常道術을通하기를熱望하야 先生께
發願하더니 하로는 先生이한부채에鶴을그려서 永學을주시며
가라사대 집에도라가서 이부채를부치면서 七星經을武曲破軍
싸지닑고 니어서大學을닑으라 그러면道術을通하리라 永學이
부채를가지고 집으로도라가다가 鄭南基(先生의妻男)의집에들
니니 南基의아들이 그부채의美麗함을貪내여 빼앗고주지아니
하거늘 永學이不得已하야 그事由를말하고 돌녀주기를懇求하
니 南基의아들은 더욱貪내여주지아니함으로 할일업시빼앗기
고도라가니라

一六 그後에 南基의아들이 그부채를부치면서 大學을닑음에
문듯神力을通하야 能히神明을부리며 물을뿌려비를베푸는지라
南基가깃버하야 그아들을敎唆하야 先生의道力을빼앗으라함으

一二 夏雲洞은山中임으로 길이甚히좁고 樹木이길에욱어저엇히여서 이슬이만흘뿐아니라 潦霖이질째에는 길에물이흘너溪流를일우되 先生의신발은 恒常乾淨함으로 附近村民들이모다神異히역이더라

一三 또出他하실때에는 반다시洞口의左右側에 雲柱가놉히뻣치어 八字形을일움으로 從徒들이그理由를무른대 先生이가라사대 이는將門이라하시니라

一四 癸卯七月에 米價가奔騰하고 農作物에蟲災가甚하야 人心이極히不安하거늘 先生이여러從徒에게일너가라사대 辛丑以後로는 年事를내가맛핫스니 今年의農作을豐登케하야 民祿을넉々케하리라하시고 크게雷電을이르키시니 일로부터蟲災가걋치고 作物이大登하니라

烈이엿주어가로대 傳說에 宋尤菴의居住하는집웅에는 눈이싸
이지못하고녹는다하니 진실로 天地의至靈之氣를타고난사람이
로소이다 先生이가라사대 진실로그러하랴 이제나잇는곳을삶
혀보라 亨烈이밧게나가보니 날이차고 눈이만히나려싸이되
오직그집웅에는 一點雪도업고 맑은긔운이하눌에뻣치어 구름
이가리우지못하고 碧空이通하여보이더라 일로부터 亨烈이恒
常留意하야삶히니 언제든지 그머무시는곳에는 반다시맑은긔
운이碧空을通하야 구름이가리우지못하고 비록큰비가오는때에
도 그러하더라

二 매양出他하실때에는 神明에게治道令을써서불살으사 여
름이면바람을불녀 길에이슬을떠러트리시고 겨울이면진길을얼
어굿게하신後에 말은신으로다니시니라

卯春에이르러 天候가順調하야 豐登의兆가잇는지라 金甫京等모든從徒들과 이웃사람들이모다亨烈을嘲笑하거늘 先生이가라사대 이일은神明公事에서決定된것이니 아즉結實期에이르지못하야 엇지豐作을預斷하리오하시더니 果然五月五日大雨로因하야 麥穗가다말나서 收穫이全無하게되고 米價가高騰하야 一斗에値七兩(今金貨一圓四十錢)이되니 일로부터모든사람이先生께信服하니라

九 한사람이무러가로대 今年에는 엇든穀種을심음이조흐릿가 先生이가라사대 日本人이祿을띄고왓나니 日本種을取하여심으라 또生計의모든일을 그들에게順從하라 祿줄이싸라들리라하시니라

一〇 冬月에 亨烈이先生을모시더니 마참大雪이나리거늘 亨

함에 亨烈이對答치못하거늘 先生이가릉하야對答하사대 곳돌
녀주리라하시더니 마참한筆商이지나거늘 先生이불너들이사
술을만히주신後에 그筆箱을열어뵈이기를請하신대 筆商이곳열
어뵈이이니 新約全書一冊이잇는지라 先生이가라사대 그대는반
다시耶蘇를밋지아니하니 이冊은無用이라 나에게傳함이엇더하
뇨 筆商이 許諾하거늘 先生이그冊을바더서 京安에게주시니
라

七 그後에 佛書千手經과 漢字玉篇과 史要와 海東名臣錄과
康節觀梅法과 大學等書를불살으시니라

八 九月에 農家에서麥耕으로奔忙하거늘 先生이喟然히가라사
대 이럿케辛苦하야 收穫을엇지못하리니 엇지可惜지아니하리
오하시거늘 亨烈이이말삼을듯고 드대여麥農을廢하엿더니 癸

苦海에浸淪한衆生을건지리라하시고 일로부터亨烈의집에머무르사 天地公事를行하실새 亨烈에게神眼을열어주사 神明의會散과聽令을參觀케하시니라

五 여름을지내실새 亨烈의집이貧寒하야 供饋가粗略하고 또圃園이瘠薄하야 蔬菜가잘자라지안니함으로 亨烈이근심하거늘 先生이일너가라사대 山中에는別味가업나니 蔬菜나잘蕃殖케하여주리라하시더니 일로부터 약간심어두엇든약마듸蔬菜가人工을加하지아니하여도 제절로잘蕃殖하야 採之不竭하니라

六 六月어느날 亨烈을命하사 耶蘇敎書一冊을求하여오라하시거늘 亨烈이 隣里梧桐亭金京安에게서 新約全書一冊을비러다올니니 先生이바더서불살으시니라 그後에亨烈이先生을모시고梧桐亭車允必의집에가니 京安이와서 비러간冊을돌녀주기를請

대　君家에産氣가잇스니　빨니內室에드러가　잘도우라하시거늘
亨烈이內庭에드러가니　果然그妻가第三子를分娩하엿더라

三　亨烈의妻가　自來로　産後에는반다시腹痛이發하야　累月을
苦痛하는例症이잇서서　또復發함으로　亨烈이크게근심하거늘
先生이慰勞하야 가라사대　今後로는　모든일에나를　信賴하고
근심을노으라하지거늘　亨烈이命하신대로　다만天師만밋고　근
심을노핫더니　果然그妻의腹痛이곳그치고　그밧게喘氣와咳嗽等
別症도　다나으니라

四　先生이亨烈다려일너가라사대　이제末世를當하야　압흐로無
極大運이열니나니　모든일에조심하야　남에게척을짓지말고　죄
를멀니하야純潔한마음으로　天地公庭에參與하라　나은三界大權
을主宰하야　造化로써天地를開闢하야　不老不死의仙境을열어

第三章 先生의成道와奇行異蹟

一 先生이多年間各地에遊歷하사 만흔經驗을어드신後 辛丑에 이르사 비로소 모든일을自由自在로하실權能을엿지안코는 뜻을일우지못할줄을깨다르시고 드대여全州母岳山大願寺에드러가 道를닥그사 七月大雨五龍噓風에 天地大道를깨다르시고 四種魔를降하시니 이때에同寺主持朴錦谷이 모든便宜를도앗더라

二 壬寅四月에 先生이金溝郡(今金堤郡)水流面院坪場에지나시다가 全州郡雨林面夏雲洞金亨烈을만나시니 大抵亨烈은 前者부터先生께知面이잇섯는대 先生의成道하신所聞을듯고 뵈압기를願하든次임으로 喜不自勝하야 自家에顧臨하시기를懇請하엿더니 同月十三日에 亨烈의집에이르사 곳亨烈다려일너가라사

神奇히녁여 비로소姓名을通하고 先生의住所를자세히무른後에
곳그길을가지안코 집으로도라오니 果然말삼하신바와갓흐니라

六 이後로治安이 先生의神異하심을欽慕하야 自家로延聘하엿
더니 마창里中人口를 緊急히調査할일이잇서 治安의子直夫가
甚히苦心하는지라 先生이籌를取하야運算하신後에 戶數와 男
女人口數를 자세히일너주시고 三日內에一口가損할것을 말삼
하시거늘 直夫는밋지안니하고 드대여里中을도라 一々히精査
한즉 果然一戶一口의差錯이업고 또한三日內에 一口가死亡하
는지라 이에直夫가비로소驚異하야 그神異하심을感服하니라

에 曜雲이라는道號를 先生께드리고 甚히敬待하니라

四 이길로 京畿、黃海、江原、平安、咸鏡、慶尙各地를轉々遊歷하시니 先生의慧識은 博學과廣覽을따라 더욱明澈하여지심으로 이르는곳마다 神人이라는稱頌이놉흐니라

五 이러케數年동안을遊歷하시다가 庚子에故鄕으로도라오시더니 이때에 全州伊東面田龍里李治安이 求婚次로 忠淸道를向하다가 旅舍에서先生을만나 一夜를同宿하고 翌日臨發에 先生이治安다려일너가라사대 그대가이제 求婚次로길을떠낫스나 반다시虛行이될것이니 이길을가지말고 다시집으로도라가라 그러면前日부터議婚하여오든곳에서 君家에媒介를보내여 完約을求하리라 만일이機會를일흐면 婚路가열니기어려우리니 빨니도라가라하시거늘 治安이先生께서自己의事情을알고말삼하심을

되고 西敎(基督新、舊敎)는 勢力을伸張하기에盡力하니 民衆은
苦窮에싸저 安堵의길을엇지못하고 四圍의眩惑에싸히여 歸依
할바를아지못하야 危懼와不安이 全社會에襲來하거늘 先生
이慨然히匡救의뜻을품으사 儒佛仙陰陽讖緯의書籍을通讀하시고
다시世態人情을體驗하시기爲하야 丁酉로부터遊歷의길을떠나시
니라

三 忠淸道連山에이르사 易學者金一夫에게들니시니 이때에一
夫의꿈에 하늘로부터 天使가나려와서 姜士玉과함씌玉京에올
나오라는 上帝의命을傳하거늘 一夫ㅣ先生과함씌 天使를따라
서玉京에올나가 曜雲殿이라 顯額한壯麗한金闕에드러가 上帝
께謁見하니 上帝ㅣ先生에게對하야 匡救天下하려는뜻을 賞讚
하며 極히優遇하는지라 一夫ㅣ크게異常히녁여 이꿈을말한後

第二章 先生의 遊歷

一 二十四歲되시든甲午에 古阜人全琫準이 當時의惡政을憤慨하야 東學信徒를모아 革命을이르키니 一世가洶動한지라 先生이 그前途가不利할줄아르시고 『月黑雁飛高、 單于夜遁逃、 欲將輕騎逐、 大雪滿弓刀』 의古詩를 여러사람에게외워주사 冬期에이르러敗滅될뜻을諷示하시며 妄動치말라고曉諭하섯더니 이해겨울에 果然東學軍이 官軍에게剿滅되고 先生의曉諭에조친者는 다禍를免하니라

二 이後로 國政은더욱腐敗하고 世俗은날로惡化하야 官憲은오직貪贓殘虐을일삼으며 儒者는虛禮만崇尙하고 佛徒는誣惑만힘쓰며 東學은劫難을經한後로萎靡를極하야 거의形跡을거두게

明하심으로 보는者가다驚異하니라

六 家勢가貧乏함으로 學業은일직廢하시니라

은빗이집을둘너하늘에뻣쳣더라

三 漸次자라심에 相貌가圓滿하시고 率性이寬厚하시며 聰明과慧識이超衆하심으로 모든사람에게 敬愛를바드시니라

四 幼時로부터 好生의德이富하사 種樹하기를즐기시며 자라나는草木을折치아니하시고 微細한昆虫이라도害치아니하시며 或危機에瀕한生物을보시면 힘써救援하시니라

五 書塾에드러 漢學을배우실새 한번들은것은곳깨다르시고 동무들로더부러 글을지으심에 恒常壯元을하시니라 하로는스승이 여러學父兄에게 뮈움을바들가하야 文章이次號되는倆兒에게壯元을주려고 內意를定하고考試하엿더니 또先生에게로壯元이도라가니 이는 先生이스승의內意를미리아르시고 文體와字樣을變하야 辨別치못하게하신까닭이라 모든일에 이러케慧

大巡典經

第一章 先生의 誕降과 幼年時代

一 先生의 姓은 姜이오 名은 一淳이오 字는 士玉이오 甑山은 그 號라 距今五十八年前 李朝高宗辛未九月十九日에 朝鮮全羅北道古阜郡優德面客望里(今井邑郡德川面新月里)에서 誕降하시니라

二 父의 名은 興周오 母는 權氏니 權氏가 古阜郡馬項面西山里 그의 親家에 覲省하엿다가 하로는 하늘이 南北으로 갈나지며 큰 불덩이가 나려와 몸을 덥흠에 天下가 光明하여진 꿈을꾸고 일로부터 有身하엿더니 그 誕降하실 재에 産室에 異香이 가득하며 밝

第十章 文明……共三一節
第十一章 引古文明……共四節
第十二章 化天……共三〇節
第十三章 先生의異表……共六節

大巡典經 目錄

第一章 先生의誕降과幼年時代……共六節
第二章 先生의遊歷……共六節
第三章 先生의成道와奇行異蹟……共一〇八節
第四章 門徒의從遊와訓誨……共七六節
第五章 治病……共四一節
第六章 天地公事……共八一節
第七章 傳敎……共一一節
第八章 法言……共七一節
第九章 開闢과仙境……共二四節

京石의집에두신것인대 化天하신뒤에發見되엿스나、 그後로原紙는업서지고、 다만口々相傳된것이니 次序가만히違錯된듯하며 그以外散文도分明한記錄이업슴으로 듯는대로記錄하니 誤落이업지못할줄로思하노라며 人間의壽命福祿을司理케하셧스니 그럼으로藥藏에丹朱受命과七星經을쓰셧다하고 一般門人의說을據하전대 丹朱로써世運을管掌케하사 現世大局이 그의碁法에應하야 機軸을展開케하셧스니 回文山을父山으로하야 五仙圍碁를應氣케하심이 此로因함이니 大盖碁法이丹朱로부터始作한새닭이라하니이제諸說을綜合하고 先生의遺物과 法言과文明을考察컨대藥藏에丹朱受命과七星經을쓰셧고 法言에丹朱를解寃한다하셧스며 中天神으로하여금 福祿을맛허서均分케한다하셧스며山河大運을돌니실새 回文山을父山으로하야 그五仙圍碁를應氣케하시고 大運이碁와如히展開되리라하셧스니 讀者는天地公事에丹朱解寃이큰意義가잇슴을생각할지어다

第十章一節=病勢文는 周紙에써서 물담은白甁口를막어서 車

하노니 讀者는감히參商할지어다

第六章二十六節＝古阜禍亂에拘囚되엿든二十人中에 金亨烈、金自賢二人外에는 모다흣허저 다시는先生을셔르지아니하니라

第六章三十四節、三十五節＝先生이化天하신後三年辛亥九月二十一日에〻車京石이 藥藏과机와모든備品을옴겨가고 藥局壁上에발은조회샤지쌔여간後에 비로소布敎運이열니기始作하니라 그藥藏을옴길쌔에 金亨烈의딸이身死함으로 京石이金二十圓을支拂하야安葬케하고 모든器具는致誠室에奉安하니라 또그後로金山寺大藏殿과釋迦佛像이 다른곳으로옴기게되엿스니 先生의말삼이一々히應驗되니라

第九章四節、五節＝金亨烈이가로대 先生께서公事를行하실새 丹朱를紫微垣에붓치사 七星을主宰하야써 一切星宿를管掌하

公事를行하실쌔에　매양度數를定한다는말삼을慣用하셧는대
그意味는엇더한狀態를　어느時期에이르러　預定대로實現케하
는것　即이時代를어느쌔에엇더한狀態로變動하야推移케한다는
것이라　그러나　그內容은漠然히不知하고　다만所觀의奇驗만
傳한것도만흐며　또從徒中에漢字에能하야　흔이文明을바더쓴
者는金光贊인대　그도隨時로쓰여서燒火하실싸름이오　別로히
抄記치못하게하셧슴으로　이제傳하여온片言隻行은　頭緖업지
記憶된者라　距今十餘年前에　光贊이身死하엿슴으로　그나마
詳細히들을곳이업고　처음부터뭇새지追從한者는金亨烈인대
公事를行하실쌔에는　흔이各地에巡回하사　그隨從을만히替番
하셧슴으로　한사람으로서　公事件數의終始를參觀치못하엿나
니　그럼으로　大略듯는대로記錄한것이　실상恒河一沙에不過

을 先生의大理想속에料理하심이라 싸랴서 先生의深遠한抱負와 偉大한價値를 오직여긔서찻게될뿐이오 其外法言聖行은 오직그斷片的現露일뿐이니、 그럼으로 天地公事의妙義를理解치못하면 쏘한先生의宏謨遠猷를엿볼수업슬지니라 그런대 九年間을쉬임업시 가진苦難을겨그면서 여러가지로行하신公事를 從徒들이만히參觀하엿스나 모든것이 超人間的인神秘에屬한것임으로 보는者가그條理를曉得치못하며 先生께서도 大蓋그行하시는것을 남에게알니려하지아니하시고 매양隱秘에붓치심으로 모다泛然히看過하엿스며 쏘그行하시는바가 一々히天地에應驗하야奇現象이낫허나는것을 한갓好奇心으로 구경에貪하야보앗슬싸름이오 意味잇게본사람은업섯나니 그럼으로若干事實을傳하여온것도 그詳細를일헛스며

補註

第五章十節—先生께서金俊相에게 四聖飮을주신지가 임의二十年을지냇스나 藥貼을내여서 藥材를상고한즉 藥材가如新하야 腐敗치아니하고 좀도일지아니하엿더라

第六章=天地公事라하면 누구나다처음듯는말임으로 그意義를曉得키어려울지라 例컨대 어느公會에서 會長이會員을召集하야 會議를열어 모든意見을徵取하야 最善의方針을決定함과갓치 先生께서三界를主宰하사 天地大神門을열고 萬古神明을召集하사 先天既往의모든非法을改廢하고 가장合理的으로 天道와地義와人事에徵取하야 萬世不替의眞法을規定하신後 天地神明으로하여금 如律令攝成케하신것이니 곳大宇宙

時節에 열석자의구든期約 花園둘너人城속에 榮光의仙顔빗초이사 衆生의渴仰풀어주옵소서

已巳三月旣望에 大巡典經成編되야 莊嚴한儀式으로 發行致誠嚴肅하다 且生於數千載之下 而欲講明於數千載之前 亦已難矣한소리로 弟子謹纂하고보니 大神門의秘鑰이오 天地公事의終件이라 우리先生의大巡理想 오직典經너뿐이니 新生命의糧食되며 造化仙境의指針되여 日月同居先生모서 爾壽無疆할지어다

已巳三月旣望后學李成英謹贊

大公事를맛치신後 南朝鮮배돗을달고 血食君子배질식혀 苦海에둥덩실띄우시니 泛彼中流저압갈에 風波도엽슬지라 于是乎一心大衆실어다가 幸福이무르녹는造化仙境다이리로다

大公事를맛치신後 人文公庭열으시고 化民靖世를命하사 神明식혀工作監視하니 天地祿士모아들어 不日成之쉬울지라 于時乎赤衷一心勤勉으로 萬福吉祥무르녹는造化仙境세우리로다

우리先生은 大巡의神이시니 新生命의光이시며 造化仙境의長이시라 往古佛聖渴仰理想의表極이며 億兆願戴의主이시니 日月로同居하자 弘大無邊하신化權神力으로 新社會를宰成하옵소서

天下之大金山下에 龍華道場됨은基址 莊嚴한法楊을奠設할적에 모퉁이모퉁이仙樂이오 봉오리봉오리꼿송이라 陽春三月好

先天百代는病刦滔蕩時代라 衰弱의遺傳으로 社會膏肓의病源깁헛더니 大公事가行한뒤에 後天運이열니며 萬國醫院열녀서라 醫統을傳授하사 世界를醫治하시니 不老不死康寧하리로다

先天百代는寃滿乾坤時代라 척神의橫行으로 人世福祿의不均滋甚터니 大公事가行한뒤에 後天運이열니며 解寃日月밝엿서라 逆神을調和하사 世界를準理하시니 社會正面平成하리로다

先天百代는相克司配時代라 厲氣의衝激으로 鬪爭殺伐의災殃慘酷터니 大公事가行한뒤에 後天運이열니며 相生惠澤흘너서라 火塊를埋藏하사 劒戟을收束하시니 和平烟月悠久하리로다

大公事를맛치신後 大神門을다드시고 天地에質正하사 宇宙化機굿게定하시니 度數도라닷는대로 새긔틀이열닐지라 于是乎天地가大成功하야 禎祥이무르녹는造化仙境열니리로다

贊

先天百代는天道偏重時代라 空相의幻夢으로 虛靈來世의追求
과놉더니 大公事가行한뒤에 後天運이열니며 天地大道밝엿서
라現實을肯定하사 靈肉으로並進하시니 現實福祿無量하리로다
先天百代는地運否塞時代라 界域의畫限으로 都鄙種族의差別
孔劇터니 大公事가行한뒤에 後天運이열니며 大地긔운돌앗서
라 山河의鍾靈을 拔薈하사統一하시니 四海一家同樂하리로다
先天百代는衆理錯綜時代라 謬理의濫張으로 人類理性의眩惑
極甚터니 大公事가行한뒤에 後天運이열니며 歸一眞法나왓서
라 萬古津液統收하사 集衆宗以大成하시니 人世文運光明하리
로다

여 天地公事는 그材料를充分히蒐集할길이업슬뿐아니라 임의蒐輯된者中에도 그意義의明瞭를缺한者가不少함은 遺憾을不勝하는바이라 그러나十三分章이 서로脈絡이關聯하엿스니 引相對照하야 潛心推究하면 旨意의梗槪를探索하기가 不難할줄밋노라 己巳三月旣望에 后學李祥昊는謹序하노라

싸라풀니나니 三元衆理와隱顯萬象이 모다整然한秩序의體系를
떠나지못하는싸닭이라 이에 先生의巡遊하시든地帶를踏査하고
親炙從徒를歷訪하며 또
先生의在世時에知面을有한 樵叟漁老를追扣하야 모든法言聖
蹟을蒐輯하기에 全力을集注한바 六年의功을積한然後에 今日
에至하야 비로소成編을보게되엿노니 九年公事와一代垂訓에對
하야는 實로恒河一沙에不過하야 써大巡醫世의理想의周延內包
를 膾列無漏함에는至치못하엿스나 此로써 无光에서耿芒을捕
捉하며 无聲에서微振을譜符하며 无功에서化跡을追求하며 无
名에서隱諦를發摘하는대는 足히그基準標點을作할수잇슬것을確
信하는바이로라 十三分章에 簡詳이不一하니 異蹟과治病은
蒐輯된材料가極多하나 明確한意義를缺한것은 此를省略하엿스

聲임으로 天下의視聽에逸한所以이며 萬古解冤의功은 곳无功의功이오 相生大道의名은곳无名의名임으로 天下의言思에絶한所以이니 視聽에逸하고 言思에絶하엿슴이 오직先生의神聖하신功化의象徵이라 이에 視聽의逸한곳에서 萬一의視聽을求하며 言思의絶한곳에서 萬一의言思를求하야 써一心大衆의歸依方向을啓導하며 造化仙境의工作指針을提供하려함이 大巡典經을作한所以로라 嗚呼라 典經의作을엇지容易히云謂하리오 蕩々莫名의大巡醫世의理想을 오직視聽言思의圈外에서 淺見薄識으로 그眞諦妙義를暢明하기에 庶幾를말하기어려우며 또한數十載의下에서 數十載의前을講明하기가 더욱어려울지라 그러나性命을攻함에 毫末의耿芒을捕捉하면 大光明이싸라열니며 科學을治함에 基本의理法을透得하면 全問題가

大巡典經序

大明은无光하고 大音은无聲하니 오직无光의光이라야 能히
三元을通亮하고 无聲의聲이라야 能히天地를撼盪하며 神人은
无功하고 至德은无名하니 오직无功의功이라야 能히宇宙를宰
正하고 无名의名이라야 能히萬化를調理하나니 생각건대
甑山先生께서 三元에大巡하사 몯든先天의謬機를革除하시고
宇宙를砧杵하사 後天의度數를裁正하시고 神明公事를行하사
萬古의寃을解하시고 埋火祛克하사 相生의道를闡明하사 써造
化仙境의元基를奠定하시되 天下는知치못하고覺치못하니 非他
라三元大巡의光은 곳无光의光이오 宇宙砧杵의聲은 곳无聲의

(銅谷藥房南棟에揭한先生의筆蹟)

(先生의筆蹟)

勁

俗

(蹟筆의

雄絶

(贖筆의 실

書
先生

大巡典經